21世纪高等院校经济管理类规划教材

社会保障资金管理

赵　武　主编

西安电子科技大学出版社

内 容 简 介

本书立足中国现实，在借鉴国际经验的基础上，分基础篇、原理篇和实务篇三部分阐述社会保障资金的管理对象、内容、过程以及风险监管，以资金筹集、支付、结余与投资、成本与效率以及风险监管等为线索，循既定目标模式与体制，对社会保障资金全方位、全流程管理进行论述。

本书是高等学校劳动与社会保障、财政、会计等专业的适用教材，也是政府劳动保障、财政、民政等部门和单位从事社会保障管理工作人员提高理论水平和工作能力的自学书籍。

图书在版编目(CIP)数据

社会保障资金管理/赵武主编. 一西安：西安电子科技大学出版社，2018.10

ISBN 978 - 7 - 5606 - 3987 - 1

Ⅰ. ① 社… Ⅱ. ① 赵… Ⅲ. ① 社会保障一资金管理一中国一高等学校一教材

Ⅳ. ① D632.1

中国版本图书馆 CIP 数据核字(2015)第 318735 号

策划编辑 高 樱

责任编辑 高 樱 雷鸿俊

出版发行 西安电子科技大学出版社(西安市太白南路 2 号)

电 话 (029)88242885 88201467 邮 编 710071

网 址 www.xduph.com 电子邮箱 xdupfxb001@163.com

经 销 新华书店

印刷单位 陕西天意印务有限责任公司

版 次 2018 年 10 月第 1 版 2018 年 10 月第 1 次印刷

开 本 787 毫米×1092 毫米 1/16 印张 15.5

字 数 362 千字

印 数 1～1000 册

定 价 35.00 元

ISBN 978 - 7 - 5606 - 3987 - 1/D

XDUP 4279001 - 1

前言

党的十八届五中全会提出了全面建成小康社会的新目标：经济保持中高速增长，在提高发展平衡性、包容性、可持续性的基础上，到二〇二〇年国内生产总值和城乡居民人均收入比二〇一〇年翻一番，产业迈向中高端水平，消费对经济增长贡献明显加大，户籍人口城镇化率加快提高。农业现代化取得明显进展，人民生活水平和质量普遍提高，我国现行标准下农村贫困人口实现脱贫，贫困县全部摘帽，解决区域性整体贫困。国民素质和社会文明程度显著提高。生态环境质量总体改善。各方面制度更加成熟更加定型，国家治理体系和治理能力现代化取得重大进展。

为实现十八届五中全会目标，以期在"十三五"期间，中国发展的环境、条件、任务、要求等实现新的变化。认识新常态、适应新常态、引领新常态，保持经济社会持续健康发展，必须有新理念、新思路、新举措。发展理念是发展行动的先导，是发展思路、发展方向、发展着力点的集中体现。只有认真总结经验，深入分析问题，把发展理念梳理好、讲清楚，以发展理念转变引领发展方式转变，以发展方式转变推动发展质量和效益提升，才能为"十三五"时期我国经济社会发展指好道、领好航。

为此，党中央始终强调，坚持共享发展，必须坚持发展为了人民，发展依靠人民，发展成果由人民共享，通过更有效的制度安排，使全体人民在共建共享发展中有更多获得感，增强发展动力，增进人民团结，朝着共同富裕方向稳步前进。其中，建立更加公平可持续的社会保障制度，实施全民参保计划，实现职工基础养老金全国统筹，划转部分国有资本充实社保基金，全面实施城乡居民大病保险制度。促进人口均衡发展，坚持计划生育的基本国策，完善人口发展战略，全面实施一对夫妇可生育两个孩子政策，积极开展应对人口老龄化行动等都是需要努力落实的目标，而加强社会保障资金管理，保证社会保障制度运行的正常稳定，则是实现上述目标的基础之一。

社会保障资金管理的意义可体现在以下几点：

首先，社会保障资金运行要经过投资、运行等若干个环节，这几个环节相互关联，相互制约，任何一个环节出了问题都会影响到资金的顺利流动。通过实施保障资金管理，对资金的需要量进行科学预测和全面规划，合理分配资金，规范资金的运行程序，就可以保证资金的顺利运行，及时为劳动者提供保障和服务。

其次，加强社会保障资金管理，有助于减轻政府日益增大的社会保障费用负担。世界上许多国家的经验表明，社会保障发展到一定阶段，会出现保障面扩大、待遇水平提高、费用负担增长，使社会保障资金收支出现缺口的情况。为了弥补社会保障资金之不足，政府将不得不拿出巨额财政补贴，从而导致国家财政赤字加大。加强社会保障资金管理，不断提高社会保障资金自我发展的能力，从而为社会保障制度提供源源不断的资金保障，进而减轻政府负担。

最后，加强社会保障资金管理有助于促进经济发展。社会保障已不再是传统意义上的简单地为国民提供物质保障的一种货币收入计划，而是制约和影响一国经济运行的不可忽视的重要因素。社会保障资金的运行对国民储蓄、投资、财政收支、金融市场乃至国际经济活动都会产生重要的影响。加强对社会保障资金的管理，提高社会保障资金的投资与效率，将有利于促进经济发展和金融市场的完善。

本书是作者在多年从事社会保障资金管理课程教学的基础上，借鉴和吸收了其他相关研究著作的经验与优点编写而成的。本书的特色主要体现在以下几个方面：

（1）内容全面，体系完整。本书全面介绍了社会保障资金管理的对象、内容、模式及管理体制，并详细阐述社会保障资金从收缴到支付、从结余投资到风险监控完整的过程，梳理了国外社会保障资金管理的经验，指出了我国社会保障资金管理存在的问题，探讨了如何构建和完善中国特色社会保障资金管理体系。

（2）注重理论与实践相结合，同时注重内容的时效性。社会保障资金管理是一门对理论与实践要求都很高的专业课程。本书在编写过程中，特别注意这一点。在每一章的开篇都附有一篇阅读材料作为引导，通过阅读材料了解本章知识，便于读者掌握重点。在每一章的最后也都附有案例分析，通过对案例的研究，帮助读者吸收本章所学知识。通过多种方式引发读者兴趣，增强读者的参与性，提高读者分析问题与解决问题的能力，使理论与实践更加紧密结合。此外，在阅读材料与案例的收集整理中，始终坚持最新原则，以突出内容的时效性。

(3) 深入浅出，适应性强。本书可以作为高等院校社会保障类本科生或研究生教材，同时也可为政府社保管理部门、社会保障机构从业人员、企业或社区社保专员提供参考。本书注重用平实、简练的语言，深入浅出地阐释社会保障资金管理的基本理论与实践技巧。

本书分为基础篇、原理篇及实务篇，共计10章。第1～3章为基础篇，是本书的概述部分，重点讲述社会保障资金管理的概念、对象及研究；第4～7章为原理篇，主要论述了社会保障资金管理内容、体制、方法以及与国家财政的关系；第8～10章为实务篇，重点阐释中国社会保障资金管理现状、投资策略及风险控制，并梳理了世界各国社会保障资金管理的经验，为我国社会保障资金管理改革提供了借鉴。

本书由长期从事社会保障资金管理等课程本科、研究生教学的赵武副教授负责拟定编写大纲以及框架结构设计，李馥萌、范文韬、马露泽、陈孝菲、史露露、刘芳铭、宋云月、竟芊、徐艺等在本书的案例收集与整理过程中做了大量工作。此外，硕士研究生徐杰、范文韬参与了最后的修改与统稿工作。最终由赵武副教授编写完成。

在本书编写过程中，编者参考了大量国内外相关教材、著作和论文。在此，向有关文献作者表示诚挚的感谢；本书所列参考文献若有遗漏，亦深表歉意。本书在编写与出版过程中，得到了西安电子科技大学出版社的大力支持与帮助；西安电子科技大学出版社的高樱编辑对本书的出版付出了辛勤的劳动，对此表示最衷心的感谢。

由于水平有限，书中难免会存在不足之处，敬请前辈、同行和读者批评指正。

赵　武

2018年3月于西安

目录

第一篇 基础篇

第二篇 原理篇

第三篇　实务篇

第一篇　基础篇

第1章 绪 论

◈ **阅读材料**

社会保障发展变迁

社会保障制度是人类社会发展和进步的结果，从英国1834年颁布并实施《济贫法》算起，已有180多年历史。从1883年德国推行最早的社会保障制度算起，至今也有130多年历史。社会保障制度已经成为现代社会文明的重要标志，也是当今世界上绝大多数国家都在运用的社会政策。尽管各国在保障的对象上或普遍或特殊，在保障的范围上或宽泛或狭窄，在保障的水平上或高或低，但社会保障制度的实施极大地改善了各国的民生状况，促进了各国民众共享经济繁荣和社会进步的成果，并在经济运行方面发挥着重要的稳定器与安全网的作用。

社会保障资金管理是20世纪90年代以来国际社会保障领域备受关注的重要前沿课题。随着世界范围内人口老龄化的挑战日趋严峻，各国社会保险基金制度财务危机、支付危机日趋凸显，因此社会保障资金管理成为全世界人民关注的重要问题。

新中国成立以后，曾经构建了同当时实行的高度集权的计划经济体制相适应的劳动社会保障制度。诸如“广就业，低工资，多福利”和“生老病死有依靠”。当然，当时我国的社会保障是在低水平上实现的。十一届三中全会以来，伴随着计划经济体制向市场经济体制转移过渡，劳动与社会保障制度也开始了改革之旅，健全与社会主义市场经济体制相适应的社会保障制度迫在眉睫。

社会保障既是一种制度安排和政策体系，也是一个特殊的专业领域。它运用经济、法律和行政手段，解决社会问题，实现政治目标。发达国家社会保障历史相对较长，相关法制较为完善，加之在其政治制度下，一项制度、政策的出台往往要经过各种政治力量的长期博弈，一旦出台便以法律形式出现，并同时具有相应的监督机制。因此，其社会保障的资金管理问题并不突出。随着社会保障制度的不断改革，社会保障资金的长期性和复杂性问题日益凸显，发达国家也日益重视社会保障资金的管理，如美国每年一度的《社会保障精算报告》等。

中国目前的就业难题固然有人口、经济因素的原因，但不可排除社会保险缴费对其的影响。又如社会保障待遇，不同的社会成员从社会保障资金中获取不同水平的待遇，既有社会各阶层之间的利益平衡，也有不同人群分享经济发展成果和维护社会稳定的问题。再如，社会保障资金投资运营也涉及哪些人获益等问题。

此外，社会保障资金管理体制更是社会保障资金管理的头号难题，技术性的问题如社会保险费的申报、计划和征收一直难以理顺。又如养老保险的历史债务问题，社会保险的统筹层次问题，个人账户资金的会计主体及其管理问题，社会保障资金信息披露的问题等，采取什么样的目标，采用何种路径、方式、手段对社会保障资金管理显得十分重要。

1.1 社会保障资金管理的学科性质

1.1.1 社会保障资金

社会保障资金，也称社保资金，是指全国社会保障基金理事会负责管理的由国有股减持划入资金及股权资产、中央财政拨入资金、经国务院批准以其他方式筹集的资金及其投资收益形成的由中央政府集中的社会保障资金。

在本质上，社会保障是一国的制度安排和政策设计，即国家或社会通过立法和行政手段对国民收入进行再分配，以社会消费基金的形式，为因年老、疾病、伤残、死亡、失业及其他不幸遭遇而使生存出现困难的社会成员提供一定的物质基础帮助，以保障其基本的生活权利。但宏观制度和社会政策要落实到基层并真正发挥作用，既离不开一系列由制度和政策所决定的措施和活动，也离不开各机关、企业、事业、社会单位的劳动人事或人力资源部门的运作与管理，因而具备很强的实务性和操作性。在一定意义上，社会保障就是资金的保障。俗话说："钱不是万能的，但没有钱是万万不能的"，资金的保障重要性不言而喻，特别是对于我国这样一个还处于社会主义初级阶段的发展中国家来说，更是如此。

从国际上的情况来看，社会保障资金的来源渠道大体有两个，一是征收社会保障税，二是政府财政社会福利支出。目前世界各国基本上是两条渠道都采用，但有所侧重，例如美国主要依靠社会保障税，其社会保障税收入在税收总额中占有很大比重，是仅次于个人所得税的第二大税，而加拿大的社会保障税收入在税收总额中所占比重却相对偏低，其实施社会保障计划的资金来源则更多地依靠非社会保障税性质的财政收入。

我国社会保障资金的来源主要是两方面：一是用人单位和职工本人缴纳的社会保险费；二是各级政府的社会保障财政预算，即社会统筹与个人账户相结合。这两方面来源稳定了，社会保障资金就有了基本保证。此外，还要扩大社会保障的覆盖面，开辟新的资金筹措渠道。我国社会保障支出仅占财政支出的12%，远低于发达国家30%至50%的比例。

1.1.2 社会保障资金管理

社会保障资金管理是指为保障劳动者基本生活，根据国家和个人的经济承受能力，而开展的社会保险基金筹集、待遇支付、基金保值增值等的行为和过程。社会保障资金管理主要包括：社会保障基金收支管理、社会保障基金的预算和决算管理、社会保障基金投资运营管理、社会保障基金稽核、监督等。对于任何一项货币收支计划，尤其是长期性的养老保险基金计划的管理，都涉及到基金的运行条件与平衡条件。研究社会保障资金的制约因素，如人口、经济、精算、法律、体制等因素，构成了资金管理的内容之一。

社会保障资金管理主要内容包括社会保障基金管理体制的选择、社会保障基金筹集与支付管理、社会保障基金的投资管理与保值增值途径、社会保障基金管理的内外部环境协调。

从全球范围来看，社会保障基金主要养老基金组成。从世界各国养老基金管理运营机构的运作方式及其治理结构特点来看，目前养老基金的管理运营主要有以下三种模式。

1. 由雇主或行业协会发起的职业年金管理模式

主要是美、英、欧洲大陆等国家非常普遍的一种运营管理方式。

职业年金管理模式基金设有代表受益人利益的董事会，其具有独立的法人地位。董事会在行使其作为受托人管理基金运营的职责时，主要是通过一系列的委托协议委托专业的基金管理公司、信托公司、投资公司等金融机构进行基金的投资运营；辅之以一定限度的直接投资。

这种模式下的职业养老基金，基金资产所有权、经营权、保管监督权三权是严格分离的，它使受托人、管理人、托管人之间形成相互监督、制衡的机制，这种制衡机制能够有效防范经营者违规操作等风险的发生。基金管理运营绩效的好坏与其资本市场发达程度、当事人诚信水平、外部监管能力及法律环境等有十分密切的联系。

1984—1996年，英国、美国、荷兰、丹麦等国的职业养老计划年平均实际收益率达6%～10%，其经营成本也较低，美国许多大型职业养老计划投资管理年成本不足总资产的0.2%。

2. 政府直接管理模式

由政府直接管理的中央公积金属于这类模式，如新加坡、马来西亚、印度、肯尼亚等国。

这种模式的特点是由政府成立专门机构，直接对公积金进行日常运营管理，实行包括基金管理权、经营权、监督权三权合一的管理模式。如新加坡劳工部下属的中央公积金局，既管理养老基金的日常支付，又管理养老基金的投资运营。从1992年起，新加坡政府容许个人从其公积金户头中提取80%的款项，自行在房地产、股票市场投资。

在政府直接管理模式下，由于养老基金易受政府干预，缺乏竞争性，基金投资收益率相对较低。如新加坡1961—1995年养老金年平均实际收益率为1.5%。

3. 专门的养老基金管理公司管理模式

大多数拉美国家采取专门的养老基金管理公司管理的方式，实行“一人一账户”“一公司一基金”体制。

养老基金管理公司按照法律规定，承担收缴保费、管理个人账户、投资运营、发放养老金等工作。其运作方式与共同基金类似，基金持有人无投票权，但可以把账户转移到其他管理公司，以形成一种竞争态势。因此，基金运营的成败主要取决于有关基金管理公司法人治理结构的好坏和政府监管水平的高低。

以智利为代表的拉美模式，监管机构要求养老基金管理公司提供最低收益担保，主要是为了减少资产管理人缺乏竞争力、无效率及欺诈等代理风险。据统计，智利1981—1999年养老基金年平均实际收益率达10.9%。

由专门的养老基金管理公司管理养老基金，其责任比较明确，过程比较清晰，透明度较高。存在的问题主要是组建成本、管理成本，特别是市场营销成本较高，并且存在非法销售及受益人在各基金管理公司之间过度转换等问题。

在我国金融体制尚不完善，资本市场和中介机构仍欠发达，自律机制尚未形成，相关法律法规还不健全的情况下，对社保基金的投资运营，采取严格的限量监管是十分必要的。

目前，养老基金管理的一个重要发展趋势是，越来越多地利用外部基金经理人来管理养老基金，而且随着国际化的发展，利用外国基金管理人管理的资产比重也越来越高。究其原因，主要是为了利用外部专业人才，通过外部基金管理人之间的适度竞争，有效地降低养老基金管理运营成本，提高养老基金的投资回报。

以下为各国社会保障资金管理模型对比

1）福利国家型（英国）

优点：体系完整、覆盖面广，全体国民均享有社会保障，社会保障内容全，福利水平高，减少贫困，维护社会成员一定标准的生活质量。

缺点：社会保障支出增长过快，财政不堪重负，国家往往举债来支付社会保障资金，过高的社会保障水平助长了国民的惰性，削弱了企业及国家竞争力，人民享受社会保障待遇的权利与义务不对等。

2）投保资助型（美国）

优点：权利与义务相对应，强调公平与效率兼顾，社会保障的资金来源渠道广泛，保障了制度的可持续性。

缺点：财政转移支付资金较少，企业负担较重，保障水平不高。

3）储蓄性（新加坡）

优点：国家负担轻，避免了人口老龄化的困扰，基金的市场特性与政策特性达到了较好的均衡，具有较强计划性，实现了基金的良性循环，基金运作过程更易于控制与调整。

缺点：缺乏互助共济性，难以避免因物价上涨和通货膨胀带来的基金贬值风险。

4）国家保障型（前苏联）

优点：体现了平等原则，保障水平比较高。

缺点：政府财政压力大。

1.1.3　总结社会保障学科性质

总的来说，社会保障资金是一项特殊的社会公共资金，是支撑各项社会保险制度的经济资源，也是社会保险制度得以稳步运行的物质基础。社会保障资金的健全管理，是达成资金安全有效的前提。鉴于社会保障资金的性质和特征，其资金一般都由政府部门及政府委托的有资格的机构管理运作。我国社会保障资金就是由劳动保障部门所属的社会保险经办机构管理，实行属地管理和分账管理。

社会保障资金管理在社会保障及其相关专业中是一门重要的核心课程，它的特色是以综合知识为基础，科学管理为指导，交叉运作为内容，所以是颇具交叉、边缘和实用特点的管理学科。同时，在它的研究对象、研究内容和研究方法上，都具有与其他课程不同的独到之处。学习掌握好这门课程，是研究社会保险科学的内涵，探讨社会保险管理的规律的必经之道。

1.2 社会保障资金管理的研究内容

社会保障资金管理是研究社会保障资金的征缴、保管、投资运营、保值增值管理、监管等运行机制、制度规范及其规律的一门新兴的、综合性的、边缘性管理学科。社会保障资金是社会保障制度的物质基础和实现其社会政策目标的核心条件。社会保障资金管理的安全、有效运营和动态经济中资金的保值增值是社会保障制度的关键。由于社会保障资金管理是一个极为复杂的社会系统工程，涉及亿万社会成员的切身利益和社会的稳定大局，涉及几十年的时间跨度和几代劳动者的收入再分配关系，横跨国家的经济法律、财政税收、金融保险等诸多领域，因而，社会保障资金管理所侧重研究的是一个全局性而不是局部性的问题，是长期性而不是单纯短期性的问题，是制度性而不是单纯技术性的问题，是一门涉及法律、宏观经济、财政金融、人口学、社会政策等诸多领域诸多学科的跨学科研究主题，而不是单纯某一专业和学科的研究主题。

1.2.1 社会保障资金管理的研究主题

(1) 社会保障资金管理过程中必然会遇到同国家经济运行与经济制度、财政预算管理、金融管理、金融市场等的诸多复杂关系。正是透过研究这些复杂的关系，才能揭示出社会保障资金管理运行的规律和制度约束条件。

(2) 社会保障资金管理的法律及制度规范。社会保障的主要组成部分社会保险是法定保险，具有法律的强制性。社会保障资金的征缴比例、资金管理及监管模式、资金投资方式及投资组合的限制，必须纳入国家法律管理体系。

(3) 社会保障资金管理的社会政策目的性。社会保障资金有效管理的终极目标在于实现社会保障的既定社会政策目标。尽管在社会保障资金管理过程中，规模庞大的社会保障资金投资运营必然对经济发展、财政稳定、金融市场发展具有重大的影响作用和互动效应，但不能因此忽视社会保障资金管理的终极目标。否则，注重资金投资的短期绩效就会不同程度地挤压社会保障资金管理的长期战略目标。这是社会保障资金管理过程尤其应关注的一条主线，对于实现社会保障制度预设的社会政策目标，具有关键性的意义。

(4) 社会保障资金的流动过程。社会保障资金的流动过程概括地说就是从收入到支出、从结余到投资的整个资金流动的全过程。不同的社会保障资金有着不同的流动过程。我国目前的社会保障资金包括社会保险资金、住房公积金、企业年金、财政社会保障资金、福利彩票基金和全国社会保障基金六大类，它们都有着各自不同的来源、去向，流程也各不相同。

(5) 社会保障资金管理的运行规律。社会保障资金管理必然在社会保障资金征缴、保管、投资运营、保值增值管理、监管的过程中形成一定的运行规律，在管理中探索其规律的表现、认识并把握这些规律，可以增强社会保障资金管理的主动性、前瞻性和全局性，极大程度提高社会保障资金管理的水平，进而更有效地实现社会保障资金管理的目标。

(6) 社会保障资金管理的多样性。筹资多主体、运行多支柱、投资多元化、监管多模式是当今社会保障资金管理的普遍趋势，也成为社会保障资金管理的运行规律的一种表现。不仅筹资与投资多主体、多元化，而且社会保障资金的管理模式也呈现出多层次、多模式的趋势。世界各国的社会保障资金由政府独家管理发展为政府、市场及其混合管理模式，大多数国家的社会保障资金分别由中央和地方及地方各级政府分别筹集与管理。而且基于医疗、失业、工伤等保险的偶然性，其资金管理可以实行社会保障责任的共担机制。而鉴于养老保险的必然性，可以实行自负为主与共担相结合的机制。

(7) 社会保障资金管理的公平与效率之间的平衡。社会保障涉及社会上的绝大部分人，所以做到公平十分重要。但是同时不能忽略效率的存在。只有在公平与效率的不断平衡中，社会保障制度才能长远地发展下去。这就要求把社会保障的统账结合做到实处。社会统筹部分从社会公平的目的出发，由政府和企业出资，强调资金的横向平衡流动，具有共济互助的作用。个人账户由个人出资，归个人所有，直接将个人待遇享受与个人贡献大小相结合，是资金的纵向积累。这具有提高劳动者积极性，增强自我保护意识的作用，突出了效率原则。统账结合即是社会责任与个人责任、效率与公平的有机结合。

1.2.2 中国社会保障资金的现状、发展、对策

1. 现状

(1) 全国社会保障基金的资金来源。全国社会保障基金的主要资金来源是：中央财政拨入资金；国有股减持划入的资金和股权资产；经国务院批准以其他方式筹集的资金；投资形成的投资收益。

(2) 全国社会保障基金的投资运作模式。对风险较小的投资采取直接投资模式，对风险较大的投资运用委托投资模式，是国际养老金管理运作的成功经验之一。这种运作模式既有利于分散风险，又有利于发挥专门投资机构的专业优势。在借鉴国际经验的基础上，结合中国的国情，按照《全国社会保障基金投资管理暂行办法》的要求，全国社会保障基金理事会对银行存款和一级市场国债承销直接运作，对股票、企业债、金融债等委托专业投资管理机构进行投资。

(3) 投资政策和风险控制。全国社会保障基金有着区别于其他基金的突出特点。第一，全国社会保障基金与人民群众的切身利益密切相关，是社会公平和社会稳定的重要保证，资金的性质决定了投资运作不能冒大的风险；第二，全国社会保障基金具有长期性和稳定性的特点，适宜进行长期投资，以取得较高的收益率。

在资本市场发育不够成熟，缺乏实践经验的情况下，很多国家对社保基金投资组合中的投资品种及其比例给出明确的限制，旨在通过投资约束达到控制风险的目的。《全国社会保障基金投资管理暂行办法》明确规定：全国社会保障基金的投资范围限于银行存款、国债、企业债、金融债、证券投资基金、股票。其中，证券投资基金、股票的投资比例不高于40%，企业债、金融债的投资比例不高于10%。

全国社会保障基金理事会对投资运作持谨慎态度，安全至上是投资管理的第一原则。全国社会保障基金未来5年的投资收益目标为超过同期通货膨胀率，风险控制目标为5年内平均年收益不出现亏损。

按照高起点、规范化、专业化的要求，根据风险控制国际标准，全国社会保障基金理事会建立起一套先进的风险控制制度。理事会内部成立了风险管理委员会和投资决策委员会。每一项投资首先要由风险管理委员会评估，然后报送投资决策委员会决策。在理事会内部机构的职责划分上形成了前台、中台、后台相互独立、相互制约的内部控制机制。同

时，通过对业务环节的风险分析，针对每一个风险点和风险特征提出了控制措施，以保证社保基金的安全。在2004年6月底的资产配置中，普通银行存款、银行协议存款和国债回购投资，占资产总量的51.85%；债券投资的比例为32.76%；股票投资的比例是7.75%，长期股权投资的比例是6.75%。按已实现收益计算的基金权益收益率是3.7%。

2. 发展

中国政府对社会保障高度重视。2004年，全国人民代表大会将“建立健全同经济发展水平相适应的社会保障体系”写进宪法。上至国家领导人，下至普通百姓，都对全国社会保障基金的成长壮大十分关注。全国社会保障基金迎来了迅速发展的大好时机。

全国社保基金理事会的奋斗目标是：用五年或更长一段时间，争取使社保基金的规模能够达到一万亿左右；实现社保基金管理的全面现代化，按照国际先进水平，把全国社保基金理事会建设成具有中国特色的社保基金管理机构。

要实现既定目标，全国社会保障基金需要加快发展。为此，必须建立稳定的资金来源、良好的法制环境和符合自身特点的管理运营体制。

3. 对策

(1) 健全完善全国社会保障基金的法律环境。中国确立了依法治国的方略，国务院也规定了依法行政的准则。一个良好的法制环境，是全国社保基金得以持续健康发展的基本前提。目前，全国社会保障基金理事会正在配合监管部门，对《全国社会保障基金投资管理暂行办法》进行修订，根据现实需要和未来发展，放宽投资限制。下一步，将与立法部门一起，尽快制定一部较高法律层级的行政法规或法律，进一步明确全国社保基金的性质、资金来源以及支取办法等重大问题。

(2) 壮大全国社会保障基金的规模，建立稳定的资金来源。作为增强中国社会保障财力储备的重要措施之一，中国政府决定划拨部分国有资产充实社保基金，并将这一论述写入中国经济和社会发展的纲领性文件。巨额国有资产是国家掌握的重要资源。国有资产的形成，是国有企业老职工长期低工资进行超额积累的结果。将国有资产用于社会保障事业，是取之于民、用之于民，是加快社保基金发展的契机。目前，全国社会保障基金理事会正在配合国家有关部门，尽快启动国有资产划拨工作。

财政预算拨款是目前全国社会保障基金的主要来源。全国社会保障基金理事会已向中央政府建议，争取财政预算向社保基金拨款制度化。

为了进一步扩大全国社会保障基金的资金来源，全国社会保障基金理事会还通过学习借鉴其他国家筹集社保基金的成功经验，结合中国的具体情况，探索从公共资源收入中筹集社保基金的可能性，例如，拍卖电信营业牌照收入、土地批租收入等。

(3) 拓宽投资渠道，开发新的投资品种。由于一个国家证券市场的投资回报与该国的政治状况、经济周期、现实经济增长率、财政货币政策、资本市场成熟程度等因素密切相关，而各个国家在上述因素中可能存在很大差异，使得国际投资成为实现低风险高收益的重要手段。2004年2月，全国社会保障基金开展海外投资的申请已经获得国务院的批准，同时也正在完善相关法律制度和前期准备工作。

开发新的投资品种，实现投资多元化，有利于分散证券市场的风险，有利于投资收益的稳定增长。全国社会保障基金投资运作以来，在确保资金安全的前提下，开展了一系列多元化投资的探索和创新。启动了有利于改善现金流管理、收益也比较好的债券回购业务；作为战略投资者，还尝试了在一级市场上申购有良好发展前景的新股。下一步，理事会打算在实业投资和产业投资基金上继续拓宽投资渠道。这些投资与证券投资相比，对通货膨胀和通货紧缩的周期反应不同，是有效分散风险的投资品种。而且投资期限较长，收益较稳定，符合全国社保基金的风险收益特征。目前，全国社会保障基金理事会已就相关问题开展调查研究，咨询论证，并得到了监管部门的支持，力求尽快完成法律手续。

(4) 重视人力资源开发。市场的竞争，归根到底是人才的竞争。通过掌握先进的社保基金投资管理理论，学习国际成功经验，经过实践锻炼，打造一支高素质的人才队伍，是全国社会保障基金发展的必由之路。全国社会保障基金理事会正在通过建立内部的激励和约束机制，调动员工的积极性，完善人力资源开发的环境和政策。

(5) 探索个人账户资金投资运作与保值增值机制。目前，辽宁、吉林、黑龙江三省正在开展完善城镇社会保障体系试点。试点中，做实个人账户所需资金由中央财政补助的部分，委托社保基金理事会来管理。经过前一段时间的准备，这项工作已开始实施。

建立个人账户计划是抵御人口老龄化冲击的有效手段之一，而个人账户计划能否成功很大程度上取决于投资运作的成果。随着个人账户逐步做实，个人账户资金的规模会有较快的增长，凸显出投资运作的重要性。理事会管理运作这部分个人账户资金，责任重大，意义深远。全国社会保障基金理事会将努力探索，找到一条适合我国情况的个人账户资金投资运作模式，在完善我国社会保障体制的过程中发挥更大的作用。

1.3 社会保障资金管理的研究方法

1.3.1 社会保障资金管理的研究方法

社会保障资金管理既是一门新兴的边缘学科和交叉学科，又是当前关注的热点。缺乏正确的思维方式和研究方法，不但难以有效利用不断膨胀、成几何级数增长的信息资源，而且难以识别有用的信息，缺乏识别和清扫垃圾的基本能力，何以对社会保险资金进行有效的管理？因此社会保险资金管理应该高度重视研究方法。

(1) 运用管理哲学方法。哲学不仅是一门世界观，更是一门方法论，旨在给人们提供解决问题的方法论。管理哲学是在现代管理科学的基础上适应社会对整体思想巨大需求背景下出现的一种新的决策思维。一般管理科学侧重于将管理知识应用于管理实务或仅关注于管理知识的运用化和技术化，而管理哲学则强调发展整体思想以充实管理知识，提升管理科学与知识决策化的程度。在21世纪管理哲学的应用有着广阔的前景，具有更高层次的整体性、融合性、创造性的思维特性。对于社会保障资金管理这门学科而言，管理哲学方法及其思维方式无疑具有重要价值。具体包括按照管理目标与模式借助特有的方法，辅之以国际上的经验借鉴，对社会保障资金管理的各方面内容进行管理，并对管理的过程进行绩效评价。

(2) 运用跨学科研究方法。社会保险资金管理涉及社会的方方面面，其中包括政治、经济、社会、法律、人口、财政、金融等诸多方面。由此决定社会保障资金管理这门学科的研究方法不单单局限于这一门学科的研究方法，更要通过对诸多学科和知识结构与研究方法的运用，才能更好地揭示社会保障资金管理的内在规律。社会保障资金管理具体表现为资金的征缴、保管、投资营运和监管等具体环节，但实际上这些环节和管理程度同法律制度、宏观经济运行、财政收支状况、货币收支状况、货币资金流量和金融市场发展以及诸多社会条件，具有非常密切的内在联系，甚至与国民社会心理、公众对法律及规则的认同程度、社会信用的认知程度，与社会保险资金投资运营与监管的绩效等关系极大。因此，要充分利用各学科广泛的知识结构和方法，才能更全面地认识和把握社会保险资金管理的内在脉络，实现社会保险资金的有效管理。

(3) 运用现代经济管理科学的各种方法。在社会保障资金运行过程中，涉及保险学、现代金融学、社会保险学、精算学、财政学、投资学等知识领域。社会保障资金的收支平衡，必然同国家的经济发展密切相关。社会保障资金的投资营运及其方式、投资组合比例制定，受一国资本市场的完善程度的制约，社会保障资金与资本市场的互动、社会保障资金入市的约束条件及其监控能力同保险市场、金融市场的发展不可分离，同国家的金融保险、证券监管的现状、水平和能力紧密联系，并同国家金融监管部门任务相交织，构成非常复杂的社会系统工程。所以，社会保障资金管理离不开现代经济管理学各学科知识的综合运用。不仅如此，还必须充分借鉴运用国外先进的管理技术与方法，比如资产负债管理方法、证券指数化理论与方法、金融创新理论。

(4) 运用精算学的研究方法。社会保障资金管理运用精算研究方法，主要用于测算社会保险资金费用征缴比例，测算各类社会保险待遇水平，预测社会保险资金规模及运行条件、各类准备金的提留比例尤其是风险保障金的建立。同时，也运用于社会保险资金投资分析的各类业务、社会保险资金投资监管指标测定和现代资产组合理论。社会保险精算方法在社会保障资金管理的全过程都具有重要的作用。

1.3.2　国际社会保障资金管理的新方法

1. 社会保障资金管理多元化

20世纪90年代以来，受多种因素制约，全球的社会保障制度框架正经历着自创建以来最重要的一次改革，社会保险资金管理出现多元化的发展趋势。

(1) 欧美国家社会保障资金管理市场化。

区别于传统的改革思路，欧美国家在20世纪90年代开始实施以结构改革为重要特征的发展思路，通过构建多层次的社会保障制度，鼓励发展补充养老保险计划，实施部分基金制模式，引入个人账户机制，部分项目实施社会保险的私有化改革。而逐步放松政府管制，更多地向市场机制回归，致力于向市场化方向的调整改革，是欧美国家社会保障资金管理的一个新方法。由于国情不同，在市场化的发展中，各国呈现出不同的调节步伐。如英国从20世纪80年代起就较大幅度地突出补充养老保险计划的作用，并在资金投资方面较早的放松限制，在资金管理的私营化方面迈出了较大步伐。澳大利亚、荷兰、瑞士等国致力于发展多层次模式中的私营化管理的基金制模式，基金资产占GDP比重均超过60%。

(2) 拉美、东欧国家社会保障资金管理私营化的步伐加快。由于智利模式的影响，阿根廷、秘鲁、墨西哥、乌拉圭等拉美国家和波兰、匈牙利、捷克等东欧国家以更快的步伐建立起私营竞争的社会保险制度，呈现出远比欧美国家发展更快的趋势。

(3) 东南亚国家仍继续采用公积金管理模式。东南亚国家尤其是新加坡和马来西亚，实施集中管理的公积金模式，强调政府在社会保障资金管理中的主导作用，运用社会保障资金投资于经济建设的投资策略，运用社会保障资金在促进经济发展和实现社会政策的双重目标，取得了举世瞩目的绩效。

2. 放松对社会保障资金投资项目的限制

近年来，在社会保障资金管理的实践中，受经济全球化和经济自由化的影响，欧美国家、拉美国家和一些东欧国家都不同程度地放松了对社会保障资金管理的限制。对于基本养老保险资金的投资，购买国债或定期存款仍占主要份额(如瑞典占42%，智利占39.4%)，而拉美和东欧国家的养老保险资金投资于资本市场的限额和实际运用又有进一步松动。可以预计，今后几年这一趋势仍将继续。

3. 养老资金与资本市场互动的方法

养老保险是社会保险的重中之重，而社会保险是社会保障资金管理的重中之重，因此管理好养老保险资金具有重大意义。养老保险资金参与资本市场的广度与深度都将对资本市场的发展产生巨大的推动作用。比如2000年OECD国家有30%以上的金融资产来自积累的养老保险资金。荷兰、瑞士养老保险资金的规模超过其资本市场金融资产的50%。养老保险资金的资产分布和投资组合，对资本市场的结构及效率会产生直接的影响。

4. 社会保障资金向海外延伸

长期以来，大多数欧美国家限制社会保障资金向国外投资，平均投向海外的养老保险资金不超过总资产的16%。比利时、丹麦、葡萄牙、法国等规定了投资于公共债券的最低限额。但近年来，由于国内金融市场的压力和资金规模的日益扩大，一些欧美国家正谋求社会保障资金向海外投资的新的发展策略。根据风险投资组合理论，通过资金投资的国际化，分散投资风险，在不牺牲投资收益的条件下，最大程度地降低多项收益的波动性。

★ 以下为各国社会保障资金管理案例。

几乎所有德国公民都加入了医疗保险。今年73岁的奥托·考夫曼先生，是德国的一位普通老人，1998年3月4日，他正式退休并开始申请从65岁开始的正常老年养老金。按照法律，他每个月能拿到大约1316欧元的养老金。在这笔资金的保障下，他可以舒心地安享自己的晚年。

在建立社会保险制度方面，德国可谓先行者，它是世界上第一个建立了广泛社会保险的国家。中国社会科学院法学所研究员刘翠霄曾在德国做过访问学者，对德国社会保险制度有着深入的研究，她向记者介绍了德国社会保险制度的发展以及监管措施。

德国社会保险制度最初的建立不是以实现社会救助功能为目的产生的，而是为了解决社会矛盾的应急措施。19世纪末德国工业发展迅速，但工人工资水平较低，生活风险没有保障，工人不断起来反抗，政府开始时实行镇压，然而这样的镇压是不可能奏效的。在俾斯麦执政时期，政府在镇压工人运动的过程中渐渐省悟，认为建立起福利保障制度才能从根本上解决这一问题。1881年德国威廉一世皇帝根据俾斯麦的建议宣布："最大限度地保障需要帮助的人。"1883年的《工人医疗保险法》、1884年的《事故保险法》和1889年的《养老保险法》先后在帝国议会通过。这些法律的出台在世界上都是首次。1911年，这三部法律被汇编成帝国保险法。1975年，德国将各种社会法规汇总，颁布《社会法典》，该法典是当今德国社会保险制度的法律基础。1995年起，德国设立了长期护理保险并纳入《社会法典》。

总的来说，德国已形成种类丰富、体系完备、法律健全、运行良好的社会保险制度。

“尽管俾斯麦建立社会保险体系的初衷只是为了解决社会矛盾，但当时欧洲很多国家认为这是一个很好的制度：不仅能促进经济发展，还能稳定社会，消除贫富差距。于是，各国纷纷效仿，先后建立起了社会保险制度。社会保险制度成为工业化国家、市场经济国家构建和谐社会的必不可少的措施之一。”

德国的《社会法典》对养老、医疗、失业、护理、事故等五项保险作了详细明确的规定。养老保险是德国社会保障体系的一大支柱，旨在员工丧失工作能力和进入老龄或死亡的情况下，为员工及其家属提供保障。法律规定所有工人和职员都要参加法定养老保险。

失业保险的保费为雇员工资总收入的6.5%，由雇员和雇主平均分摊。收缴的全部保费用于支付失业补助、短期工作补助和创造工作岗位的支出。所有在过去两年中交纳了12个月或以上的失业保险费的人均可享受此保险。几乎在德国的所有居民，都参加医疗保险。此外，为应对当前老龄化突出问题，德国还设立了长期护理保险。长期护理保险的保费法定为雇员工资月收入限额以下部分的1.7%。同医疗保险一样，当家庭中参加工作的人投保后，取得受保权益的子女和无收入或微收入的配偶也享受长期护理保险。以上四个险种的保费，都由雇员和雇主平均分摊。但是，事故保险的保费，由雇主单独支付。按法律规定，所有雇员和农民都必须参加事故保险。

社会保险基金筹集起来后，由企业一并交到医疗保险机构，然后再由医疗保险机构统一划到分管养老、失业、护理等各保险机构，尽义务的人都能享受遇到“生活风险”(老年、疾病、失业、伤残)时的法律上规定的各种待遇。

按照德国《社会法典》及相关法律法规，德国实行自治的公共法人团体来管理社保事务，分别成立养老、失业、医疗、护理、事故等保险机构。这些机构各负其责，并且由保险金的交纳者——投保人和雇主共同参与决策。为此，德国实行社会保险选举制度，投保人和雇主通过公开的选举，选出各自的利益代表者，进入社保行业的管理决策层。

按照规定，社保机构的决策机构——代表大会设有两个轮值主席，分别代表投保人和雇主。代表大会的成员不能超过60人，投保人和雇主所占人数必须对等。

德国《保险控制法》专门规定基金投资方向，并确定了社保基金投资原则：一是安全性原则。低风险投资，以保证能足额收回所投资金。二是限制性原则。法律的规定限制了投资的类别和对外投资的规模。三是分散性原则。投入一家公司基金比例不得超过基金额的10%。四是专款专用原则。社会保险基金一定要用在社会保险支出上，不能挪做他用。如养老保险基金只能用于退休金支付，医疗保险基金只能用于疾病支付等等。“这四个原则保障了社保基金投资风险小，收益高。”

在德国，由于养老金收入不抵支出，需要国家补贴才能维持正常运转，因此养老金投资无从谈起。养老金由专门的“德国养老金保险”机构管理，该机构定期要检查养老金的缴纳和分配数量，每月都要在网上对收支明细作出公示，接受公众的监督。此外，“德国养老金保险”接受德国联邦劳工和社会事务部下属的德国联邦保险办公室一定程度的监督。这些措施有效防止了腐败现象的发生。

在社会保险的保障下美国老人得以安享晚年。美国联邦社保基金理事会负责对联邦社保基金的收支状况进行评估、管理和进行投资决策。依据法律，理事会每年需向国会报告社保基金的收支状况，提出10年内的短期预测和75年的长期预测，并根据预测就联邦社保基金的投资和征缴提出方案。

美国刑法对侵占养老金与社会福利基金行为的处罚严厉。社保基金的投资策略相对保守，只被允许购买不可用于任何交易的政府“孳息型有价证券”。这是政府方面最保险的投资，社保基金绝不可能陷入股票和房地产等“风险”投资。

日本老龄化问题非常严重，因此养老保险成为其社会保险的核心。

日本2001年，日本对社保基金进行了改革。改革目标是为了维护养老金受益人的利益。在新的权责体系中，厚生省负责制定基金的基本投资策略、管理和监督“年金资金运用基金”。在投资决策过程中，它必须向全国社保协议会下属的一个基金管理委员会(由受保人代表、工会、金融和经济管理专家等11名代表组成)进行咨询，并接受其监督，向其提供每年基金的投资管理和资产收益情况。此外，每年的投资报告要定期向公众进行信息披露。

1998年以前，韩国实行的是监管与检查分离的二元化的监管制度，不利于监管政策的有效实施和保险经营机构的健康发展。1999年1月，韩国政府设立了金融监督院，对金融各业实行统一监管。金融监督院中共有三个部门负责保险监管：保险监督局负责制定保险监管的一般政策，处理日常监管事务；保险检查局负责对保险公司的现场和非现场检查；投保人中心负责处理保护投诉。监督效率由此提升。

本章小结

本章对社会保障资金管理的学科性质、研究对象、研究内容三方面进行了论述。这三部分基本体现了本书的框架和范围。第一节从社会保障资金引入社会保障资金管理，进而介绍了社会保障资金管理的学科性质是一门交叉、边缘和实用特点的管理学科。并举例介绍了社会保障资金管理的三种模式和比较了几个国家对于社会保障资金管理模式的优缺点。第二节从七个方面分别介绍了社会保障资金管理的研究内容。其中包括研究社会保障资金管理过程中的诸多复杂关系、研究社会保障资金管理的法律及制度规范、研究社会保障资金管理的社会政策目的性、研究社会保障资金的流动过程、研究社会保障资金管理的运行规律、研究社会保障资金管理的多样性、研究社会保障资金管理的公平与效率之间的平衡。并举例了我国社会保障资金管理的现状、发展、对策，以案例深入理解社会保障资金管理的内容。第三节主要论述了研究社会保障资金管理的四个方法。包括运用管理哲学方法、跨学科研究方法、运用现代经济管理科学的各种方法、运用精算学的研究方法。同时还介绍了国际上对于社会保障资金管理的新方法。

案例分析

广东省社保资金实行地税全责征收

一、试点

刚接手社保费征收工作时，广东省地税部门按照社保部门提供的应征数据进行征收。这种征收模式的局限性和被动性较大，难以充分发挥地税部门的征管优势，无法从根本上解决扩面难、清欠难和缴费基数申报不实等棘手问题，制约了社保费征管工作进一步发展。

为了解决这一问题，2001年～2004年，地税部门和社保部门在各级政府、财政等部门的全力支持和配合下，在中山、江门、潮州等地推进地税全责征收社保费征管改革试点，实行社保费与税收同征、同管、同查，进一步调整和明确部门职责分工，由地税部门负责社保费申报、核定、征收，社保部门负责登记、记账、发放，财政部门负责社保资金监管。这一举措有效地促进了社保费的征收和扩面工作，取得了良好效果。如中山市2001年实行地税部门全责征收社会保险费后，社会保险费收入由2000年的6.5亿元增长到2006年的30.3亿元，增长了4.7倍；参保人数由22.5万人增长到90.4万人，增加了67.9万人。潮州市实行地税全责征收的2003年，征收社保费2.4亿元，同比增收7519万元，增长45%，不仅填补了上年3900万元社会保险基金缺口，还实现基金结余3633万元。事实证明，社保费由地税全责征收，是促进社保扩面、社保费应收尽收的重要手段。

二、推进

2005—2008年，在中山、江门、潮州等市成功实现社保费地税全责征收改革的基础上，汕尾、揭阳、云浮、梅州、汕头等地也实行了地税全责征收社保费。在此期间，各级地税、社保部门紧密沟通，精诚合作，取得了良好效果。

(1) 建立健全社保费地税全责征收制度。广东省各地建立了地税、社保部门联席会议制度以及注销户、失踪户监管制度。地税部门与财政部门建立了基金结算制度，确保社保基金及时划解财政专户；与工商部门积极配合，建立了社保审查制度。同时，地税和社保部门共同配合各级审计部门每年的社保费审计工作，在2006年审计署特派办对社保基金的专项审计中，特派办对广东省社保费征管工作给予了充分肯定。

(2) 加强社保费征管信息系统建设。地税和社保部门分别加强各部门的信息化系统建设，全力构建全省社保费征管信息化网络系统，将社保费数据纳入信息化系统进行处理，利用电子信息技术提高社保费征管工作效率。目前，广东省已基本实现了地税部门与银行和社保部门的联网扣费以及网络传递数据的电子化征收，大大缩短了征收周期，提高了征收效率。地税部门还开通了互联网申报缴费系统，为缴费人申报缴费提供了便利。2006年，广东省地税系统依托信息"大集中"平台的个人所得税征管软件，在全省20个市(深圳市除外)全面上线运行，不但成功实现了个人所得税明细申报、全员全额管理目标，而且发挥了个人所得税征收管理的刚性执法优势，通过社保费申报与个人所得税申报资料的比对，有效减少了缴费单位瞒报、少报应缴社保费以及恶意拖欠社保费等问题，实现了个人所得税管理与社保费征缴的互动，大大提高了海量信息处理能力。

三、攻坚

根据2008年广东省政府《关于改革完善省级养老保险调剂办法的通知》规定，广东省从2009年1月1日起，推行直接划解省级养老保险调剂金及社会保险费地税全责征收。这一规定，标志着广东省社保费地税全责征收工作取得突破性进展。为确保这项工作顺利开展，各级社保和地税部门团结一致，锐意进取，坚持解放思想，不断改革创新，全力推进全省社保费地税全责征收工作。

(1) 进行全省宣传动员。为获得珠三角地区对这项工作的支持，广东省人力资源和社会保障厅、省地税局先后前往珠三角地区各市，与当地政府有关领导及相关部门负责人进行座谈。广东省地税局以局党组扩大会议的形式召开动员大会，并前往各市调研及动员，组织召开全省工作会议，布置社保费地税全责征收的有关工作。

(2) 成立工作领导小组。社保费地税全责征收是一项系统性工作，涉及多个部门，必须加强领导，强化责任。为此，广东省人力资源和社会保障厅和省地税局联合成立了直接划拨省级调剂金及全责征收工作领导小组，定期召开领导小组联席会议，协商解决重大问题，安排部署重要工作。

(3) 完成系统技术开发。为确保社保数据准确，切实保障缴费人利益不受损失，各级社保部门和地税部门发扬艰苦奋斗的精神，以过人的毅力，拼搏奋战，在短时间内完成了大量的业务差异分析，清理了上万亿条社保数据。为确保双方信息网络联系畅通无阻，地税和社保部门分别对各自的信息系统进行优化升级，双方接口数据项目从最初的50多项发展到目前广州市全责征收的400项，极大地满足了社保部门的记账需求，切实保障了缴费人利益。

(4) 互惠互助，共同进步。全责征收攻坚期间，地税部门和社保部门充分发扬大公无私、不怕困难的进取精神，互相帮助，共同进步。如地税部门积极协助社保部门加强信息系统建设，社保部门帮助地税部门进行社保知识培训。在全责征收业务交接初期，部分地区的社保部门还专门派人到地税部门办税服务厅，现场解决社保费征缴中出现的问题，确保了双方业务交接平稳过渡。

四、收获

一分耕耘，一分收获。广东省自地税征收社保费特别是实行社保费全责征收以来，取得了明显成效。

(1) 社会保险费支付力大大增强。2000—2008年，广东省社保费收入从149亿元增长到873亿元，各级地税部门累计征收社保费4004亿元，年均增长28%。2008年，广东省社会保险基金结余502.02亿元，滚存结余2260.32亿元，比上年增长28.55%，社会保险基金收入、基金结余总量、参保人数继续位居全国首位，为全省统筹及做实个人账户，确保社保待遇支付等工作打下了坚实基础。2009年，广东省经济在受到国际金融危机的冲击，企业减员、费率普遍下调的情况下，地税部门及时加强社保费费源管理，加大征管力度，1—9月社保费收入依然达699亿元，同比增长10.3%，征缴率达98.5%。

(2) 确保社保基金的安全。由地税部门全责征收社会保险费，从体制上实现了社会保险基金“收支两条线”，确保了收、管、支的严格分离，广东省建立了税务机关征收、社会保险机构发放、财政部门管理、审计部门监督的社会保险费征收、管理、发放和监督相互分离、相互制约的科学管理机制，确保了社会保险基金管理的安全。

(3) 降低征收成本，节省行政开支。税务机关是专职组织收入的政府执法机构，有独立的征收体系，利用税务机关现有的人力、物力，实行社会保险费与税收同征、同管、同查，既发挥了税收征管优势，加大了社保费征缴和扩面力度，又不用额外增加人员和征收经费，大大降低了征收成本，节省了行政开支。同时，也使社会保险经办机构从繁杂的征收工作中解放出来，集中精力做好个人账户的管理、享受待遇资格的认定和社会化发放工作。

(4) 提高了缴费服务水平。地税部门全面开发了网上报费系统，社保费缴费人可以通过网络，足不出户进行社保费缴费申报，大大提高了信息化缴费服务水平，方便了缴费人办事。为更好地为缴费人提供舒适便捷的办理社保费环境，各地对办税(费)服务厅进行了优化改造，全省共增设200多个办费窗口，大大减少了缴费人办费等候时间，提高了办费效率。

(5) 提高了社保费统筹层次。不断提高社保费统筹层次是社会保障体系建设的发展方向。其关键是社保数据信息化集中管理的普及、社保制度的统一、社保基金征缴力的增强等。经过多年努力，广东省地税部门的信息“大集中”工程已达到全国领先水平。社保费地税全责征收，充分依托先进的信息“大集中”平台和税收征收管理优势，加大了社保费征缴力度，实现了全省社保数据集中管理和全省征管制度、办法的规范统一，为广东省社保费统筹层次的提高奠定了坚实的基础。

广东省委、省政府高度重视地税全责征收社保费，广东省委常委、副省长肖志恒在2009年7月9日省人力资源和社会保障厅举办的社会保障体系建设报告会上强调，要加快推进社会保险费地税全责征收，确保2009年底前实现省级统筹。目前，全省社保部门、地税部门、社保基金管理机构根据省委、省政府的指示精神，同心协力，上下一心，排除困难，全力以赴推进广州、佛山、东莞三市的社会保险费地税全责征收工作，广东省将全面实现社会保险费地税全责征收，这将为广东率先建立健全社会保障体系提供强有力的支持。

十年奋斗，汗水交融。广东省地税部门与社保部门多年的努力，终于结出了累累硕果。目前，全省各市征管秩序良好，税费并重的征管模式基本建立，一个社保费征收、管理、发放和监督相互分离、相互制约的科学社保管理机制正在逐步建立。在前进的道路上，有阳光，也有风雨。为进一步完善广东省社会保障体制，地税部门将继续与社保部门并肩战斗，为创造广东省社会保障更美好的明天努力奋斗！

复习思考题

1. 社会保障资金管理的学科性质是什么？
2. 社会保障资金管理研究的内容是什么？
3. 社会保障资金管理的研究方法有哪些？

第 2 章 社会保障资金管理概述

◈ 阅读材料

癌症患者为买高档营养品 两年诈骗社保基金 41 万

中新网台州 7 月 28 日电(记者 谢盼盼 实习生 何冬晨 通讯员 张茹颖)因身患癌症，负担不起高昂的医疗费用和营养品费用，退休职工吴某竟伪造各种材料，两年内先后骗取社保基金共 41 万余元。28 日，记者从浙江仙居法院获悉，该院一审以诈骗罪判处吴某有期徒刑六年八个月，并处罚金人民币 7.5 万元。

吴某今年 64 岁，是浙江台州仙居一家建材公司的退休职工。2012 年 3 月，他被查出患了肺癌，四处求医都没什么起色。后来，他听人说吃一种孢子油的高档营养品能缓解病情，就是价格很高，一盒需要 2 万多元。吴某虽然能享受 50%以上的大病报销待遇，可是看病吃药已经使原本就不富裕的家中经济日益困难，再也无力负担营养品的费用。

2012 年 5 月，吴某去上海看病时，看到医院厕所墙上写着“代开住院发票”等字样，他想赚点钱买营养品，于是打电话过去向对方买了伪造的住院病历和发票等材料，并且成功在仙居县社保中心报销到 14000 元。

此后，吴某越来越大胆，2012 年 7 月至 2014 年 8 月期间，他购买了以其本人名义开具的上海、江苏等地多家医院假材料，先后 12 次从仙居县社保中心骗得补偿金共计 41 万余元。

2014 年 12 月，吴某又拿着一份南京军区总医院的假材料到社保中心报销，工作人员发现其住院清单项目和记录内容有出入，电话联系了医院，被告知并没有吴某的住院信息。此后，追查出吴某前几次提供的报销材料都有造价嫌疑，于是报案。

法院审理后认为，被告人吴某以非法占有为目的，虚构事实，骗取国家财产，数额巨大，其行为已构成诈骗罪。根据其犯罪情节和悔罪表现，依法作出了上述判决。

近年来，通过弄虚作假等手段骗取养老、医疗、工伤、失业等社会保险(放心保)金的案件时有发生。一些医疗机构甚至用假住院、假名单、滥开药等方式套取巨额医保基金。在司法实践中，对于上述行为，有的按诈骗罪处理，有的给予行政处分，还有的在追回社保基金或待遇后不予处理。司法机关审理这类案件时也有不同看法，有说诈骗罪的，有说保险诈骗罪的，也有说非法经营罪的。“从性质上讲，以欺诈、伪造证明材料或者其他手段骗取社保基金、社保待遇的行为与刑法规定的诈骗公私财物行为是相同的，所以要通过法律解释予以明确。"李寿伟说，实践中骗保的情况很复杂，立法解释只能明确法律的适用依据，在实践当中如何根据具体的情况细化定罪量刑的标准，还可以通过阅读材料司法解释、案例指导等方式进一步明确。

2.1　社会保障资金管理的形成背景与现状

理论源于实践高于实践，社会保障资金管理的理论研究与实践同样遵循这样的规律。国际、国内社会保障在形成上遵从的路线不同，所以现状也不尽相同。社会保障资金管理是社会保障制度运行的基础，是社会保障管理的核心。其在稳定社会方面发挥了重要作用

2.1.1　社会保障资金管理研究的国际背景

现代社会保障制度沿两大脉络发展而来：一是源于 16 世纪英国《伊丽莎白济贫法》的社会救助体系，二是源于 19 世纪 80 年代末德国由俾斯麦建立，为对抗第二国际的影响的社会保险体系。在社会保障制度建立初期，这种制度的建立有效解决了商业与生产力的尖锐矛盾，促进了资本主义生产方式的维持。接下来的贝弗里奇报告更是为二战后，福利资本主义的建立奠定了基础，实现了一个资本主义发展的黄金时期。但随着福利资本主义内部矛盾的日益显现，发达资本主义社会保障模式普遍陷入困境，资金问题成为制约社会保障运行的严重问题。由此开始对社会保障筹资模式的思考与重新设计：主要出现了现付现收制、基金制、部分积累制(基金制与现付现收制结合)、名义账户制。现收现付制是指按照一个较短时期内收支平衡的原则确定费率，筹集社会保险基金，即本预算内社会保险费收入仅仅满足本预算期内的社会保险金给付需要的一种基金筹集制度。而基金制则是指在对人口、工资、物价、利息等社会经济指标进行宏观测算后，将被保险人在享受保障期间的总保险费用按一定的提取比例分摊到整个投保期间的模式。部分基金制按照当前的保险费支出加上一定的储备来提取保险基金的模式。20 世纪 80 年代后，一些国家陆续开始由现收现付制转向基金制，后来出现了将现收现付制与积累制结合形成的部分积累制，90 年代后一些国家出现了不同于上述三种筹资方式的"名义既定供款"(NDC)制度，简称"名义账户制度"。

名义账户制就是把社保账户变成一个银行账户，有清楚的个人缴费记录，将现在个人缴纳的工资的 8%和企业配比的 20%全都记入个人账户。但是，正如银行将吸纳的存款贷给哪家企业与储户无关一样，国家做不做实账户也与个人无关，只需保证个人退休后能按时足额拿到钱。

社会保障资金管理问题之所以引起人们足够关注更多源于 20 世纪 70 年代社会保障困境的开始。理论界对社会保障资金管理的研究，首先集中在社会保障资金收支对经济的影响，出现了世代交叠模型、资产替代效应、引致退休效应等研究成果；其次在养老保险筹资方式上，即老龄化背景下现收现付与基金积累的讨论，至今仍未统一；最后随着个人账户

筹资方式引入，又集中到政府与市场的社会保障分工及资金管理模式上，形成了多渠道筹资与多支柱运行的主流观点。

三十多年来国际社会对社会保障资金管理的讨论主要针对在以下几个方面。

1. 社会保障资金的筹集方式讨论

（1）从纵向或代际角度讨论社会保障资金筹集方式。20 世纪 50—60 年代，人们对社会保障筹资方式的研究主要是从经济学角度进行的，并分为截然不同的两大派：一派以世界银行为代表赞成基金积累制，认为现收现付难以应对人口老龄化的挑战，而且其资产替代效应远远大于引致退休的效应，因而会挤出个人储蓄，导致投资和产出的减少，最终有碍于经济增长，他们一直相信积累能够促进经济增长。另一派以国际劳工组织为代表赞成现收现付制，认为可以使劳动力流动的障碍减到最小，能迅速建立全额养老金领取权，使养老金免受通货膨胀威胁，并且他们认为积累的意义弱于再分配，所以无需积累。

20 世纪 80 年代后，关于社会保障筹资方式的讨论转向部分积累制和名义账户制。对于部分积累制，人们较一致的看法是它在兼收现收现付制和基金积累制的优点的同时，也并蓄了两者的缺点，而且其管理复杂程度远超过人们的想象。名义账户制在一定程度上强化了个人责任和公平性，优于现收现付制，并且避免了巨额转制成本和通货膨胀风险。因其优缺点兼具，所以其可行性还有待验证。

（2）从横向角度讨论社会保障资金筹集方式(即多种筹集组合方式)。1994 年世界银行提出了“三支柱方案”即社会养老保险、职业年金和个人自愿储蓄。世界银行认为在人口老龄化日益严重的背景下，单一的公共养老金制度日益受到政治和财政压力的挑战，养老体制不具有可持续性。而建立多支柱养老保障计划即可以降低政治责任，又可以分散风险，为老年人提供稳定的保障。但也有观点认为，多支柱会使制度进一步复杂化，会增加管理成本和监督成本；而且政府的“最后出场人”角色也使得政府的责任未必会降低多少；此外，多支柱分散风险的效果最终取决于制度的具体设计和外部经济环境，多支柱还可能会带来新的风险。尽管存在争议，但多支柱正被越来越多的国家所实施、采纳。

2. 社会保障资支付方式的讨论

给付确定制(defined benefit，DB)与缴费确定制(defined contribution，DC)的选择是社会保障资金管理的又一讨论的焦点。

对于给付确定制而言，有利于增强社会成员的安全性，在一定程度上提高社会成员收益均等化的程度，促进社会公平，减少社会冲突；同时给付确定制还得到大数法则和概率论的技术支持，因为根据大数法则和概率论，风险和不确定性随着风险单位的增加而减少，如果成员足够多，整个群体的经验损失率将能得到预测(保险费率与风险率之间的关系原理)，于是通过特定的制度安排，每个成员大的个人风险可以转移给群体，而自己获得稳定的收入。

而缴费确定制的理论基础是关于权利与义务对等的理论以及激励机制理论。按照这些理论，每个人都应该对自己负责，一个人所获得的权利应该与他的义务对等，也就是说一个人的养老金权益应该由他对制度的贡献决定。这样，每个人都会为了获得更好的养老金水平而努力工作，还会积极参与有关监督与管理工作，因而能够极大地提高效率，从而为人们提供更好的养老保障。给付确定割裂权利与义务间的关系，容易导致产生“奖懒罚勤”，会影响经济发展。

但有一点必须明确的是，二者并不是相互对立的关系。在大多数国家中，实际采用的是两种形式混合起来的做法。作为给付确定制，许多国家是把它作为养老保险体制的基础先运作起来的，给每个人一个最基本的保障，这样对最低收入者和以前积累不足的人可以有一个基本的保障，提供基本的收入来源。实践中越来越多的国家养老保险计划开始采用缴费确定制。

3. 养老保险私有化的讨论

关于养老保险私有化的讨论，近年来美国国内的相关观点尤为引人注目。马丁·费尔德斯坦(Martin Feldstein)认为：养老社会保障私有化是一个含糊不清的概念，如果意味着政府放弃提供老年收入保障的责任，则会引起政治上的反对。私有化是指从无基金积累的现收现付计划向强制性的基金积累个人自由账户计划的转变；私有化的关键是个人是否有权掌握投资决策的主动权。他还认为，即使在一个私有化的计划中，政府也会对个人投资的资产选择进行限制，而且可以提供安全保护网，使那些投资绩效欠佳而不能够获得足够退休收入的人有起码的退休收入保障。

近年来东欧前社会主义国家以及西欧一些高福利国家由于沉重的福利开支所困扰，甚至出现了破产的情况。新自由主义建议这些国家弱化社会责任，将沉重的社会保障责任由国家转移给个人。新自由主义意识形态主导下的养老金制度改革，必将作出私有化或部分私有化的决策。虽然养老保险私有化在长期来看情形仍不明朗，但短期内对于处于困境的高福利国家的政策制定者们都存在一定吸引力。

4. 管理主体与模式的讨论

各国社会保障资金管理模式导致可以分为两大类：一是集中型管理型，二是竞争型管理。集中型管理多由国家的相关公共管理部门负责社会保障资金的管理，竞争型管理主要多由私营的基金管理机构运用市场机制管理社会保障资金。

对于两种管理模式的比较只要集中在管理成本和对资金的投资收益上。国家干预主义赞成集中管理模式，他们认为政府集中管理能够产生规模经济效应，同时也降低了市场竞争的成本。但新自由主义经济学者认为社会保障(社会救助)是使一定资源像经过漏斗一样进行分配的制度，会被给贫困者分配救济金的福利机关的“高薪门客”挥霍[1]。进行集中管理的政府部门往往倾向于保守的资金投资策略，有时候还会把资金投向正在衰弱的国有企业，因此收益不乐观。

目前的讨论其实质是两者间如何折中。

5. 监管方式的讨论

国际上有两种社会保障资金管理模式，一是审慎型监管，二是严格型监管。审慎型监管强调的是资金管理者的诚信义务，它要求资金投资主体恪守“审慎人投资原则”，经济较发达、金融体制较完善的国家通常采用该种方式。严格型监管除要求资金管理者达到最低的审慎监管要求外，还对资金的结构、运作和绩效等具体方面进行严格的限量监管，一般适用于经济相对落后、金融体制欠完善的国家。但是由于各国实际情况和环境不同，所以各国在选择监管模式时切忌照搬照套。

2.1.2 社会保障资金管理研究的国内背景

我国在1993年确立了社会主义市场经济体制，继而社会保障也开始由单位保障向社会保障转轨。在1998年到1999年前后，我国政府集中出台了一系列社会保障法规政策，标志我国以社会救济、社会保险、社会优抚安置和社会福利为内容的社会保障制度体系的建立。

与国外法制先行不同，中国的改革基本是以实验摸索前行。在社会保障制度改革刚刚开始不久，就出现了社会保险资金被挪用的严重事态。因此，中国社会保障制度建立伊始就伴随着资金监管的现实要求。目前存在问题：社会保险统筹层次不一，各地执行的资金管理制度多样化；社会保障费征收主体不一，导致资金收支流程各异，资金安全隐患大，监管空心化；政府部门管理责任模糊，导致资金管理分散失控。中国整个社会保障资金管理距离科学化、规范化、法制化的目标还有相当长的路。

社会保障基金与社会保险资金的区别：基金常常为特定目的专设，带有专款专用性质，有结余和投资运作。基于此，政府用一般税收安排的行政事业单位离退休经费、卫生经费、抚恤和社会救济费以及对就业和社会保障补助的资金，只能是资金；而且，在社会保险费的征收过程中，单位和个人的缴费也不能称为基金，只有当其缴费收入大于支出收入，资金沉淀下来需要进行投资运作时才能称其为基金。

2.1.3 社会保障资金管理现状

社会保障制度的不完善制约了社会保障法律的建设，社会保障法律建设的滞后影响着社会保障资金管理的规范。认识我国社会保障制度及其法律建设方面存在的问题并分析其原因，是我们加强社会保障资金管理的前提。

1. 社会保障资金管理体系

(1) 社会保障覆盖面的扩大受阻。目前我国的社会保险制度改革已经覆盖了国有企业、集体企业、三资企业和个体工商户，但是非公企业由于参加社会保险的强制性不够，参保成本和回报率的巨大反差限制了企业的参保行为。另外，由于受传统观念的束缚，个体户、自谋职业者的参保意识普遍不强。而且，作为占中国大部分人口的农民，其权益更应该得到保障。近年来在我国沿海地区出现的农民工退保高潮告诉我们中国社会保障制度亟待改善。总之，由于城乡分割，行业有别，身份限制，再加上统筹层次低，社会保障制度在具体执行过程中千差万别，众多纵向与横向的制度羁绊严重阻碍着劳动力的流动，影响社会保障覆盖面的扩大。

(2) 社会保障主体之间责任不清。首先，政府与市场的社会保障责任不清，比如养老保险的社会统筹和个人账户之间究竟是怎样的比例，至今没有确定；医疗保险曾一度按“大社会、小政府”的思路设计与运行，现在是否还要坚持这一思路等等。其次，中央与地方政府间社会保障责任不清，集中体现在养老保险责任划分不清，养老保险有缺口，多少是历史客观原因，多少是现实管理原因，中央该不该补助，该补助多少，没有通过制度将其划分清楚，在强大的干部业绩考核重压下，暂时的确保发放掩盖了制度长久机制的欠缺。再次，政府相关部门之间社会保障责任划分不清，比如财政与劳动保障部门之间，养老保险出现缺口是劳动部门制度设计有问题还是财政部门责任承担不力，社会保险基金管理是由财政部门负责还是由劳动保障部门负责等等，社会保障责任都缺乏制度界定；还有税务与社会保险经办机构在社会保险费征缴方面的职责划分一直悬而未决。众多社会保障主体责任不清严重制约着我国社会保障制度的完善。

2. 法律方面的问题

（1）立法相对滞后，体系发展不健全。从立法体系看，我国的社会保障虽然在概念上已基本形成涵盖社会保险、社会救助、社会福利、社会互助、优抚安置五项内容的社会保障体系，但以社会保险法、社会福利法、社会救助法等为框架的社会保障法律体系至今还未得以确立。早在 1994 年我国就将《社会保险法》列入全国人大立法规划中，但目前处于征求意见后的研究阶段，至今仍未出台。社会保障立法滞后必然带来社会保障资金管理的立法滞后，常常使得对社会保障资金的管理无法可依。

（2）立法层次不高，法制建设刚性不足。从立法层次看，社会保障法是我国市场经济法律体系中的一个独立的法律部门。社会保障的立法直接关系到我国市场经济的完善和全体社会成员的切身利益，社会保障的基本法应该同其他部门法如民法、刑法、劳动法等处于相同的地位，其效力应该仅仅低于宪法。因而在立法层次上应该由全国人民代表大会或常务委员会制定。但现实是我国目前并没有一部人大立法通过的正式社会保障法律，而是国务院行政法规、各部委的行政规范性文件(意见、办法、规定、通知等)担纲主角。立法层次较低，与社会保障法的地位不相符合，使社会保障立法严重缺乏权威性和稳定性。社会保障资金管理法是《社会保障法》或各专门社会保障立法如《失业保险法》《养老保险法》《医疗保险法》等的下位法，如果是单独专门立法，处于行政规章或行政规范性文件的层次应该还是恰当的。但由于目前整个社会保障法的法律位阶不高，必然使得社会保障资金管理法效力大打折扣。

3. 监管方面的问题

（1）社会保障资金管理机构分散，管理层次过多。横向看，社会保障资金管理机构分散，有民政部门管理的，有社会保障部门管理的，有全国社会保障基金理事会管理的；纵向看，管理层次过多，如基本养老保险实行的是社会统筹与个人账户相结合的制度，尽管目标是省级统筹，但现实情况是大部分地区都是县级统筹，统筹层次低。

（2）统筹范围小，各地区、各部门都参与社会保障基金的统筹和管理，都有权出台社会保障资金管理的制度规定，呈现出“各唱各的调”的局面。这种管理方式造成地区、部门间难以协调和集中运营，无法发挥资金的规模效应，同时扩大了社会保障资金投资风险。另外，各部门分别设置管理机构，造成机构重置、人员臃肿，效率低，管理成本过大。

（3）资金投资渠道单一，难以实现保值增值。我国的社会保障资金管理以保证其安全性为主，加上国内资本市场不完善和金融工具不发达，投资模式单一，除保证正常开支外，其结余部分仅限于存入专业银行或购买国债。近几年，银行存款利率的不断下调使资金收益率也在不断下降，国债的利率受银行存款利率的影响也大幅度下调，社会保障资金的投资效益越来越差，如果考虑通货膨胀的影响，资金的保值都成问题，增值就更无从谈起。

（4）社会保障资金管理不公开，资金安全性差。社会保障资金的支付使用是社会公众十分关注的问题，按照国务院的要求，下岗职工基本生活补贴、失业保险金领取、养老保险金发放等社会保障资金管理项目应该公开化、透明化，而从实际情况来看，社会公众对社会保障资金的了解非常有限。虽然国务院早有明文规定"社会保障基金实行专项储存专款专用，任何单位和个人均不得擅自使用"，但社会保障基金的收支、管理和运营等各个环节在不透明的状态下，地方政府和部门非法挪用、占用、套取社保基金的现象时有发生，甚至有的资金管理者贪污社保基金用于赌博。比较典型的是上海社保基金案，涉及金额34.5亿元。同属于社会保障资金的住房公积金管理问题也十分突出，各种案件时有发生。

4. 问题成因分析

（1）社会保障制度建设尚处于转型期。我国社会保障制度起步较晚，仍处于从计划经济向市场经济的转型中，经验少，矛盾多，情况复杂。我国计划经济体制下形成的社会保障管理体制与当前社会保障社会化改革总体目标存在各种冲突。比如，我国养老等社会保险制度改革而带来的，从完全的现收现付制转换成部分基金制，从全部由政府保障变成单位和个人缴费，带来了养老金的给付方式就表现为三种，即老人老办法、新人新办法、中人中办法，老人的养老金和中人的过渡性养老金就构成了巨大的转制成本，这些转制成本最终由财政负担，而国家财政的财力总是有限的，因此这部分成本对社会保障资金支付带来的风险就很大，会造成资金管理各方面的难题。

（2）部门利益的存在。社会保障资金管理存在的种种问题，当然与我国社保体系不健全有关，但更重要的是由于管理主体分散而形成的不同利益集团。在社保资金管理中，必然会涉及管理人员和管理费用，在条块分割的现实状况下，原有的格局形成了不同的地方利益和部门利益。在资金管理责任不清的情况下，一旦涉及地方和部门利益，必然会出现趋利避害、争功诿过的现象。因此，地方和部门对既得利益的维护是影响资金管理改革进程的重要原因。

（3）法制意识淡薄。社会保障法律建设滞后且执行力度差的最重要的原因是社会各方法律意识的淡薄。比如，尽管各项社会保障法规对单位和个人在社会保障制度的责任义务和权利做出了一些规定，但许多单位并没有以此作为行事规则，有的参保者个人并不欠费但因用人单位欠费而无法享受社会保险待遇；灵活就业人员社会保险缴费比例与单位就业人员不一致，有的用人单位私下与员工协商，令其以个人身份缴纳社会保险费以逃避8个百分点的缴费；许多就业人员因为就业压力在就业之初就没有争取自己在社会保障方面的权利。这些现象都是法制建设薄弱和法制意识不强的表现。

（4）二元经济结构的阻碍。由于我国长期以来城乡二元化的管理和发展，导致我国目前社会保障法律制度的二元化，其覆盖范围中，极少把农民纳入其中。社会保障法律制度作为国家一项基本的社会法制度，理应把全体国民都纳入其保障范围，确保每一位社会成员均能够享有法定的、平等的社会保障权利。仅从这一点来看，就不能不承认我国的社会保障制度建设还相当滞后。

2.2 社会保障资金管理的研究意义与目标

2.2.1 社会保障资金管理的研究意义

对社会保障资金的监管意义首先源自于社会保障资金的复杂性。从社会保障资金的构成来看：我国社会保障资金既有财政税收的，又有社会缴费的；既有预算内的，又有预算外的；既有流量的，又有存量的；既有当年短期平衡的，又有三五十年长期计划的；既有劳动部门管理的，又有财政、民政等部门支付的；既有中央政府所属的，又有省、市、县政府管辖的；既有社会统筹的，又有个人账户的；既有事业性支付的，又有投资性运作的；既有城市的，又有农村的。从社会保障资金的流程和管理方式看，社会保障资金有来自于初次分配的企业税前抵扣和劳动者工资收入抵扣，也有来自于再分配的财政资金支付，还有来自于第三次分配的；目前我国社会保障资金有六大收入管理部门，七大支出管理部门，结余更是分布在不同部门和不同层次上。社会保障资金范围之广，层次之多，流程之复杂，影响之深远，是任何一种资金都难以相比的。对如此复杂的资金进行管理，更需要科学的理论指导和有效的方法支持。正因如此，社会保障资金管理的研究才更有意义。

对社会保障资金的监管意义还源自于社会保障资金的重要性。社会保障资金关系着社会贫困群体的基本生存，没有这最后的保障，失去生存基础的贫困群体势必影响到社会的稳定；社会保障资金也关系着社会全体民众的根本利益，老年人、儿童、失业者、伤残者、患病者、鳏寡孤独者连同劳动者，无不与社会保障息息相关。有了社会保障，人民对预期消费才会有信心，这对国民经济具有重要意义；通过社会保障资金分配，可以协调各社会群体的利益，促进社会协调和谐；社会保障资金还关系着子孙后代的利益。对社会保障资金进行科学管理，确定合适的筹资比例和支付标准，进行投资监管，保证资金安全运营，有助于实现社会公平，维护社会稳定，促进经济发展。

2.2.2　研究目标

社会保障资金是社会保障制度运行的基础，社会保障资金管理是社会保障管理的核心。对社会保障资金管理进行研究，要明确其所处的国际国内背景，所要解决的关键问题，以及所依赖的方法途径和所要达到的目标。

社会保障资金管理目标是我们最终要达到的理想状态，它的选择涉及整个社会保障体制是否顺畅。社会保障资金管理模式是实现社会保障资金管理目标的途径，模式选择适当与否直接影响到社会保障资金管理目标的实现程度及速度。

通过对社会保障资金管理的研究，分析社会保障资金运行规律，构建社会保障资金管理体系，这两方面便是社会保障资金管理的研究的目标。

2.2.3　社会保障资金管理目标

在建立独立于企事业单位之外、资金多元化、保障制度规范化、管理服务社会化的社会保障体系的总目标下，社会保障资金管理的具体目标有：

（1）确保社会保障资金安全。社会保障制度的核心问题是社会保障资金，而社会保障资金的首要目标是确保资金安全。随着社会保障制度的不断推进，社会保障资金的安全问题变得越来越重要。

（2）讲求社会保障资金效益。社会保障资金在运行过程中，要讲求资金效益，要处理好社会效益与经济效益的关系。社会保障资金在运作过程中，要实现资金的保值增值，既是社会保障事业可持续发展的必要条件，也是提高经济效益的很好途径。

（3）促进社会保障制度可持续。社会保障制度与我国经济一样要实现可持续发展。社会保障制度的可持续发展的关键是管理好社会保障资金，即当社会保障制度面临一系列的困难如人口老龄化、突发性的自然灾害等意外情况时都能从容应对，保证社会保障制度的可持续发展，并且实现社会公正与和谐。

2.2.4　社会保障资金运行规律探讨

社会保障资金在流动的过程中会形成一定的运行规律，在管理中探索其规律的表现，认识并把握这些规律，不仅可以增强社会保障资金管理的主动性、前瞻性和全局性，而且可以有效提高社会保障资金的管理水平，进而实现其管理的目标。

1. 社会保障资金“中性”运行

西方经济学把社会保障和所得税、政府支出视为经济运行的三大自动稳定器。在经济萧条时期，失业人数增加，失业保险金会自动增加其支出；随着失业金的增加，失业者和贫困家庭得到一定补助，购买能力有所增加，社会总需求上升，从而阻止经济进一步下滑。在经济高涨时期，企业投资大幅度增加，失业人数下降，劳动者收入水平提高，社会保险缴费收入自动增加，从而使社会成员的收入相对减少，购买力有所减弱，社会总需求减少，抑制经济过热增长。在经济运行周期的波动中，通过对社会保障资金的合理运作，调整社会总需求，并使之达到平衡，进而缓解经济周期的波动，起到反经济周期的作用。

但对社会保障稳定器作用的把握，应以不损害资本增值和积累，防止懒惰和浪费，福利投资收益大于机器投资为准则，即不损伤经济、不影响公平与效率关系的“中性”原则。这种把握其实质就是社会保障适度水平的把握。水平适度社会保障就能够缩小贫富差距，减缓经济波动。如果社会保障资金的运行违反了这一规律，不仅影响经济发展，危及社会安定，而且社会保障制度本身最终也会因资金供应困难而难以持续。

（1）社会保障资金在“底限”与“高限”间运行。社会保障资金“中性”运行是指社会保障资金与外部经济关系的把握，而社会保障资金在“底限”与“高限”间运行，是指社会保障资金自身运行的选择。

政府的社会保障责任应以社会救济为底线，以避免福利刚性带来的压力，这是福利国家给我们的宝贵教训。因此政府筹集的社会保障资金也应以保障必需的社会弱势群体为限度。而社会福利作为社会保障的最高层次，是社会追求的目标，但不应成为政府的承诺，社会福利应该是弹性的，在政府财力、经济发展水平允许的时候，在宏观环境需要的时候注重发展。

（2）社会保障资金在公平与效率平衡中运行。社会保障本身追求的是社会公平，但其运行却必须考虑效率，只是在公平与效率的不断平衡中，社会保障制度才能实现良性运行。

社会保障资金的筹集和给付形成了政府的社会保障转移性分配，其实质是对原有收入分配格局进行调整，对那些因竞争失败而陷入生活困境的人给予基本的生活保障，使他们再次获得与别人相同的竞争机会，在一定程度上调节个人之间收入分配、缩小贫富差距，促进社会公平。同时，通过社会保障资金的公平分配，提高劳动者的积极性，促进劳动生产率的提高，又实现了社会保障和经济发展的高效协调发展。在发展中应注重效率与公平的平衡。

我国社会统筹与个人账户相结合的制度模式中，社会统筹部分从社会公平的目的出发，由政府和企业出资，强调资金的横向平衡流动，具有共济互助的作用；个人账户由个人出资，归个人所有，直接将个人待遇享受与个人贡献大小挂钩，是资金的纵向积累，具有提高劳动者积极性、增强自我保障意识的作用，突出了效率原则。统账结合即是社会责任与个人责任、效率与公平的有机结合。

(3) 社会保障资金管理多样性。筹资多主体，运行多支柱，投资多元化，监管多模式，是当今世界社会保障资金管理的普遍趋势，也成为社会保障资金运行规律的一种表现。

在基金制日益取代现收现付制的情况下，社会保障资金日益积累，于是对资金的投资运作以及监督管理成为社会保障资金管理的重要内容。

不仅筹资与投资多主体、多元化，而且社会保障资金管理模式也呈现出多层次、多模式的趋势。世界各国保障资金由政府独家管理发展为政府、市场及其混合管理模式，大多数国家的社会保障资金分别由中央与地方及地方各级政府分别筹集与管理。而且鉴于医疗、失业、工伤等保险的偶然性，其资金管理可以实行社会保障责任的共担机制；而鉴于养老的必然性，则可以实行自负为主与共担相结合的机制。

2. 社会保障资金管理体系构建

社会保障资金管理研究有其自身的特殊性，基于这种特殊性我们提出其体系构建，包括社会保障资金管理理论体系、方法体系、制度体系和组织体系的构建。

(1) 理论体系的构建。社会保障资金管理从属于社会保障二级学科，归属于管理学类下，因此，其研究首先要遵循管理学理论规范。管理学讲求的是组织、指挥和协调，要有系统的观念。由此，我们从社会保障资金的管理对象、管理内容、管理体制、管理方法以及与国家财政的关系、我国的社保资金运营情况以及对其他国家的情况的研究借鉴等方面着手构筑起一个完整的体系，用以指导社会保障资金管理实践。同时，社会保障资金管理又属于公共管理范畴，公共选择理论、公共决策理论、公共管理绩效评价理论等都是社会保障资金管理需要借鉴的基础，在构建社会保障资金管理的理论体系时，自然要体现上述观念。

(2) 方法体系的构建。社会保障资金管理必须使用科学的方法。就整个社会保障资金管理而言，保险精算以及风险控制是基础，预算是计划，会计是核算，统计是计量反应，审计是监督，这些方法构成了完整的社会保障资金管理方法体系，借助于这些方法，才能保证社会保障资金管理的规范和高效。

(3) 组织体系的构建。有了科学的理论、先进的方法还是不够的，社会保障资金管理还有赖于组织体系即管理体制的支持。对社会保障资金进行管理时，需要设置哪些部门，如何设置这些部门乃至各部门的内部机构、各部门机构的管理职责如何划分等，都是社会保障资金管理研究所要考虑的内容。

2.3　中西方社会保障资金管理的研究概况

西方对社会保障资金管理的研究已经持续了一百多年，无论是从管理还是实践上来说，探索西方政府在宏观管理角度总结出的经验，无疑具有非凡的指导性意义和借鉴作用。在管理方面存在多渠道筹资与多支柱运行，政府监管与适度竞争，社会保障纳入政府经济全局与长远考虑；在实践上说西方拥有更先进的管理技术，即注重安全、法制、责任分明、注重管理技术。在此基础上结合我国的社会保障资金管理的研究情况，进行对比。

2.3.1 西方社会保障资金管理研究概况

1. 制度管理

西方政府在研究与实践中总结出了如何对社会保障资金进行管理，大致分为以下三个方面。

(1) 多渠道筹资与多支柱运行。经过一百多年的实践，世界各国普遍认识到单一政府支撑的社会保障制度模式难以持续运行，单一筹资渠道使得国民降低了投资与工作的积极性，经济增长动力不足，财政赤字激增；同时日益加深的人口老龄化使原有制度面临挑战。许多国家对此进行了改革，逐渐形成了社会福利和社会救助项目基本由国家财政负担，而社会保险项目除工伤保险完全由企业负担外，其他各项由多方共同出资。而事实也证明多渠道筹资与多支柱运行是维系社会保障制度持续良性运行的有效方式。国际社会保障实践证明多渠道筹资具有合理性，政府出资主要是保障最低生活水平或为某一特殊群体提供国家经济资助，雇主缴费则是补偿员工的人力资本折旧，而让雇员也承担费用则体现了一定的效率性。

世界银行对各国养老保险制度改革的实际经验进行考察后总结认为：在人口日益老龄化的当下，单一的公共养老金制度日益受到政治和财政压力的挑战，养老体制不具有可持续性，而建立多支柱养老保障计划即可以降低政府责任，又可以分散风险，最终为老年人提供稳定的保障。

(2) 政府监督与适度竞争。政府集中管理社会保障资金会导致以下两种不利后果：第一，政府管理机构容易受政治目的的影响，做出政治导向的投资决策，资金不能得到合理配置，甚至被滥用；第二，政府的运营策略保守，同时效率低下，政府官员可能因此不努力工作，没有完成应尽的职责。

同时，引入适度竞争不仅能够改善政府集中管理造成的弊端，在一定程度上降低了政府对社会保障资金的直接管理责任，同时政府的另一重大职责——监管方面的责任会大大提高。社会保障资金与其他资金不同，对其安全性要求极高，但在市场化的条件下，社保资金面临的风险日益复杂化。这就要求政府在监管方面严格把控，确保社保资金的安全性和制度的完整性。

(3) 将社会保障纳入社会经济全局与长远考虑。社会保障资金的运行一方面以经济运行为条件，受到经济运行的制约，另一方面规模庞大的资金运行本身也对经济产生影响。“二战”后资本主义国际曾因实施社会保障缓和了劳资矛盾而促进了经济繁荣发展，而20世纪70年代后则因社会保障的负担沉重而使经济动力不足。如果没有社会成员的缴费(税)，社会保障就没有可供运行的资金；但社会保险与福利支出无疑抬高了企业的劳动力成本，高劳动力成本导致企业利润下降，造成企业生产后续资金不足和国内投资减少，可见确定适度的缴费标准至关重要。

社会保障本身也是一种收入再分配的手段，其资金运行不仅调节着社会成员之间的收入差距，而且也调节着劳动者个人整个生命周期中收入的使用，尤其是对居民的消费和储蓄有很大程度的影响，因资金筹集模式的不同而产生不同的影响。社会保障资金运行还对国家总预算、国家预算的各个层面和政府投资等产生不同的影响。尤其是国家直接管理的社会保障资金，可以对政府投资产生很大作用。一方面政府可以把资金投入到公共建设性项目中去，更好地进行宏观经济调控，从而对整个经济产生宏观效应；另一方面，社会保障资金也可以相应获得一定程度的保值、增值，即使在直接的货币上没有明显收益，但是至少有一定的社会贡献。

社会保障资金对宏观经济周期的波动还可以起到反经济周期的作用。在经济分别处于萧条或繁荣时期，管理机构通过有效制定收缴、发放标准，利用资金的收缴和发放来刺激或抑制消费和储蓄投资，进而调控经济。

社会保障资金管理不仅与国民经济发展互为影响，而且同社会发展密切相关。人口老龄化、人口预期寿命延长、城市化进程、医疗技术水平提高与能源结构变化等，都会对社会保障产生影响。

2. 管理技术

（1）注重安全。世界各国在对社会保障资金进行管理时，无不把保证资金的安全性放在第一位。近些年来，随着老龄化程度的加剧，基金支付压力的加大，各国社会保障资金投资于股票、不动产的比率有所提高，但把安全性放在首位的宗旨并未根本改变。在重视资金投资方向以保证资金安全的同时，各国还非常重视社会保障资金的监管以保证资金的安全。

（2）法制优先。纵观国际，但凡实行社会保障制度的国家，社会保障资金管理都有比较完善的法律体系。不同的国家对社会保障资金管理的立法不尽相同，大体上有两种情况，一种是在社会保障法或社会保险法中对社会保障资金的管理进行规定，一种是通过专门的社会保障资金投资法或退休基金法来规定相应管理制度。

（3）责任分明。责任分明是指社会保障资金的各管理部门有着各自明确的管理权限与责任义务，各尽其责，互不推诿。社会保障资金各管理部门的职责分明，对于明确资金管理主体，加强各管理主体的责任心，避免互相推卸责任，确保资金的安全和完整，具有重要的意义。

（4）管理技术。社会保障资金包含的内容多，各个子项目又有多个资金管理环节，其管理具有很强的综合性特征，是一个极其复杂的社会系统工程。因此，社会保障资金管理不是简单地进行收支、运营、风险、监督，还需要注意如何协调各项目中运行机制的不同要素，实现机制的稳定运行。

随着社会经济的发展，科学技术水平的进步，社会保障资金管理技术的重要性日益显现，一方面它可以使社会保障资金的安全得到更好的保障，实现保值增值的管理目标；另一方面，它可以使各个管理部门更好的协调运作，降低管理成本，提高管理效率。

2.3.2　中国社会保障资金管理研究概况

1. 我国社会保障制度的概况

1982 年我国在国家“七五”计划中提出将逐步建立起具有中国特色的社会主义保障制度，主要包括社会保险、社会救济、社会福利、优抚安置四项内容。随着社会经济的不断发展，我国社会保障制度的保障内容也在不断扩大和完善，诸如社会互助和个人储蓄积累等重要项目也被包括进来。90 年代后期建立了下岗职工最低生活保障体系及社会离退休人员养老金按时发放制度，并进一步推进了养老、失业、工伤、医疗保障等制度的完善，逐渐建立起“社会统筹和个人账户相结合”的社会保障体制，确保了企业退休人员基本养老金的按时足额发放，保障水平逐步提高，保障渠道得到进一步拓宽。

2. 我国社会保障制度中存在的主要问题

(1) 人口老龄化的巨大压力。我国在未完全实现现代化的情况下过早地进入了人口老龄化社会，并且老龄化速度比较快，在不到10年的时间里就达到了西方国家三、四十年甚至半个世纪才达到的老龄化阶段。1999年2月20日，我国正式进入老年型社会，随着计划生育政策的出台和推广，“四老一小”家庭逐渐增多，预计到2050年我国人口老龄化将比世界其他国家更为严重。

(2) 农民工保障难问题。我国是农业大国，农业人口占总人口70%，虽然在近几年来，农民工大量注入城镇，这一方向有利于加快城市化进程，同时也有利于将农民工群体纳入社会保障体系，但还有占总人口的2/3的农民无法享受社会保障制度，这一问题随着农民收入逐年下降也变得日益突出。

(3) 多元化就业格局的严峻挑战。我国在劳动力长期供大于求、供求矛盾尖锐的情况下实行经济转型和经济结构的不断调整，面对经济全球化、国际竞争加剧的大环境，我国的就业格局也发生了显著的变化，其结果就业双向选择，人员流动加速，供求矛盾凸显，失业问题已成为社会经济生活的“常态”，从而给我国的社会保障带来压力。

(4) 社会保障法规尚不健全。我国现行的社会保障法规，很多是经济体制改革中出现问题时的应急产物，不能从根本上解决问题。例如经济体制改革涉及国企改革，面临破产、职工安置等现实问题使资产重组、企业改制、破产兼并举步艰难时，才开始考虑到失业保险立法；抗洪救灾时遇到救灾无秩序问题时，才感到缺少救灾立法等等，立法行动总是落后在经济发展的后面，处于一种被动状态。由于社会保障立法滞后，仲裁机构和人民法院对社会保障争议案件的处理，也处于“无法可依”的状态。

(5) 社会保障立法力度不够，缺乏有效的法律法规监督机制。虽然国务院发布的《社会保险费征缴暂行条例》等一些法规在实际工作中起到了一些作用，但是，在社会保障制度改革推进中，扩大社会保险覆盖面、社会保险费征缴等因为没有有力可靠的法律依据，困难重重，效果不尽如人意。

(6) 我国社会保障制度覆盖面小。社会保障本质上要求能够覆盖到社会全体人员，如果社会上只有一部分人得到保障，就会产生在社会保障理论上称为“绿岛效应”的社会现象。而事实上我国社会保障不仅覆盖面小，而且覆盖方式也不合理。据统计，2005年参加城镇基本养老保险的职工为1.31亿人，加上享受机关事业单位养老保险的3500万名职工，总的来说，享受国家正式养老保险制度的从业人员全国是1.66亿人，只能覆盖全国就业人员的22%，覆盖二、三产业就业人员的40%。“现行社会保障制度对流动和迁移人员缺乏有效的保护，1亿多农民工有80%左右没有任何社会保障；1.38亿乡镇企业职工徘徊在城乡社会保障制度的边缘，既未进城保，也未进农保；4000万失地农民身份转换后进入城镇未能得到有效保障。”

本章小结

本章首先简述了社会保障资金管理的形成背景与现状，分别从社会保障资金管理研究的国际背景、国内背景、社会保障资金管理现状来分别阐述。其次通过了解社会保障资金管理的研究意义与目标、分别从研究意义、目标以及管理目标、运行规律等方面详细解释其内涵。最后通过了解中西方社会保障资金管理的研究概况，将西方与我国区分，阐述了我国社会保障资金管理现行机制以及存在的问题。

案例分析

英国“福利国家”制度的启示

在社会矛盾日益加剧、国内消费增长滞后于出口等项增长的今日中国，适度恢复、完善社会保障制度，扩大消费需求，已经是大势所趋。然而，“不谋万世者不足以谋一时，不谋全局者不足以谋一域”，在恢复、完善社会保障制度和扩大消费的同时，我们需要对其副作用给予足够清醒的认识，只有这样才不至于重蹈覆辙，以至于自废武功，断送中国经济社会可持续发展的前途。

系统的社会保障和福利体制本来并不是英国的发明，甚至也不是工业革命后的产物，中国汉族盛大王朝和罗马帝国就已经一步步发展起来了相当多的社会福利项目。早在春秋战国时期，越王勾践就规定了对国民婚姻生育给予财政奖励与政府帮助；汉朝时开始建立老年人优待制度；宋朝建立了官办平价药店、低收入家庭房租补贴等项制度，以及类似现代孤儿院、养老院的设施；到明朝时，出身贫贱、深知大众疾苦的朱元璋不仅恢复了宋朝已经建立而被蒙元毁弃的几乎全部社会福利项目，还根据亲身惨痛经历而建立了“经济适用墓”等新项目，亦即贫困居民家庭人口死亡后，可向官府申请廉价或免费墓地，以供安葬。所有这些社会福利制度，曾令晚明时期来华欧洲人颇为惊叹，艳羡不已。在近代工业化社会中，又是俾斯麦在德国首先建立了社会保障和福利制度。然而，把社会保障和福利制度发展到“从摇篮到墓地”无所不包的程度，却是英国和某些北欧国家率先所为，其利弊得失相应也在这些国家表现得最为充分。

“福利国家”思想和实践在英国可以上溯至 19 世纪的新《济贫法》等法规，但全面铺开则是二战之后的事情了。建立完善社会保障和福利制度体现了英国国民的普遍意愿，以至于英国主要政党及其领袖人物，不管内心对此真实看法如何，在二战之后都长期以“福利国家”倡导者自居，非如此则无法争取选民支持。正是这种意愿，使得英国选民在二战刚刚结束之时就抛弃了领导他们赢得胜利的英雄丘吉尔，转而选择了没什么英雄气概和拿得出手业绩的艾德礼，关键原因之一就是后者带领工党提出了比较系统的社会保障和福利制度目标。在英国式“福利国家”制度的顶峰，英国福利项目之多、政府向国民提供的津贴和补贴名目之繁杂，为其他许多资本主义国家所望尘莫及。除常规的失业津贴和疾病补助金、养老金、低收入家庭房租补贴等项目之外，还有附加津贴，包括低收入家庭补助金（1971 年起）、幼儿补助金、产妇补助金、寡妇津贴、残疾人补助金、领养老金者的药费补贴、食品补助金（1973 年起的牛奶，1974 年起包括面包、乳酪、黄油）、养老金领取人的廉价黄油供应（1973 年—1974 年）和牛肉供应（1974 年），等等，堪称包罗万象。

论及这一制度的成效，社会保障和福利制度的首要成果毫无疑问是在相当大程度上缓解了英国这个老牌资本主义国家旧有的社会矛盾，使得英国社会得以保持大局稳定，而不至于爆发颠覆性的社会革命。同时，由于中低收入群体边际消费倾向较高，社会保障和福利制度显著扩大了有效需求，特别是消费需求，从而在相当长时期内有效地化解了资本主义生产方式的痼疾，即生产无限扩张而人民群众消费能力不足的矛盾。同时，本质上是一种转移支付的社会福利开支具有“内在稳定器”作用：经济繁荣时期，失业和低收入者减少，社会福利开支自动缩减，抑制了政府开支增长和通货膨胀压力上升的势头。经济萧条之际，失业和低收入者增多，社会福利开支自动扩张，从而维持社会一定的消费水平，避免失业率过度上升而加剧经济波动烈度。从二战结束直至次贷危机爆发，数十年间西方国家经济周期运行的总体特点是危机萧条烈度减轻而景气时期延长，社会保障和福利制度功不可没。

尽管如此，任何事物都是一分为二的，社会保障和福利制度也不例外。在微观和宏观两个层次，社会保障和福利制度都在相当程度上削弱了英国经济社会发展的动力，甚至埋下了潜在的社会动荡祸根。

在微观层次，社会保障和福利制度的首要问题是造成了“动力真空”问题。对于中低收入群体，社会保障和福利制度缓解、消除了所谓“饥饿纪律”这个驱使人们提高工作效率的最大动力的压迫，而新的动力又未产生，劳动纪律懈怠、工作积极性衰减的现象随之蔓延。如果说在经历了1930年代大危机和两次世界大战艰难岁月的那一代人身上，此种问题表现得还不是十分明显，那么，到战后“丰裕时代”成长起来的一代人全面取代老一代人之后，这个问题就日益显著且难以收拾了。

即使对工作动力已经超越了“饥饿纪律”压迫层次的劳动者而言，社会保障和福利制度的副产品——较高所得税也沉重打击了他们可贵的工作积极性。因为社会保障和福利制度支出归根结底来自就业者当前和未来的税收，过度膨胀的社会保障和福利支出，结果必然是税收过重；在战后西方财政税收格局变化的趋势下，尤其突出表现为所得税过重，英国战后数十年来中等收入群体个人所得税尤重。早在1950年代英国实行“福利国家”初期，所得税率之高就已经使得很多原来喜好加班加点工作的人感到自己的额外辛苦不过是在白干，加班的动力大大衰减。到后来，事情甚至发展到了失业者收入往往比工作者还多的地步，因为就业后的收入要纳税，而失业救济金和补贴所得无需纳税。从20世纪60、70年代直至现在，这种现象始终存在。由于相当一部分掌握话语权力者要么缺乏全局眼光和长远思维，以个案煽情取代对全局的冷静客观思考，要么有意哗众取宠，致使某种不分青红皂白的所谓“人道主义”长期占据了“政治正确”的地位，不仅导致失业者收入比工作者还多的问题来得更快、更严重，而且加剧了外来移民问题。

上述“动力真空”问题大大恶化了英国在战后的国际人口流动格局。一方面，专业人员、功成名就者大量移居国外，以躲避源于过滥社会福利支出的高额税收。移居加州的20世纪70年代英国头号影视明星凯恩直言：“我热爱英国，但我要等到税收政策改变以后才能回去”，成为许多外流英国专业人士的心声，英国则因此而长期蒙受严重的人才流失之苦。

另一方面，依托庞大海外殖民帝国，英国数百年来形成了国内不得志者奔赴海外另谋生路、寻求机会的传统。虽然海外英国公民中不乏为非作歹之徒，令殖民地、半殖民地人民备受践踏，但对英国而言，这一传统在总体上确实发挥了培育和弘扬国民自我奋斗精神的正面作用。然而，由于社会保障和福利项目过多过滥，英国国民得到了一个新的、却是破坏性的选择——降低生活标准，依靠政府福利救济在国内勉强度日。随着作出此种选择的“阿混”人数日多，英国国民进取精神遭到了深刻的毁坏。因为仅仅是所谓“上流社会”堕落腐朽并不足以根本毁灭一个社会，只要有相对顺畅的向上流动机制，保有蓬勃进取精神的基层民间自会不断地向社会领导层提供新生力量。但倘若基层民间普遍堕落不求进取，那这个国家、这个社会就真的是不可救药了。

帝制中国和罗马帝国都曾实施过颇为广泛的社会福利制度，根据笔者迄今掌握的材料来看，除清朝时仅仅面向八旗部族的旗人俸禄制度外，帝制中国还没有出现福利项目泛滥成灾造成全民堕落寄生的问题；而在保留着相当多选举制度的罗马帝国，特别是在罗马帝国核心地区的罗马城和意大利，这个问题特别显著特别严重。昔日骁勇罗马战士后人堕落到不事生产，成天沐浴、酗酒、看戏、沉湎角斗和竞技表演、观赏各类仪式典礼，结果先是沦为蛮族雇佣军头目攫取帝国君位的道具玩偶，后来在蛮族大举入侵中彻底沦为蹂躏、侮辱、掠夺、屠杀的对象，泛滥的福利项目实不能辞其咎。那么，鉴于西方国家数十年实践中福利项目都表现出了强大的向下刚性，易于增多而难以削减，即使在国家面临“主权破产”之虞时，压缩过高的福利项目也往往招致社会骚乱（如近年主权债务危机中的希腊等“欧猪国家”)，现代西方代议制民主政体是否面临更大的风险重蹈罗马帝国上述覆辙？

对英国社会潜藏着更大毁灭性风险的是，过多过滥的社会保障和福利制度还吸引了许多文化背景迥异的海外移民来吃福利，而他们又日益拒绝融入当地社会，社会撕裂的风险正在滋长。

尽管英国政府几乎从来不曾鼓励英联邦国家人民移居英国，而是采取自由放任的态度，但英国的帝国地位却自然而然地促使英联邦国家人民迁居英国，而且迁入英国的前英属殖民地居民以印度、巴基斯坦和西印度群岛人居多，以至于在英国国内形成了“有色人种问题”。1966 年，英国来自西印度、印度和巴基斯坦的非白人人口分别达到了 454100 人、223600 人和 119700 人，多数是 1950 年代迁入英国的。时至今日，在英国越来越多的社区，穆斯林等外来移民群体开始占据相对多数、乃至绝对多数，某些城市、甚至英国全国人口构成也正在出现类似发展趋势，曼彻斯特大学(University of Manchester)人口统计学家们认定，2019 年，位于英格兰中部的莱斯特市(Leicester)就将成为欧洲第一个白人非多数的城市（即白人占总人口比例低于 50%）；到 2024 年，英国第二大城市伯明翰也将成为白人不足 50%的所谓“多元化城市”。这种局面将给英国社会治安乃至国家政治认同带来何种挑战？从 2011 年的伦敦暴乱，奥运形象大使切尔西·艾夫斯领头打砸警车、抢掠苹果手机店；到近年来英国穆斯林团体在一系列问题上吹毛求疵，乃至刻意挑战国家忠诚、对外战争、阵亡将士等原则性问题，已经暴露出了不容忽视的危险苗头。

在 20 世纪 60 年代，非白人外来移民群体的形成与增长就引起了英国社会的重视，认为这不仅影响英国的国内就业，而且会形成一个与英国生活方式不适应的、代表另一种文化的“有潜在敌对意识”的种族集团。时至今日，单一外来移民人数增长和在局部地区日渐占据多数，正在孳生声称代表这个群体的政治力量，这种政治力量一旦形成，为了维护、扩张自己在政坛上的“江湖地位”，他们所要努力推进的就不会是外来移民与当地社会认同直至最终融合，而是刻意强调、凸显、乃至制造外来移民与当地社会的不同，并片面要求对这类不同给予“宽容”，却从来不提外来移民对当地社会文化传统和行为规范的接受、遵循与认同。在西式代议制民主政体和诸如“多元文化”之类“政治正确”的思潮下，他们的这种倾向又会受到进一步激励。由于大城市就业等机会较多，外来移民群体较多地集中于大城市，21 世纪初的人口统计显示当时 49%少数民族人口居住在伦敦，以至于近年有“伦敦斯坦”之称，进一步放大了这类政治力量的能量。

过多过滥的社会保障和福利制度从几个方面激励了上述外来移民增长及拒绝与东道国社会融合。首先，社会保障和福利制度大大减少了外来移民在英国生存的困难，从而直接激励了这类移民的增长，特别是激励了惰性较强而自我奋斗精神较差的移民来分享福利蛋糕。其次，如果外来移民不能指望福利救济，必须劳动谋生，生存压力将激励其尽快、尽可能全面地融入东道国社会，这样才能赢得较多的机会。但是，如果他们可以指望相当丰厚的福利救济，他们这样做的动力就将大大衰减。特别是如果有许多福利救济项目是与外来移民身份挂钩，那么，他们更将具有强大的动力拒绝融入东道国社会，以保持其"外来移民"身份和与此挂钩的福利救济。最后，在有福利救济可以指望且政府奉行"淘气孩子多吃糖"策略的情况下，外来移民中必然会有某些个人和势力选择挑头闹事争取更多福利，以此为自己争取外来移民群体"领袖"地位。而所有这一切，又必然在英国内部制造和激化社会矛盾。

在宏观层次上，社会保障和福利制度对经济运行效率的短期和中期影响首先体现在恶化了国家财政状况。因为政府要靠提高税收来应付福利支出，财政负担加重，国家负债上升随之不可避免。在依靠中央银行扩大货币发行来为国债负担融资的情况下，通货膨胀加剧也就是顺理成章了。

同时，税率过高还大大抑制了英国国内的投资动机，因为税后预期投资收益过低，以至于投资者宁可将资金用于消费，或是海外投资。英国本来就长期是一个资本输出大国。1870—1913 年间，英国输出的资本等于其国民收入的 4%，并占其资本形成总额的 40%。在这一时期最后 10 年，英国资本输出等于其国民收入的 7%，占其资本形成总额的 75%～80%。如此规模的海外直接投资，本来就已经对英国本土产业升级产生了严重负面作用，是英国从"世界工厂"地位跌落的重要原因之一；在二战之后，伴随"福利国家"制度而来的高税率让英国海外直接投资获得新的发展动力，"世界工厂"地位也就彻底远离英国一去不复返了，并大大损害了英国国际收支的稳定性。1962 年—1977 年间，英国对外直接投资额从 48.70 亿英镑增加到 192.50 亿英镑，增长 143.80 亿英镑，同期外国对英直接投资从 21.30 亿英镑增长至 139.50 亿英镑，增长 118.20 亿英镑，两相抵消后，英国对外直接投资超出外国对英直接投资额从 27.40 亿英镑上升至 53 亿英镑。

在社会矛盾日益加剧、国内消费增长滞后于出口等项增长的今日中国，适度恢复、完善社会保障制度，扩大消费需求，已经是大势所趋。然而，"不谋万世者不足以谋一时，不谋全局者不足以谋一域"，在恢复、完善社会保障制度和扩大消费的同时，我们需要对其副作用给予足够清醒的认识，只有这样才不至于重蹈覆辙，以至于自废武功，断送中国经济社会可持续发展的前途。

（来源：中金在线 作者：梅新育 商务部国际贸易经济合作研究院研究员）

复习思考题

1. 了解社会保障资金管理的形成背景与现状
2. 请简述社会保障资金的运行规律。
3. 在了解西方社保资金管理发展后，你对当代社会保障管理制度有什么认识？并进行分析。

第3章　社会保障资金管理对象

◈ 阅读材料

由兰考火灾事件折射我国儿童福利与社会救助存在的问题

2013年1月4日清晨8时许，河南兰考县一收养孤儿和弃婴的私人场所发生火灾，“爱心妈妈”袁厉害收养的孩童中7人不幸丧生。当天上午，消防人员赶赴现场进行全力抢险，经现场清理，事故造成4人死亡，3人在送医途中抢救无效死亡，1人正在抢救中。起火地点为兰考人袁厉害家，多名儿童在火灾中伤亡。据悉，袁厉害多年来一直在兰考县人民医院门口摆摊卖东西，以收养弃婴和孤儿出名，其安置孤儿和弃婴的地方紧邻兰考县卫生局和兰考县人民医院。袁厉害如今共收养有34名弃婴，与其共同生活的有18名，其余16名是谁在抚养，还需要调查了解。这18名弃婴中有6名在上小学，2名上培训班，2名被人抱出去玩了，剩下8名在袁厉害家中遇到火灾，其中有7名遇难，1名被烧伤送往医院救治。

我国儿童福利覆盖范围狭窄，社会救助不到位，这可能是主要的问题。社会制度的变迁、家庭结构的破裂、人口结构的深刻变化等因素导致了问题儿童的增多。主要表现为孤残儿童、单亲家庭儿童、流浪儿童、大病儿童等。基本权利难以保障是这些困境儿童群体最具代表性的特征。联合国《儿童权利公约》第26条提到：“缔约国应确认每个儿童有权受益于社会保障、包括社会保险，并应根据其国内法律采取必要措施充分实现这一权利。”然而由于各种原因，困境儿童在平等权、受教育权等各项基本权利方面都无法与正常儿童享有平等的权利。

(1) 孤儿和弃婴。孤儿是指失去父母亲的儿童或未成年人。截至2012年底我国孤儿人数为54.1万人，其中集中供养孤儿8.7万人，社会散居孤儿45.5万人。2009年，民政部先后下发《关于制定社会散居孤儿最低养育标准的通知》(民发[2009]77号)和《关于制定福利机构儿童最低养育标准的指导意见》(民福善字[2009]39号)，确定社会散居孤儿最低养育标准为每人每月600元，福利机构儿童最低养育标准为每人每月1000元。2010年中国政府建立了第一个专项儿童津贴——孤儿福利金制度。同年10月，温家宝总理指出：“加强孤儿保障工作，是改善民生、建设和谐社会的重要任务。要建立与中国经济社会发展水平相适应的孤儿保障制度，使得孤儿生活得更加幸福、更有尊严”，会议通过了《关于加强孤儿保障工作的意见》并提出要健全孤儿保障制度，促进社会和谐发展。2011年河南省全面启动孤儿保障制度，已有5万余名孤儿等困境儿童纳入了制度性福利体系。

《中国儿童福利政策报告》提出“中国每年大约有10万名儿童被遗弃，多数为残疾儿童或女童”。河南兰考的袁厉害收养了几十名孤儿、广东普宁“拾荒妈妈”张菲也收养了几十名弃儿……然而弃婴数量如此之多不是仅靠个人力量就可以承担起来的，需要社会和政府更多的努力。弃婴的主要来源有四个方面：一是新生缺陷儿；二是未婚先孕生产的私生儿；三是由于受传统观念影响遗弃的女婴；四是新生儿出生后父母死亡或因其他原因被遗弃。虽然相关法律严格禁止遗弃儿童，但是现实中很难追究相关责任人。弃婴问题涉及多方面的原因，很难仅仅依靠行政法规予以避免，需要行政机关、司法机关等多部门协调配合，才能从源头上有效制止。

(2) 残疾儿童。残疾儿童自出生之后就难以避免地会遭受到各种歧视和不公平待遇，后天致残的残疾儿童由于身体和心理上的双重影响也很难融入社会中，这就需要社会和国家对残疾儿童给予更多的关爱。联合国《儿童权利公约》第23条说明：“缔约国确认身心有残疾的儿童应能在确保其尊严、促进其自立，有利于其积极参与社会生活的条件下享有充实而适当的生活”。我国2011年颁布的《中国儿童发展纲要》在“儿童福利”中也提到：国家要“建立完善残疾儿童康复救助制度和服务体系”。

(3) 单亲家庭儿童。离婚、配偶死亡等是造成单亲家庭儿童的主要原因。家庭的破裂对儿童造成的心理影响是不可小觑的，不健全的家庭也影响着儿童的健康成长。随着离婚率不断上升，单亲家庭儿童也日趋增多。由于受家庭原因影响，单亲儿童一般性格比较孤僻，心理上也有家庭破碎的阴影。我国目前还没有专门针对单亲家庭儿童群体的专业服务，这些问题比较隐蔽的散落在社会中无法得到有效解决。

(4) 留守儿童。留守儿童是具有中国特色的儿童问题。由于中国城乡二元社会结构和二元社会福利制度，许多农民背井离乡进城务工、经商，孩子留在农村由祖辈抚养，“隔代教育”不仅易造成与父母之间的感情隔阂，又会对孩子的个性发展产生极大的影响。即使孩子跟随父母到城里上学，由于户籍、身份制度的限制，也很难和城市里的孩子一样享受最普通的福利，在受教育方面，要么去农民工子弟学校，基础条件不好；要么去公立学校，但是要付出高昂的择校费。留守儿童由于缺乏父母关爱，个性发展和心理健康很容易出现偏差。

(5) 流浪儿童。由于我国城乡二元结构、区域间发展不均衡，收入分配差距逐渐拉大，家庭贫困、不稳定是造成流浪儿童增多的原因。许多流浪儿童来自中西部欠发达地区，农村居多，造成未成年人流浪的主要原因包括：经济贫困、生存条件恶劣、家庭结构不完整、家庭教育方式不当、少年自身心理特点、以及胁迫未成年人犯罪等。2011年《儿童发展纲要》中提到：“加强流浪儿童救助保护工作，完善流浪儿童救助保护网络体系，健全流浪儿童生活、教育、管理、返乡保障制度，对流浪儿童开展教育、医疗服务、心理辅导、行为矫治和技能培训。”可见，流浪儿童的救助既要考虑到流浪儿童的心理特点，又要预防流浪儿童受教唆等产生不稳定因素，以维护社会稳定为目标，整合国家、政府、社会和家庭等力量，建立起长效的流浪儿童帮助机制。

(6) 大病儿童。近年来，儿童大病呈高发趋势，主要有白血病、再生障碍性贫血、脑瘫、恶性肿瘤、布加氏综合征、尿毒症、先天性心脏病等。还有一些烧伤、残疾等需要康复整形的项目是不在“新农合”报销之列的。在目前的医疗体制下，患病儿童不仅面临高额的医药费，而且治疗时间长、护理工作量大等问题，给普通家庭带来了沉重的负担，许多家庭因病致贫、因病返贫现象较为普遍，需要国家、社会、慈善机构等给予全面的经济支持。2010年6月民政部、卫生部联合印发了《关于开展提高农村儿童重大疾病医疗保障水平试点工作的意见》，通过新农合和医疗救助等各项医疗保障制度的紧密结合，开展试点，提高对儿童重大疾病的医疗保障水平。2011年我国儿童先天性心脏病和急性白血病全面推行免费治疗。民政部门也推动"明天计划"、"重生行动"，动员慈善力量，开展横向合作。2011年残疾孤儿手术康复"明天计划"，完成手术康复4200多例；与李嘉诚基金会启动第二期"重生行动——贫困家庭唇腭裂儿童手术康复计划"，已治愈患儿22000多名；与神华集团合作开展"神华——爱心行动"，资助1236名贫困先天性心脏病和白血病儿童进行手术。

(7) 受艾滋病影响儿童。受艾滋病影响儿童包括自身感染艾滋病的儿童、父母一方或双方携带艾滋病病毒或者因艾滋病死亡致孤的儿童等。他们不仅缺乏正常的家庭生活，由于受社会歧视，在生活、入学、医疗、社会参与等方面面临重重阻碍。河南省在艾滋病致孤儿童保护救助工作中，创立了独特的模式，在救助政策实践方面取得了不小的成就。从2004年4月起，河南省实行统一规范的救助政策对艾滋病致孤儿童进行救助。依据救助安置渠道不同，艾滋病致孤儿童救助标准分为三种：一是艾滋病致孤儿童每人每月生活救助金160元(其中生活费130元，抚养费30元)；二是艾滋病导致单亲家庭未成年子女每人每月发放救助金50元；三是艾滋病患者及其家庭成员每人每月发放12元生活救助金(目前河南农村特困户救助标准)。河南省的救助模式为我国逐步建立稳定、福利性的受艾滋病影响儿童的福利制度提供了政策创新和实践依据。关爱艾滋病儿童不仅要保障他们的基本生活，更重要的是关怀他们的心理人格，确保身体和心理健康完善的发展，满足教育、医疗、技能培训等多方面的需求，使他们更好地融入社会和其他儿童一样快乐成长。

(8) 自闭症儿童。每年的4月2日是"世界自闭症日"，由于对自闭症这种疾病的知晓率较低，自闭症儿童往往不受重视。但是自闭症是一种严重影响儿童精神健康的发育障碍，又称"孤独症"。患儿主要特征是社会交往障碍、语言交流障碍和行为重复刻板等。自闭症儿童中只有8%至25%能康复，其余都将成为精神残疾人，需要终生照料。根据中国公益研究院2012年的《中国自闭症儿童现状分析报告显示》，目前我国自闭症患儿数约为160万人。一个患儿影响一个家庭，日渐增多的患病人数终会成为沉重的社会负担。我国自闭症儿童康复训练依然明显落后世界先进水平，存在数量少、规模小、收费高，因此民政部门应积极扶持自闭症康复机构的发展，解决自闭症家庭的困难，积极探索更为先进的康复技术。

3.1 社会保障资金的类型及特点

社会保障资金，也称社保资金，是指依据国家法律、法规和政策的规定，为满足社会保障的需要，通过各种渠道、采取各种形式筹集到的用于社会保障各项用途的专项资金。社会保障基金是全国社会保障基金理事会负责管理的由国有股减持划入资金及股权资产、中央财政拨入资金、经国务院批准以其他方式筹集的资金及其投资收益形成的由中央政府集中的社会保障基金。社保基金是不向个人投资者开放的，社保基金是国家把企事业职工交的养老保险费中的一部分资金交给专业的机构管理，实现保值增值。社会保障资金包括社会保险资金、社会福利资金、社会救济资金、社会慈善资金等。

社会保障资金来源多元化，多渠道筹集和积累社会保障基金，资金涉及面广、数额大、期限长，且每一类社会保障资金各有不同的特点及来源，认识并把握社会保障资金的种类及特点，是管好、用好社会保障资金的前提，这也是健全我国社会保障体系的关键。

3.1.1 社会保障资金的特点

1. 专款专用性

社会保障资金是为满足社会保障的需要而建立起来的专项资金，是保障全社会成员由于年老、疾病、失业、工伤、贫困等原因导致生活水平下降甚至无法维持基本生活水平而建立的具有特定用途的资金。例如，社会救济资金是在公民不能维持最低生活水平时，由国家和社会按照法定标准向其提供满足最低生活要求的资金；社会保险资金是为保障劳动者的基本生活，按照国家法律、法规，由缴费单位和缴费个人分别按缴费基数的一定比例缴纳以及通过其他合法方式筹集的专项资金；住房公积金是由企业、单位及其在职职工缴存的长期住房储蓄金。由此不难看出，各项社会保障资金都有专门的用途，既不能混合使用，更不能挪作他用。

2. 覆盖面广

首先是社会保障资金来源多渠道。社会保障资金既有来源于用人单位的缴费，又有来源于劳动者个人的缴费，也有来源于政府的一般税收，还有资金投资所得和来源于第三次分配的慈善捐赠等，其来源的广泛性超过了一般意义上的资金。其次是社会保障资金受众范围广，老弱病残困以及全体社会成员均为受众对象。正因为来源多渠道和受众对象广，所以社会保障资金覆盖面之广是其他各种资金难以比拟的。

3. 积累期限长

在社会保险制度中的养老保险和医疗保险的个人账户资金都是劳动者为其退休后的基本生活或生病医疗储存的基金，贯穿劳动者的一生，其储存时间长达几十年。由此，更需要探讨其保值增值的有效办法。

4. 统筹互济性

通过国民收入的分配和再分配形成专门的消费性的社会保障资金被统一调剂使用，使社会成员共同承担风险。在社会保障资金筹集过程中，收入较多的人比收入较少的人缴纳的费用一般要多一些，而在资金使用过程中，是根据制度的规定统一分配，个人享受的权利与承担的义务并不严格对应，具有较强的统筹互济性。

5. 管理多样性

适应社会保障项目的不同特点，社会保障资金管理也具有多样性。医疗、失业、工伤与生育等社会保险一般只要求依据大数定律进行短期平衡，而养老保险资金所对应的是必然风险，往往要求长期平衡。积累性养老保险资金需要进行投资性运作，政府财政性社会保障资金一般只按照需要进行事业性分配。事业性分配的社会保障资金要纳入政府预算管理内，而投资运作的社会保障资金一般无需纳入政府预算管理内。住房公积金因其特殊性而需要住房公积金管理委员会决策、住房公积金管理中心运作、中国建设银行专户存储、财政监督的管理方式。

3.1.2　社会保障资金的分类

为加强社会保障资金管理，必须进行科学合理的资金分类，这既有助于社会保障资金的筹集和使用，也有助于社会保障资金的监督和管理。

1. 社会保障资金与社会保障基金的区别

(1) 定义不同。资金是资产的货币化；基金是为特定目的专设，来源于缴费，带有专款专用性质，有结余和投资运作，需要保值增值的资金。基于此，政府用一般税收安排的行政事业单位离退休经费、卫生经费、抚恤和社会救济费以及对就业和社会保障补助金，不能称其为基金，而只能是资金；而且，在社会保险费的征收过程中，单位和个人的缴费也不能成为资金，只有当其缴费收入大于待遇支出、资金沉淀下来需要进行投资运作时才能称其为基金。因此，资金的范围大于基金，资金包括基金，但基金不能替代资金。

(2) 范围不同。社会保障资金比社会保障基金的空间范围和时间范围都要宽泛。与整个社会保障制度相应的是社会保障资金，因为社会保障体系中的社会救助和社会福利资金来源于财政税收，既无收入时事先指定的专门具体用途，正常情况下也无结余，更无需增值保值；与社会保险制度相对应的则是社会保障基金，其包括社会保险基金、住房公积金、企业年金、补充医疗保险基金、福利彩票资金和全国社会保障基金等。因此，社会保障资金包括社会保障基金，社会保障基金包括社会保险基金，三者的外延是递减的。

(3) 管理责任和管理范围不同。社会保障资金与社会保障基金不仅仅是一个字的表面差异，更在于其背后的管理责任和管理范围的不同。市场对资金影响巨大，尤其是对养老金。所以，社会保障资金需要政府给予高度关注。

2. 按社会保障资金的用途及功能分类

根据国际劳工组织的社会保障公约的规定，社会保障资金包括医疗、疾病、失业、工伤、老龄、家庭、残疾、生育与遗嘱等九方面的资金，这是从社会保障所要防范的九种风险的角度提出来的，其中主要就是失业、工伤、老龄、残疾和遗嘱五方面的资金。

我国按照社会保障资金的用途及功能，可以把社会保障资金分为六类：社会保险资金、住房公积金、企业年金、财政社会保障资金、福利彩票资金和全国社会保障资金。社会保障资金由养老保险资金、医疗保险资金、失业保险资金、工伤保险资金及生育保险资金组成。财政社会保障资金用于社会救济(或社会救助)、社会福利和社会优抚安置等方面。

3. 按社会保障资金的来源分类

按资金来源社会保障资金可以分为三大类。

第一类是源于政府一般税收并纳入各级财政预算进行管理的社会保障资金，资金支出主要用于社会救济、社会优抚安置、社会福利及对社会保险进行的补贴等方面，其中前三项资金支出一般委托各级民政部门等机构管理，对社会保险资金的补贴则由社会保险经办机构管理。

第二类是按照国家法律、法规规定由用人单位和劳动者按规定缴纳的社会保险费，一般是由各级社会保险经办机构(社会保险资金管理中心等)或税务等部门进行管理。

第三类是通过其他各种渠道筹集的社会保障资金，如住房公积金、企业年金、福利彩票资金等，其资金来源多样化，有用工单位和个人缴纳的，有社会团体和个人自愿捐赠的，管理机构也是多样化、专业化，如住房公积金管理中心、福利彩票管理中心等。

4. 按社会保障资金的所有权分类

按社会保障资金的所有权可将其分为公共资金、个人资金和机构资金。

公共资金为社会群体公共所有，如我国基本养老、基本医疗保险资金中的社会统筹部分和实行统筹管理的失业保险资金、工伤保险资金和生育保险资金都属于公共资金。

个人资金是归个人所有的非财政性社会资金，但它不同于银行存款和各种有价证券的资金，它是按法律、法规、规章缴记在个人账户中用于专门用途的资金，如个人账户的养老保险资金。

机构资金是单位按照国家的政策和单位的规章对符合条件的职工给予补贴的资金，是为其职工建立的福利性资金，所有权归于集体或部分归于集体，如用人单位的福利资金等。

5. 按社会保障资金管理方式分类

按社会保障资金管理的方式，社会保障资金可分为财政性社会保障资金、市场信托管理的社会保障资金和公积金性社会保障资金。

财政社会保障资金按我国目前的管理方式分为：政府一般预算中的社会保障资金、政府资金预算中的社会保障资金、专项预算管理的社会保障资金。政府一般预算中的社会保障资金包括由税收支付的社会救助、社会福利和社会优抚安置等资金；政府资金预算中的社会保障资金包括残疾人就业保证金、社会福利彩票资金等；社会保障资金中的统筹资金属于公共所有的资金，在我国是纳入财政专户实行专门预算管理的。

市场信托管理的社会保障资金是按契约或者章程的约定，由用人单位和职工(或用人单位一方)缴存，计入个人账户，由资金法人委托受托人管理的社会保障性资金，其资金营运通过市场竞争委托金融中介机构，如资金管理公司、投资管理公司等具体进行运作，凡是以个人账户储存积累式的资金都应该按这种管理方式管理。

公积金性社会保障资金是按照法律、法规规定，由用人单位和职工缴存，记入个人账户，产权归个人所有的资金，不属于财政性资金，也不同于银行储蓄资金，由法律规定用途和领取条件，并由法定机构(属金融机构)营运管理，综合用于特定项目的保障，如我国的住房公积金。

3.2 社会保险资金

社会保险资金是指为了保障保险对象的社会保险待遇，按照国家法律、法规，由缴费单位和缴费个人分别按缴费基数的一定比例缴纳以及通过其他合法方式筹集的专项资金。社会保险资金是国家为举办社会保险事业而筹集的，用于支付劳动者因暂时或永久丧失劳动能力或劳动机会时所享受的保险金和津贴的资金。社会保险资金按照保险类型确定资金来源，逐步实行社会统筹。用人单位和劳动者必须依法参加社会保险，缴纳社会保险费。社会保险基金主要包含五大类，分别是：基本养老保险基金、基本医疗保险基金、工伤保险基金、失业保险基金和生育保险基金，是社会保障资金最重要的组成部分。在我国现阶段，社会保险资金按预算外资金实行财政专户下分险种自求平衡的管理方式。各项社会保险基金按照社会保险险种分别建账，分账核算，执行国家统一的会计制度。社会保险基金应专款专用，不允许任何组织和个人以任何形式侵占或者挪用。

3.2.1　社会保险资金的特点

社会保险资金是指为保障社会劳动者在丧失劳动能力或失去劳动机会时的基本生活需要，在法律的强制规定下，通过向劳动者及其所在单位征收社会保险费而集中起来的资金。社会保险资金同其他社会保障资金不同，有其自身的特点。

1. 管理强制性

强制性是社会保险的显著特征之一，也是社会保险的基本特征。社会保险资金是运用法律手段建立起来的，对于资金的来源渠道、筹集方式、缴费水平及管理办法等，国家一般都会在相应的法律、法规中加以规定，强制执行。雇主和雇员必须依法按时、按法定费率缴纳社会保险费，资金管理机构对社会保险资金的投资运营、投资组合与投资数额的确定都需要依法进行，以确保资金具有稳定的来源和安全有效的资金管理方式。商业性保险资金、金融性信托资金是在自愿的基础上依据商业契约而建立，资金管理及规则要相对宽松些。

2. 特定对象性

社会保险的主体是特定的，包括劳动者(含其亲属)与用人单位。社会保险资金对工薪劳动者具有普遍保障责任，是对劳动者采取的一种保障措施，不针对所有的社会成员。只有参加了社会保险的人，在他们丧失劳动能力或劳动机会时，社会保障资金才依法提供补偿，以保障其基本生活需要。社会保险的客观基础，是劳动领域中存在的风险，保险的标的是劳动者的人身。

3. 统筹互济性

社会保险通过国民收入分配和再分配，形成专门的消费资金，统一调剂使用，使社会劳动者共同承担社会风险。一般情况下，在社会保险资金筹集过程中，高收入的劳动者比低收入的劳动者缴纳多一些的保险费，而在使用的过程中，不是完全按照缴纳保险费多少给付保险金，个人享受权利与承担义务不严格对应，具有较强的统筹互济性。

4. 使用专项性

社会保险资金是为保障广大劳动者因年老、疾病、失业、工伤等原因而暂时或永久失去劳动能力时的基本生活而建立的有特定用途的资金，是老百姓的“养命钱”。所以，它的本金及收益只能用于支付被保险人的各项保险支付，不能用于除此以外的任何用途。

5. 资金增值性

积累起来的社会保险资金实质上是对被保险人的负债，随着保险事故的发生要逐渐支付给被保险人。有些险种比如养老保险给付的周期很长，一般情况下，被保险人领取的保险金大大低于所缴纳的保险费，还要考虑物价上涨因素，这样缺口就很大，这个缺口除了企业缴纳和政府补贴外，更重要的是保险资金的运营收入来补充，因此社会保险资金只有通过投资运营才能保值增值，才能稳妥运行下去，社会保险的目的是维持劳动力的再生产。

3.2.2 养老保险资金

养老保险资金是指政府立法确定的范围内，依法征缴的用于支付劳动者退休养老待遇的专项资金。社会养老保险资金也是为兴办、维护和发展养老保险事业而储备的专项资金，主要用于退出社会劳动后的老年人的基本生活。养老保险资金亦称为退休资金，是各国养老保险制度的主要实现手段，即雇员在工作一定年限后退休自雇主所获得之给付，可以是一次或定期终身给付。

1. 养老保险的资金属于专用资金，具有自身的特性

(1) 社会性。养老保险作为一种促进社会经济发展和社会稳定的社会政策，以全体社会成员为对象，在资金的筹集、给付及资金资产的营运上具有强烈的社会性，无论是管理的过程和具体环节均体现了社会或政府行为。

(2) 储蓄性。社会养老保险资金相当一部分是通过个人账户预筹的，特别是积累资金，主要是通过个人账户进行预筹，储蓄起来以备将来支付养老金的资金。

(3) 互助性。社会养老保险资金的筹集和给付实行一定程度的社会统筹，以实现社会互助，减轻劳动者的养老风险。主要表现为：① 资金筹措由国家、雇主和个人三方负担，并从中划出部分作为社会统筹资金；② 资金营运收益，全部并入资金并免征税费，归全体投保人共有，而并不按个人缴费多少分享；③ 除个人缴费储蓄部分，在投保人死亡情况下，其个人账户的储存额或未领取完的部分，归入社会统筹资金。

2. 养老保险资金一般有三个不同的层次组成

第一层次是基本养老保险资金，第二层次是补充养老保险资金(即企业年金)，第三层次是个人养老保险资金，每一个层次的资金都有相对应的资金来源。

基本养老保险资金一般在国外称为公共年金，是由政府通过立法强制执行，多以工资税为资金来源，并采用现收现付制，规定养老金给付额，实行公共管理的养老保险资金。据统计，到 1995 年，全世界 158 个实行了养老保险制度的国家和地区中，有 130 多个国家实行的是公共年金模式。

公共年金有如下的特点：① 在资金来源上，一般以社会保险或国家财政为基础进行筹资，雇主和雇员按照雇员工资总额的一定比例缴纳社会保险税(社会保险费)，同时规定工资的上下限。② 在资金筹集模式上，一般采用现收现付制或部分资金制，一般形成代际赡养关系，在职的一代用缴税或缴费的方式形成养老保险资金来支付退休金。③ 在养老金水平的确定上，一般采用给付确定制，以工资替代率反映养老金的给付水平，一般根据本人的工资水平可以大致确定未来的退休金。④ 在养老金给付上，一般采用指数化调整机制。随着经济的不断发展，收入水平的不断提高，物价指数的不断上涨，养老金的实际购买力将不断下降，所以养老金的给付普遍采取指数化调整的方式，即考虑通货膨胀指数进行相应调整。⑤ 在公共年金的管理上，实行政府公共机构管理，强调集中统一，社会程度高。

我国于 1997 年 7 月 16 日，国务院颁布《国务院关于建立统一的企业职工基本养老保险制度的决定》。该决定根据社会统筹与个人账户相结合的原则，从缴费比例、个人账户规模、养老金计发三个方面统一了基本养老保险制度。2005 年 12 月 3 日国务院颁布了《关于完善企业职工基本养老保险制度的决定》，规定各地从 2006 年开始调整个人账户的规模及基本养老金的发放办法，将个人养老金计发基数由社会平均工资改为社会平均工资和个人缴费工资的平均数，将个人账户养老金的计发数由 120 改为个人退休后预期余命的所有月数。2009 年开始试点新农保制度，于 2011 年试点城镇居民社会养老保险制度，2014 年将城乡居民社会养老保险制度合并，建立统一的城乡居民基本养老保险制度。

3. 目前我国养老保险资金面临的管理两大难题及对策

1）我国养老保险面临的问题

一是养老保险资金隐形债务问题，二是养老保险资金的增值保值问题。

2）我国养老问题的对策及建议

（1）完善多支柱养老保险体系。在我国人口老龄化快速发展、传统家庭养老保障功能萎缩、政府财政支付压力加大的情况下，推进多支柱养老保险体系建设应该是符合中国国情的首选对策。第一支柱：加大基本养老保险的执行力度，由政府、企业和个人三方供款的模式，即企业和个人为主，政府提供补贴，实行现收现付筹资方式。第二支柱：鼓励企业为员工建立企业年金保障，由政府提供优惠政策，实行劳动权利与义务相结合的原则，由企业为主、个人为辅供款，实行积累制筹资方式。第三支柱：积极发展商业寿险保障，采用自愿性，由政府提供政策，个人具有经济能力和偏好选择，实行积累制筹资方式。与完善"三支柱"体系的同时，通过宣传示范传承家庭养老保障，家庭养老既可以减少社会养老的压力，也是代际之间互惠互利关系的体现，年轻一代对父母提供照顾，也为自己将来获得子女照顾创造了道德基础。

（2）扩大养老保险覆盖面。将养老保险覆盖范围从国有企业扩大到各类企业，从单位职工扩大到灵活就业人员和居民，逐步按照常住人口统计养老金缴费，将非户籍、有工作的常住人口纳入到养老保障体系。特别是广大农民工虽然在城镇就业，但是绝大部分被排斥在城镇养老保险之外，需要逐步将具有农村户口、在城市打工这一数量庞大的青壮年人群纳入城镇养老保险制度，从而扩大养老保险的缴费人口基数，缓解基金缺口压力。农民工内部存在很大异质性，因此，可以采取分层保障的措施，吸引不同层次的农民工参保。但是，关键在不同制度之间要有便利的转移渠道，个人账户的转移比较容易，社会统筹账户部分必须提高统筹层次才易于实现跨区领取。

（3）明确政府对养老保险基金的责任。首先是加强立法。《社会保险法》已经明确了政府在养老保险基金中的责任，法律实施中要改变财政对养老保险基金投入的随机性和不确定性，建立起公共财政体系，通过确立财政对养老保险基金投入体制，使财政对养老保险基金投入制度化。

其次是将财政投入比例明确化。《社会保险法》虽然规定了政府对于养老基金的责任，但是并没有明确各级政府财政投入的比例和增长幅度，从长远看，财政投入对于实现城镇养老保险基金可持续必不可少，必须立法稳定现有 6%～8%的正常投入，力争达到 10%～11%的适度投入比例，法律还应明确财政投入的增幅与经济发展速度、最低工资增长幅度等之间的联动关系。

（4）调整制度费率。可以在调查研究的基础上，适度小步调高缴费率。尽快将缴费率比较低的地区提高到缴费率比较高的地区的缴费水平。中国养老保险替代率在国际上属于比较高的区间，在保证退休待遇绝对值增长的前提下可以适度降低替代率，从而缓解支出的增长幅度。

完善柔性退休制度，上海出台了企业专业技术人才的柔性延迟申领养老金政策，这一政策适用范围可以逐步向企业以外的单位扩展，并逐步借鉴国外经验，将延迟退休与适当增加养老金挂钩，形成鼓励所有员工推迟退休的柔性退休制度。

必要的情况下，根据就业状况和养老基金的积蓄量，借鉴国际推迟退休年龄的经验，适时实施逐步延长法定退休年龄的政策。从改革年度开始，每 1 年推后退休延长法定退休年龄 4 个月。考虑到我国人口生理特征，可直至男 65 岁、女 60 岁退休，同时给予女性自愿选择同男性一样 65 岁退休的权利。

(5) 国有资产充实养老保险基金。养老保险体制转换过程中存在巨额的隐性债务，它是对老人、中人在旧制度下积累的预期给付的全部养老金权益的负债。养老保险体制改革前的相当长一段时间，我国对劳动者实行低工资制，劳动者的报酬中没有包含必须用于养老保险的部分，仅能应付现期的生活支出，而不能为未来时期的养老储蓄必要的资金。这部分劳动者现在已经或即将退出劳动岗位，如果不对他们进行必要的补偿，其养老的需要就不能得到满足。在计划经济体制下，企业的利润全额上交国家财政。由于劳动者的报酬中没有包含养老保险等社会必要劳动，企业上缴的利润不仅包含劳动者剩余劳动，也包含劳动者的社会必要劳动。在此基础上实行的工业积累是一种强制性积累，这种强制性积累则被用于国有企业固定资产的投资。

这就是说，我国现有的国有资产，不仅包含有剩余劳动积累的部分，同时也有用劳动者必要劳动形成的部分。为了补偿转制成本，必须将国有资产中用劳动者必要劳动形成的部分价值归还给为其做出过贡献的劳动者。2009 年 6 月，境内证券市场转持部分国有股充实《全国社会保障基金实施办法》明确提出要多渠道筹措和增加社会保障资金，其中重要的方式之一便是变现部分国有资产。

变现部分国有资产可有如下几种方式：出售竞争性领域内的中小型国有企业的资产；向居民出售部分国有不动产；对竞争性领域的大型国有企业进行股份制改造，通过上市或非上市交易转让部分股权。对于上市公司而言，减持国有股就是要让出一部分国有股权甚至大部分国有股权。国有股减持，可能有如下几种方式：① 国有股配售，即将国有股配售给原有流通股东；② 国有股回购，即公司动用自己的资金将股东持有的国有股权购回一部分；③ 股转债，即将国有股份转变为公司的债务，由公司按协议逐年偿还，向社会公众或一般机构投资者出售公司股份。这几种方式存在两类风险：一类是国有股份定价不合理，导致国有资产流失；另一类是国有股减持过快过多，超过投资者承受能力，导致股市疲软。出现这两类情况对国有资产的保值增值及资本市场的稳定健康发展都是不利的。

国有股减持可以主要通过协议方式将一部分国有股转交给养老社会保险机构，既有利于优化上市公司，促进资本市场健康发展，又有利建立健全养老保险制度的办法。这样做，其实质就是将国有资产中用劳动者必要劳动形成的部分价值归还给劳动者。

(6) 完善养老保险基金市场机制。养老基金的运营、管理和监督，需要引入和完善市场机制。在尚未实现全国统筹之前，中央政府可以鼓励地方统筹区域建立养老保险风险储备基金，同时，中央建立国家养老保险风险储备基金，通过引入市场化投资运营手段实现基金保值增值，提高养老保险基金抗风险能力。

在规范养老保险基金运作的基础上，通过修改法规，明确养老保险基金投资的市场化运作原则，改革养老保险基金投资的制度性约束。在现有的制度框架下，以风险能够有效控制为前提，优化基础养老金组合投资比例。允许养老保险基金投资实业股权和股票证券，养老保险基金首先要投资周期较长收益稳定的实业股权，同时也可以有一定比例用于股票证券投资，从而最大限度实现基金保值和增值，提高养老保险基金运营管理效率。

优化投资管理模式，对证券投资和预期收入稳定的股权投资运作模式，可参考采用成立几家信托投资基金公司，通过市场竞争获得最优选择。建立企业年金和职业年金多元投资体系，成立政府许可的养老金基金公司，管理运营企业年金和职业年金。政府要加强这些公司的管理，规范基金公司的运营行为。

个人缴纳的储蓄型补充养老金，应该有别于一般的个人商业保险。政府应该委托若干个管理绩效好的基金公司，管理个人补充养老保险金，个人养老金补充保险金应该品种多样化，满足不同人群的养老心理需要。

“以房养老”是个人储蓄养老的一种形式，不妨积极推进市民以房养老，缓解养老保险基金短缺压力。在条件成熟的城镇将“以房养老”纳入城镇养老保险体系，制定规范的管理体制和激励机制。当前，首先要通过试点，制定住房逆抵押贷款管理细则，规范住房逆抵押贷款行为，通过房屋交易税收减免等政策鼓励老年人用自有住房获取更多的补充养老金，形成社会示范效应。

(7) 提高基金的运营效率，确保基金增值。国外养老保险基金的主要增殖方式是进行证券市场投资。据有关资料显示，美国从 1950 年养老保险基金投资在股票总市值中的 0.8%上升至 1998 年的 29.6%，而全球主要市场上养老保险基金掌握的股票比例在 20 年内增加了超过 20%。据劳动和社会保障部主持完成的《中国养老保险基金测算与管理》报告分析，我国养老保险基金预计近两年将达到 1000 亿元，并在今后几年以 30%以上的速度递增。根据专家经验，当单一机构资金量占市场市值的 10%以下时，该资金进入市场将不会引起市场的巨大波动。

但同时，社会养老保险基金通过证券市场进行投资时，对资金的安全性和回报的稳定性要求很高，一方面需要证券市场为养老保险基金提供一个规范、稳健的投资环境，提供适合养老保险基金特点的投资品种；另一方面需要注重养老保险基金投资风险的控制，注意选择风险相对较低的投资品种，如证券投资基金。

养老保险基金的资产组合形式取决于资本市场的发育程度，而多元化的资产组合能够有效地减少其中每一种资产所面临的风险。据有关机构估计，今后十年内我国养老基金结余规模有可能达到 1.5 万亿元，基金的保值增值和投资出路的问题已经越来越紧迫。基金增值途径的多源化无论对于保证养老金定额支付需求，还是对于提高经济效益，促进国家经济发展，都是非常重要的一个问题。目前我国基金增值的方式主要是靠银行存款利息和购买国家公债实现基金增值，这种办法虽然能保证基金运行安全，但增值率极低。事实上，如税收融资、国有资产变现融资、抵押贷款、不动产投资等都可以弥补我国养老保险基金缺口，为其保值增值提供了一条现实的途径。

(8) 完善养老保险基金的监管体制。首先要加强政府监管部门自身的建设和约束机制，财政和审计部门负有重要的监管职能，要定期公布基金状况；中国社会保障监管委员会、中国保监会、中国证监会、中国人民银行等专业性监管机构也应通过法律、经济、行政等手段进行监控；其次需建立基金的自律机构，建立社会舆论监督机制，加强对投资标准、投资方向、投资模式等的监控，各地区应设立由政府代表、企业代表、工会代表和离退休人员代表等各方面人士组成的养老保险基金监督委员会，对养老保险基金经办机构、营运机构的日常工作进行监督，防止养老保险基金被挤占、挪用、浪费，以提高其使用效益。

（9）制定和完善社会养老保险基金的法律、法规。受益人在领取养老金时遭遇拒绝或因性质与数额出现争议时，国家应当制定相应的法律制度加以保护。基于此点，建议我国社会养老保险立法的结构可为：①《基本养老保险法》，根据这一法律，由政府建立社会保险税收，将社会养老保险基金纳入政府的社会保障预算；②《企业补充养老保险法》，根据这个法律，企业和职工共同建立养老保险个人账户；③《个人投资养老保险法》，与商业保险相结合，鼓励个人购买商业保险。

养老保险基金是广大离退休人员的活命钱，也是我国养老保险制度得以正常运转的依托和核心，加强养老保险基金统筹与平衡研究，积极开展途径解决危机，确保离退休人员养老金的按时足额发放，有利于我国社会主义市场经济持续、快速、健康的发展。

3.2.3　医疗保险资金

医疗保险资金是指政府法律制度的范围内为劳动者提供疾病治疗所需要医疗费用的专项资金。医疗保险资金是指国家为保障职工的基本医疗，由医疗保险经办机构按国家有关规定，向单位和个人筹集用于职工基本医疗保险的专项资金。基本医疗保险资金包括社会统筹资金和个人账户两部分，由用人单位和职工个人按一定比例共同缴纳。医疗保险资金主要来自于国家、企业和个人三方，企业和个人按照职工工资总额的一定比例缴纳医疗保险费，财政在需要时给予适当补贴，社会保险经办机构为被保险者提供一定的门诊和住院治疗的相关费用。

医疗保险属于我国社会保障五大险种之一，医疗保险基金指通过法律或合同的形式，由参加医疗保险的企事业单位、机关团体或个人在事先确定的比例下，缴纳规定数量的医疗保险费汇集而成的、为被保险人提供基本医疗保障的一种货币资金，医疗保险基金的筹集和管理带有强制性，不以营利为目的。基金财务管理的任务是：认真贯彻执行国家有关法律、法规和政策，合理筹集和使用基金；建立健全财务管理制度，组织落实基金的计划、核算、分析和考核工作，如实反映基金收支状况；严格遵守财经纪律，加强监督和检查，确保基金的安全。

医疗保险工作属劳动保障业务范围。参保个人缴纳的基本医疗保险费全部划入个人账户；参保单位缴纳的基本医疗保险费除记入个人账户的部分外，全部作为统筹基金，由医疗保险经办机构统一管理，统一调剂使用，个人账户主要用于支付门诊和购药费用，统筹基金主要用于支付参保人员住院、门诊特定项目及部分慢性病和家庭病床的医疗费用。大病医疗救助基金用于支付参保人员基本医疗保险统筹基金最高支付限额以上的住院医疗费用。

我国现行的医疗保险制度的建立依据是国务院的《国务院关于建立城镇职工基本医疗保险制度的决定》，该决定提出了医疗保险改革的任务是建立城镇职工基本医疗保险制度。基本原则是：基本医疗水平与生产力水平相适应；城镇所有用人单位及其职工都要参加基本医疗保险，实行属地管理；基本医疗保险由用人单位及其职工双方共同负担；基本医疗保险资金实行社会统筹和个人账户相结合。

医疗保险工作属劳动保障业务范围。参保个人缴纳的基本医疗保险费全部划入个人账户；参保单位缴纳的基本医疗保险费除记入个人账户的部分外，全部作为统筹资金，由医疗保险经办机构统一管理，统一调剂使用，个人账户主要用于支付门诊和购药费用，统筹资金主要用于支付参保人员住院、门诊特定项目及部分慢性病和家庭病床的医疗费用。大病医疗救助资金用于支付参保人员基本医疗保险统筹资金最高支付限额以上的住院医疗费用。

我国现行的医疗保险制度包括三种：一是1998年的社会统筹和个人账户相结合的城镇职工基本医疗保险制度；二是2003年的新农合制度；三是2007年建立的城镇居民基本医疗保险制度。

我国目前推行的城镇职工基本医疗保险制度的筹集模式是社会统筹与个人账户相结合模式，即通过用人单位和职工按照工资总额的一定比例缴纳基本医疗保险费，形成社会医疗统筹资金和个人医疗账户资金。

3.2.4　失业、工伤、生育保险资金

1. 失业保险资金

失业保险资金是依照政府法律制度的规定，以用人单位和个人共同缴纳的失业保险费建立的对应非自愿失业而造成的收入损失并给予补偿的专项资金。失业保险金，是指国家通过立法强制实行的，由社会集中建立资金，对因失业而暂时中断生活来源的劳动者提供物质帮助的制度。是失业保险经办机构依法支付给符合条件的失业人员的基本生活费用，是对失业人员在失业期间失去工资收入的一种临时补偿，目的是为了保障失业人员的基本生活需要。失业保险金依法从失业保险资金中列支。我国现行的《失业保险条例》于1999年1月22日发布并施行。失业保险资金采取统筹管理的方式，不完全采取缴费于补偿相对应的原则。

1）我国失业保险基金由下列各项构成

（1）城镇企业事业单位、城镇企业事业单位职工缴纳的失业保险费。

（2）失业保险基金的利息。

（3）财政补贴。

（4）依法纳入失业保险基金的其他资金。

2）失业保险具有如下几个主要特点

（1）普遍性。它主要是为了保障有工资收入的劳动者失业后的基本生活而建立的，其覆盖范围包括劳动力队伍中的大部分成员。因此，在确定适用范围时，参保单位应不分部门和行业，不分所有制性质，其职工应不分用工形式，不分家居城镇、农村，解除或终止劳动关系后，只要本人符合条件，都有享受失业保险待遇的权利。分析我国失业保险适用范围的变化情况，呈逐步扩大的趋势，从国营企业的四种人到国有企业的七类九种人和企业化管理的事业单位职工，再到《失业保险条例》规定的城镇所有企业事业单位及其职工，充分体现了普遍性原则。

（2）强制性。它是通过国家制定法律、法规来强制实施的。按照规定，在失业保险制度覆盖范围内的单位及其职工必须参加失业保险并履行缴费义务。根据有关规定，不履行缴

费义务的单位和个人都应当承担相应的法律责任。

(3) 互济性。失业保险基金主要来源于社会筹集，由单位、个人和国家三方共同负担，缴费比例、缴费方式相对稳定，筹集的失业保险费，不分来源渠道，不分缴费单位的性质，全部并入失业保险基金，在统筹地区内统一调度使用以发挥互济功能。覆盖范围城镇的国有企业、集体企业、外商投资企业、港澳台投资企业、私营企业等各类企业及事业单位都必须参加失业保险并按规定缴纳失业保险费。上述单位的职工也要按规定缴纳失业保险费，失业后可以享受失业保险待遇。社会团体及其专职人员、民办非企业单位及其职工、城镇中有雇工的个体工商业主及其雇工是否参加失业保险，由省级人民政府确定。

2. 工伤保险资金

工伤保险资金是指依照政府法律制度的规定，为支付工伤待遇、预防和伤病康复而专门设立的专项资金。同其他社会保险资金不一样，工伤保险资金带有明显的赔偿性质，保险费一般都由企业承担，个人不缴费。工伤保险基金是指为了建立工伤保险制度，使工伤职工能够得到及时的救助和享受工伤保险待遇而筹集的资金。是国家为实施工伤保险制度，通过法定程序建立起来的专项资金，主要由参保单位缴纳的工伤保险费、工伤保险基金的利息和依法纳入工伤保险基金的其他资金构成。工伤保险基金由用人单位缴纳的工伤保险费、工伤保险基金的利息和依法纳入工伤保险基金的其他资金构成。目前大约 1551 个国家和地区建立了工伤保险制度。

工伤保险资金遵循“统筹共济”“大数法则”的原则，通过社会保险经办机构向用人单位广泛筹集资金，解决劳动者因工伤残或死亡之后本人或遗属的经济补偿问题。

工伤保险资金主要有以下特点：

(1) 强制性。工伤保险费是国家以法律规定的形式，向规定范围内的用人单位征收的一种社会保险费。具有缴费义务的单位必须按照法律的规定履行缴费义务，否则就是一种违法行为，用人单位要按照法律的规定承担相应的法律责任。

(2) 共济性。用人单位按规定缴纳工伤保险费后，不管该单位是否发生工伤，发生多大程度和范围的工伤，都应按照法律的规定由基金支付相应的工伤保险待遇。缴费单位不能因为没有发生工伤，没花费工伤保险基金而要求返还缴纳的工伤保险费。社会保险经办机构也不应因单位发生的工伤多、支付的基金数额大而要求该单位追加缴纳工伤保险费，而只能在确定用人单位下一轮费率时适当考虑其工伤保险基金支付情况。

(3) 固定性。国家根据社会保险事业的需要，事先规定工伤保险费的缴费对象、缴费基数和费率的基本原则。在征收时，不因缴费义务人的具体情况而随意调整。固定性还体现在工伤保险基金的使用上，实行专款专用，任何人不得挪用。

我国现行的《工伤保险条例》于 2004 年 1 月 1 日起实施，2010 年修订。工伤保险费率根据以支定收、收支平衡的原则确定，按照不同行业的风险程度确定行业差别费率，并根据工伤保险资金采取社会统筹的方式，用于发生工伤的职工的确诊费用、药品费用及各种工伤保险待遇。

3. 生育保险资金

生育保险资金是社会保险资金中的一个组成部分，是专门为生育职工支付有关待遇的款项。生育保险资金是依照政府法律制度的规定，为支付女职工由于生育而带来的收入减少而给予补偿而建立起来的专项资金。同其他几种保险相比，生育保险目前为止没有一个全国性的法令，全国性的只有 1995 年实行的《企业职工生育保险试行办法》。目前各地执行的多是当地的试行办法，如江苏省 1999 年的《江苏省职工生育保险试行办法》，北京市 2005 年的《北京市企业职工生育保险规定》等。生育保险资金主要作用是为生育而暂时离开工作岗位的女职工支付医疗费用和生育津贴。生育保险资金的来源是由参加统筹的单位缴纳，职工个人不缴纳生育保险费。生育保险资金实行社会统筹，按照“以支定收、收支平衡”的原则筹集资金。

生育保险和国家计划生育政策相关联，因此，预见性强，风险不大。生育保险资金以收支基本平衡为目标，一般不留有大量结余。资金管理机构在资金测算过程中，以当地职工计划生育指标数、工资标准、生育医疗费用支付情况等为参考依据，估算生育保险资金的筹资比例，统筹规划该地区的生育保险资金运作流程。生育保险资金由各地社会保险经办机构负责管理，同级财政、审计以及社会保险监督机构负责监督。

生育保险基金的作用主要是保障参保职工生育期间的基本生活和医疗服务。生育保险基金支付的项目和水平受国家经济条件的制约和影响。目前，我国处在社会主义初级阶段，经济实力和发达国家相比，还有很大的差距。因此，生育保险提倡以保障基本为主。也就是根据现有的经济条件，保障生育职工的基本生活和一般的医疗消费。随着经济的发展和生产力水平的提高，保障范围和待遇水平将逐步扩大和提高。

目前，在实行生育保险社会统筹的地区，参保企业的职工都能按照国家法律、法规享受生育保险有关待遇，达到了保护妇女和婴儿身体健康的目的。但是，在市场经济的条件下，部分企业在参与市场竞争过程中，不可避免地出现倒闭或破产，无法保证生育职工的基本生活和有关待遇，建立生育保险基金就可以起到调节社会福利整体相对平衡，保护弱者的作用，使生育职工均可享受国家规定的生育待遇。

3.3　社会福利资金

社会福利资金是指国家立法或政策所规定的为公民普遍提供维持其一定的生活质量，满足其物质和精神的基本需要而采取的社会保障政策以及所提供的设置和相应的服务所筹集和建立的专项资金。社会福利资金是我国社会保障资金的一个重要组成部分。

3.3.1　社会福利资金的特点

社会福利资金是依据社会福利制度建立和筹集的，其特点主要表现为：

1. 社会福利的权利与义务的非对等性

社会福利资金的资金主要由国家和单位提供，社会成员或特定人群享受各项福利待遇无须实现尽义务，即权利和责任没有直接的关系。

2. 社会福利资金作用的对象具有普惠性

社会福利资金是国家或社会向全体社会成员单向提供的，强调人人有份的普惠性。但是，由于国家社会福利政策都有明确的政策趋向，项目是为特殊群体提供的，主要是给那些特殊的对象给予照顾和保护。在特殊群体中，各个对象享受福利待遇的机会是平等的，只有这样才是真正意义上的社会平等。

3. 享受社会福利资金待遇的标准是一致的

社会福利资金追求与所有同类对象给予享受一致的标准，即无论“贫富贵贱”都是一个待遇标准。

3.3.2 社会福利资金的作用

1. 保障劳动者和社会成员的基本生活需要，维持社会生产发展

社会福利主要保障城镇职工、无经济收入的特殊人群及广大农村的特殊人群的基本生活，使其能够老有所养、病有所医、残有所助，保证了劳动力的再生产，从而推动整个社会生产的发展和经济繁荣。

2. 保护弱势群体的利益，促进社会生产

社会福利资金的受益对象主要是低收入者，而社会福利是政府举办的社会公益性事业，其资金主要来源与政府的税收，社会福利水平的提高是以税收的增加为前提的，这就使社会福利制度的实施对国民收入占有主体结构产生的影响，实现了国民收入在纳税人与福利受益对象之间的再分配效应，其结果是收入从高收入者向低收入者手中转移，因此，社会福利资金的分配是政府公平收入分配的重要举措之一。

提供的收入保障有两种形式：一种是提供低费用或免费的福利待遇，另一种是提供现金补贴。国家举办福利院为特定的人群提供生活保障。

3.3.3 社会福利资金的构成

社会福利资金的构成是指社会福利资金涵盖的项目和内容。它是一个动态的范围，社会福利资金构成项目主要包括职工福利资金、社区服务、住房制度资金、扶贫等支出项目。其中，最低生活保障资金支出项目是改革以来最重要的一项社会福利资金支出。

1. 职工福利资金

我国的职工福利制度是指职工所在单位在工资和社会保障之外，通过兴办集体福利设施，建立一些补贴制度，提供生活方便和照顾，以解决职工物质文化生活方面的困难，从而提高劳动者的素质和生活质量。职工福利是社会福利的一个重要组成部分，近年来，职工福利在注重社会效益的同时，开始注重经济效益，办法是使企业或单位的福利设施向社会开放。职工福利资金的资金来源于国家财政的部分拨款、企业的盈利以及福利设施经营的部分收入。

目前，我国职工福利制度主要的内容有：

(1) 冬季取暖补贴。它是国家和单位对居住在寒冷地区的职工，在冬季宿舍取暖时给予的补贴。

(2) 生活困难补贴。它是为了解决职工由于各种正常原因而发生的临时或长期的生活困难，在社会保险和津贴之外，按照一定的条件和标准给予的经济补偿。

(3) 休假制度。带薪休假制度(包括年假和探亲假)，这一制度是国家和单位对个人休假时的补贴。

2. 社区服务

社区服务是指在城乡基层社区内，由政府投入适当的资金和给予必要的指导，由社区在自愿、自助的基础上组织居民进行的自我服务。社区服务的资金，一部分来源于国家财政拨款，另一部分来源于社区福利设施的经营收入，以及向服务对象以较低价格收取的服务费用。

与职工福利相比，社区服务具有以下主要特征：

（1）服务对象是社区全体居民；

（2）社区服务主要由社区居民组织和居民共同管理；

（3）社区服务主要依靠居民的力量，动员社区全体成员参加。

3. 住房制度及其改革

长期以来，我国实行的福利住房供给制，即对职工实行低工资，国家扣除了职工工资中的住房消费，由职工所在单位集中建房或买房，再以实务形式分配给职工使用，职工使用住房时只缴纳很低的租金。职工的居住问题由职工所在单位解决。随着市场经济体制改革的不断深入，这种住房福利制度问题已经越来越严重了，突出的问题是住房短缺和住房过度消费的问题并存。1998 年 7 月，国务院发出《关于进一步深化城镇住房制度改革、加快住房建设的通知》，提出福利住房制度的改革思路：

（1）稳步推进住房商品化、社会化。逐步建立适应社会主义市场经济体制和我国国情的城镇住房新制度，加快住房建设，促进住宅成为新的经济增长点，不断满足城镇居民日益增长的住房需求。

（2）停止住房实物分配，逐步实行住房分配货币化。停止住房实务分配后，新建经济适用住房原则上只售不租。职工购房资金来源主要有：职工工资、住房公积金、个人住房贷款以及由财政、单位原有住房建设资金转化的住房补贴等。可以对无房和住房面积未达到规定标准的职工实行住房补贴。全面推行和不断完善住房公积金制度。职工和单位住房公积金的缴费率应不低于工资总额的 5%，有条件的单位和个人还可以再提高。

（3）建立和完善以经济适用住房为主的住房供应体系。对不同收入家庭实行不同的住房供应政策。最低收入家庭租赁由政府或单位提供廉租住房，中低收入家庭购买经济适用住房，收入高的家庭购买市场价商品住房。

（4）继续推进现有共有住房改革，培育和规范住房交易市场。

（5）采取扶持政策，加快经济适用住房建设。

（6）发展住房金融。

主要是扩大住房贷款发放范围，所有商业银行在所有城镇均可发放个人住房贷款，取消对个人住房贷款的规模限制，适当放宽个人住房贷款的期限。

3.4　社会救济资金

社会救济资金是指国家通过经常性预算和财政性拨款等形成的，用于救灾、济贫、扶贫的资金。社会救济基金属于财政性社会保障基金，直接体现着国家在社会救济方面的责任。社会救济基金是我国社会保障基金的一个重要组成部分。社会救济资金是社会救助体系中的核心部分。

3.4.1　社会救济资金的内容及分类

社会救济资金，是指通过法定的程序，以各种方式建立起来的用于特定目的的货币资金。社会救济资金是社会保障资金的基本组成部分，它同样是以保障社会成员的基本生活需要为目的建立起来的资金，是社会再生产中消费资金的组成部分，但其保障水平比社会保险资金要低，在性质上也与社会保险资金不同。社会保险资金是来源于劳动者的社会必要劳动创造的价值，本质上属于个人消费资金，是个人消费资金的延期支付；而社会救济资金则主要来源于物质生产部门劳动者的剩余劳动创造的价值，是通过剩余劳动的再分配先形成社会消费资金，再通过社会救济机制的分配绝大部分(除了开发式扶贫、法律援助和灾害救助的部分内容外)转化为保障对象的个人消费资金。主要有残疾人福利、农村扶贫、城镇低保及灾害救济，一般不需要个人承担缴费义务，一般是国家、社会对获取救助者的单向货币和实物的支付，是消除贫困的重要手段。

社会救济资金一般分为政府财政性资金和民间慈善资金。政府财政性资金主要来源于国家财政，是为了应付各种自然灾害对人民造成生命财产造成的损失；民间慈善资金主要来源于社会的各种捐赠和赠与，用于帮助那些急需得到帮助的人。

3.4.2　社会救济金的来源

主要来源：

(1) 政府的财政拨款；

(2) 专项基金的支拨；

(3) 社会各界的捐赠和赠与。

3.4.3　社会救济资金的特点

社会救济具有两个显著特点：

(1) 由于社会救济的接受对象是社会弱者，所以社会救济不以接受者预先支付一定费用作为受助前提，资金全部由财政拨款或由社会捐助。

(2) 受益人的选择性，即只有经过一定形式的经济情况调查，被证明符合救济条件的个人或家庭才能得到救济。

3.4.4　社会救济资金的作用

(1) 可以保障居民的基本生存和发展权利。

生存权和发展权是现代社会公民的基本权利。在现代社会，尤其是在经济、社会转型期，总体上造成贫困的原因是社会因素大于个人因素，因而对于国家和社会来说，社会救助是其不容推卸的责任。建立社会救济资金，则有助于避免陷入贫困的人在贫困中越陷越深，保障其生存与发展的基本需要。

(2) 建立社会救济资金，是发展市场经济的内在要求。

市场经济追求效率和财富，强调优胜劣汰，它在本质上对强势群体有利，不能自发地保护弱者。而社会变革和社会转型的成本代价可能由部分人所承担，因此，政府和社会有责任关注和保护他们。政府和社会通过建立社会救助资金，将部分国民收入再分配给贫困者，为市场机制的高效、平稳运行提供一个合理、公平的基础。

(3) 有利于实现社会的稳定。

最低生活保障的制度安排的目的是在效率和公平之间寻求适度平衡。当一个国家的经济发展到一定的程度，必然会通过对社会财富的二次、三次分配来缓和社会矛盾，维护社会稳定。社会救助的现代价值观念是在解决社会救助权利与义务关系的基础上确立的，其核心是“困难群众有要求和接受社会救助的权利”。通过建立社会救助资金，解决困难群众面临的生存风险，则有利于维护安定团结，实现社会的稳定和谐发展。

3.5 社会慈善资金

慈善资金，是指来自民间的一种社会资金，是国民收入中自愿用于慈善公益事业的专用资金，属于消费资金的一部分，是帮助社会上孤、老、病、残、幼、贫等生活最困难的财力之一，也是社会保障事业的财力补充。

3.5.1 慈善资金的来源

根据性质不同，慈善资金会分为两种形式：公募和非公募，企业的慈善资金会形式属于后者，即资金会没有向社会筹集捐款的权利。

主要包括有政府有关部门、单位和社会团体的资助，国内外社会各界的捐赠与赞助，举办义演、义赛、义卖等慈善活动的收入，举办为慈善事业服务的实业收入，慈善资金存入银行的利息及其他合法收入等。

3.5.2 慈善资金的使用原则

(1) 慈善资金是慈善事业的专用资金，必须按照慈善会的宗旨、按照慈善资金的使用范围，实行专款专用的原则。

(2) 慈善资金大部分来自国内外各界的捐赠和单位、团体的赞助，因此，凡捐赠者有指定意向用于某专项慈善事业的，应该尊重捐赠者的意愿，坚持定项使用的原则。

(3) 慈善资金体现着捐赠者和赞助单位积德行善的美好愿望，因此，对资金的投向，要调查研究，评估论证，科学决策，坚持讲求使用效果的原则。

(4) 按照慈善资金的使用范围，对于各项投向，要视财力的可能，分清先、后、缓、急，综合平衡，实行重点使用的原则。慈善资金的使用，要坚持民主理财的原则。对于资金的投向、指标分配和数额较大的领导集体研究决定；对于一般正常性开支，由秘书长审定。

3.5.3 慈善资金的使用范围

慈善资金主要用于慈善公益事业的投入，使用范围较广，主要用于：

(1) 资助兴办各类慈善机构、社会福利院、孤儿院、敬老院、老人公寓等安老助孤工程。

(2) 开展社会救助，帮助社会上无依无靠、无生活来源的孤、老、病、残、幼、贫等最困难的人。

(3) 用于开展国内外慈善活动的费用。

(4) 用于慈善机构工作人员的工资、福利等公务费。

(5) 用于符合慈善会宗旨的其他费用。同时，要明确规定不准任何单位或个人以不正当方式，索取慈善资金用于非慈善事业以外的开支；不准资助有工资收入或固定收入的社会成员；不准资助非慈善事业的各种企、事业单位和团体。

本章小结

社会保障资金管理对象是社会保障资金管理的客体，也是本书研究的重点内容之一。根据不同的分类标准，可以将其分为若干类。本章是按照社会保险项目的专门用途及其功能分类阐述的，把社会保障资金分为社会保险资金、社会福利资金、社会救济资金以及社会慈善资金四部分。其中，社会保险资金主要包括养老保险资金、医疗保险资金、失业保险资金、工伤保险资金以及生育保险资金五项，社会保险资资金构成了社会保障资金的最主要部分。社会保障资金的来源渠道多样，有用工单位和个人缴纳的，也有社会团体和个人自愿捐赠的，同时管理机构也是多样化、专业化，如住房公积金管理中心及全国社会保障资金理事会等各类机构。

案例分析

江苏医疗保险三种模式比较

江苏省各地经济发展水平不平衡。最近几年，根据各地特点，省内各地市都开展了医疗保险新模式的探索，取得有益的成果，其中最具有典型性的是苏南地区的苏州模式、苏中地区的南通模式和苏北地区的淮安模式。

一、医疗保险三种模式简介

(一) 苏州模式

苏州市位于长江三角洲中部，东临上海，南接浙江，全市面积 8488 平方公里。2011 年，全市户籍人口 642.3 万人，市区居民人均可支配收入 33070 元，比上年增长 13.2%，农村居民人均纯收入 17070 元，比上年增长 13.2%。苏州市围绕保障惠民和改善民生，按照“统筹城乡，全民保障”的指导思想，设置“建立人人享有医疗保险制度”的目标，不断创新、完善现行的医疗保险制度，积极扩大医疗保险覆盖面，稳步提高保障水平，已经初步建立起覆盖城乡居民的多层次的医疗保险体系。

1. 苏州基本医疗保险制度的发展沿革

苏州是“苏南模式”板块的典型代表，早在 1983 年，就开始探索社会保险制度改革。首先从企业养老保险制度开始，实行国营企业职工养老金社会统筹，随后逐步扩大到失业、医疗、工伤、生育等各种社会保险险种和各类用人单位及城乡居民。经过多年努力，目前苏州市已经初步建立起覆盖范围全员化、执行制度规范化、基金来源多元化、管理操作社会化的社会保险体系，在全国率先实现了党的十七大提出的建立覆盖城乡居民的社会保险体系的目标，社会保险制度创新领先于全国，参保覆盖率稳步增长，城乡社会保障水平逐步提高，率先实现人人享有社会保险的目标。苏州市是国务院确定的全国医保制度改革扩大试点城市之一，从1997年4月开始试点，2000年11月，城镇职工基本医疗保险制度在苏州全面实施，并逐年逐步提高待遇水平。2010年，符合医疗保险报销范围的超过起付线以上的住院医疗费用的报销比例为90%～95%，不设置封顶线。2005年，苏州市政府出台《苏州市社会基本医疗保险管理办法》，继续提高农村医疗保障的统筹层次和水平，积极推动新农合制度向城镇居民医疗保险制度过渡。部分统筹地区建立起医疗保险接轨互换的渠道，所有参保人员能根据自己的就业状态及时办理居民医疗保险与职工医疗保险转移手续，通过个人账户转移实现险种衔接，保证农民能顺利转入城镇职工社会医疗保险。2007年11月市人民政府颁布102号令，修订出台《苏州市社会基本医疗保险管理办法》。经过十多年的不懈努力，苏州市已形成以三项基本医疗保险和学生医疗保险为重点，覆盖面比较广、功能比较齐全和制度间相互对接的社会医疗保险体系，为苏州市经济社会发展发挥重要作用。2009年开始，苏州大力推进农保转城保，因此农保参保人数显著下降。截止2010年，苏州市已经建立了以职工医疗保险、城乡居民医疗保险为主代表的多层次的社会医疗保险体系，全市城镇职工参保覆盖率达到98.6%，职工医疗保险以中断且无力续保人员中的下岗失业、灵活就业人员等为重点，制定专项扩面措施，继续实行劳动合同备案人数与社保参保人数进行比对等办法，在金融危机蔓延的背景下，不断提高扩面征缴。由人社部门管理的城乡居民参保覆盖率达到99.5%，全市实现医疗保险全覆盖的九个统筹区中已有七个(除吴中区和相城区)实施城乡一体化的居民医疗保险制度，将本统筹地区户籍的全体城乡居民纳入保障范围。为保障本统筹地区长期居住的外来人口，部分统筹地区将其纳入城乡居民医保，其中吴江在本市居住满2年的新吴江居民、太仓持有2年以上暂住证的外来务农人员、张家港持1年以上暂住证并在本市从事农副业生产的非本市籍居民均可通过个人全额缴纳居民医疗保险费享受当地居民医保待遇。通过职工医疗保险制度、城乡居民医疗保险制度和医疗救助制度的推行，扫除全市所有户籍居民基本医疗保险的盲点，实现人人享有基本医疗保险的目标。

2. 苏州城乡医保制度主要做法和特点

(1) 建立统一的社会基本医疗保险制度。一是统一全市职工医疗保险制度框架。根据中共中央国务院《关于深化医药卫生体制的意见》和《国务院关于印发医药卫生体制改革近期重点实施方案(2009—2011年)的通知》精神，按照省厅工作要求和市委、市政府关于统筹城乡一体化发展综合配套改革的整体部署，苏州市通过2009—2011年三年的工作推进，统一全市职工医疗保险制度框架，努力实现职工医疗保险在覆盖范围、保障项目、待遇支付标准、医疗救助办法和内外管理制度的“五个统一”。二是建立城乡居民基本医疗保险制度。七个统筹地区全面实施城乡居民基本医疗保险制度，逐步完成由新农合向社会基本医疗保险制度衔接与转换工作。吴中区、相城区正在加快推进新农合向城乡居民医疗保险过渡。2010年苏州市政府出台相关政策，通过三年的时间，坚持以政府资助为主的原则，逐步提高新农合筹资标准和保障水平，争取到2013年，实现由覆盖城乡居民的医疗保险制度完全取代居民医疗保险、新农合、征地人员医疗保险等多险种并存的局面。2010年，全市城乡居民医疗保险(新农合)平均筹资每年约400元/人，其中各级财政补助每年约280元/人。2011年，全市各统筹区城乡居民医疗保险人均筹资水平达500元左右。城乡居民医疗保障水平稳步提高，各统筹地区均建立了居民医保门诊统筹，门诊、大病及住院政策性报销，比例达到61.02%。三是实行城乡一体化的医疗救助制度将由卫生、民政、总工会、残联等部门分散管理的医疗救助对象统一纳入社保部门管理，整合政府医疗救助资源，对参加职工医疗保险、城乡居民医疗保险制度之一的所有参保人员，均按同一标准认定救助对象，按同一救助程序、同一救助方式，享受同一标准的医疗救助待遇。通过建立社会医疗保险和医疗救助制度的衔接机制，对各类社会基本医疗保险实行统一医疗救助制度，使全市参保居民和参保职工享受同等的医疗救助待遇。

(2) 实现城乡居民医保和城镇职工医保的贯通。一是苏州市各统筹地区在社会基本医疗保险制度设计时，充分考虑居民医保与职工医保接轨运行。凡参加居民医保的人员进入用人单位就业的，可转移参加职工医保；与单位解除用人关系后，可转移参加居民医疗保险。二是部分统筹地区积极探索城乡居民医保和城镇职工医保的转换衔接机制。如太仓市从居民的角度出发，做好三大险种的衔接和延续工作，从而确保居民参保无险种转换困难的顾虑，太仓市政府出台《关于社会医疗保险险种衔接的有关规定》，针对基本医疗保险、住院医疗保险(仅限被征地农民)、居民医疗保险三大社会医疗保险险种的转换衔接及转换后的待遇享受问题做出具体规定：基本医疗保险、住院医疗保险、居民医疗保险的缴费年限折算比例为1∶2∶4，做到险种衔接规范，待遇享受明确。它的推行体现灵活性、人性化的特点，有效地保障全民参加医疗保险，并且参保后不断保、能续保，不仅从制度上填补居民医疗保险与其他险种间转换衔接的空白，也促进了统筹城乡的发展。昆山市实现城乡居民医保和职工医保的贯通：对已按月领取社会养老金的参保人员，按城镇职工医保的最低缴费年限(男25年，女20年)一次性补缴，居民医保缴费年限暂按四年折算一年的办法进行抵扣；对还不到法定退休年龄的参保人员，按灵活就业人员的形式进行参保，待到达法定退休年龄办理退休手续时，进行实际缴费年限、居民医保缴费年限折算后合并计算，不满城镇职工医保最低缴费年限的(男25年、女20年)进行一次性补缴，补缴后即可享受城镇职工医保待遇。

(3) 建立城乡一体化的医保管理服务体系。一是充分利用信息资源。对参保人员进行有效的整合，建立统一的信息平台，统一的医疗保险诊疗目录、药品目录和特殊医用材料目录。做到无论参加哪类医疗保险的人员，在同一经办服务流程、同一定点医疗机构和零售药店、同一稽查管理模式的基础上，完成所需的医疗消费，享受相应的医疗保险待遇。二是建立统一的管理服务制度。主要通过制定《苏州市社会基本医疗保险转外和居外人员医疗管理办法》、《苏州市社会基本医疗保险门诊特定项目管理办法》等政策文件，进行统一的医保管理。三是实现社会基本医疗保险和医疗救助的同步结算。被救助人员参保后，社保经办机构在其医疗保险IC卡上加注救助身份标记，相关信息资料进入统一的社会基本医疗保险网络。在医疗保险"一卡通"基础上，纳入苏州市社会基本医疗保险信息网络的万余名被救助参保人员，凭手中的一张医疗保险IC卡，可以在市区任何一家定点救助医疗机构"划卡"享受基本医疗保险待遇，同时得到医疗费用的实时减免救助，完成社会基本医疗保险与医疗救助的同步结算。

(4) 建立城乡医保基金的衔接通道。苏州市计提社会医疗保险基金收入的5%作为风险准备金，列入财政专户管理，专款专用。社会医疗保险风险准备金的建立打通各类医疗保险制度基金之间的通道，任何一种社会医疗保险基金收不抵支时，均可予以调剂使用，极大地增强社会医疗保险基金的抗风险能力。例如2009年苏州市区居民医保人均基金支出已经超出550元的缴费标准，基金赤字1921万元，2009年12月，从社会医疗保险风险金中提取2500万元给予弥补，保证参保居民待遇享受。2005年，苏州市政府出台《苏州市城镇社会基本医疗保险管理办法》，建立城乡医保基金的通道，解决农村居民的社会医疗保险问题，办法要求各统筹地区建立居民医疗保险制度，积极推行新农合制度向城镇居民医疗保险制度过渡，开始探索对农村医疗保险制度的改革。之后，一些地区的新农合保险向城乡居民医疗保险转变取得突破性进展，昆山市、太仓市、苏州工业园区、苏州高新区、吴中区等县市区的农民，实现凭医保卡看病，两种医疗保险成功转轨。具体规定：一是农村居民医疗保险参保对象：未享受职工医疗保险待遇的具有本市户籍，女年满50周岁、男年满60周岁以上的从事种植业、养殖业的纯务农人员。二是农村居民医疗保险的筹资标准：按每人每年200～260元的标准筹集资金，其中农村居民个人负担60元，其余部分由政府财政和村集体经济组织负责，居民医疗保险基金中当年不足支付的部分，由市、区二级财政统一弥补。医疗保险中的个人账户用于支付参保人员门诊医疗费用，医疗保险统筹基金用于支付参保人员的住院医疗补助、住院大病医疗补助、门诊大病医疗补助、门诊医疗补助和医疗救助支出。三是农村居民医疗保险的报销待遇。在医保年度内，参保农民发生的各项符合医疗保险报销范围的门诊医疗费用可以连续累计计算，先从个人账户中划卡结付，余下部分由医保统筹基金在门诊医疗定额内按比例补助支付，在医保年度内发生的，符合医疗保险报销范围的超过起付线以上的住院医疗费用，由统筹基金分别给予55%～75%的比例支付，封顶金额在10～20万元之间。四是建立城乡居民医疗保险与城镇职工医疗保险两种制度接轨互换的渠道。根据自己的就业状态，所有参保人员可以随时办理转移手续，通过个人账户在两个险种之间转移实现衔接，以保证农民进入各类企业就业时，能顺利转入城镇职工社会医疗保险。2010年，苏州纳入由社会保险管理的居民医疗保险的纯农民已有100多万人；由卫生部门管理的新农合人员为161.1万人。

（二）南通模式

南通市位于沿海经济带与长江经济带T型结构交汇点和长江三角洲洲头，是我国首批对外开放的14个沿海城市之一，全市总面积8001平方公里。2010年，全市户籍人口762.9万人，比上年增加0.2万人，全年城镇居民人均可支配收入21825元，比上年增长12.1%。其中，市区（不含通州区）居民人均可支配收入23541元，比上年增长12.1%；农村居民人均纯收入9914元，比上年增长14.0%。

1. 南通基本医疗保险制度的发展沿革

2003年，江苏省南通市区开始建立农村大病住院医疗保险制度，由政府扶持推动，集体组织和农民共同集资，以乡镇为单位进行统筹。2004年，南通市区建立起新农合制度，在一定程度上缓解了农村居民因病致贫、因病返贫的矛盾。2007年，南通市区全面启动并实施城镇居民基本医疗保险工作，解决长期以来城镇居民缺乏基本医疗保险的突出问题。南通的医疗保险工作取得阶段性成效，医疗保险覆盖范围进一步扩大。自2008年起，南通市结合实际，统筹安排，用三年时间组织开展了以“贴近群众、服务群众”为宗旨的特色鲜明、形式多样、实效显著的医疗保险“千千万万”行动，走进550家社区，送政策到97万城乡参保居民家庭，送温暖到299家医院、558名患者病床前，做到“规定动作”质量高，宣传无缝隙；“自选动作”实效强，行动无盲区，实现了广泛接受监督、多方倾听民声、切实改进作风、显著提高效能、百姓普得实惠的行动宗旨。2008年，为深化医疗保障制度改革，提升医疗保险定点零售药店服务与管理水平，保障参保人员医疗保险服务需求，促进医疗保险事业发展，南通市劳动和社会保障局印发《南通市市区医疗保险定点零售药店布局规划》。同年5月，印发《南通市医疗保险定点零售药店管理试行办法》，对定点零售药店进行规范管理。从2008年1月起，为满足医疗保险参保人员异地刷卡的就医需求，对3600余名长期居住外地的市区退休人员，将其医疗保险个人账户余额通过养老金发放渠道，一次性以现金形式发放给本人。此后，经过多次修改、论证，最终形成所辖县(市)异地居住退休人员和转院人员住院刷卡结算方案。自此，南通下属六县(市)在市区长期居住、因病转市区住院治疗的这两类城镇职工基本医疗保险参保人员，都可在市区的四家定点医院实行异地持卡即时结算。长期居住在南通下属六县(市)的市区城镇职工基本医疗保险参保人员，可以在居住地的人民医院刷卡即时结算。2008年7月9日起，江苏省南通市区和其所辖6个县市实现医保异地互通，参保人均可实行在此范围内异地刷卡就医。2009年，将大学生纳入城镇居民医疗保险范围内。2010年，印发《南通市流动就业人员城镇职工基本医疗保险关系转移接续业务经办规程》，以解决流动人员的医疗转移接续业务的办理问题。截止2010年末，南通市城镇基本医疗保险参保人数为139.93万人(其中在职100.51万人，退休39.42万人)，比2009年末增加7.1万人。参保人员结构得到优化。2010年末，全市在职职工与退休人员比例达到2.55：1，但负担系数仍达0.39。医保基金征缴率保持较高水平，基金总体运行平稳。南通市基本医疗保险基金总收入25.7亿元，基金支出21.42亿元，当期的基金征缴率为99.72%，基金总体运行稳定。2011年6月，南通市新农合参合人数为500.85万人，参合率达到99.53%，人均筹资标准为258元，其中政府财政补助达到200元。南通市平均住院费用实际补偿比为46.31%，县乡两级政策补偿比平均值达到66.48%，进一步提高农民医疗保障水平，实现二项医保制度并轨的时机已经成熟。

2. 南通城乡医保制度主要做法和特点

(1) 实现城乡医疗保险一体化。在上述过程中，南通市以破除城乡二元结构为突破口，着力提高市区城乡居民的医疗保险水平。市政府2009年为民办实事项目之一就是将市区农村居民纳入城镇居民基本医疗保险，在网上向市民征求意见时，这一项目得票数在几十个实事项目中高居第二位。2009年1月起，南通市政府对市区农村居民和城镇居民实行统一的医疗保障制度，将市区范围内的农村居民全部纳入城镇居民基本医疗保险，实现居民医疗保险制度的一体化，同时停止办理市区新农合。文件规定具有南通市区户籍的居民，均可参加市区居民基本医疗保险，形成医疗保险制度的无缝对接，建立起覆盖市区的全民医疗保险制度。这项新政策生效后，农村居民参保积极性高，缴费踊跃。南通市区农村居民参加城镇居民基本医疗保险的参保人员以家庭为单位，到户籍所在地街道(乡、镇)和社区劳动保障服务所、站统一办理，以2009年2月至3月为登记缴费期。南通市社保局经办机构抽调人员，加班加点，将各区劳动保障服务所农村居民参保人员信息进行数据处理、制证(卡)，保证所有的参保农村居民及时享受城镇居民基本医疗保险待遇。截至2009年6月底，南通市区农村居民参加城镇居民基本医疗保险人数已达12.03万人，实现参保率98.6%。

(2) 逐步提高筹资和报销标准。2010年，南通市新农合筹资标准以县(市、区)为单位人均不低于160元，2011年为200元，有条件的地区力争达到250元。自2009年1月1日城镇居民基本医疗保险制度与新农合制度对接并轨以来，筹资水平随着经济社会的发展已经多次提高。2010年，城镇居民基本医疗保险的统筹标准为成年居民每人每年320元，老年居民由个人承担120元，财政承担200元。在法定劳动年龄段的其他非职工居民，由个人承担200元，财政承担120元。在校学生和未成年人，由个人承担30元、财政承担60元。2012年，将成年居民筹资标准提高到460元、未成年人筹资标准提高到260元。在“十二五”期间，南通市将进一步降低城镇职工医保、城镇居民医保和新农合患者自付比例。以住院和门诊大病保障为重点，将普通门诊费用逐步纳入医保及新农合基金支出范围。新农合年人均筹资标准力争达到500元以上，城镇职工、居民医保、新农合制度范围内报销比例分别达80%、65%、65%以上。

（三）淮安模式

淮安市地处江苏省北部中心地域，北接连云港市，东毗盐城市，南连扬州市和安徽省滁州市，西邻宿迁市。2010年，全市户籍人口538.7万人，比上年增加4.5万人，2010年，淮安城镇居民家庭人均总收入19042.57元，同比增长13.9%。其中，城镇居民人均可支配收入17680.16元，增长13.0%，比上年提高1.3个百分点；农村居民人均纯收入7233元，比上年增长14.7%。

1. 淮安基本医疗保险制度的发展沿革

淮安市自2003年被省政府列入试点以来，目前已形成城镇职工基本医疗保险、城镇居民基本医疗保险与新农合三项医疗保险制度，并且正式启动大中专学生参加城镇居民医保工作，把大中专学生这一弱势群体纳入医疗保险安全网中。同时实现市直参保人员在南京的省人民医院等六家医院住院持卡实时异地结算。2011年4月，淮安在国内率先实施病种分值结算办法，成为国家医疗保险付费改革典型。“病种分值”结算办法的突出特点是“强化总量、淡化定额”，形成一条医、保、患三方共存、制约、和谐的生态链。该办法在适当控制医疗费用的不合理支出的同时限制个人负担，从根本上保障参保患者利益。2011年，淮安市出台文件，提高城镇居民医保筹资标准。全市城镇居民医疗保险筹资标准统一提高到每人每年360元，其中城镇一般居民每人每年缴费100元，各级财政每人每年补助260元；享受最低生活保障的人、丧失劳动能力的残疾人、低收入家庭六十周岁以上的老年人和未成年人等所需个人缴费部分，由政府给予补贴。新标准的实施：一是实现全市统一标准，二是财政补助力度加大，三是低保人群完全免缴。在实施新标准的同时，淮安还将进一步提高居民医保待遇水平，除实施居民普通门诊费用统筹外，还将降低住院起付标准、提高最高支付限额，增加政策范围内医疗费用的报销比例，特别是在社区医疗机构医疗费用的报销比例。这一新政将惠及70多万城镇参保居民。

2. 淮安城乡医保制度主要做法和特点

(1) 筹资标准及分担比例。三项保险均以区、县为单位进行统筹，筹资来源均以个人缴费和财政补贴相结合。政府出大头、个人出小头，政府经办的管理模式不符合新农合发展趋势。城镇居民基本医疗保险和新农合的筹资水平与城镇职工基本医疗保险相比要低得多。在筹资标准方面，以市区的城镇居民医疗保险为例，2012年的筹资标准为360元/人年，城镇居民每人每年承担缴费100元，财政每人每年承担260元，市、区财政各承担50%。2012年的新农合筹资标准为每人每年300元，农民每人年缴费60元，其中政府补贴部分由原来的200元提高到240元。城镇居民医疗保险与新农合2007和2008年的筹资比例分别是4∶1和2∶1，与同期2.43∶1的城乡人均收入比例逐步相适应。目前，已有3家市级医院、8个县(区)合管办和省新农合信息管理平台实现联网。淮阴区和涟水县已经能够通过省平台和省级联网医院实现转外就医网上预约转诊、病人在线管理、24小时全天候监控和病人出院网络直报。

(2) 医疗保险药品目录。淮安市两项城镇基本医疗保险均执行国家和江苏省的药品目录，即淮安市内统一，适当增加部分儿童用药。以西药和中成药的通用名计，2010年共收录2479种药品。同年的新农合的药品目录仅占居民医保药品目录的32%，共有781种药品，且各个县(区)的药品目录不一致，给医生处方操作带来不便。

(3) 医疗保险就医选择。基本医疗保险均规定就医必须首先经过社区定点医疗机构(乡镇卫生院)初诊。新农合规定农民就医必须经过当地乡镇卫生院，城镇居民基本医疗保险则允许居民每年在所在区内的数十家社区定点医疗机构中自行选择首诊定点社区医疗机构，通过"选择定点"实现"社区首诊制"。如需住院时，居民医保可持社区首诊后计算机系统出具的《社区初诊表》，在区内自由选择定点医疗机构住院就医；新农合实行逐级转诊审批制，转诊手续比较繁琐，报销比例逐级降低。2010年，新农合在淮安各县、乡就医已基本实现计算机联网结算，但各县(区)各自为政，给市级医院网络结算带来困难。

(4) 医疗保险门诊待遇。城镇居民基本医疗保险以每人每年50元的标准建立个人账户制度，账户的本金和利息归个人所有，可结转使用和继承。个人账户的设立对居民门诊消费具有约束力，居民实际发生门诊人次占当年整个门诊人次比例为20%，次均医疗费用为36.4元，次均补偿费用为26.8元，人均享受补偿额为50元。新农合由于不设立个人账户，实际发生门诊人次占整个门诊人次比例、次均医疗费用、次均补偿费用、人均享受补偿额分别为46.8%、58.3元、8.7元和4.2元。从两项医保制度的数据对比可得，新农合的门诊病人次均医疗费用高于城镇居民基本医疗保险，而次均补偿和人均补偿费用则低于居民医保。

(5) 医疗保险住院待遇。城镇居民基本医疗保险与新农合均实行按年度分段累进比例的补偿方式。居民医保住院的起付标准根据不同情况在150～500元之间，新农合从2006淮安市政府办公室《关于提高城镇居民基本医疗年起取消了住院的起付标准。两项制度报销的比例差别较大，居民医保的住院最高享受报销金额为2.9万元，新农合的住院最高享受报销金额为1.45万元。新农合住院待遇较低，受益患者得到补偿的金额有限，对"看病贵"的问题解决能力不足。

二、医疗保险三种模式比较

从三市的经济社会发展水平来看，苏州市的经济社会发展水平最高，2003年苏州试点新农合时，人均GDP超过5000美元，并且农业人口占总人口的比重较低，2010年后苏州城市化水平继续提升，农业人口占总人口的比重降至39.4%，人均GDP突破13000美元，为推进医疗保险一体化体系创造了有利条件。苏州模式为全省建立医疗保险一体化体系提供了重要借鉴。2010年，淮安的人均GDP才达到4268.3美元，而且农业人口占总人口的比重为48.2%，是苏北地区的典型代表。南通的人均GDP达到7030.6美元，农业人口占总人口的比重处在苏州和淮安之间，为43.9%。虽然依据目前情况而言，南通和淮安的医疗保险一体化体系在制度模式设计、财政责任、影响范围方面都显得有限，但是南通、淮安二地建设医疗保险一体化体系的可行性将为江苏省统一建立一体化的医疗保险体系提供重要启示。从苏州、南通、淮安三个地区三次产业结构状况来分析，苏州市为1.7∶56.9∶

41.4，南通市为7.6：55.1：37.3，淮安市为14.1：46.6：39.3。按照第一产业在地区生产总值中的比重倒序（比重从低到高的排序方式）排列为：苏州市、南通市、淮安市。由此可以看出，农业在地区国民经济中比例越小的地区，对医疗保险一体化体系的财政补贴规模、制度提供的保障水平相对比较优越，制度覆盖面较大。

三、三种模式的共同点

1.覆盖范围扩大化

苏南、苏中和苏北三地的医疗保险覆盖率都在95%以上，基本覆盖全民，已形成以城镇职工基本医疗保险为代表的三项基本医疗保障制度。三项制度构成政策上相互补充、参保范围覆盖全民的医保制度体系。参保对象包括年龄在年满16岁或18岁，男60岁、女在55岁以前具有当地户籍的人员。

2.筹资机制多元化

三个地区都建立了“个人缴费、集体补助，地方财政补贴”三方分担保险缴费的筹资机制，且基本上都明确规定市、县（区）、乡镇、村分级补助的标准或范围，较好地体现政府的责任，从而激发广大居民参与的积极性。

3. 管理更加规范化

一是医疗保险机构通常都使用信息化管理方法，对参保人员进行有效的整合，建立统一的信息平台，分别明确城乡医保的医疗保险目录。二是建立规范的医疗保险制度，各地都出台相应的医疗保险等管理服务制度。2011年《社会保险法》的出台，使医疗保险的管理做到有法可依。三是坚持医疗保险城乡一体化的改革方向，按照统一管理、管办分离、延伸机构、分别运行的思路，整合现有医疗保险资源，建立一体化的医疗保险管理体制，逐步将三项医保归口一个部门统一管理，避免职能重复交叉，提高行政效率和服务水平。

四、三种模式的差异

1. 缴费标准和财政补贴力度

2010年，苏州全市城乡居民医疗保险平均筹资每年约400元/人，其中各级财政补助每年约280元/人；2011年，全市各统筹区城乡居民医疗保险人均筹资水平达500元左右。其中，农村居民医疗保险基金的筹资标准为每人每年200～260元，其中由市、区、镇财政和村级集体经济组织分担140元至200元，农村居民个人负担60元左右。南通2011年的统筹标准为成年居民每人每年460元，老年居民由个人缴纳120元，财政补助340元；新农合人均筹资标准提高到250元，其中政府补助提高到200元。淮安市居民医保以市区为例，2012年医保筹资标准为360元/人年，一般居民每人年缴费100元，财政每人年补助260元，其中市、区财政各负担50%；2012年的新农合筹资标准为每人每年300元，农民每人年缴费60元，其中政府补贴部分由原来的200元提高到240元。

2. 待遇水平

苏州市职工医疗保险超过起付线以上的符合医疗保险报销范围的住院医疗费用，报销比例为90%至95%，不设置封顶线，个人负担水平已经由2000年的40%以上逐步下降为2010年的25%左右；农村居民医疗保险参保居民在一个医保年度内发生的符合医疗保险报销范围的超过起付线以上的住院医疗费用，由统筹基金分别按分段金额的55%至75%的比例支付，封顶线在10～20万元之间。南通市区新农合住院医疗费用最高限额（封顶线）为8万元。淮安统一实行以大病统筹为主，同时兼顾普通门诊的补偿模式。居民医保基金统筹年度内可支付的医疗费用额度为18万元。凡连续参保1年以上的城镇居民，每满1年其医疗费用额度增加1万元，最高不超过23万元。断保后重新参保的城镇居民，按新参保人员政策执行。

3. 对健康和寿命的影响

苏州是国家人社部指定的城乡一体化唯一试点城市，在包括医疗保险体系的各个方面具有领先性，特别是2012年已经明确将城镇居民基本医疗保险与新农合制度并轨，他的部分做法对江苏省医疗保险一体化体系具有很强的参考价值。从实际经验来看，由于苏州对医疗保险的补贴金额最大，2010年达到11亿，因此，苏州市的人均寿命也是江苏省中最长的，达到81.1岁，其中男性78.53岁，女性83.7岁，比江苏省平均寿命超过7.1岁，比南通也要高出3.2岁。换句话说，医疗支出的加大对提高人民健康程度的作用非常明显。

（本资料由夏永祥、陈 群《苏南、苏中、苏北医疗保险模式之比较》一文整理得到）

复习思考题

1. 什么是社会保障资金，社会保障资金有哪些特点？
2. 社会保障资金分类标准有哪些，如何分类？
3. 社会保险资金有何特点？
4. 社会保险资金包括什么，都有何作用？
5. 什么是社会福利资金，社会福利资金有何作用？
6. 什么是社会救济资金，社会救济资金有何作用？
7. 什么是社会慈善资金，社会慈善资金有何作用？

第二篇　原 理 篇

第4章 社会保障资金管理内容

◈ **阅读材料**

工人缴纳37年社保无处领取养老金，打官司7年均败诉

电话那头，68岁的蒋乃群长舒一口气："开始要有这个规定，我的问题就不会有那么多障碍了。"蒋乃群说的规定，就是2009年12月29日，国务院出台的《城镇企业职工基本养老保险关系转移接续暂行办法》，包括农民工在内的参加城镇企业职工基本养老保险的所有人员，其基本养老保险关系可在跨省就业时随同转移。这一新政策的实施，使得那些像候鸟一样流动在各个城市的劳动者，不再忧心自己退休后的养老问题。而蒋乃群却没有这么幸运。2002年，60岁的蒋乃群到了退休年龄，正准备颐养天年时，却被告知领不到养老金。

"在国企工作了30年，后来又一直缴纳社会养老保险金，到头来怎么就老而无养了呢？这不公平。"蒋乃群不服，为此将一个个政府部门告上法庭，历经7年抗争，终于有了一个可以接受的结果。"我要请蒋乃群吃饭，原因很简单：坚持下来不容易。"社会保障制度专家、中国社科院拉美所所长郑秉文说。

2002年元旦，蒋乃群开始盘算领取养老金的事情。这年4月7号，他将正式退休。身为高级工程师的蒋乃群，从1962年开始在大型国有企业南京汽车厂（下称南汽）工作。20世纪80年代，他是南汽常驻意大利的业务代表，负责南汽依维柯有关技术的引进工作。1989年，蒋乃群以"停薪留职"的方式离开南汽，成了无数到深圳淘金的新移民中的一员。几经辗转，于1995年应聘到深圳的一家民营企业，直到退休。但是，接下来的事情出乎他的意料。深圳和南京两地的社保局拒绝向蒋乃群支付养老金。

深圳市社保局告诉他：根据《深圳经济特区企业员工社会养老保险条例》第23条规定，非深圳户籍员工必须实际缴费年限累计满15年，才能享受按月领取养老金的待遇。而蒋乃群在深圳的实际缴费年限只有7年，因此，不具备在深圳市按月领取养老金的条件。

南京市社保局的理由似乎也很充分：按照国务院1997年26号文件的规定，在哪里缴纳社保金就应该在哪里领取养老金。所以蒋乃群应该在深圳领取养老金，因为南京没有他的社保号。

1986年国务院颁布《国营企业实行劳动合同制暂行规定》，确定了企业缴费15%和个人3%的积累制养老保险制度，由此迈出了建立社保制度的第一步。但是，这个规定的局限是显而易见的，因为它只针对国营企业。而此时的经济成分已经不再是国有一统天下，大量的个体和非公有企业开始出现。回城知青和百万裁军形成的复员军人，这浩浩荡荡的第一批"待业大军"，成为非公有制经济的就业主力军，只适用于国营单位职工的社保制度凸显窘相。迫于形势压力，1997 年 7 月 16 日，国务院作出《关于建立统一的企业职工基本养老保险制度的决定》(国发[1997]26 号)，不仅明确了企业和个人分别应当承担的养老金缴费比例，而且将适用范围扩大到城镇所有企业职工以及城镇个体劳动者。因此，在社保部门，一般将"26 号文"称为"新养老保险制度"。"26 号文"虽然规定个人缴费年限累计满 15 年，退休后方能按月发给基本养老金。但在本决定实施前参加工作、实施后退休且个人缴费和视同缴费年限累计满 15 年的人员，仍可享受养老金待遇。而所谓的"视同缴费年限"实际上是一种针对城镇职工的承认历史的问题解决办法——将未实行个人缴纳养老保险费之前的工作时间也看做缴费年限，在计算养老保险待遇时，将缴费年限与视同缴费年限合并计算。

此时，已经辞职到深圳民营企业工作的蒋乃群，继续在深圳按规定缴纳社保金，直到 2002 年退休。按照"26 号文"的规定，他有充足的理由按月领取养老金。但他却成了户籍地南京和退休地深圳谁也不管的人。

蒋乃群没有屈服，支持他继续抗争的最大理由，便是他的缴费年限远远超过法定的 15 年，他坚信自己应该享受属于自己的养老金。上访期间，蒋乃群从互联网上搜集到一条让他欣喜若狂的政策依据：2002 年 5 月 30 日，原国家劳动和社会保障部办公厅在给上海社保部门的《关于对户籍不在参保地的人员办理退休手续有关问题的复函》中明确表示：一、参保人员因工作流动在不同地区参保的，不论户籍在何处，其最后参保地的个人实际缴费年限，与在其他地区工作的实际缴费年限及符合国家规定的视同缴费年限，应合并计算，作为享受基本养老金的条件；二、参保人员达到法定退休年龄时，其退休手续由其最后参保地的劳动保障部门负责办理，并由最后参保地的社会保险经办机构支付养老保险待遇。

2002 年 11 月，深圳市社保局给他的书面答复说：按照《立法法》的规定，特区法规在经济特区范围内适用，而该文件仅是劳动和社会保障部办公厅对上海社保部门发出的一个复函，并非具有普遍约束力的法规，在法律效力上远远低于作为特区法规的《深圳经济特区企业员工社会养老保险条例》。因此，对于蒋乃群的养老保险待遇问题，只能适用《条例》。

希望转眼间又破灭了。无奈，蒋乃群决定转战户籍地南京。他说，既然各地政策不统一，那么，找到江苏省或者南京市自己制定的规则，或许能够找到突破口。

果然，蒋乃群找到了江苏省原劳动和社会保障厅 2000 年下发的一个通知，规定参保人员缴纳基本养老保险费满 15 年后，到达法定退休年龄即可享受基本养老保险费，不足退休年龄而中断缴费的，补交后依然享有养老保险费。南京市社保局拒绝了蒋乃群补交的要求。2004 年 3 月，蒋乃群向南京市白下区法院提起行政诉讼，以南京市社保局不履行法定职责为由，将其告上法庭。同年 6 月 9 日，白下区法院作出一审判决：驳回蒋乃群的诉讼请求，因为他"没有证据证明他及相关企业按规定为其缴纳了养老保险费用"。蒋乃群不服，上诉到南京市中级法院，依然未能挽回败局。

2005年，《南京市跨统筹区流动就业人员社会保险关系转移接续实施办法》出台。按照这个规定，曾在南京市参保的本市户籍人员，不管跨统筹区到什么城市、什么企业就业，只要在流动就业地参保并建立了个人账户，南京市企业职工养老保险结算管理中心应当依法转移接续申请人的个人账户返回南京市。北京大成律师事务所律师张立杰当年在劳动与社会保障部工作期间，就曾经接待并处理过蒋乃群的上访。"南京市的规定表面上看起来与刚刚实施的社保关系在全国自由转移的新政策没有什么区别，但由于这只是一个地方的规定，对外省没有约束力，如果流动就业地的社保部门不愿意转出参保人的社保账户和资金，南京一点办法也没有。同时，参保人还必须能够提供他曾经在户籍地参保的证明"。无论如何，对蒋乃群而言，这是一根救命稻草。他在行政途径走不通的情况下，第二次将南京市社保局告上法庭。一审、二审一败涂地，理由与第一轮诉讼几乎如出一辙。

2007年，镇江中院根据江苏省高级法院的指定，对蒋乃群不服一二审判决的申诉案进行再审，维持原审判决。在地方法院接连败诉后，蒋乃群移师京城，他认为，根据1997年国务院颁布的《关于建立统一的企业职工基本养老保险制度的决定》，他属于"本决定实施前参加工作、实施后退休且个人缴费和视同缴费年限累计满15年的人员"，有权享受养老保险金。因此，应当追究原劳动与社会保障部行政不作为的责任。2007年，屡战屡败的蒋乃群出现在北京市二中院，与原劳动与社会保障部对簿公堂，最终仍然败诉。

（本案例资料来源：张友红.养老金新政背后的辛酸史.中国周刊，2010(1).）

4.1　社会保障资金的筹集管理

社会保障资金筹集是指由专职的社会保障机构按照法律规定的比例和计征对象征收社会保障费（税）的一种行为。社会保障资金的筹集管理主要包括筹资原则、筹资模式的选择，筹资渠道、筹资方式的确定等方面。及时足额地取得社会保障资金是关系到能否建立充足和稳定的社会保障资金的重大问题，因此它是社会保障制度的重要内容，也是社会保障资金管理的首要环节。

4.1.1　社会保障资金的筹集原则

国际劳工组织对社会保障资金的筹集提出了三项原则：一是受保职工负担的费用不应超过全部所需费用的一半；二是避免低收入者负担过重；三是要考虑本国的经济状况。在实践中，社会保障资金筹集的原则可以归纳为以下三条。

1. 确保社会保障制度正常运行的原则

社会保障资金的筹集，必须确保社会保障制度的正常运行。因此，在资金来源渠道上应有多种准备，既要有正常条件下的资金来源，又要有特殊情况下的资金来源；既要保持来源渠道的畅通，又要保持来源渠道的稳定。在资金筹集的方式上，应当与本国现行的制度模式相适应；在资金筹集的数量上，要坚持“以收定支，收支平衡，略有结余”这一总的原则。这里的收支平衡，即一定时期内筹集的社会保障资金总额要以预计支付的社会保障费用总额为依据来确定，且使两者保持大体的平衡关系。既指短期的收支平衡，也指长期的收支平衡。

2. 妥善处理积累与消费关系的原则

社会保障资金的筹集，必须妥善处理积累与消费的关系。在宏观经济供给小于需求的情况下，较多的积累有利于缓解经济过热的状况；但是，在宏观经济供给大于需求的情况下，较多的积累则会导致消费需求不足，进而阻碍经济的发展。另一方面，要量力而为，合理分担，在经济发展水平不高的国家，社会保障水平也不能太高，否则要么入不敷出社会保障制度难以为继，要么会加重缴费人的负担，从而使得经济畸形运转。因此，要根据经济发展的不同阶段和宏观经济的形势，科学合理地确定社会保障资金中积累部分的比重。

3. 有利于资源有效配置的原则

社会保障资金是用于抵御风险的，抵御风险需要一定的成本。经济学家证明，随着风险程度的降低，降低风险所需的成本递增。成本实际上也是资源的一种表现形式，如果我们将资源投入一种用途，就会失去将资源投入另一种用途所带来的收益，这就是资源的机会成本。在资源有限的条件下，我们必须权衡资源的投入方向，充分利用有限的资源获取最大的经济收益，从而实现资源的有效合理配置。同时，正确处理好提高效率和促进社会公平之间的关系，将发展经济放在首位，保证社会保障资金有更可靠的来源，从而提高社会保障水平，最终实现经济社会的全面发展。

4.1.2 社会保障资金的筹集模式

社会保障资金在筹集时应始终遵循“收支平衡”的基本原则。收支平衡包括两种形式：一种是近期横向平衡，即当年内征缴的社会保障资金总额与同期所需要支付的社会保障费用总额保持平衡；另一种是远期纵向平衡，即某个投保人在整个投保期内所缴纳的社会保障资金及其投资收益的总额，与投保人之后所享受的待遇总额保持平衡。基于这两重平衡关系，社会保障资金就有两种基本的筹资模式——现收现付制和基金积累制，并衍生出一种新的模式——部分积累制。

1. 现收现付制

现收现付制是一种以近期内横向收支平衡原则为指导的筹资模式，即本期内征缴的社会保险费收入仅仅满足本期社会保险金给付需要的一种资金筹集制度。

现收现付制的具体操作做法是先对当年或近两年内的社会保障所需支付的费用加以预算，然后按照一定的比例分摊到所有参加社会保障的企业和个人，在“以支定收”的原则下，当年收缴，当年支付。

现收现付制的本质是“代际赡养”。在长期稳定的人口结构下，由生产性的劳动者负担老年劳动者的退休及养老费用，而现有生产性劳动者的退休及养老费用将由下一代的生产性劳动者负担。下一代供养上一代，世代交替，从而保证现收现付制得以稳定运行。

2. 基金积累制

基金积累制又称“基金制”、“储蓄制”、“完全积累制”，是一种以远期纵向收支平衡原则为指导的筹资模式，即在对人口、工资、物价、利息等社会经济指标进行宏观测算后，将被保险人在享受社会保障期间的总保险费用按一定的提取比例分摊到整个投保期间的模式。

基金积累制要求企业和职工个人按照工资收入的一定比例缴纳社会保险费，并将这些费用计入个人账户进行积累，在符合领取条件的时候将积累的资金一次或逐月发放给个人，而将尚未支出的保险金积累起来进行投资运营。

基金积累制的本质是"同代自养"。所有的投保人以年轻时的缴费(包括企业缴纳的部分)积累支付退休之后的养老金，实现权利与义务的对等，不仅能够减轻下一代的负担，缓解代际之间的矛盾，而且能够较好实现社会保险金的储备和自供职能，自给自足，使社会保险有一个较为稳定的资金来源。目前我国采用的就是基金积累制的筹资模式。

3. 部分积累制

部分积累制又称"部分基金制"、"混合制"，是将近期横向收支平衡原则与远期纵向收支平衡原则综合考虑形成的一种筹资模式，即按照当前的保险费支出再加上一定的储备金来提取保险资金的模式。

部分积累制包括在现收现付的基础上增加一定比例的积累和实行社会统筹与个人账户相结合的基金积累两种方式。第一种方式是在现收现付的框架中，按照"以支定收，略有结余"的原则，将当年未支付的资金积累起来，形成基金并在支付高峰期时用来补充当年收不抵支的缺口；第二种方式是将收缴的社会保障资金分为社会统筹账户和个人账户两部分，实行统账结合，社会统筹账户按"以支定收，不留结余"的现收现付方式筹集，个人账户则实行完全积累的方式。目前，我国的基本养老保险及基本医疗保险实行的都是社会统筹与个人账户相结合的模式。

部分积累制是集中现收现付制和基金积累制的优点而产生的一种折中的筹资模式，能够实现中期的平衡。当前筹集的社会保险金一部分用于支付当前的社会保险费，另一部分则积累起来通过投资运营实现保值增值。

4.1.3　社会保障资金的筹集渠道

社会保障资金的筹集渠道，又称社会保障资金的来源，它是国家依法确定的用于社会保障事业所需专项资金取得和形成的渠道。按照一定的原则和模式筹集社会保障资金是社会保障制度得以建立并正常运行的前提和财力保证，也是社会保障制度的基础环节。社会保障资金的筹集渠道有多条，主要包括国家、企业、个人三方共同负担的主渠道，社会捐赠、基金投资收益、彩票收入、滞纳金和罚金收入等的辅助渠道，以及减持或划转国有股、变现国有资产、发行社会保障专项国债等的特殊渠道。

1. 主渠道

1) 国家财政资助

国家财政资助是社会保障资金的基本筹集渠道，也是某些社会保障项目资金(社会救济资金、社会福利资金、社会优抚资金、社区服务资金)的主要来源渠道。国家通过三种形式进行资助：一是财政拨款，这是一种直接资助的方式，即通过财政预算确定对社会保障的支持，这种方式能清晰地反映国家在社会保障中承担的责任；二是国家让税，这是一种间接资助的方式，即允许企业单位和个人缴纳的各种保险费(税)、企业年金及住房公积金等作为税前扣除项目，企业和个人可以少缴税收，对社会保障资金的投资收益免征所得税，对受保人享受的社会保障待遇免税等；三是国家让利，这也是一种间接资助的方式，即国家对存储于金融机构的社会保障资金、或对于社会保障机构用于投资的资金、或对社会保障资金发行特定国债，都给予较高的利率优惠，以扩大社会保障资金的来源。

2）企业单位缴费(税)

企业单位缴费(税)是社会保险资金的重要来源。作为劳动力的实际使用单位，必然负有为其职工提供一部分社会保障资金的义务。在市场经济下，企业履行社会保障责任的方式就是为其就业者向社会保障机构缴纳社会保障费或税。通常，企业负担的社会保障费或税是按企业职工工资总额的一定比例缴纳，由社会保障机构强制征收的。在我国现阶段，企业单位需要缴纳的社会保障资金有各种社会保险费(包括养老、医疗、失业、工伤、生育等社会保险)、企业年金及住房公积金等。同时应该注意的是，企业所缴纳的社会保障费或税并未包括企业从利润中提取的福利基金，以及某些国家规定的雇主在解雇雇员时给予的遣散费和一次性补偿经费。

3）社会个人缴费(税)

个人缴费(税)也是社会保险资金的基本来源。社会成员个人既是社会保障权益的享受者和社会保障待遇的受益人，也是社会保障资金的责任主体和义务人。通常，社会成员个人按工资或收入的一定比例缴纳的社会保障费用，由社会保障机构强制征收，并成为社会保障资金特别是社会保险资金的重要来源。个人承担一部分保障费用，既有利于减轻社会压力和国家财政负担，又能够完整体现社会保障的权益结合，增强社会保障的最终享有人的责任心和自我保障意识，并有利于加强他们对社会保障资金的管理和监督。在我国现阶段，个人需要缴纳的社会保障资金包括养老、医疗及失业在内的社会保险费、企业年金及住房公积金等。

只有国家、单位和个人三者共同负担责任，共同参与合理负担，才有利于正确处理国家、单位和个人三者的利益关系，才有可能建立起完善、稳定的社会保障制度。在三方共同负担社会保障资金的原则下，劳动者所在企业和劳动者个人必须按照自己的承受能力承担相应的社会保险资金份额。我国采取的是由企业与个人共同负担社会保障费(税)的方式，并实行养老、医疗保险的社会统筹与个人账户相结合，让社会保障费(税)成为我国社会保险资金的主要来源。

2. 辅助渠道

1）社会捐赠

社会捐赠是以自主自愿的方式筹集社会保障资金的一种形式。社会捐赠的资金直接吸纳到社会保障资金名下，由社会保障机构根据实际需要加以使用；或根据某些特定突发事件或特定对象的迫切需要，临时向社会募捐。同时，积极吸收社会经济组织、社会团体及个人的捐助，是多渠道地筹集社会保障资金的主要途径。

2）基金投资收益

社会保障资金的运营增值，包括储蓄增值和投资收益(直接投资和间接投资)。社会保障资金常以银行存款和购买国债作为主要投资方式，那么银行存款的利息和国债的利息收入都应计入社会保障资金收入账户，形成社会保障资金的一个来源。如果社会保障资金的数额大，而投资风险又小，则获得的回报和收益就越多，某些国家甚至仅靠资金的增值部分即可应付社会保障的年度开支。

3）福利彩票收入

发行福利彩票被看做是国民收入的第三次分配。福利彩票发行的宗旨是“扶老、助残、救孤、济贫”，福利彩票基金本着“取之于民，用之于民”的原则，把筹集的社会公益资金全部用于支持社会福利和社会公益事业。目前，福利彩票收入已为我国社会保障事业提供了大量的资金。

4）滞纳金和罚金收入

如果企业单位和在职员工不按时缴纳保险费(税)，社会保险机构将按规定对他们征收滞纳金；如果社会保障对象冒领最低生活保障金或养老金、失业金等各种社会保险金，一经发现，除追回这些冒领的资金以外，还要依法处以罚金。滞纳金和罚金收入也就构成了社会保障资金的来源渠道。

3. 特殊渠道

1）减持或划转国有股

减持国有股(包括国家股和国有法人股)是指向社会公众及证券投资基金等公共投资者转让上市公司(包括拟上市公司)国有股的行为，属于社会保障资金来源的一种特殊渠道。国务院代表国家统一行使国有股所有权。减持国有股所筹集的资金交由全国社会保障基金理事会管理，具体管理办法由财政部另行制定，报国务院批准实施。国有股减持主要采取国有股存量发行的方式。2001 年国家颁布相关规定，凡国家拥有股份的股份有限公司(包括在境外上市的公司)向公共投资者首次发行和增发股票时，均应按融资额的 10%出售国有股；股份有限公司设立未满 3 年的，拟出售的国有股通过划拨方式转由全国社会保障基金理事会持有，并由其委托该公司在公开募股时一次或分次出售。减持国有股原则上采取市场定价方式，国有股存量出售收入，全部上缴全国社会保障基金。

2）变现国有资产

许多实行社会保障制度改革的国家(如部分拉美国家和东欧前社会主义国家)都采用变现国有资产来补充改革过程中社会保障资金的不足。从理论上说，国有资产的一部分是过去国有企业职工社会保障权益的沉淀，现在用其补偿他们过去的社会保障权益也是完全合理的。因此，变现国有资产是政府采取多种渠道筹措社会保障资金的方法之一。

3）发行社会保障专项国债

发行社会保障国债是将未来的财政收入用来清偿社会保障方面累积的欠款。其实质是将政府负担的隐性债务转变为短期显性债务以减轻总负债，改善政府的长期财政清偿能力。而我国社会保障资金投资方式却十分有限，加之当前股票投资风险大，股市不稳定，银行存款利率低于国债。在这种情况下，在较长一段时间内，购买国债仍然是居民的重要投资方式之一。因此，今后若干年内政府可每年发行一定数额的社会保障专项国债，并设置较长期限，用以补充社会保险基金，对缓和因社会保障资金不足带来的压力有很大的帮助。

4.1.4　社会保障资金的筹资方式

1. 征税方式

征税方式即征收社会保障税。社会保障税，亦称工薪税，它是为筹集社会保障资金而向企业单位和在职员工按工资总额和个人收入的一定比例征收的一种税。这是大多数国家普遍采用的一种形式，通过开征社会保障税筹集社会保障资金，保障项目简单明了，缴纳和支付都需要遵循统一的规定。这种筹资形式筹集到的社会保障资金直接构成政府的财政收入，成为政府预算的重要组成部分。

2. 缴费方式

缴费方式是指由政府职能部门依据有关法律规范，强制向企业和劳动者个人征收，并用于特定社会保障项目的资金筹集方式。社会保障基金的缴费方式包括统筹缴费和强制储蓄。统筹缴费是由雇主和雇员缴费，由政府指定的专门机构负责营运和管理，这种方式筹集的资金由政府统筹支付，独立于财政预算系统之外，实行专款专用，支付不足部分由政府补助；强制储蓄也是由雇主和雇员缴费，但不进行统筹管理，所筹资金存入个人账户，政府对社会保障基金的支配权极其有限，这种筹集方式对应的是基金积累制的社会保障基金筹资模式。

两种筹资方式的比较，见表 4-1。

表 4-1 征税方式与缴费方式的比较

比较项目	征税方式	缴费方式
征收方式	依法强制征收	依法强制征收
资金性质	政府财政资金	劳动者公共后备基金
适应的支付模式	现收现付制	基金积累制或部分基金制
个人的权利与义务	模糊或非对应	清晰对应
与财政的关系	与政府预算一体化	保持适当距离或分离状态
与个人账户的关系	不兼容	兼容
政府扮演的角色	直接出场与完全责任角色	最后出场与责任分担角色
筹集的资金	不能积累或非基金制	可以积累或基金制
征收标准	必须统一平等	允许差别，有灵活性
保险对象范围	普遍性或全民性	可选择性与阶层性

3. 自由筹资

社会保障基金的筹集除以上两种常见方式之外，还有自由筹资多种方式。如通过发行福利彩票筹集用于社会福利事业的基金；对社会福利事业的服务性收费构成社会福利基金的重要来源；还有社会募捐等。这些资金筹集方式都对社会保障资金起到重要的补充作用。

4.1.5 我国社会保险费的筹集

我国社会保险资金的筹集主要采取社会保险强制缴费的方法，针对不同的险种来规定不同的缴费率。我国的社会保险费率实行的是比例保险费制，一般采用固定比例制，并且根据不同的社会保险项目分别规定社会保险费率。不同地区的社会保险费率也可能存在差异。

社会保险分为基本养老保险、基本医疗保险、失业保险、工伤保险和生育保险，这五个险种与我们的生活息息相关，了解每个险种的特点、缴纳及使用有助于我们正确有效地行使自己的合法权益。

1）基本养老保险

基本养老保险是指依法由社会保险行政主管部门负责组织和管理，由用人单位和劳动者个人(以下简称“员工或个人”)共同承担养老保险费缴纳义务，员工退休后依法享受养老保险待遇的基本养老保险制度。基本养老保险以保障离退休人员的基本生活为原则，实行社会统筹和个人账户相结合。

(1) 养老保险的缴费基数统一按员工上一年度月平均工资总额核定。

(2) 员工本人上一年度月平均工资低于本市当年缴费基数 60％的，以本市当年缴费基数的 60％为基数缴纳基本养老保险费。员工本人上一年度月平均工资高于上一年本市职工月平均工资 300％以上的，以上一年本市职工月平均工资的 300％为基数缴纳养老保险。新参加工作或失业后再就业的人员，转业、复员、退伍军人，由机关或其他企、事业单位调(转)入企业的人员，缴纳基本养老保险费时，以进入本企业工作第一个月的工资作为当年各月缴费工资基数。从第二年起，以本人上一年实发工资的月平均工资作为缴费工资基数。

(3) 养老保险缴费比例为：用人单位按职工工资总额的 20％缴纳，员工个人按本人工资总额的 8％缴纳。

2）基本医疗保险

基本医疗保险是为了保障员工和退休人员患病时得到基本医疗，享受医疗保险待遇，根据国家有关规定，结合保险统筹地区实际情况而制定的保险制度。

(1) 基本医疗保险费实行用人单位和员工个人双方负担、共同缴纳、市县级统筹的原则。

(2) 基本医疗保险基金实行社会统筹和个人账户相结合的原则，依据政策规定按要求缴纳。

(3) 基本医疗保险缴费比例一般为：用人单位按职工工资总额的 6％缴纳，员工个人按本人工资总额的 2％缴纳。

(4) 大病统筹保险：为提高员工遭遇重大疾病时医疗保险的支付上限，大部分医保统筹地区还开征了大病统筹保险，一般按年度缴纳。

3）失业保险

失业保险是为了保障失业人员失业期间的基本生活，促进其再就业而制定的保险制度。

(1) 失业保险基金由下列各项构成：

① 用人单位缴纳的失业保险费；

② 员工个人缴纳的失业保险费；

③ 失业保险基金的利息；

④ 失业保险费滞纳金；

⑤ 财政补贴；

⑥ 依法纳入失业保险基金的其他资金。

（2）用人单位和员工个人应当按月足额缴纳失业保险费，员工个人应缴纳的失业保险费，由用人单位代为扣缴。失业保险缴费比例为：用人单位按职工工资总额的2%缴纳，员工个人按本人工资总额的1%缴纳。

4）工伤保险

工伤保险是为了保障因工作遭受事故伤害或者患职业病的员工获得医疗救治和经济补偿，促进工伤预防和职业康复，分散用人单位的工伤风险而制定的保险制度。

（1）工伤保险费的征缴按照参保地社会保险费征缴相关规定执行。

（2）工伤保险费由用人单位缴纳，员工个人不缴费。

（3）工伤保险缴费基数一般按员工养老保险缴费基数确定，实行浮动费率。

5）生育保险

生育保险是为保障企业员工生育期间得到必要的经济补偿和医疗保障，根据有关法律、法规，结合保险统筹地区实际情况而制定的保险制度。

（1）生育保险费由用人单位缴纳，员工个人不缴纳生育保险费。

（2）生育保险的缴费比例按参保地社会保险征缴机构制定的标准执行。

4.2 社会保障资金的支付管理

社会保障资金支付是按照社会保障法律规定的条件、标准和方式，由社会保障实施机构将资金支付给社会成员，以保障他们的基本生活需要。社会保障资金的支付是社会保障功能得以实现的关键性环节，所以本节我们将从社会保障资金的支付范围、支付形式等方面来分析，并结合我国实际情况说明社会保险基金中各个项目的支付管理情况。

4.2.1 社会保障资金的支付范围

社会保障资金的支付范围就是社会保障资金的最终用途和使用项目，它一般分为两大类：社会保障待遇支出和社会保障管理支出。

1. 社会保障待遇支出

社会保障待遇支出是指政府通过财政向由于各种原因而导致暂时或永久性丧失劳动能力、失去工作机会或生活面临困难的社会成员提供基本生活保障的支出。实施社会保险待遇支出的主要目的：一是为了防止个人在现在与将来的安排上因选择不当而造成贫困，如退休养老问题；二是防范某些不可预见的风险，如事故、疾病等；三是减少由于市场经济的不确定性而产生的风险，如失业等，最终达到满足被保险人遇到各种风险时的基本生活需要。社会保障待遇支出主要包括如下四方面的内容：

1）社会保险待遇支出

社会保险是现代社会保障的核心内容，所以社会保险待遇支出是最基本也是最重要的一项支出。在我国，社会保险待遇支出主要包括基本养老保险待遇支出、失业保险待遇支出和基本医疗保险待遇支出等。

(1) 基本养老保险待遇支出。基本养老保险待遇支出项目包括基本养老保险金、医疗补助金和丧葬抚恤补助费等。

① 基本养老保险金。基本养老保险金包括基础性养老金、个人账户养老金、过渡性养老金和支付给《国务院关于建立统一的企业职工养老保险制度的决定》(简称《决定》)实施前已经离休、退休和退职人员的离休金、退休金、退职金和各项补贴等。

② 医疗补助金。医疗补助金是指按规定支付给未实行医疗保险的地区，但已纳入基本养老保险基金开支范围的离休、退休、退职人员的医疗费用。

③ 丧葬抚恤补助费。丧葬抚恤补助费是指用于已纳入基本养老保险基金开支范围的离休、退休、退职人员死亡丧葬补助费用，及其供养直系亲属的抚恤和生活补助费用。

(2) 失业保险待遇支出。失业保险待遇支出项目包括失业保险金、医疗补助金、丧葬抚恤补助费、职业培训和职业介绍补贴、国有企业下岗职工基本生活保障补助和其他费用。

(3) 基本医疗保险待遇支出。基本医疗保险待遇支出项目按规定分别形成社会统筹医疗保险待遇支出和个人账户医疗保险待遇支出。社会统筹医疗保险待遇支出是指按规定在基本医疗保险统筹基金支付范围以内，并在起付标准以上、最高支付限额以下，由基本医疗保险统筹基金支付的医疗费支出；个人账户医疗保险待遇支出是指按国家规定由医疗保险个人账户基金开支的医疗费支出。

2) 社会救助金支出

社会救济是对贫困者和遭受不可抗拒的“自然”风险(如自然灾害、丧失劳动能力而又无人抚养、战争等)的不幸者所提供的无偿的物质援助，主要包括贫困救济、灾害救济和特殊救济等。社会救济一般以保障救助对象的最低生活为标准。

3) 社会福利待遇支出

社会福利待遇支出是指国家和社会通过各种福利事业、福利设施、福利服务为社会成员提供基本生活保障，并使其基本生活状况不断得到改善的社会政策和制度的总称。它是社会保障的高级阶段，主要表现为政府通过为社会成员提供设施和服务或者直接提供货币津贴等形式提高人们的生活质量。

4) 社会优抚安置待遇支出

社会优抚安置待遇支出是国家按规定对法定的优抚对象，如现役军人及其家属、退休和退伍军人、烈属等，为保证其一定的生活水平而提供的资助和服务。

2. 社会保障管理服务费支出

社会保障管理服务费支出，是指社会保障专职管理机构对社会保障事业进行管理所需要的费用。社会保障管理服务费支出一般分为办公经费、业务经费、服务经费三部分。

(1) 办公经费，是指用于社会保障专职管理机构及其人员的日常经费。包括工资及加班工资、福利费、水电费、差旅费、报刊资料费、固定资产和其他设备的购置、修缮费、办公用品用具购置等。

(2) 业务经费，是指办理社会保障资金银行业务方面的经费。包括银行代收代付的手续费、有价证券的托管费、委托贷款的手续费等。

(3) 服务经费，是指用于社会保障对象管理以及提供服务等方面的费用。包括失业职工劳动技能培训费、患病职工护理费、职工安全教育费等。

4.2.2 社会保障资金的支付形式

1. 货币形式

货币形式是指政府直接为社会成员提供货币的一种社会保障资金支付形式，是社会保障资金支付的主要形式。其中社会保险基金完全采用货币形式支付，社会救助基金、社会福利基金、优抚安置基金等支付的一部分乃至大部分往往也采用货币形式支付。货币形式支付较为简单便捷，但货币的购买力容易受到物价波动和通货膨胀的影响，所以需要经常性的调整，保持它的“含金量”。

2. 实物形式

实物形式是指政府直接为保障对象提供特定物品或服务的一种社会保障资金支付形式。社会福利基金、社会救助基金、社会优抚基金等项目中通常不同程度的采用实物支付形式。我国的社会救济、住房、医疗等支出为实物支付形式实施起来相对于货币支付形式，较为麻烦，但也有其优越性。它能比较快捷地解决受保者的生活保障问题，如在灾害救助、贫困救助中发放救灾、济贫物资等，同时它还能有效地避免社会保障领域的道德风险问题，所以在今天仍然广泛使用。

3. 服务形式

服务形式是社会保障待遇支出的补充形式。一般采用的形式有志愿者无偿为敬老院、福利院、孤儿院等弱势群体提供服务，或者是国家财政机构出资为某些特殊群体提供医疗护理服务、修建服务设施等。在某些地方还产生了以服务换服务的“时间银行”的方式，即由社区组织让年轻居民利用空闲时间为老人提供服务，把服务时间记录下来，作为以后年老时享受他人服务的依据。

4.2.3 我国社会保险基金各项目的支付管理

1. 养老保险基金的支付管理

1）我国养老保险基金的给付条件

我国养老保险基金给付必须具备三个条件：

（1）达到法定退休年龄，并已办理退休手续；

（2）所在单位和个人依法参加养老保险并履行了养老保险缴费义务；

（3）个人缴费至少满 15 年（过渡期内缴费年限包括视同缴费年限）。

按照相关规定，我国法定的企业职工退休年龄是：男工人年满 60 周岁，女工人年满 50 周岁，女干部年满 55 周岁。从事井下、高空、高温、特别繁重体力劳动或其他有害身体健康工作（以下称特殊工种）的，退休年龄为男年满 55 周岁、女年满 45 周岁；因病或非因工致残，由医院证明并经劳动鉴定委员会确认完全丧失劳动能力的，退休年龄为男年满 55 周岁、女年满 45 周岁。

2）养老保险基金的给付形式

养老保险基金的给付形式有两种：一种是缴费确定制（DC 计划），一种是待遇确定制（DB 计划）。

（1）缴费确定制。通过建立个人账户的方式，由企业和职工定期按一定比例缴纳保险费(其中职工个人少缴或不缴费)，职工退休时的企业年金水平取决于资金积累规模及其投资收益。我国目前采用的就是缴费确定制。其基本特征是：

① 简便易行，透明度较高；

② 缴费水平可以根据企业经济状况作适当调整；

③ 企业与职工缴纳的保险费免予征税，其投资收入予以减免税优惠；

④ 职工个人承担有关投资风险，企业原则上不负担超过定期缴费以外的保险金给付义务。

(2) 待遇确定制。缴费并不确定，无论缴费多少，雇员退休时的待遇是确定的。雇员退休时，按照在该企业工作年限的长短，从经办机构领取相当于其在业期间工资收入一定比例的养老金。参加待遇确定制的雇员退休时，领取的养老金待遇与雇员的工资收入高低和雇员工作年限有关。具体计算公式是：雇员养老金＝若干年的平均工资×系数×工作年限。(若干年的平均工资是计发养老金的基数，可以是退休前 1 年的工资，也可以是 2—5 年的平均工资；系数是根据工作年限的长短来确定的)。其基本特征是：

① 通过确定一定的收入替代率，保障职工获得稳定的企业年金；

② 基金的积累规模和水平随工资增长幅度进行调整；

③ 企业承担因无法预测的社会经济变化引起的企业年金收入波动风险；

④ 一般规定有享有资格和条件，大部分规定工作必须满 10 年，达不到则不能享受，达到条件的，每年享受到的养老金额还有最低限额和最高限额的规定；

⑤ 该计划中的养老金，雇员退休前不能支取，流动后也不能转移，退休前或退休后死亡的，不再向家属提供，但给付家属一定数额的一次性抚恤金。

2. 医疗保险基金的支付管理

医疗保险基金支出指按照国家政策规定的开支范围和开支标准，从社会统筹基金中支付给参加基本医疗保险的职工和退休人员的医疗保险待遇支出和从个人账户基金中支付给参加基本医疗保险的职工和退休人员的医疗费用支出以及其他支出。包括：住院医疗费用支出、门急诊医疗费用支出、个人账户基金支出、其他支出。

1) 我国的基本医疗保险制度

国务院于 1998 年 12 月下发了《国务院关于建立城镇职工基本医疗保险制度的决定》(国发[1998]44 号)，部署全国范围内全面推进职工医疗保险制度改革工作，要求 1999 年内全国基本建立职工基本医疗保险制度。基本医疗保险就是当人们生病或受到伤害后，由国家或社会提供医疗服务或经济补偿的一种社会保障制度。

(1) 城镇职工基本医疗保险制度的框架。城镇职工基本医疗保险制度框架包括六个部分：

① 建立合理负担的共同缴费机制。基本医疗保险费由用人单位和个人共同缴纳，体现国家社会保险的强制特征和权利与义务的统一。医疗保险费由单位和个人共同缴纳，不仅可以扩大医疗保险资金的来源，更重要的是明确了单位和职工的责任，增强个人自我保障意识。这次改革中国家规定了用人单位缴费率和个人缴费率的控制标准：用人单位缴费率控制在职工工资总额的 6%左右，具体比例由各地确定，职工缴费率一般为本人工资收入的 2%。

② 建立统筹基金与个人账户。基本医疗保险基金由社会统筹使用的统筹基金和个人专

项使用的个人账户基金组成。个人缴费全部划入个人账户，单位缴费按 30%左右划入个人账户，其余部分建立统筹基金。个人账户专项用于本人医疗费用支出，可以结转使用和继承，个人账户的本金和利息归个人所有。

③ 建立统账分开、范围明确的支付机制。统筹基金和个人账户确定各自的支付范围，统筹基金主要支付大额和住院医疗费用，个人账户主要支付小额和门诊医疗费用。统筹基金要按照"以收定支、收支平衡"的原则，根据各地的实际情况和基金的承受能力，确定起付标准和最高支付限额。

④ 建立有效制约的医疗服务管理机制。基本医疗保险支付范围仅限于规定的基本医疗保险药品目录、诊疗项目和医疗服务设施标准内的医疗费用；对提供基本医疗保险服务的医疗机构和药店实行定点管理；社会保险经办机构与基本医疗保险服务机构(定点医疗机构和定点零售药店)要按协议规定的结算办法进行费用结算。

⑤ 建立统一的社会化管理体制。基本医疗保险实行一定统筹层次的社会经办，原则上以地级以上行政区(包括地、市、州、盟)为统筹单位，也可以县为统筹单位，由统筹地区的社会保险经办机构负责基金的统一征缴、使用和管理，保证基金的足额征缴、合理使用和及时支付。

⑥ 建立完善有效的监管机制。基本医疗保险基金实行财政专户管理；社会保险经办机构要建立健全规章制度；统筹地区要设立基本医疗保险社会监督组织，加强社会监督。要进一步建立健全基金的预决算制度、财务会计制度和社会保险经办机构内部审计制度。

这些内容基本上确定了新的城镇职工基本医疗保险制度的大致框架，奠定了将来统一中国制度的基础，便于各地在制订改革方案时有所遵循，同时也给各地留下了因地制宜作出具体规定的空间。

(2) 个人缴纳基本医疗保险费的方式。首先，各统筹地区要确定一个适合当地职工负担水平的个人基本医疗保险缴费率，一般为工资收入的 2%。其次，由个人以本人工资收入为基数，按规定的当地个人缴费率缴纳基本医疗保险费。个人缴费基数应按国家统计局规定的工资收入统计口径为基数，即以全部工资性收入，包括各类奖金、劳动收入和实物收入等所有工资性收入为基数，乘以规定的个人缴费率，即为本人应缴纳的基本医疗保险费。

最后，个人缴费一般不需个人到社会保险经办机构去缴纳，而是由单位从工资中代扣代缴。

(3) 基本医疗保险统筹基金和个人账户的建立。个人账户的注入资金来自于个人缴费和单位缴费两部分：个人缴费的全部记入个人账户，单位缴费的一部分记入个人账户。单位缴费一般按 30%左右划入个人账户。但由于每个年龄段职工的医疗消费支出水平存在很大差别，因此在统筹地区确定单位缴费记入每个职工划入账户比例时，要考虑年龄因素，确定不同年龄档次的不同划入比例。确定单位缴费划入个人账户的具体比例，由统筹地区根据个人账户的支付范围和职工年龄等因素确定。统筹基金的注入资金主要来自单位缴费部分。单位缴费用于划入个人账户后剩余的部分即为统筹基金的资金。

(4) 农民工参加基本医疗保险。劳动和社会保障部《关于贯彻两个条例扩大社会保障覆盖范围加强基金征缴工作的通知》(劳社部发〔1999〕10 号)规定，农民合同制职工参加单位所在地的社会保险，社会保险经办机构为职工建立基本医疗保险个人账户。农民合同制职工在终止或解除劳动合同后，社会保险经办机构可以将基本医疗保险个人账户储存额一次性发给本人。

(5) 农村医保的补偿范围与标准。主要有以下几种：

① 大病补偿。风险基金补偿：凡参加合作医疗的住院病人一次性或全年累计应报医疗费超过5000元以上分段补偿，即5001～10000元补偿65%，10001～18000元补偿70%。镇级合作医疗住院及尿毒症门诊血透、肿瘤门诊放疗和化疗补偿年限额1.1万元。

② 住院补偿。报销比例：镇卫生院报销60%；二级医院报销40%；三级医院报销30%。报销范围：药费；辅助检查(心脑电图、X光透视、拍片、化验、理疗、针灸、CT、核磁共振等各项检查费限额200元)；手术费(参照国家标准，超过1000元的按1000元报销)。60周岁以上老人在乡镇卫生院住院，治疗费和护理费每天补偿10元，限额200元。

③ 门诊补偿。村卫生室及村中心卫生室就诊报销60%，每次就诊处方药费限额10元，卫生院医生临时补液处方药费限额50元。镇卫生院就诊报销40%，每次就诊各项检查费及手术费限额50元，处方药费限额100元；二级医院就诊报销30%，处方药费限额200元；三级医院就诊报销20%，处方药费限额200元。中药发票附上处方每贴限额1元。镇级合作医疗门诊补偿年限额5000元。

上面就是介绍补偿范围与标准，但是不是什么情况下都有补偿，以下情况是不属于报销范围的：自行就医(未指定医院就医或不办理转诊单)、自购药品、公费医疗规定不能报销的药品和不符合计划生育的医疗费用；门诊治疗费、出诊费、住院费、伙食费、陪客费、营养费、输血费(有家庭储血者除外，按有关规定报销)、冷暖气费、救护费、特别护理费等其他费用；车祸、打架、自杀、酗酒、工伤事故和医疗事故的医疗费用；矫形、整容、镶牙、假肢、脏器移植、点名手术费、会诊费等报销范围内，限额以外部分。

3. 失业保险基金的支付管理

1) 失业保险基金的给付条件

我国《失业保险条例》规定，具备下列条件的失业人员，可以领取失业保险金：

(1) 按照规定参加失业保险，所在单位和本人已按照规定履行缴费义务满一年的；

(2) 非因本人意愿中断就业的；

(3) 已办理失业登记，并有求职要求的。

根据我国失业保险的实际情况，我国规定失业人员在领取失业保险金期间，按照规定同时享受其他失业保险待遇。失业人员在领取失业保险金期间有下列情形之一的，停止领取失业保险金，并同时停止享受其他失业保险待遇：重新就业的；应征服兵役的；移居境外的；享受基本养老保险待遇的；无正当理由，拒不接受当地人民政府指定的部门或者机构介绍的工作的；有法律、行政法规规定的其他情形的。

2) 失业保险基金的给付期限

失业保险负有保障失业人员的基本生活和促进就业的双重任务。规定失业津贴的给付期限，是为了发挥失业保险的整体作用，既保证暂时的生活，又强调再就业。确定失业津贴的给付期限，应以使大多数失业者重新就业前不过多地减少收入为原则。失业保障的给付期限实际上包括两方面的限制：一是确定失业保险待遇开始给付的期限，即等待期限；二是确定失业保险待遇的享受期限。

(1) 等待期限。即失业者在领取失业金之前经过等待的一段时间。根据1998年国际劳工大会第57届会议的决议，失业者领取保险金的等待期限，原则上不得超过：

① 每次失业后3天；

② 12个月内失业后6天；

③ 两者的结合。

每次失业，失业保险金的等待期限可以延长至7天。目前，世界各国的立法一般都将失业保险给付的等待期限定在7天之内。新西兰、日本规定为7天，英国规定为3天，一些发达国家如德国、西班牙、葡萄牙、法国等则完全取消了等待期限。而一些发展中国家由于受财政能力的束缚，其等待期一般较长，如加纳为30天，厄瓜多尔是60天。

（2）享受期限。失业保险的享受期限是失业者享受领取失业保险金的最长时间。关于失业保险待遇的享受期限，国际劳工组织第44号公约规定，无论是津贴还是补贴，支付期应为每年至少156个工作日，在任何情况下，也不能少于78个工作日；据此确定的最低水平失业津贴至少支付13周；或者意外事故期间收入不超过限定条件的居民都得到保护时，失业津贴在12个月中至少应支付26周。世界各国对失业保险待遇享受期限规定也相差很大，少则8周，多则36周。在具体的立法过程中，存在着失业保险的待遇享受期限长短与缴纳失业保险费的期限挂钩（如西班牙）、与失业者的年龄挂钩（如日本）、与失业率相挂钩（如美国）等多种复杂的操作模式。

3）失业保险基金的支付方式

失业保险金的给付一般有如下三种方式：

一是比例制，就是按失业前一定时期工资的百分比发放，如美国、德国、挪威等国，我国一般就采用这种方式给付失业保险金。

二是均一制，就是失业后一律支付等额救济金，和过去的收入没什么关系，如英国、瑞典；

三是混合式，就是失业保险金一部分按比例发放，一部分按均一制等额发放，如芬兰。

4．工伤保险基金的支付管理

工伤保险基金支出是指按国家规定从工伤保险基金中支付的企业职工因工负伤、死亡和因职业病致残、致死而发生的各种费用。具体包括工伤医疗费、伤残补助抚恤金、工亡费用、护理费和其他工伤保险基金支出。

1）工伤保险基金支出的项目

（1）工伤保险待遇支出。即用于参加工伤保险的工伤职工个人待遇方面的支出，包括工伤职工的医疗费、生活护理补助费、一次性伤残补助金、伤残津贴、辅助器具配置费、康复性治疗费，职工因工死亡后其亲属从经办机构领取的丧葬补助金、供养亲属抚恤金和一次性工亡补助金等。

（2）劳动能力鉴定费用。指在劳动能力鉴定过程中，聘请医疗专家对工伤职工的劳动能力进行鉴定所支出的费用。

（3）储备金支出。用于统筹地区重大事故的调剂支出。

（4）法律、法规规定的用于工伤保险的其他费用。

2）工伤保险基金的支付方式

基金支付分为两种情况，一是伤残津贴、一次性伤残补助金、供养亲属抚恤金、一次性工亡补助金等，由社会保险经办机构直接发放给工伤职工或其直系亲属或委托银行、邮局、社区进行社会化发放；二是工伤医疗费、职业康复费、辅助器具费的支付方式还处在探索和调整过程中，尚没有固定的、具体的模式。这里列举如下几种支付方式：

(1) 按服务项目付费。指对工伤医疗服务过程中的每一项服务项目制定价格，工伤职工在享受医疗服务时，逐一对服务项目付费或计费，然后由社会保险经办机构按规定向工伤职工或医疗机构、辅助器具配置机构偿付费用。

(2) 按服务单元付费。指将服务的过程按照一个特定的参数划分为相同的部分，每一个部分成为一个服务单元，例如，一个门诊人次、一个住院人次和一个住院床位。医疗机构根据历史资料及其他因素制定出平均服务单元费用标准，然后由社会保险经办机构根据医疗机构的服务单元进行偿付。

(3) 按人头付费。指社会保险经办机构每月或每年按医疗机构服务的人数和规定收费定额预付给服务提供方一笔固定的费用，在此期间，供方提供服务协议规定范围内的一切医疗、康复服务，不再收费。

(4) 按病种收费。指根据国际疾病分级法，将住院人病症按诊断、年龄、性别等分为若干组。每组又根据疾病的轻重程度及有无合并症、并发症分为几级，对每一组不同级别，都制定相应的标准偿付费用，按这种费用标准对该组某疾病的治疗全过程一次性向医疗机构偿付。

属于工伤保险基金支付的医疗费用、康复费用、辅助器具配置费用，应由社会保险经办机构与协议机构直接结算。社会保险经办机构要按照服务协议的规定及时结算并支付费用；要规定结算程序、明确结算期限、简化结算手续，提高社会化管理服务水平。协议机构要配备相应的人员，负责核算工伤职工的有关费用，按协议规定提供费用结算所需的有关材料。

5. 生育保险基金的支付管理

生育保险基金支出是指妇女生育子女和采取计划生育节育措施暂时丧失劳动能力或因医疗事故造成残疾和死亡时，由社会保险机构支付的保险费和其他补助费。

生育保险基金支出的项目主要有以下几种：

1) 生育津贴(原称产假工资)

国家规定的生育津贴支付期限为90天。各地的计划生育条例对晚婚晚育的职工给予延长产假期限的优惠政策。因此，全国大部分地区生育津贴支付期限在90～180天之间。生育津贴的计发办法有两种：一是在开展生育保险社会统筹的地区，以职工所在企业上年度职工月平均工资为基数计发；二是在没有开展生育保险社会统筹的地区，则以女职工生育前的基本工资为基数计发，一般不低于女职工生育前的基本工资。

2) 生育医疗费

生育保险基金支付的医疗费用主要包括生育女职工的检查费、接生费、手术费、住院费和药费。

(1) 检查费是指女职工围产期保健过程中定期到医疗机构进行身体检查的相关费用。大致可分为全身检查、产科检查、化验室检查以及特殊检查4部分。

(2) 接生费主要是指女职工分娩时，医生或助产人员协助产妇娩出新生儿过程中所发生的费用，即医生以及助产人员提供的医疗服务的费用。大部分产妇为自然生产，这是接生过程中最为简单的一种，也是费用最低的一种。也有一部分产妇由于各种原因不能靠自己的力量分娩，需要医务人员手术助产才能娩出胎儿。无论是哪种接生方式，其费用均由生育保险基金支付。

(3) 手术费支付的项目主要是指分娩过程中的会阴切开术和剖宫产术。当产妇自身条件不适宜自己娩出胎儿，必须靠医务人员进行手术帮助完成分娩过程时，其手术费用由生育保险基金支付。但是，如手术过程中出现医护人员责任事故，其手术费用不由生育保险基金支付，应向医院索赔。

(4) 住院费是指产妇在分娩期间住院的床位费、取暖费等。床位费按照国家物价监督管理部门规定的普通床位收费标准支付。母婴同室以及高标准病房所需费用，不属于生育保险基金支付的范围。

(5) 药费是指女职工从怀孕到分娩后出院，医生根据产妇需要给予的药物护理、治疗所发生的费用。产妇私自到药店购药以及购买滋补品和营养品，不属于生育保险基金支付的范围。

3) 计划生育手术费

这是指职工响应国家计划生育号召而实行的避孕、节育手术费用。主要项目有放置(取出)子宫内节育器、人工流产术、引产术、绝育及复通手术所发生的医疗费用。

4.3　社会保障资金的投资管理

社会保障资金的投资，是对实行资金制和部分资金制的社会保险资金，暂时不用于支付的结余部分，利用其从收取到支出的时间差，在法律允许的范围内，通过投资运营使其不断增值，并使其增值部分超过一般利息率、工资增长率和物价变动率的资金使用行为。社会保障资金的有效投资，有利于社会保障资金自身的保值增值。社会保障资金的投资对于克服人口老龄化所带来的社会保障资金支付的压力，加快社会保障资金与金融市场的互动，减少财政负担，协调国民经济的发展有着积极的作用。本节将从社会保障资金投资的特点、原则、主要工具等来进行说明和分析。

4.3.1　社会保障资金投资的特点

社会保障资金是一项有特定来源和特定用途的专门资金，因而其投资也有其显著的特点。

1. 国家对社会保障资金投资的限定性

一般投资资金在投资方向、投资结构、投资区域、投资数额等方面，具有较大的灵活性和自由选择的余地。但在这些方面，国家往往会给社会保障资金投资做出特殊的限制性规定。如一些国家规定社会保障资金仅可以存银行和购买政府债券，不能投资于企业债券、股票和不动产等。一些国家除对投资方式做出限定外，还对资金投放于不同方式上的数额或比例做出规定。由于各国的具体国情不同，对社会保障资金投资的政策限定也不同。同一国家不同时期，由于经济条件的变化，对社会保障资金投资的限定也是变动的。一般而言，如果资本市场不规范，社会保障资金监管水平较低，政府限制性的规定就会比较多；相反，如果资本市场发达、规范，社会保障资金监管水平高，则可以相对减少投资限制。

我国政府对社会保障资金的投资也有具体规定。如《社会保险资金财务制度》规定：资金结余除根据财政部门和劳动保障部门商定的、最高不超过国家规定预留的支付费用外，全部用于购买国家发行的特种定向债券和其他种类的国家债券。任何地区、部门、单位和个人不得动用资金结余进行其他任何形式的直接和间接投资。

2. 社会保障资金投资的税收优惠性

增加社会保障资金供给，除向受益者征缴外，无外乎两条基本途径：一是增加财政补助，如果财政在其他方面的支出不能压缩，就必须增加税收；二是通过投资实现社会保障资金的增值。社会保障资金投资所获得的收益与一般投资所获得的收益的用途不同，它不直接用于分配，而是并入到社会保障资金中去，以增强资金实力。因此，如果对社会保障资金投资收益征税，就会影响社会保障资金的增长。如果一方面对社会保障资金投资收益征收所得税，另一方面增加财政对社会保障的补助，只能徒增管理成本。因此，允许社会保障资金投资的国家都规定对社会保障资金投资收益不征所得税。

3. 社会保障资金投资的长期性

与一般性的投资资金相比，社会保障资金不仅具有集合性，而且具有稳定性和积累性。社会保障资金的收支分为两个阶段，即缴费积累阶段和支付使用阶段。职工在职期间其单位和职工本人必须按规定缴纳社会保障费，待符合条件时才能按标准享受社会保障待遇。先缴费，后使用，两者在时间上的分离，使社会保障资金可以形成沉淀，也就有了投资的可能性。特别是在养老保险实行部分积累制或完全积累制的情况下，其资金储存积累期最多可长达近 40 年。这样，长期沉淀的社会保障资金就可以进行长期的投资，并且可以用于投资回收期较长的项目，从而可以获取较高的投资收益。

4.3.2　社会保障资金投资的原则

社会保障资金的社会公益产品的特征，决定了其投资与其他资金投资的不同。一般而言，社会保障资金的投资应当遵循以下原则：

1. 安全性原则

安全性原则是指社会保障资金投资的预期收益应该建立在无风险或者尽可能低风险的基础之上，当高利润与安全性发生冲突的时候，应该首先考虑安全性。这就使投资项目的选择要在严格遵守国家有关政策法规的情况下进行。

2. 收益性原则

收益性原则是指社会保障资金的投资必须要实现资金的保值增值，并且以增值为目标。因此社会保障资金应注重长期投资，不进行短期的、风险较大的投资。在考虑盈利性的同时，还应兼顾其投资的社会效益，使其投资项目与政府的政策目标相一致，发挥社会经济的最大效用。

3. 流动性原则

流动性即投资在不发生价值损失条件下的变现能力。由于支付保险金或保险费用的需要，投资必须能够迅速地融通、变现和周转，而不能发生资金支付的中断和迟延，为此应该限定不同资金投资方式的比例，根据社会保障不同项目的特点来协调搭配投资期限，使资金投资在应付日常支出的前提之下充分发挥效益。

安全性与流动性是同方向变动的，即一种投资工具风险越低，安全性越高，越容易变现，反之，则很难变现。安全性与收益性是反方向变动的，即一种投资工具的安全系数越高，风险越大，收益就越多，反之，收益较少。我们应该寻求安全性、收益性、流动性三个原则的平衡点，从而实现社会保障资金的保值增值。

4.3.3 社会保障资金投资的主要工具

1. 储蓄存款

储蓄存款就是社会保障资金专管部门把社会保障资金全部或者部分存入国家或地方银行，以取得一定利息的投资形式。这种投资方式的主要优点是安全可靠，投资无风险，资金收益率等于银行存款利息率，收益稳定而且有保证。同时，操作简便，没有复杂的运作过程。其缺点主要是当银行存款利率低于物价上涨指数时，资金就会面临贬值的风险。同时，即使银行存款利率高于物价上涨指数，与其他投资形式相比，其收益率也是偏低的。因而，这是一种保守型的投资方式。在西方发达国家和一些发展中国家，为保证资金投资的安全，也规定了资金用于储蓄存款的一定比例，但已不把它作为资金投资的一种主要方式。

2. 国债

国债可分为中期国债和长期国债，是中央政府为筹措资金而发行，因而安全性极高。在发达国家，养老资金购买国债非常普遍，而且在资产配置中也占有相当比例，可见在合理的资产配置中存在一部分安全性很高的国债是很有必要的。

在一些发达国家和新兴发展中国家，常常以立法的形式规定社会保障资金投资于公债的比例。如美国联邦政府规定，社会保障资金中的养老、伤残、遗属及失业保险资金的全部都必须用于购买政府债券。发展中国家把社会保障资金投资于国债的做法也很普遍。例如，智利政府于1985年后放宽资产配置的限制，允许资金投资于收益率较高的资产，但政府债券在资产配置中的比重始终高达约40％，而股票在资产配置中的比例已从最初的5％上升到2005年的23.25％，这表明智利养老资金对股票的加大投资并非以减少政府债券为前提，国债仍然是资金的主要投资工具。从我国的情况看，在20世纪90年代中期以前，国债曾经是收益率较高的投资工具(相对银行存款)，但随着利率体系市场化程度的提高，国债利率与银行定期利率之间的差距逐渐减小，投资收益率也呈下降趋势；此外，国债的实际收益率低于工资增长率。因此，如果社会保障资金持有的国债比重过高，也将面临较高的替代率风险，对于正处于成长阶段的社会保障资金来说，国债比重控制在40％以下较为合适。

3. 不动产

投资于不动产是指社会保障资金投资经办机构把社会保障资金用于购买或建造房地产。不动产投资在经济持续发展的情况下可以保证有较高的盈利率，安全性也有保证。但由于不动产投资周期长，流动性差，不利于社会保障资金的随时支付，同时受国家经济形势的影响，涉及的问题比较多，也具有一定的风险性。所以，大多数国家社会保障资金用于这方面投资的比重都比较低。只有个别拉丁美洲国家为避免高通货膨胀率对社会保障资金的不利影响，才将社会保障投资资金的一半以上用于不动产投资，而且主要用于修建医院、公寓等。

4. 公司债券和股票

投资于公司债券和股票是指社会保障：理论制度实践会保障资金投资经办机构把社会

保障资金用于购买公司债券和股票的投资行为。公司债券和股票一般盈利率较高，也比较稳定。股票价格虽然变动性较大，常常难以预测，但在金融市场健全的条件下，股票的变现能力强，可以抵消一定的风险。所以，社会保障资金投资于公司债券和股票，在尽可能降低风险的情况下，比投资于其他方面获利更大。正因为如此，美国政府自20世纪80年代起就开始允许社会保险资金用于风险投资；新加坡政府不仅允许中央公积金局购买公司债券、公共汽车公司股票，而且还允许社会保障资金向海外投资；菲律宾政府也允许用社会保障资金向私人企业投资，向投保人贷款。我国从2002年10月开始，经国务院批准，保险资金按批准的比例交给投资资金，通过投资资金再进入证券市场。实行的结果现在反映投资收益还是比较好的，2002—2004年平均回报率达到10.52%。

5. 直接投资

直接投资是指社会保障资金投资经办机构直接将社会保障资金投资于工商企业，兴办经济实体，参与工商业经营活动的投资行为。这是一种直接的、风险型的投资。这种投资是把资金作为资本直接投入生产流通领域，以获得较高的收益报酬。由于这种投资风险较大，需要有专门机构负责社会保障资金投资的项目评估，以保障其投资的安全性。有些国家为规避风险，还规定了社会保障资金用于这种投资的最高限额，如英国规定只能把社会保障资金的5%，最多不超过10%投资于某种实业。

6. 发放贷款

发放贷款也称为间接投资，是社会保障资金投资经办机构委托金融机构发放贷款，以获取盈利的投资行为。发放的贷款用于受保人中的低收入者和中等收入者购买和建造房屋使用，也为受保人及其家属提供其他消费性服务。

社会保障资金投资工具与投资“三原则”之间的关系，见图4-2。

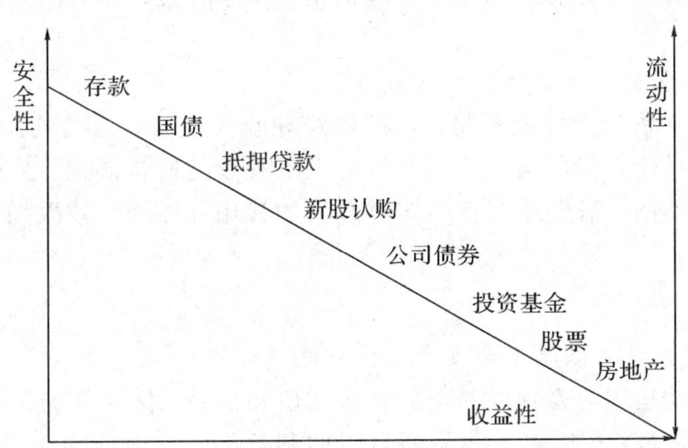

图4-2　社会保障资金投资工具与投资“三原则”

4.3.4　我国社会保障资金投资运营存在的问题及对策

1. 问题

1）社会保障资金积累不足

造成这种情况的原因有很多。第一，我国社会保障基金筹资模式长期以来都是现收现付制，历史上没有基金积累，引入个人账户后，因为人口老龄化和转制成本无法消化，个人账户被挪用，有名无实、空头运转。第二，企业拖欠保费现象严重。有的企业效益不好，利润薄弱，缴不起保费；有的企业领导重视不够，不缴或少缴保费，由于相关法律滞后，没有严厉的惩罚措施，使得企业少缴漏缴的情况大量存在。第三，我国社会保险制度一直以来都实行岗位挂钩制，一般只有有工作的人才能享有这项制度，虽然允许其他人自愿缴费，但纳入的其他人员相当有限，覆盖面低，参保人少导致社会保障基金积累不足。第四，基金管理不规范，管理成本高。我国社保基金管理费用的提取比率超过3%，是国际上一些国家的5～6倍。

2）投资渠道狭窄，投资结构不合理

我国长期以来把保持基金的安全性作为首选目标，并对养老保险基金的投资渠道和投资工具进行了严格限制。根据《全国社会保障基金投资管理暂行办法》(以下简称《暂行办法》)的规定，社保基金投资的范围限于银行存款、买卖国债和其他具有良好流动性的金融工具，包括上市流通的证券投资基金、股票、信用等级在投资级以上的企业债、金融债等有价证券。其中，银行存款和国债投资的比例不得低于50%，企业债、金融债投资的比例不得高于10%，证券投资基金、股票投资的比例不得高于40%，且不允许投入高风险高收益的项目。这种安排一方面确保了基金运行的安全性，但另一方面也恰恰说明我国基金投资渠道过于狭窄，投资结构不尽合理，资产过于集中，长期将无法实现有效偿付，同时安全性目标也将难以维系。

3）社会保障管理机构"泛行政化"

社会保障经办机构既不是独立的金融企业，也不是政府机构，既难以保障社会保障基金所有者的权益，也不具备承担金融风险的能力。在这种"泛行政化"制度设计下，社会保障基金管理中心很难建立起有效的监督管理机制、规范的会计审计、资讯披露制度和风险防范机制。

4）基金投资运营缺乏监督制衡和信息公开

我国基金监督体系先天发展不足，内部监督和政府监督、运营均出自一个利益部门，这种集裁判和运动员于一身的角色使其不可能产生有效的监督制衡。另外基金投资运营的渠道和额度透明度不高，基金拥有者不知道自己的钱用在哪里，效果如何，为各种违规违法行为提供了可能。

2. 对策

1）建立健全有关社会保障基金投资运营法规

保证各投资机构运用养老保险基金的合法地位和权益，保证养老保险基金运用的各项原则得以实现，保障养老保险基金投资所获得的利益不因其他原因而受侵害。同时，国家以法规形式对社会保险基金的投向、范围、项目投资比例给出原则规定，这是社会保险基金规范运作和良性发展的基石。尽管有中央管理的社会保险基金投资管理办法，但这仅是针对全国社会保障基金，而不是全部保险基金的投资管理办法，对其他保险基金的投资管理在法律上还是空白。

2）建立和完善资本市场，发展多种金融工具

能否为社会保险基金从储蓄转化为投资，从闲置资金转化为生产资金提供优良的外部环境，是社会保险基金良性运营的关键。此外，各投资机构内部有较强的投资意识和风险

承担意识，投资者通晓金融市场信息，熟悉投资业务和投资基本技能，是社会保险运营的重要条件。分散社保基金的投资风险需要坚持基金投资多元化原则。多元化投资原则是现代资产管理的基础，资产管理的实质是在高收益与低风险之间寻求一种平衡。进行多元化投资的前提是完善的资本市场和齐全的金融工具，因此，规范发展资本市场，创新金融工具工作应加快推进。

3）构建和谐稳定的投资运营环境

社保基金的投资运营离不开和谐、稳定的环境，只有创造出健康、完善的投资环境，才能防范和降低各种风险的发生，促进社保基金平稳运营。首先，应当将社会保障部门的基金管理和运营职责分开。其次，大力发展机构投资者，形成一个托管人市场，在一个自由成熟的资本市场中，托管机构一般由投资银行和专业基金管理公司担当，商业银行和保险公司都不是社会保障基金首选的投资托管机构。再次，应进一步规范股票和债券的市场环境，鼓励债券品种多样化。最后，应当将社会保障管理的制度法制化。

4）分清几类养老基金的性质和投资方式

我国实行统账制度之后，补充养老也有了一定的发展，养老基金开始出现了不同的种类，在进行投资运营时要针对不同的种类运用不同的投资方式。同时针对我国社会保障基金投资制度缺失的状况，构建我国社会保障基金战略投资体系的任务已非常迫切，中央政府应统一出台政策，针对统筹基金、个人账户基金以及“全国社会保障基金”的不同特点，制定相应的投资管理策略，明确各自的投资方式和投资渠道，通过资源整合，实现全国统一投资管理的目标。

5）加强对社会保障基金投资运营的监督和监管力度

首先，要明确监管的重点，即社会保障基金的投资方式比例、投资工具比例以及最低投资收益率等各种比例的控制。其次，建立社会保障基金投资监督机制。在中央和省级设立社会保障基金投资监督委员会，结合我国基金业发展的特点，对各个方面进一步健全和完善。再次，加强内部监督。社会保险机构财务部门应根据会计制度规定核算办法，按照业务管理程序设立岗位，并建立会计核算岗位责任制，做到各岗位之间相互合作，又相互制约。同时，充实稽核力量，进行常规性定期稽核，形成强有力的制约机制。最后，强化外部监督。要通过投资监控系统对基金管理人运用和管理基金资产的信息和数据进行实时跟踪检查，辨识基金投资风险，定期检查基金公司社会保障基金的投资营运活动，严格禁止基金公司违规操作或进行黑幕交易，从而在多方面积极主动地进行外部监督，确保社保基金投资平稳运行，促进社会保障事业健康发展。

4.4　社会保障资金的风险管理

社会保障资金从筹集到支付再到投资运营的过程中会受到各种复杂因素和社会经济环境的影响，因而就产生了社会保障资金的风险问题。一般认为，“风险”就是存在于客观事物中的一种不确定性状态，是指发生伤害、毁损、损失的可能性。社会保障基金则是指国家为实施社会保障制度，通过法定程序，以各种方式建立起来用于特定目的的资金。社会保障基金管理风险就是发生在社会保障基金管理中，可能针对社会保障基金发生的毁损或损失。

4.4.1　社会保障资金管理的风险分析

1. 社保对象与地方政府“委托—代理”关系诱发风险分析

我国目前社会保险各级统筹资金及个人账户资金由政府强制集中管理，社保对象与地方政府基于法律而非自由选择形成了委托—代理关系。地方政府具有垄断能力和信息优势，可能因顾及地方其他利益而产生行为的异化。第一，地方政府是多元利益的综合体，各个阶段的发展目标可能相异，地方政府可能会选择某个重要目标而适度舍弃保障目标。第二，许多地方财力有限，社保基金被当作一块肥肉被随意挪用挥霍，或用来平衡财政预算。第三，地方政府内部各个机构为扩大部门利益，争相取得有关社会保障的事权和财权，导致社保基金管理多元化、分散化，政出多门、条块分割，管理混乱。

2. 地方政府与经办机构“委托—代理”关系诱发风险分析

受政府“外部性”影响，社保经办机构及其官员易利用手中权力去获取额外的利益。目前，社会保障经办机构由于财政预算经费有限，极有可能利用所掌握的大量社保基金用于创收，以改善办公条件和提高机构工作人员的福利待遇；这些创收活动主要是向企业贷款、投资于房地产和股票市场等。

由于对社保机构主要领导的决策行为缺乏有效监督，他们能够进行违规投资和借款。同时，机构中的普通工作人员从领导的大胆“改革”做法中得到一些物质利益，个别官员的意识和腐败行为，会演化为整个机构的无意识和腐败行为，变成整个机构所有人员都参与的违规行为。

在此代理关系中，政府可以从人事、财政等方面迫使社保经办机构按中间委托人即政府的意志活动，社保经办机构受政府的领导和监控，对于政府的要求必须完全满足；上级社保部门对下级社保部门的影响力远远不及当地政府，对于下级社保部门的行为无法监控和制止。

4.4.2　社会保障资金的风险分类

1. 资金收缴风险

缴费人数和享受对象迅速增长，意味着社会保障收支规模的利益扩大。目前养老保险已经由城镇职工逐步覆盖到部分农村。按规定享受社会保障待遇的老人在日益增多，即每个月享受养老金待遇的老人是不断增长的，但是缴费的人是没有随着享受的人数的数量而增长的，很可能这个制度后来会是财政一家撑。随着社保覆盖范围越来越广，国家的责任将会越来越重，蕴含的风险将越来越大。

2. 资金支付风险

整体来讲，我们国家社会保险支付标准都是提高幅度，特别是最近十年提高幅度是很快很大，包括社会优抚的保准、社会救助的标准、社会保险的支付标准等都是在不断地提高。这个结果，一方面需要越来越多的财政支持，另一方面吃空了我们过去几年或者十几年的社保基金的储蓄。这两方面导致的一个结果就是，未来社会保障资金的可用储备资金越来越少，未来大量的结余资金通过提标被消化吸收了，以后社会保障资金支付的风险越来越大。

在支付覆盖面不断扩大的情况下，支付标准的提高必然加重社会保障支付负担，导致社保风险的提高。我国连续六年连续提高城镇企业职工基本养老金发放标准，既有经济发展和居民收入增长的原因，也有城镇企业职工基本养老保险发放标准原来偏低，由于大幅度提高支付标准，客观上已经给城镇职工基本养老保险收支带来很大压力，一些地方除了增加基本养老保险的补助以外，还将历年的社会统筹和个人账户的结余动用了很大一部分，形成这社会统筹和个人账户的空档。如果不及早弥补这两个账户的空档，势必影响未来基本养老保险金的支付，会造成很大的潜在支付风险。

3. 资金投资风险

投资运营方面，很滞后，导致大量资金闲置，没得到保值。按照现有规定，社保基金只能购买国债和银行存款。那么银行存款大部分都是活期存款的形式。这样给一些地方挪用社保基金提供了便利，也给一些地方人利用社保基金投资高风险项目谋取不正当利益提供了可乘之机，给社保基金的安全和增值留下了很大的隐患。实际上我们现在的投资政策，有些地方名义上是遵照规定，但实际上大量挪用到了投资回报高的领域，比如基础设施、房地产、甚至股票。由于缺乏监管，有些收益被个别单位和个人截留或者私分。现在我们社保基金投资的运营机制滞后体现在没有明确的投资运营机构和投资运营渠道和相关的法律法规，导致每年数以亿计的损失，对我们未来社保支付来说是个非常大的潜在隐患。

4.4.3　社会保障资金的风险规避方法

1. 资金收缴风险的规避方法

（1）加大社会保险覆盖面，覆盖范围要扩充到民营企业、私营企业及灵活就业人员；

（2）可以设想对目前我国社会保险费的筹资方式进行改革，从征收社会保险费改为开征社会保险税，将征缴职能由社会保险经办机构转移到税务部门，费改税以后带来的优点是明显的，可以增强其强制性及权威性，可以降低行政成本，提高工作效率，可以通过加大税收稽查来解决漏报参保职工、缴费基数不实、收缴率低等问题；

（3）加大财政对社会保障资金的投入，可以考虑变现部分国有资产、发行国债、征收特别税种来筹集社会保障资金。

2. 资金支付风险的规避方法

（1）解决转制成本问题。转制成本巨大，希望在社会保险基金内部将它消化是不可能的，需要有专门的基金进行补充，需要国家财政长时期地不断投入专项资金来解决转制成本问题；

（2）可以考虑在适当的时机将法定退休年龄提高。据有关专家预测，退休年龄提高一年可增收社会保险费 160 亿元，减少养老金支出 40 亿元，等于社会保险资金净增加 200 亿元；

（3）养老金的替代率尤其是机关事业单位的养老金替代率需要降低。我国是发展中国家，但养老金的替代率比发达国家还要高，这为社会保险基金带来了巨大的压力，可以借助新闻媒体工具向社会公众宣传我国社会保险基金的压力，让社会大众能接受降低替代率带来的生活水平下降的事实；

(4) 加强社会保险经办机构的责任感和工作效率以及与其他相关部门的配合，社会保障经办机构要与民政、税务、公安等相关部门配合，全面了解被保障对象的真实状况，包括年龄、收入状况、就业状况、身体状况等，对发生的变动要及时更新信息，预防道德风险的产生。同时社会保障经办机构要增强责任感、提高工作效率，按时足额发放各种社会保障资金来保障其对象的基本生活水平。

3. 资金投资风险的规避方法

(1) 根据外部环境变化采取不同的组合方式，进行多样化经营，合理运用各种套期保值工具来规避风险。

(2) 我国目前规定各地社会保障经办机构需要保证该地区 2 个月的社会保险支出就是对其流动性提出的要求，在投资组合中也应考虑一些流动性较好的投资项目(如债券等)来满足流动性的要求。

(3) 加强资金的投资管理，应先将基金筹集支付和基金投资机构分开，成立专门的基金投资机构。为了取得规模效应、降低管理成本及减少风险，可以考虑在省级设立专门的投资机构，该机构可以采取直接投资的方式，也可以采取委托投资的方式。

4.5 社会保障资金的监督管理

社会保障资金监督管理是指由国家行政监督机构、专职监督部门等相关监管主体对社会保障资金经办机构、运营机构或其他有关中介机构的管理过程及结果进行评审、认证和鉴定，以保证社会保障资金管理符合国家有关政策、法规的规定，最大限度地保证保障对象的利益。加强社会保障资金的监督管理是保证社会保障制度稳定运行的前提。本节主要从社会保障资金的监管特点、监管原则、监管内容和监管目标等来展开阐述，并且结合我国目前社会保障资金监管的问题提出对策。

4.5.1 社会保障资金的监管特点

1. 连续性

社会保障资金监管的目的是防止影响资金安全的风险事故发生，社会保障资金的监管不是一蹴而就的，而是一个连续的过程。通过系统、连续的监管，可以使社会保障资金监管机构站在一定高度，对社会保险经办机构、资金管理服务机构等方面的活动作出公正、客观的风险评价，发现社会保障资金经营中存在的各种问题，找出引起问题的根源，使有关部门能够及时解决资金管理中存在的各种问题，以确保社会保障资金的安全。

2. 系统性

社会保障资金经营的风险是系统和全面的，单独监管某一方面或者某一领域，并不能防止损害社会保障资金安全的风险事故发生。特别是随着经济和市场诸多因素的不断变化，社会保障资金的运作也呈现出复杂多样的情况。对此，要求社会保障资金监管机构对被监管对象进行整体、系统的监管，包括监管社会保障资金管理服务机构对国家法律、规章与政策执行的情况，监管管理服务机构的内外部环境，监管资金管理服务机构的市场准入和退出等情况。这样才能发现资金管理中存在的各种问题，起到督促社会保障资金管理服务机构识别风险、衡量风险、评估风险和解决风险的作用。

3. 一致性

社会保障资金监管的主体较多，为了防止多头管理和政出多门，要求各监管单位的政策和管理必须是一致的。如果社会保障资金的监管中存在着政策方面的冲突，那么应该采取适当措施加以解决，避免制度的无效益。例如，中国社会保障资金的监管机构主要有劳动和社会保障部、证监会、财政部、银监会、税务局等多个监管单位，在社会保障资金的监管中，各单位的监管应该保持相对的一致性，避免前后矛盾，相互矛盾，使被监管对象单位不知所措和无所适从。

4. 可操作性

社会保障资金监管过程涉及的面比较广泛，管理难度比较大。这就要求各种监管措施应该结合社会保障资金管理的实际状况，确定明确的量化指标和操作程序。社会保障资金的监管手段应该便于监管人员掌握并灵活运用。各种监管的措施应该具有可操作性和通用性，避免模棱两可，避免使用高深繁杂的监管方法。这样，不仅可以减少风险监管人员的工作量，又可以为社会保障资金的监管提供重要的依据，尽可能避免被监管对象绕过或者回避监管部门的监管，去从事风险较大的经营活动。

5. 发展性

社会保障资金的监管和收益是一对矛盾，监管使被监管机构的经营收益受到一定程度的限制，而影响社会保障资金的投资收益。例如，政府对社会保障资金投资范围和投资比例的限制，虽然可以防止社会保障资金涉足风险过高的领域，但是，其也影响了资金进入高风险领域获得较高的投资收益。正因为如此，被监管单位总是要寻找监管政策的漏洞，以避开监管人员的视野，提高资金的投资收益。可见，监管能促进金融投资工具的创新和发展，同时，金融投资工具的创新又要求监管法律、法规的进一步完善，以便能够对创新的投资工具实施有效的监管。社会保障资金的监管不是一成不变的，而是不断发展的，社会保障资金的监管具有发展性。

4.5.2　社会保障资金的监管原则

1. 法制性原则

立法机构要明确监管对象的权利、义务、标准，规定监管机构的法律地位、监管权威、监管职责、行为标准，同时对监管机构与其他机构之间的关系进行清晰界定，使社会保障资金的监管有法可依。

2. 独立性原则

社会保障资金监管机构依照法律法规独立行使监督管理权，与监管对象、其他机构既要合作，又要划清职责界限，其他单位和个人不得阻挠和干预监督机构工作，确保监管的严肃性、强制性、权威性和有效性。

3. 安全性原则

社会保障资金监管机构在履行职责时要坚持安全性原则。坚持安全第一，防范风险，一切从国家、人民的利益出发，保护国家利益，切实捍卫国民合法的社会保障权益。

4. 公正性原则

社会保障资金监管机构在履行职能的时候，必须坚持客观、公正和公开的原则。以事实为依据，以法律为准绳，严厉打击各种违法违纪行为。同时要注重提高监管的透明度，接受社会大众的监督。

5. 审慎性原则

社会保障资金的监管机构要按照资金运营的安全性、效益性、流动性等原则合理设置有关监管指标，认真进行评价和预测，对社会保障资金运营过程中产生的问题慎重分析，最大限度地控制风险，确保资金安全。

6. 综合性原则

社会保障资金的监管机构要建立科学的监管体系，坚持综合监管，将质的监管与量的监管相结合，运用法律的、经济的、行政的手段，多角度，全方位地进行监督管理，并密切关注国内外经济形势的变动，及时吸收先进成果，采用先进的科学技术，使资金监管水平不断提高。

4.5.3 社会保障资金的监管内容

社会保障资金监管贯穿于社会保障资金活动的全过程，包括社会保障资金征缴的监管、社会保障资金支付的监管、社会保障资金投资运营的监管等。

1）社会保障资金征缴监管

社会保障资金征缴监管是指对缴费单位和经办机构的征收和缴费行为进行监督和管理。对缴费单位监管主要是监督缴费单位的缴费行为，是否按规定缴费，有无少报工资总额、故意少缴或不缴，有无违反有关财务、会计、统计的法律和政策的规定等。对经办机构的监管，主要是监督征收的社会保障费是否及时足额，社会保障资金是否按险种单独核算，经办人员有无滥用职权、徇私舞弊、玩忽职守，以致社会保障资金流失等。

2）社会保障资金支付监管

社会保障资金支付监管主要是指对经办机构是否按规定支付进行监督。主要监管内容包括：经办机构是否按规定的项目和标准支出，有无增加支出项目和随意提高支出标准，有无多支、少支或不支，有无挪用支出资金的现象，受益人有无骗取保障金等行为，是否根据资金年度预算及月度收支计划进行收支，凭证和用款手续是否合乎手续等。

3）社会保障资金投资运营监管

社会保障资金投资运营监管是指为确保社会保障资金在商业运营中的安全性与效益性而实施的风险投资控制的监督和管理。资金投资运营监管主要体现在两方面：一是制定相应的法律法规与政策对资金投资运营进行严格而具体的规范，这些法律和政策规范既是资金投资运营直接而具体的依据，也是资金投资运营监管直接而具体的依据。二是通过财务审查或投资审查纠正资金投资运营过程中的失范行为。

此外，社会保障资金监管的内容还包括社会保障资金结余的监管、社会保障资金财务的监管等。

4.5.4　社会保障资金的监管目标

社会保障资金是社会保障体系的物质支撑，因而社会保障资金的监管成为社会保障制度运行的核心环节。社会保障资金监管的目标如下：

1. 要确保资金的安全完整

保证资金的安全是各国监管机构的重要目标。无论从资金的收支过程来看，还是从资金具体运营操作来看，都潜伏着巨大的风险，因此，必须对资金实行严格的监管，严格杜绝资金被侵占、被挪用，建立起资金风险的“防火墙”和“隔离带”，维护公众对社会保障的信心。

2. 要实现资金保值增值

社会保障资金的保值增值是提高资金的供给能力和保障水平的客观需求，如资金不能保值增值，社会保障的初衷便难以实现，因此要实现资金保值，争取资金增值，同时要保持资金使用的高效率，杜绝浪费，从而确保资金能够满足保障对象待遇给付的需要，避免发生支付危机。

3. 维护劳动者的合法权益

社会保障的根本性政策目标是保障广大人民群众的基本生活，从而维护社会稳定。资金监管的根本目的就是要通过上述监管目标的实现，以控制社会保障资金投资的风险性，确保社会保障资金在资本市场中运营的安全性和效益性，从而维护劳动者的合法权益，促进社会稳定。

本章小结

社会保障资金经历了从筹集到支付，再到对收支的结余部分进行投资，同时加强对风险的监管一系列的运动过程。相对应地，社会保障资金管理的内容主要是社会保障资金筹集管理、社会保障资金支出管理、社会保障资金投资管理、社会保障资金风险管理以及社会保障资金监督管理等全方位的管理。

案例分析

新加坡确定社保基金收益有一套

新加坡中央公积金制度(CPF)在世界各国社会保障制度中独具特色。在 1955 年建立之初，中央公积金制度仅有单一账户——普通账户，1977 年、1984 年和 1987 年又分别建立特别账户、医疗储蓄账户和退休账户，目前已发展成为一项综合性社会保障计划。雇主和雇员的供款计入三个账户：普通账户，可用于房屋、保险费、教育和投资等方面的支出；特别账户，可用于养老支出、投资于与退休关联的金融产品；医疗储蓄账户，用于支付住院治疗费用和购买被认可的医疗保险。此外，当参保者年满55岁之后，将获得与最低储蓄计划相关联的退休账户；留足最低储蓄额和医疗必备资金之后，可提取其中央公积金积累额。

在新加坡中央公积金制度的设计中，收益率确定机制是一个关键因素，它决定着参保者中央公积金积累额的保值和增值，影响着制度能否有效发挥养老保障的作用。缺省收益率确定机制是CPF最常用的收益率确定机制之一。

缺省收益率指参保者个人不作出投资选择，而是将资金留在中央公积金各账户时可获得的收益率。缺省收益率确定机制经历了一个历史变迁过程。1955—1976年，中央公积金制度的供款全部进入普通账户，收益率表现为持续上升，从1955年的2.5%，到1976年的6.5%。1977—1985年，普通账户的收益率一直保持在6.5%的水平。从1986年3月1日起，普通账户的收益率与市场利率挂钩，采取12个月定期存款利率与主要地方银行的储蓄率相结合的确定方法，各占50%，且收益率每半年调整一次。1999年7月1日，收益率计算公式发生变化，12个月定期存款利率的权重上调为80%，而主要地方银行储蓄率的权重下调到20%。之所以实施这样的改革，是因为考虑到CPF储蓄是长期性积累，其中很大比例要用于参保者的养老，提高定期存款利率的权重有利于参保者获得较高的收益。同时，收益率的调整期间由半年改为一个季度，与市场利率结合更加紧密。

特别账户、医疗储蓄账户和退休账户建立之初，收益率采取与普通账户一致的确定方法。从1995年7月1日起，特别账户和退休账户的收益率超过普通账户1.25个百分点，1998年7月1日，调整为1.5个百分点。从2001年10月1日起，医疗储蓄账户的收益率同样超过普通账户1.5个百分点。需要指出的是，最终计入上述四个账户的缺省收益率并不一定是按上述公式所计算的值，而是取按上述公式所计算的收益率与保证收益率二者的较高值。目前，普通账户、特别账户、医疗储蓄账户和退休账户的保证收益率分别为2.5%、4%、4%和4%。

2007年新加坡再次改革缺省收益率确定机制，从2008年1月1日起，将特别账户、医疗储蓄账户和退休账户的资金投资于特殊政府债券，而此类债券的收益率等于新加坡10年期政府债券12个月平均收益率加1%，且每个季度调整一次。同时，参保者中央公积金制度的积累余额6万美元以内部分的收益率增加1%，其中普通账户所占金额最多为2万美元。如果参保者年龄为55岁及以上，普通账户余额所获得的这部分增加的收益将计入特别账户和退休账户。从2010年1月1日起，退休账户资金投资于特殊政府债券，计入退休账户的收益率的计算要衡量这些特殊政府债券组合的平均收益，并于每年1月进行调整。为了让参保者逐步适应三个账户收益率计算公式的变化，2008—2010年，新加坡保证参保者三个账户的收益率为4%。

从理论层面分析，按上述调整之后所得的收益率要大于之前计算的收益率，不过由于经济环境的不断变化导致公式中各变量具体值的变化，实际上很可能出现按调整后公式计算的收益率低于由调整前公式计算的收益率的不利状况。但是，缺省收益率确定机制中的保证收益率在一定程度上缓解了上述局面，通过给予四个账户保证收益率能够确保中央公积金制度实现一定程度的积累。与普通账户相比，其余三个账户的保证收益率较高，体现了新加坡中央公积金制度对养老保障的重视。从实践看，有一些年份各账户的缺省收益率要高于同期通货膨胀率，即能够实现保值目标，但其超过通货膨胀率的数额要低于国民收入增长率，即各账户仅做到了一定程度的增值，而未实现充分增值的目标；但也有一些年份各账户的缺省收益率要高于通货膨胀率和国民收入增长率之和，不仅实现了保值，而且较充分地实现了增值。

（本案例资料来源：苗艳梅，郭林.新加坡确定社保基金收益有一套.中国社会保障，2011(6).）

请思考：新加坡中央公积金缺省收益率确定机制设计的核心理念是什么？通过怎样的机制能够实现这一理念？

复习思考题

1. 简述社会保障资金管理的内容。
2. 社会保障资金的筹集模式和具体的方式分别有哪些？
3. 了解我国社会保险各项目的支付管理。
4. 社会保障资金的投资原则是什么？投资工具有哪些？
5. 社会保障资金的风险有哪些？如何规避这些风险？
6. 社会保障资金的监管原则和目标分别是什么？

第5章 社会保障资金管理体制

◈ 阅读材料

关于企业年金你必须知道的六件事

2015年4月6日，国务院出台了《机关事业单位职业年金办法》，规定单位缴纳本单位工资总额的8%，个人缴费本人缴费工资的4%，由单位代扣，这两部分共同构成机关事业单位工作人员的职业年金，以补充养老保险。

下面，是几个有关职业年金你必须知道的问题。

1. 职业年金是什么

2015年1月15日国家对机关事业单位的养老金制度进行了改革，即众所周知的企事业单位养老金"并轨"，出台了《关于机关事业单位工作人员养老保险制度改革的决定》。

但这还不够，因为养老金"并轨"后，机关事业单位人员有退休后收入大降的担心，因此为减少"并轨"阻力，《关于机关事业单位工作人员养老保险制度改革的决定》中规定，"机关事业单位在参加基本养老保险的基础上，应当为其工作人员建立职业年金"。因此6日出台的《职业年金办法》实际是养老金"并轨"改革的配套制度安排，也为养老保险"并轨"减少改革阻力。

人力资源和社会保障部社会保障研究所所长金维刚介绍，"职业年金是机关事业单位工作人员的补充养老保险。"

2. 缴费比例多少，钱从哪里来

简单来说，根据《机关事业单位职业年金办法》，职业年金＝单位缴纳＋个人缴费。

其中缴纳比例为：本单位工资总额的8%；本人缴费工资的4%，由单位代扣。

同时，为保证在特定时期(如CPI超高)职业年金收益可能面临通胀带来的缩水情况，《机关事业单位职业年金办法》还提到，可以"根据经济社会发展状况，国家适时调整单位和个人职业年金缴费的比例"。

对于财政全额供款单位：单位缴费部分由财政支出，采取记账方式，每年按照国家统一公布的记账利率计算利息，工作人员退休前，本人职业年金账户的累计储存额由同级财政拨付资金记实。

对于非全额供款单位：单位缴费由单位实际承担，采取实账积累。由此形成的职业年金基金实行市场化投资运营，按实际收益计息。

3. 缴费基数是多少：与基本养老保险一致

单位和个人缴费基数与机关事业单位工作人员基本养老保险缴费基数一致。所以缴费基数为：个人工资超过当地上年度在岗职工平均工资300%以上的部分，不计入个人缴费工资基数；低于当地上年度在岗职工平均工资60%的，按当地在岗职工平均工资的60%计算个人缴费工资基数，即通俗所说的“300%封顶、60%托底”。

对于公务员和参公人员，人社部相关负责人还表示，缴费基数是上一年的基本工资、津贴补贴、奖金；对于事业单位人员，缴费基数是基本工资、绩效工资和津贴补贴，即

公务员：基本工资＋津补贴＋奖金

事业单位：基本工资＋绩效工资＋津补贴

不过“改革性的补贴、奖励性的补贴暂时不纳入缴费基数”，上述负责人表示。

4. 什么条件下可领取？三种情况，且有继承权

一是，工作人员在达到国家规定的退休条件并依法办理退休手续后，由本人选择按月领取职业年金待遇的方式。可一次性用于购买商业养老保险产品，依据保险契约领取待遇并享受相应的继承权；可选择按照本人退休时对应的计发月数计发职业年金月待遇标准，发完为止，同时职业年金个人账户余额享有继承权。本人选择任一领取方式后不再更改。

二是，出国(境)定居人员的职业年金个人账户资金，可根据本人要求一次性支付给本人。

三是，工作人员在职期间死亡的，其职业年金个人账户余额可以继承。

举例：以一名月薪6000元的基层公务员为例，其每月参加职业年金的缴费数为6000×4%＝240元；而单位虽然是以工资总额的8%缴交，但具体到个人，实际上也为这名基层公务员缴交了6000×8%＝480元的职业年金。

再如一名60岁退休的公务员，其对应的计发月份数为139个月，其职业年金滚存总额为30万，那么其可以按月领取300000/139 ＝2158.27元。除退休金外，该参保人的职业年金收入再增加2000多元每月，连领139个月。

5. 如何管理职业年金：市场化投资运营

职业年金采用个人账户方式管理，个人缴费实行实账积累，也就是“你缴的年金全部进入看得见摸得着的个人账户，我的是我的，单位交的退休后连本带息也是我的。”

财政全额供款的单位，单位缴费部分每年按照国家统一公布的记账利率计息；非财政全额供款的单位，单位缴费部分划入核定账户形成职业年金基金，按投资收益计息。

职业年金实行市场化投资运营，按实际收益计，保证安全性、收益性和流动

性。具体投资管理办法另行制定。

委托具有资格的投资运营机构作为投资管理人，选择具有资格的商业银行作为托管人。同时必须与投资管理人和托管人的自有资产或其他资产分开管理，不得挪作他用。

6. 换单位可以转移个人账户

《机关事业单位职业年金办法》规定，个人账户资金随同工作变动转移，新单位已经建立职业年金或企业年金制度的，职业年金个人账户资金可以转移。

升学、参军、失业或新单位没有实行职业年金或企业年金制度的，职业年金个人账户由原管理机构继续管理运营。

5.1　社会保障基金的管理目标及模式

社会保障资金是社会保障制度运行的基础，社会保障资金管理是社会保障管理的核心。对社会保障资金管理进行研究，要明确其所处的国际国内背景与所要解决的关键问题，以及所依赖的方法途径和所要达到的目标。其中，社会保障资金管理目标影响整个社会保障体制的顺畅，社会保障资金管理模式影响社会保证资金管理目标的实现程度与速度，因此，加强对社会保障资金管理目标与模式识别十分重要。

5.1.1　社会保障资金管理目标

在建立独立于企事业单位之外、资金来源多元化、保障制度规范化、管理服务社会化的社会保障体系的总目标下，社会保障资金管理的具体目标有：确保社会保障资金安全；讲求社会保障资金效益；促进社会保障制度可持续；实现社会公正与和谐。

1. 确保社会保障资金安全

社会保障制度的核心问题是社会保障资金，而社会保障资金的首要目标是确保资金安全。而在实际工作中由于我国实行政府部门分散管理，基金透明度低，缺乏有效监督，社会保障资金挪用问题时有发生，导致资金缺口越来越大。确保社会保障资金安全要从制度上强化管理，可采取以下具体措施：

(1) 开设社会保障资金财政专户，统一管理各种社会保障资金。财政专户是指财政部门在国有银行开设的，用于存储和管理社会保障资金的专用账户。社会保障资金在国有商业银行开立账户，资金收入与资金支出全程监管，管理全覆盖、无盲点，财政建立社保资金专户，实行专户储存、专款专用，从根源上保障了资金的安全性。

(2) 严格遵守社会保障资金拨付程序，且拨付程序做到“科学化”管理。社会保险资金发生支付时分成两个步骤：一是社会保险经办机构要根据财政部门核算的基金年度预算及月份收支计划，在规定时间报送财政部门。二是财政部门对社会保险经办机构报送的“用款申请书”及时审核。资金使用时由社保部门根据民政部门所报资料经核实后，向国库股提出资金拨款申请经局领导签字后，方可拨付。

(3) 加强社会保障资金经办机构内部管理。社会保障资金经办机构对社会保障资金的安全有着至关重要的作用，应从内部控制制度着手加强内部管理，建立社会保障资金内部报表制度、社会保障项目信息库制度和社会保障预算管理单位财务资料调审制度，掌握社保资金安排使用情况及社保预算单位人员、资产、历年开支情况，并逐步规范社会保障预算单位的各项会计基础工作。

（4）加强社会保障资金的监管，事后监督工作"标准化"。财政、民政定期对专项资金落实和兑现，并对拨款单、花名册和对象实际领到金额，严格核查，保证资金全部落实到位。对抚恤和社救类的自然减员隐瞒不报的，或以各种手段骗取社保资金、违犯财经纪律的，一经查实，坚决严肃处理。

政府也要注意利用信息网络、报纸、统计年鉴等形式，定期公开社会保障资金信息，以方便民众的监督。同时成立由专家学者和人民代表参加的资金监督组织，定期或不定期进行社会保障资金的审计和检查，以有效保证社会保障资金安全。

2. 讲求社会保障资金效益

社会保障资金在运行过程中，要讲求资金效益，处理好社会效益与经济效益的关系。社会保障制度具有双重职能和双重目标，它既是实现公平的一种社会稳定机制，又是发展生产力的一种社会动力机制，二者相辅相成。因此，社会保障从本质上讲追求的是社会公平与社会效益。

社会保障资金在运作过程中，要实现资金的保值增值。社会保障事业不能盈利，但社会保障资金运作必须保持平衡或有一定的结余。因为货币贬值会在一定程度上减损现有的社会和保障资金，而社会保障资金具有刚性增长的特点必然导致其收不抵支的财务赤字。因此，社会保障基金应在国家的政策法规规范下进行运营。此外，还要推进社会保险基金市场化、多元化投资运营。针对目前社会保险基金特别是养老保险基金结余贬值的问题，应尽早出台养老保险基金投资运营办法，建立市场化、多元化的投资运营机制，以实现基金保值增值。同时，社会保障经办机构要加强财务管理，使财务管理制度化，对重大社会保障项目制定专项资金管理办法，实行专户管理，做到专款专用，进一步规范资金分配。制定和完善申报审批制度、限时办结制度、定期对账制度等，严格照章办事，以制度规范行为，确保资金安全。

总之，社会保障的社会效益与经济效益是目标与手段的关系，社会保障制度应高度重视两者关系的调整，在观念上保持两者的统一性，在政策中保持两者的区别性，在实践中保持两者的协调性，只有这样才能提高社会保障资金的使用效益，保障社会保障资金的正常运作与社会经济的健康发展。

3. 促进社会保障制度可持续

党的十八届三中全会通过的《中共中央关于全面深化改革若干重大问题的决定》明确了我国社会保障制度改革的目标为：建立更加公平可持续的社会保障制度。社会保障制度发展的可持续性，是社会保障体系建设的内在要求。目前，影响我国社会保障可持续发展的问题主要有以下几点：

（1）养老、医疗保险基金收支平衡压力持续增大。近年来，养老保险基金出现当期收不抵支的现象，需要通过中央财政补助资金或动用基金积累来弥补。同时，地区之间很不平衡，东部地区集中了全国一半的结余基金，而中西部地区基金征缴收入少于支出。在医疗保险方面，由于医疗机构过度医疗问题相当严重，导致医疗费用过快增长，医保基金不堪重负，同时，现行的医保政策以及管理措施对医疗费用的过快增长缺乏根本的制约手段，出现收不抵支状况。

(2) 职工养老保险个人账户难以做实。总体上看，做实个人账户试点工作陷入困境，进退两难。有关个人账户是否继续做实的问题，关系到我国养老保险制度的发展方向，是能否实现可持续发展的重大问题之一，目前正处在一个十字路口面临方向抉择的关键时刻，需要立足我国国情，并借鉴国际经验，在进行深入分析论证的基础上，做出正确的选择。

(3) 老龄化趋势加剧，抚养比持续增高。预计到2030年我国人口老龄化率将达到26.5%，进入人口老龄化的高峰期，老龄化程度超过世界各国老龄化的平均水平。预计到2050年，我国人口老龄化率将达到35%左右。人口老龄化对养老、医疗保险基金支出需求不断增加，收支缺口逐步扩大。同时，随着人口老龄化，退休人员迅速增加，承担缴费负担的在职人员所占比重逐渐减小，抚养比不断增高，未来制度运行存在着很大风险。

只有解决上述问题，才能使社会保障制度可持续发展。

4. 实现社会公正与和谐

实现社会公正与和谐是我国一直追求的目标。然而，我国正处于社会转型期，利益主体多元化、就业形式多样化、劳动关系复杂化，加上多种历史遗留问题浮出水面，引发各种社会矛盾和冲突。比如，在人们整体收入水平显著提高的同时，也出现了收入差距拉大的现象，常用衡量指标为基尼系数。中国国家统计局2015年1月20日发布的数据显示，2014年全国居民收入基尼系数为0.469。从绝对值来看，中国的基尼系数仍然处于较高的水平，对此中国仍需要加速收入分配制度改革，真正让全体居民共同分享经济发展成果。下一步仍要按照“提低、扩中、控高”的思路，继续推进社会保障领域改革。这就要求通过利益协调机制，切实解决好分配领域的问题，通过社会救济、社会保险、社会福利等社会保障手段，切实解决好失业、医疗和养老等方面存在的问题，缩小收入分配差距，实现社会和谐和公正。

建立完善的社会保障体系需要一个长期的过程，同样，社会保障资金管理目标的实现也需要一个长期的过程。就我国而言，社会保障体系建设也必然需要经历一个由近及远、由低及高、逐步完善的长期过程，不可能一蹴而就。完善我国社会保障体系的基本思路是：立足当前、着眼长远及逐步完善。切实落实好现行的社会保障制度，并进一步推进各项社会保障制度的改革和建设，在实践中发展。推进改革和逐步完善的同时一定要充分考虑我国的实际，从实际出发，实事求是，建设有中国特色的社会保障体系。

5.1.2　社会保障资金管理模式

社会保障资金管理模式是指管理社会保障资金的具体方式。从世界各国的社会实践看，有不同的管理模式可供我们借鉴。我国社会保障制度实施的时间不长，存在的问题较多，所以在社会保障资金管理模式的选择上一定要结合国情，探索出有针对性的社会保障资金管理模式。

1. 社会保障资金管理模式的类型

社会保障资金管理模式可以按不同的标准分类。从资金管理主体来分类，可以分为政府管理和非政府管理组织管理；从资金的集中程度来分类，可以分为集中管理模式、相对集中管理模式和分散管理模式。一般来说，政府管理通常采取集中管理模式，而非政府组织管理的管理模式多样化，大部分采用分散管理模式，但也有采取集中管理或相对集中管理模式的。

1）从管理主体角度分析社会保障资金管理模式

（1）政府管理模式。政府管理模式是指由政府部门或其委托的公共管理部门负责社会保障资金从收到支的各项具体事务的模式。该模式或由一个政府部门或是由政府内的几个相关部门管理社会保障资金。优点：一是政府可以利用财政这一工具能更好地与社会保障财务衔接，利用财政支持社会保障计划；二是政府更注重社会公平，能够通过收入再分配为社会成员提供基本的生活保障；三是由政府投资限制较多而更加注重社会保障资金投资的安全性。缺点：一是政府容易把社会保障资金与其他的财政资金混在一起，产生资金被挪用的风险，使资金的安全性和完整性很难得到保证；二是资金投资渠道比较狭窄，一般投资于国债，投资收益并不能真正反映资金的机会成本，另外由于政府资金容易得到，往往导致赤字政府的产生。

（2）非政府组织管理模式。非政府组织管理模式是指非政府组织如基金会、基金管理公司等在国家法律规定的范围内具体管理各项社会保障资金具体事务的模式。该模式主要分为三类：基金会或基金管理公司，保险公司和银行。

2）从管理集中程度分析社会保障资金管理模式

（1）集中管理模式。集中管理模式是指所有的社会保障资金都交给一个唯一的管理机构去管理的模式。这个机构下面可以设立各种分支机构分管社会保障资金的筹集、社会保障待遇的发放、社会保障资金的投资营运等具体业务，这些机构之间不存在竞争，但存在一定的垄断性。它的最大优点是能够形成规模效益和降低管理成本。缺点主要是权力集中，尤其是监督权和管理权没有分离，容易产生腐败。另外由于没有竞争机制，其管理效率和收益可能较低；同时由于与政府关系密切，在非常时期容易被政府操纵。

（2）分散管理模式。分散管理模式是指将社会保障资金交给多个基金管理机构，这些机构在法律允许的范围内运用资金进行投资并相互竞争，以保证基金的保值增值的管理模式。这种模式的优点是可以通过竞争机构获取较高的投资收益和效率，一定程度上避免腐败和政府操纵等问题。缺点是管理成本较高、风险较大。

（3）相对集中管理模式。相对集中管理模式是集中管理模式和分散管理模式的结合，主要表现为建立一个代表成员利益的机构，再由这个机构把资金管理的一部分业务通过签订合同的形式委托给其他一些相互竞争的管理机构，另一部分业务交给自己下属机构去管理的模式。这种模式一定程度上解决了前两种模式存在的问题，是一种较为理想的资金管理模式。

3）按具体管理、投资运营方式划分

（1）社会保险信托基金管理模式。社会保险信托基金管理是将社会保险基金委托给某一部门机构管理和投资运营。其特点：① 由政府直接管理，或由政府相关部门和非政府人士组成专门委员会管理；② 社会保险信托基金主要用于购买国债，大部分基金是作为政府预算计划的一个重要支柱而投向公共部门；③ 投资风险由政府承担，如发生基金收支失衡和投资损失，政府必须通过其他收入保证支付社会保险金。

（2）基金会管理模式。指通过基金会形式组织管理社会保险基金。如新加坡的中央公积金局，既负责社会保险基金的日常支付，又负责实施基金管理和投资运营。国家通过中央公积金依法实施基金管理，同时作为公积金投资的信托人，遵循公积金法和信托法进行资金管理。基金主要投资于政府公债，旨在保证基金投资的安全和有效。

（3）商业型基金管理模式。指由政府规划并授权的基金公司组织实施社会保险基金的管理模式。其特点：专人专户，一家公司负责一项基金计划，以实现基金运行的简化，透明并强化监督管理；将社会保险基金的管理运营纳入法制化、规范化、制度化的轨道，并通过规定最低准备金额、基金投资限额来实现基金的正常运行。建立有效的监控体系和制定严格的投资规划，以确保基金运营的安全性和营利水平。

2. 社会保障资金管理模式的选择

1）社会保障资金管理模式的选择依据

我国的社会保障资金管理选择什么样的模式，首先要服从我国的现实需要，其次是需借鉴西方发达国家的管理经验。

（1）我国社会保障资金管理的现实。

存在四个问题比较突出：一是社会保障资金管理机构分散，管理层次过多。社会保障资金管理机构分散，有民政部门管理的，有社会保障部门管理的，有全国社会保障基金理事会管理的。二是资金投资渠道单一，难以实现保值增值。三是法制不健全，监管不力。四是社会保障资金管理不公开，不透明。

（2）社会保障资金管理模式的比较分析。

结合中国的现实情况及社会保障资金管理要达到的四个目标来分析，我国应坚持政府管理模式。一是因为中国的社会保障事业一直是由国家垄断经营，我们比较习惯于这种模式；二是中国处于体制转轨时期，非政府部门经营还不规范，政府监督亦不到位，如果采取非政府部门管理社会保障资金，后果不堪设想。

同样的，分散管理模式不适合我国国情，我们不能选择。集中管理模式比较符合当前实际，但这种模式容易滋生腐败，也易导致效率低下，所以我们应该选择相对集中管理模式。

2）我国社会保障资金管理模式

（1）相对集中分权式管理模式的含义及优点。相对集中分权式管理模式是根据统账制度的特点，在社会养老保险基金的行政管理与经营管理权、资产管理权与负债管理权、统筹账户资产管理权与个人账户资产管理权以及监督权分离的基础上，将基金的行政管理权交给社会保险管理部门，统筹账户资产经营权交给具有相对独立性的社保基金管理局，个人账户资产经营和管理权交给基金管理公司，统筹账户的负债管理权交给财政部门，监督权交给社会保险管理部门、财政部门、社会保险基金监督委员会和外部监督机构的制度安排。

优点：一是可以有效地将经营权从政府职能中分离出来，尽管我国现行养老保险基金管理制度明确规定对社会养老保险基金管理实行政事分离，但事实上基金管理权和经营权仍然属于政府机构，而分权式管理模式的主要特点是政事分权、统账分权和资产负债分权；二是相对集中分权式可以有效降低管理成本和交易成本。

（2）选择相对集中分权式管理模式的依据。采取分权式管理模式的依据是我国的基本养老保险基金实行的社会统筹与个人账户相结合的制度。从产权结构来看，是公共账户与私人账户的结合；从财务制度来看，是现收现付制与基金制的结合。职工退休后可以获得的基本养老金包括两个部分：一是来自于社会统筹基金的基础养老金；二是来自于个人账户基金的个人账户养老金，个人账户养老金的水平取决于计入个人账户的比例及资金的投资收益。统账结合的制度实现了制度的再分配功能与激励功能的统一。

(3) 相对集中分权式管理模式的要求。建立分权式管理模式的要求如下：一是要建立独立、高效、统一的社会保险基金监督和管理委员会；二是建立专业性的社会养老保险基金管理局；三是培育成熟的社会养老保险基金投资人市场；四是加快培养精算、会计、审计师事务所和各种风险评级公司等中介机构，强化外部监督机制。

5.2　全国社会保障基金的管理体制

社会保障基金管理体制规定着各级政府和政府有关部门及机构之间社会保障基金管理的权限、职责与分工，制约着对社会保障基金的管理，也影响着整个社会保障制度的运行。研究社会保障基金管理体制，目的在于明确社会保障基金管理的主体，规范各主体在社会保障基金管理中的责任与权限以及相互间的关系，从而提高其管理效率。

5.2.1　社会保障基金管理体制的含义与内容

社会保障基金是国家为保障社会劳动者未来的一种有效的资金储备制度和社会保障制度，它是由一个国家的经济发展水平和市场机制决定的。由于经济基础和政治制度不同，目前，全世界存在几种不同的社保基金管理制度模式和营运模式。

社会保障基金管理是指为保障劳动者基本生活，根据国家和个人的经济承受能力，而开展的社会保险基金筹集、待遇支付、基金保值增值等的行为和过程。社会保险基金管理主要包括：社会保险基金收支管理、社会保险基金的预算和决算管理、社会保险基金投资运营管理、社会保险基金稽核、监督等。

社会保障基金管理体制是社会保障管理体制的组成部分，它包括社会保障基金管理组织机构的设置，中央与地方、地方各级政府以及政府有关部门及机构的社会保障基金管理权责的划分等内容。其内容具体包括行政管理、业务经办、基金管理和社会监督。

1. 行政管理

1) 一般管理(主管部门管理)

按社会保障管理机构的权限分层次：即高层管理机构、中层管理机构和基层管理机构。我国的社会保障管理机构大体分为三个层次：第一层次，即高层行政机构，是国务院下设的人力资源和社会保障部与民政部，属于领导和决策层次；第二层次，即中层行政机构，是在各省、自治区、直辖市人民政府内设立的劳动和社会保障厅(局)、民政厅(局)，属于辅助决策、实施领导和传递层次；第三层次，即基层行政机构，是在省辖地级市、区、县人民政府设立的劳动和社会保障局、民政局，属于执行层次。

2) 专业管理(专业部门管理)

专业管理公司有养老保险管理公司、审计所、“精算所”、“会计所”等。

2. 业务经办

1）非盈利的公共机构

即政府部门设立、委托或授权的社会保障经办机构、事务所、服务中心。

2）社会自治组织

即各类社会保障协会或理事会，它们在国家法律规定的范围内具体管理各项社会保险基金，由中央级政府相关部门进行一般监督。例如，法国由社会事务部颁发社会保险法规，并进行一般监督，由全国养老保险基金会管理养老保险，由全国医疗保险基金会管理伤残、医疗保险，由劳资双方组成的就业组织理事会负责管理失业保险而直接来源于政府普遍税收收入的社会救助和福利开支仍直接由政府负责。

3）私营机构

即私营基金管理公司，如智利的私营养老金管理公司。

3. 基金管理

执行基金投资运营职能的基金组织，有综合性的社会保障基金委员会，有专项的养老保险基金委员会等。国外有社会保险基金会、社会保险协会、社会保险银行，我国设立有全国社会保障基金理事会。

4. 社会监督

(1) 一般监督：人大监督、行政监督。政府执行一般监督职能的多为中央政府的部门：社会保障部、社会福利部、社会保障总公司、社会事务部、劳工部、劳工与社会保障部、劳工与社会事务部、劳工与公共管理部、联邦卫生与福利部、社会事务与卫生部、社会事务与就业部、社会事务与代际团结部(法)、劳工/青年/社会活动部。

(2) 社会监督。这种监督主要来自于媒体舆论等，前提是相关机构公布足够的信息。

5.2.2　社会保险基金管理体制分类

1. 按政府介入程度归纳起来主要有三种类型

1）政府直接管理体制

政府统管社会保障事务。宏观层面，政府不仅负责社会保障法规的颁布、政策的制定，还要对社会保障运行过程实施监督；微观层面，社会保障的具体业务由政府进行管理，一般是由政府内的几个相关部门分工负责。例如美国的老年、伤残和遗属保险项目由联邦政府的社会保障署管理，老年医疗保险项目由卫生与人力资源事务部下属的医疗照顾财务局管理，失业保险则由联邦和州政府劳动部门共同负责，补充保险由税务局在政策上予以规范引导。具体又分为两类：(1) 集权。集中统一(英国)；(2) 分权。纵向(美国)与横向(日本)。

2）半官方自治管理体制

政府和非营利组织共同管理社会保障事务。政府主要负责颁布法规、制定政策和进行监督。政府成立一个统一的协调机构，负责协调全国社会保障事务，并指定一个或若干个中央政府部门实施全面统一监督。非营利组织则负责具体的业务管理。非营利组织表现为半官方、半独立的社会保障基金会。基金会一般由雇主、雇员两方或者雇主、雇员和政府三方代表组成，在政府部门的监督下，在法律范围内实行自治、自主管理。法国是其典型代表。

3）商业保险管理体制

具有独立性的基金会管理社会保障事务的日常工作，政府进行一般监督。政府的一般监督主要体现在国家立法和政府制定基本政策。具有独立性的基金会获得政府的授权，在政府的一般监督下，负责操作和组织社会保障事务的日常运行，实质性的工作都由其承担，包括社会保障具体政策的制定。新加坡是其典型代表。

2. 按集中程度分归纳起来有三种类型

1）集中管理模式

把养老等社会保障项目集中在一个管理系统内，建立统一的社会保障管理机构，集中对社会保障个项目的资金筹集、待遇给付以及运营监督实施统一管理。一般从中央到地方都设立专门的社会保障行政与业务机构，配备专职人员。这种模式就叫做集中管理模式。该模式有以下三种特征：① 是社会保障决策权统一集中在中央；② 是社会保障预算权统一，即编制和执行全国范围内的社会保障预算；③ 是政府间的社会保障联系是一种直接的双重联系，即地方各级政府不仅要在横向上对同级政府负责，还要在纵向上服从中央政府的指令；同时，地方社会保障收支规模与基本结构要由中央政府决定。实行这种模式的典型国家有英国、新加坡。

2）分散管理模式

不同的社会保障项目由不同的政府部门或机构管理，并各自建立一套社会保障执行机构、资金营运机构及监督机构，各保障项目之间相互独立，资金不能相互融通使用。这种模式叫做分散管理模式。该模式有以下三种特征：① 各级政府及社会保障部门事权独立；② 各级政府社会保障部门预算独立；③ 政府间的社会保障联系是间接的，政府将社会保障事务委托给社会保障经办机构管理，只对社会保障进行监督，并根据各类保险项目的财务状况进行必要的平衡。实行这种模式的典型国家有德国。

3）集散结合管理模式

将社会保障中共性较强的项目集中起来，实行统一管理，而将特殊性较强的项目单列出来由相关部门分散管理的模式叫做集散结合管理模式。该模式的特征为根据社会保障项目的不同，把集中统一管理和分散自主管理有机地结合起来。实行这种模式的典型国家有美国、日本。

5.2.3　我国的社会保障基金管理体制

中国的社会保障机构兼管劳动和社会保障事业。社会保障管理体制决定了社会保障资金管理体制，社会保障资金管理体制寓于社会保障管理体制之中。

1. 社会保障资金管理责任划分

权力与责任相统一是设计管理体制必须遵循的基本原则。社会保障资金管理责任是分层次的，需要在政府与市场、中央与地方、地方各级政府以及政府各部门之间划分。目前我国的社会保障资金管理部门机构及其责任划分如下。

1）行政管理机构

我国的社会保障行政管理机构包括：劳动与社会保障部、民政部、卫计委和财政部。其分工如下：劳动与社会保障部负责全国的社会保险事业管理，其职责是制定全国的社会保险规划及其有关方案和政策，制定社会保险有关法律、法规，领导各级社会保险机构做好社会保险工作。民政部负责社会救济、社会优抚安置和社会福利事业的行政管理和业务经办，包括城市贫困居民最低生活保障的条件审核、待遇发放等，还有赈灾、农村鳏寡孤独救济、荣复转退军人安置及待遇保证等社会保障业务的经办。卫计委参与医疗保险的有关管理，包括基本医疗保险诊疗目录、药品目录等的制定。财政部对社会保障资金管理负有重要责任：① 同有关部门研究建立和完善社会保障筹资机制和缴费制度；② 参与研究制定科学合理的社会保障支付标准和水平；③ 积极筹措资金，进一步提高社会保障支出占整个财政预算支出的比重；④ 强化社会保障支出的监督与管理，坚持"收支两条线"，提高资金的使用效益。

2）业务经办机构

社会保障业务经办机构包括业务服务机构和资金管理机构。

作为社会保障资金管理业务服务机构的社会保险公司（社会保险管理局、社会保险管理中心）的职责是：全面负责社会保险的业务管理，包括社会保险缴费的核定、征集、记录，社会保险待遇的审核、支付，社会保险个人账户的登记、管理等具体的社会保险业务。

社会保障资金管理机构包括：资金筹集部门、资金发放部门、资金结余部门与投资管理部门和资金监督管理部门。综观我国现行社会保障资金管理部门机构的管理体制，不难发现存在着以下的问题：一是税务、社保两大征收主体亟待统一；二是社保经办机构的定位与职责有待进一步明确；三是劳动保障部门和财政部门关于社会保险基金管理的分工尚待进一步明确；四是社会保险税与费的征收基数、征收方式（五险同征还是三险同征或是分险各征）的统一问题；五是各种社会保障资金结余问题缺乏明确的责任主体与有效监督，资金潜藏着巨大的安全隐患。

2. 我国社会保障资金体制存在的问题与解决办法

我国现行社会保障资金管理体制存在顶层设计与实际脱节、统筹级次偏低等缺陷，应进一步加以完善。

目前，我国城镇职工养老保险基金实行地方统筹和管理，各个省的情况不同，有的实现了省一级的统筹和管理，有的还是省级、地市和县级的三级管理。这样的管理体制，导致管理效率不高、管理不规范，存在制度执行和业务管理不够严格等问题。改革的基本思路是：

1）加强制度顶层设计，提高社会保险统筹级次

抓紧制定并落实配套法规及政策，对现有政策进行全面清理，实现法制的统一。进一步理顺决策、监管与实施的关系，逐步实现决策、监管与实施三大环节的执行主体相互分离、相互制衡。进一步落实政府对社会保险承担的责任，合理划分各级政府事权。深入推进社保基金预算制度改革，强化基金的预算约束。进一步提高基金的管理级次，防止基金分散管理造成的风险，提高基金管理效率。加快推进企业职工基本养老保险基金全国统筹，积极做实个人账户，统一基本养老保险政策。加快推进城乡居民社会养老保险基金省级管理。其他社会保险基金要逐步实现省级统筹。

2）培育权责一致的社保基金管理责任主体

以"权责一致"为着力点，切实解决部门之间职责缺位与越位并存、权力与责任不相适应的问题，培育权责一致的社保基金管理责任主体。明确社保经办机构的性质。统一社会保险费征收体制，明确社保经办机构征收社会保险费的职能。另外，还要明确社保经办机

构对社保基金账户管理的权限。社保经办机构应承担对基金银行账户资金的管理职责，财政部门只履行监督职能。

3）构建优质、高效的社会保险经办管理服务体系

各级政府和相关部门应把社会保险经办管理服务体系建设作为服务型政府建设的重要内容，进一步完善社会保险经办管理服务体系，优化经办管理模式，加强经办机构专业化、规范化、信息化建设，增强社会保险公共服务的可及性。逐步理顺经办机构管理体制。按险种分设经办机构的地区，整合经办服务资源，推进社会保险经办机构的垂直管理。

按照管理集中、服务下沉的要求，优化经办管理模式，积极打造"以信息化为支撑、服务方式多样化、管理服务一体化"的新型经办服务格局，积极推行"网上社保"业务经办，加快推进社会保险经办管理的信息化建设，并注重社会保险经办机构的基础保障。

4）扩大社保基金投资范围

受制于社保基金管理政策的约束，我国的社保基金结余资金九成以上存在银行，实际收益率为负。从全球范围看，社保基金的投资范围都是以债券和股票为主的，其中债券的比例稍高一些，占 50%，投资股票比例一般在 20～40%。我国全国社保基金的投资业绩和企业年金的业绩都说明了扩大投资范围的必要性。为保证社保基金的保值增值，应尽快调整社保基金投资范围，增加投资固定收益类产品、股票和直接股权投资等金融工具的比重。

5）建立市场化的基金管理制度

所谓市场化的基金管理制度是指，委托专业投资管理机构负责基金的投资管理。这是世界各国普遍采用的方式。全国社保基金理事会是我国负责全国社保基金投资管理的机构，它也采用了市场化的基金管理体制，委托基金管理公司、证券公司等专业机构负责相当部分资金的投资管理。2012 年 3 月，经国务院批准，全国社保基金理事会受托投资运营广东省部分养老金。因此，建议其他省市可以参照广东模式，委托全国社保基金理事会管理其社保基金，也可以委托其他专业机构管理，实现社保基金的保值增值。

5.3　社会统筹与个人账户相结合的社会保障资金管理体制

社会统筹是指社会保险基金在大范围内由社会保险经办机构依法统一征收、统一管理，在属地范围内统一调剂使用。个人账户则是指由企业和职工共同缴费，记于个人名下，以备将来之需。社会统筹与个人账户相结合的基本养老保险制度，简称统账结合，是中国在世界上首创的一种新型的基本养老保险制度。

5.3.1　社会保障统筹

社会保障统筹层次多指社会保障统筹的范围，亦即在一定的范围内实行统一的缴费基数或缴费比例，统一的待遇支付项目及计发办法，统一的业务管理程序，统一的基金调剂与管理。

我国社会保障统筹层次目前的现状如下。

1. 养老保险社会统筹

养老保险社会统筹是社会保障统筹的最大难点，国家计划五年内实行全国统筹。社会统筹在基本养老保险基金的筹集上采用传统型基本养老保险费用的筹集模式，即由国家、

单位和个人共同负担；基本养老保险基金实行社会互济；在基本养老金的计发上采用结构式的计发办法，强调个人账户养老金的激励因素和劳动贡献差别。基本养老保险是由国家强制实施的，其目的是保障离退休人员的基本生活需要。

2. 失业保险社会统筹

失业保险基金在直辖市和设区的市实行全市统筹；其他地区的统筹层次由省、自治区政府规定。省、自治区可以建立失业保险调剂金，失业保险调剂金以统筹地区依法应当征收的失业保险费为基数，按照省、自治区人民政府规定的比例筹集。统筹地区的失业保险金不敷使用时，由失业保险金调剂，地方财政补贴。目前我国的失业保险金仍以市县统筹为主。由于受益人少且失业人员的数量又有着较大差异，在较大的范围内进行失业保险基金的统筹和调剂，可以避免出现各地负担的畸轻畸重。因此，失业保险实行省级统筹较为适宜。

3. 医疗保险社会统筹

医疗保险社会统筹是指某统筹地区所有用人单位为职工缴纳的医疗保险费中，扣除划入个人账户后的其余部分。医疗保险统筹基金属于全体参保人员，由社会保险经办机构集中管理，统一调剂使用，主要用于支付参保职工发生的医药费、手术费、护理费、基本检查费等。医疗保险统筹基金实行专项储存、专款专用，任何单位和任何个人都不得挪用。医疗保险社会统筹基金包括：统筹地区全部参保单位缴费总额扣除记入个人账户后的剩余部分；财政补贴；社会捐助；银行利息；滞纳金等。统筹基金主要用于参保人员住院、非定点医院急诊抢救、异地转诊(院)、异地安置、特殊病门诊等医疗费用。在我国现阶段，必须实行全国统筹。

4. 工伤保险和生育统筹

目前我国的工伤、生育保险仍以市县统筹为主。总体而言，工伤与生育保险属于针对特定情况的社会保险项目，因而与养老、失业、医疗三项社会保险有着明显的区别。它们不像养老保险那样具有必然性和普遍性，也不像医疗和失业保险那样具有频发性，其资金可以依据“以支定收，收支基本平衡”以及差别费率与浮动费率的现收现付原则筹集，所以一般市、县级的统筹已经能够保证其顺利实施。随着统筹进一步深入，可将其逐步提高到省级统筹。

5. 社会救济、社会优抚安置和社会福利统筹

目前我国的福利多以市级统筹为主。

5.3.2 个人账户

1. 个人账户的功能定位

个人账户是指社会保险经办机构按照国家技术监督局发布的社会保障号码为每一个参加社会养老保险的人员建立，记录单位按规定划转的养老保险费和个人缴纳的全部养老保险费，作为参加社会养老保险的人员退休时计发个人账户养老保险金的依据。

个人账户记入的养老保险费包括：① 工作人员本人缴纳的全部养老保险费；② 从用人单位缴纳的养老保险费中按规定划转记入的部分(本单位上年度月平均工资的11%减去个

人缴纳部分)；③ 挂靠机关事业单位人员和从非在职人员中招收的聘用制干部，按缴费基数的 11%记入个人账户。个人账户当年储存额，按照中国人民银行规定的同期城乡居民活期存款利率计息。个人账户累计储存额按一年期定期存款利率计息。个人账户储存额只用于参保人养老，不得提前支取。

任何制度的选择和设计都是以其预期的功能为出发点和归宿，个人账户制度的设计也是在相应的功能定位的指引下，而演绎出各项具体的制度和规范，并为其功能定位服务。在我国“统账结合”的养老保险制度中，个人账户制度具有以下两个方面的基本功能：一是强制自我保障功能。对参保职工来说，个人账户的缴费相当于为自己的老年进行储蓄，具有自存自用、多存多用的自我保障的特点，职工死亡时，其账户余额可由其继承人继承。个人账户的强制性储蓄，是由养老保险制度所要实现的保障老年人的基本生活、维护社会稳定的目的所决定的，为防止一些人在工作期间完全消费掉自己的收入，而将自己老年的生活寄托在国家的保障上，从而成为社会的负担。这种强制性的个人账户，更好地满足了人们应对老年风险的需要，同时也与我国社会主义初级阶段实行的“以按劳分配为主体、多种分配形式共存”的分配政策相适应。二是资金积累功能。我国基本养老中的社会统筹部分采取现收现付制，个人账户部分采取基金积累制。积累制是一种长期平衡的财务制度，退休后的养老金支付的水平是根据养老基金的规模(取决于缴费和投资回报率)来确定的。资金积累能提供相当规模的资金，从而促进经济发展。

总之，个人账户与社会统筹的结合是一种比较适合我国国情的混合型制度。个人账户部分通过对“自我保障”的责任的强调，充分体现了养老保险制度中的激励机制和效率要求。当然，个人账户制度也面临着诸如投资失败、经济波动、通货膨胀等风险，而需要相应的制度予以防范和控制。我国城镇职工基本养老保险采取社会统筹与个人账户相结合的模式。个人账户制度的科学合理设计和稳健运行，不仅关系到每一个参保人的切实利益，同时对保证社会和谐稳定具有积极意义。

2. 个人账户做实问题

我国城镇职工基本养老保险制度开始运行后，由于未对巨大的转轨成本做出明确、妥当的安排，导致个人账户的缴费被挪用以弥补当期的养老金支付的缺口，从而造成了相当规模的个人账户“空账”运行。很明显，这背离了制度设计的初衷。个人账户“空账”实质上是在计划经济体制转向市场经济体制转型的背景下，国家将对原来的国有企业职工所承担的养老保障责任转变为社会养老保险制度下的“隐性债务”。公开数据显示，我国养老保险个人账户“空账”规模总计已经超过 1.3 万亿元。虽然国家(政府)一直在为做实个人账户而努力，并在一些地区进行了做实个人账户的试点，但并未改变“空账”规模的增长势头。

对于“空账”是否需要做实，我国存在两种观点。一种观点认为应当做实，以满足“统账结合”养老保险制度的内在要求，应对老龄化的挑战。另一种观点认为不必做实，应使现有的积累型的个人账户制度转型为现收现付式的名义账户制。其理由有二：一是认为积累制只能保持账面上的资金的平衡，而老年人所需要的是实实在在的产品和服务，归根结底，现收现付的形式只能在老年人和在职人口之间进行协调；二是积累制下所形成的庞大的基金将面对由于个人账户管理体制和资本市场不健全所造成的管理、投资、运营和通胀等方面的风险。

对于个人账户“空账”，我国首先应当明确个人账户资金的产权，对于新缴纳的个人账户资金严格禁止被挪用，控制“空账”规模的增长。只有在符合个人账户基金投资管理原则的情况下，才允许统筹基金按照市场上通常的条件和利率有偿使用，但也必须明确归还期限，不能无限期使用，从而维护个人账户的平衡。其次，对于历史上已经形成的“空账”，我国不必立即、全部做实，而应当根据宏观经济发展和体制改革的进行，采取逐步做实的策略。由于“空账”规模较大，一步做实所需资金数额巨大，将对经济造成较大的冲击。再次，“空账”做实应当明确由政府来承担。做实“空账”的资金需要，主要通过国有资产出售来满足，而不是通过提高缴费率或者利用财政结余资金，前者相当于将此负担转移给当今工作的一代，而后者无异于将国家债务变相转移给整个社会。国有资产的出售，在一定程度上还能调整在某些方面存在的“国进民退”现象，改善我国的所有权结构。

3. 管理运营问题

随着个人账户基金的自然增长和“空账”的做实，其规模将越来越大，个人账户基金的管理和运营问题将进一步凸显。这是个人账户制度所面临的巨大挑战。据专家预测，如实现个人账户完全做实，到 2030 年基金规模将达到 18 万亿。

为了保障资金的安全和保值增值，个人账户基金应当实行严格的管理和运营制度。将投资的范围限于稳健的品种。对于违反管理制度，造成基金损害的行为，要根据行为的主客观方面，综合运用民事、行政和刑事等各种制裁措施。在严格个人账户基金管理的同时，应当创新管理和运营制度，突破现行由公共部门直接运营的模式，更多地利用市场手段实现基金的保值增值，选任适合的民营机构作为受托人，负责基金的投资和运营。这种间接运营模式适用的前提必须是保证资金安全。

国家应当为个人账户基金保值增值提供保证。积累制下的个人账户，其利率主要由实际运营结果决定，但国家应当根据通货膨胀率、工资增长率等指标保证一定的增值水平。《社会保险法》中明确指出“记账利率不得低于银行第十四条规定，定期存款利率”，但是由于经常存在定期存款利率显著低于通货膨胀率的情形，这种保证尚有不足，需要将通胀因素考虑在内，以保障老年人的利益，维护社会的和谐稳定。

由于我国基本养老保险制度以“保基本”为目标，那么个人账户的强制储蓄也应有一定限度，赋予参保职工一定的选择自由。对于一些高收入群体，国家没有必要强制他们在个人账户上进行过多的储蓄，在个人账户累积达到一定数额之后，可以允许停止向个人账户的缴费。这并不违背“保基本”的政策。

4. 计发问题

养老金计发办法是养老保险制度的关键环节，涉及广大参保人员的切身利益，对社会养老保险制度的公平性和可持续性有直接的影响。个人账户不具有收入再分配功能，其养老金数额在原则上取决于个人缴费及其投资运营收益的总额。因此，个人账户养老金的计发，应当严格按照保险精算的方法确定支付数额。其中最重要的变量是退休后的余命，应当以职工退休时人口预期寿命为依据加以确定和调整。

根据我国现行规定，每月个人账户养老金数额为职工退休时个人账户总额除以 139 个月，职工在此期限前死亡的，其余额属于个人财产，可由其继承人继承。但是，当职工实际寿命超过此期限时，其个人账户养老金由统筹账户继续支付。这无疑违背了个人账户养老金的精算原则，加重了社会统筹资金的负担，使个人账户额外承担了长寿风险的保障功能。

一些研究者认为，应当切断个人账户与社会统筹部分的关联，使两个部分独立运行，分别进行核算。如果想要个人账户对长寿风险提供保障，则应对长寿风险进行保险精算，确定承保长寿风险所需的保费，即在计发个人账户养老金时，须首先从个人账户基金总额中扣除长寿风险保费，然后再按照现行方法计算每月养老金数额。同时，现行养老金计发办法没有考虑在计发期间个人账户的增值。在长达十多年的时间里，个人账户余额的增值是可观的，不应予以忽略。因此，在计算月均养老金数额时应当根据基金增值的实际情况，对于每一年度的月均养老金进行调整。

养老保险个人账户制度是社会养老保障这一系统工程中的重要组成部分。我国应在对个人账户制度进行科学合理的功能定位的基础上，进行合理、细致的制度设计，促进我国养老保障体系的完善。

5.3.3 统账结合

统账结合是指我国基本养老保险实行的“社会统筹与个人账户相结合”。这是党中央、国务院结合我国基本国情，借鉴国际上社会保险发展的经验和教训，把社会统筹的长处与个人账户的优势结合起来，创造的一种具有中国特色的养老保险制度。社会统筹和个人账户相结合的模式，旨在吸收现收现付制和基金制的优点，减少单纯依靠任何一种模式所带来的风险，以统筹基金的现收现付制满足现期养老金支付需要，以个人账户基金的积累制培养个人的责任意识和应付人口老龄化。这种模式，既能缓解未来养老金支付危机，又能够实现代际再分配功能与激励功能的结合，较好地体现了社会互济和个人责任相结合、公平和效率相结合的原则。

1. 背景

我国社会养老保险作为社会保障体系的重要组成部分，几十年间大致经历了 3 个发展阶段：1949—1965 年为传统养老保障制度的建立和发展阶段；1967—1976 年为养老保险体制的蜕变阶段；1977 年至今为恢复、发展、深化阶段。

1966 年以前的养老保险制度是典型的国家-单位保障制，其实质就是现收现付制，存在着板块分割、封闭运行、单位包办、全面保障、保障层次单一等不足之处。1986 年以来，随着我国改革开放的大力推行，计划经济体制下的国家-单位保障制度已经不能适应经济和社会发展的需要。另外，由于国家-单位保障制本身固有的不足以及人们思想的转变，我国的养老保障进入了探索、改革、新发展与深化时期。1993 年 11 月，党的十四届三中全会提出实行社会统筹与个人账户相结合的基本制度，确定了统筹基金现收现付、个人账户基金完全积累的制度模式，探索出了适合国情的养老保险制度，明确提出了建立多层次的养老保险体系。国务院于 1995 年 3 月发布了《关于深化企业职工养老保险制度改革的通知》，确定了建立社会统筹与个人账户相结合的养老保险新模式。

1997 年 7 月，国务院颁布《关于建立统一的企业职工基本养老保险制度的决定》，从 3 个方面强调实行统一制度，即统一企业和个人缴费比例、统一个人账户规模和统一养老金计发办法。这个文件的颁布，标志着我国以统账结合模式为特征的养老保险制度的形成，具有历史性意义。

2003 年 10 月，党的十六届三中全会通过的《中共中央关于完善社会主义市场经济体制若干问题的决定》提出，加快完善企业职工基本养老保险制度，坚持社会统筹与个人账户相结合，逐步做实个人账户，逐步实行省级统筹，条件具备时实行基本养老金的基础部分全国统筹，进一步奠定了社会统筹的基础。2005 年 12 月，《国务院关于完善企业职工基本养老保险制度的决定》正式发布，明确提出要确保基本养老金按时足额发放；要逐步做实个人账户，完善社会统筹与个人账户相结合的基本制度，以及加强基本养老保险基金征缴和监管，完善多渠道筹资机制的要求。

2. 内涵

统账结合模式是为解决原有养老保险金制度缺乏稳定性和长期规划，难以应付经济波动，以及没有基金积累等问题而建立的，其主要特点是：由企业和个人共同缴费，为每个人按其工资一定的百分比建立个人账户；其余部分为统筹基金，是所有参保人员的共同基金。参保人达到规定条件后即可享受相应的待遇，这种制度可以形成一定的资金累积，同时不失灵活性，既避免了现收现付制缺乏长期考量而导致的负担过重问题，也避免了完全积累制初期资金需求量大的困难，同时既可以减轻老龄化的威胁，也考虑到了养老金代际之间的再分配，符合社会保障的公平性。

采用养老保险金统账结合模式，充分考虑了国家和个人的共同利益：一是实现了权利和义务相对应；二是实现了公平和效益相结合；三是实现了国家责任与个人的自我保障相结合；四是实现了历史和现实相结合，实现了新老制度的平稳过渡。

社会统筹的功能是实施高低收入者之间的收入再分配，个人账户的功能是强制储蓄。这种模式具有以下优点：实行个人账户制，形成了激励机制，明确了个人责任，减轻了人口老化带来的养老保险给付的压力；同时，社会统筹部分作为调剂互助之用，避免了单纯实行个人账户制度缺乏的横向之间调剂互助的缺点。这种模式既有传统的社会保险的互济性、分散风险和保障性强的特点，又强调了职工的自我保障意识，充分体现了公平与效率的结合。

3. 风险

多年来的实践表明，统账结合的养老保险制度为我国的经济发展和社会稳定发挥了重要的保障作用。然而由于历史和现实的种种原因，这一制度模式在实际运行中还存在着风险，阻碍了基本养老保险制度的完善与发展。

(1) 个人账户出现“空账”运行。改革前我国长期实行现收现付的社会养老保险制度，实施统账结合模式后，由于没有任何养老基金积累，为确保已退休职工的养老金发放，只能使用企业在职职工的养老保险缴费。尤其是从近几年的实践看，旧制度下的养老金负债已经超过了社会统筹基金的支付能力，个人账户基金被用来弥补社会统筹基金的不足，造成了在资金流程上与现收现付没有实质性差别的“空账”运行体制，同时也造成了新的“显性债务”压力。

(2) 统账结合模式的实质仍然是现收现付。由于个人账户空账问题，以及养老保险基金筹措问题的存在，目前实行的统账结合模式实质上仍然是现收现付。现收现付模式强调的是一定时期内的收支平衡，它正常运行的重要前提是长期稳定的人口结构、经济发展状况、收入增长、社会赡养率等，这些因素对现收现付模式的运行具有相当大的制约作用。近年来，我国经济状况、社会发展发生了较大变化，同当初设计统账结合模式时的预测相去甚远。一是人口老龄化日趋严重，人口结构发生较大变化；二是由于持续的结构调整，就业压力加大，使养老保险基金的筹集更加困难。

4. 方式分类

依据管理归属、功能定位、保障目标的异同，可将社会统筹与个人账户的结合方式区分为“板块式结合”和“联通式结合”两种。不同方式的选择决定个人账户的属性及养老保险基金的运营管理方式，并且会产生不同的经济效果。

(1) 板块式结合。板块式结合意味着两个账户并行独立，资金分别进入各自账户形成社会统筹基金和个人账户基金。这一结合方式的核心是，资金筹集、发放及管理运作由不同的管理主体通过不同的组织机构、按照不同的管理方式分别实施，两套系统在组织机构和管理权限上明确分开。

优点：① 明确和强化个人的养老责任，减轻财政负担；② 明确国家责任，个人账户得以排除历史债务的干扰，实现持续发展；③ 个人账户资金形成真正意义上的完全积累，保护账户所有者的利益，提升制度抵御老龄化风险的能力。

缺点：① 管理成本较高；② 两个基金的独立运行需要专项的法律规范监督，防止在实际操作过程中发生人为的“抽肥补瘦”，为保证现期养老金发放而侵蚀个人账户基金，因而对法制化要求较高。

“板块式”制度面临的主要问题是社会统筹部分如何满足养老金发放、个人账户基金能否增值。

(2) 联通式结合。联通式结合是指社会统筹和个人账户的联通式结合，是将筹集到的统筹基金和个人账户资金归总形成一个总基金进行运营管理，对个人账户的功能定位是“名义账户”，只是作为计发养老金的依据，实际上成为一个记账符号而无真实的资金积累。

优点：① 能够保证现期养老金的发放；② 养老金的管理发放更为简易，可以降低管理成本，提高管理效率。

缺点：① 制度有可能重新演变为现收现付制，养老金支付完全取决于代际转移，达不到积累的效果，对于缓解老龄化压力不利；② 当养老金需求不断增加而总基金增长跟不上时，将导致入不敷出、基金总量下降，政府对个人账户所有者的承诺得不到保障，造成诚信危机。

“联通式”制度主要面临的问题不是个人账户如何增值，而在于两方面：一是如何使个人账户作为名义账户被其所有者接受；二是政府如何保证兑现个人账户部分的养老金承诺。

统账结合模式的两种方式有着不同的经济效果。改革的关键不在于选择一个怎样的统账结合模式，而在于将历史债务与现实责任、统筹基金与个人账户基金严格分开，使历史债务逐步消化于统筹账户中，使新制度能够发挥应有的功效。

5.4　企业年金的管理体制

企业年金又称企业退休金或雇主年金，是指在政府强制实施的公共养老金或国家养老金制度之外，企业在国家政策的指导下，根据自身经济实力和经济状况自愿建立的，为本企业职工提供一定程度退休收入保障的补充性养老金制度。

企业年金是对国家基本养老保险的重要补充，是我国正在完善的城镇职工养老保险体系(由基本养老保险、企业年金和个人储蓄性养老保险三个部分组成)的"第二支柱"。在实行现代社会保险制度的国家中，企业年金已经成为一种较为普遍实行的企业补充养老金计划，又称为"企业退休金计划"或"职业养老金计划"，并且成为所在国养老保险制度的重要组成部分。

5.4.1 企业年金的类型与给付方式

根据决定因素的不同，企业年金可以分为强制性、自愿性和集体谈判决定的三种类型。强制性的企业年金计划是由政府通过立法要求每一个企业都必须举办补充养老保险，职工个人也不得退出。自愿性的企业年金计划是由企业自主决定是否举办企业补充养老保险，大多数国家采用此种形式。还有像瑞典等国家是通过劳资双方集体谈判的方式决定是否举办。

根据款项来源不同，企业年金可分为个人不缴费的企业年金和个人缴费的企业年金两种类型。个人不缴费年金是指全部费用来自于企业缴费的年金。个人缴费年金是指个人也需要负担一些费用，一般占 1/3 到 1/2 。

根据筹集资金的方式的不同，企业年金计划可分为现收现付制和基金制。绝大多数国家采用基金制的形式，只有法国例外，它实行全国统筹、现收现付制的强制性企业年金计划。

企业年金的给付方式一般有两种，一种是给付确定制，另一种是缴费确定制。给付确定制通常是由雇主向雇员承诺退休后可得到多少退休金，再计算出每年应存储的金额，非常类似于公共年金计划。缴费确定制一般是先确定缴费比例，由雇员和雇主或只由雇主缴费，为每个雇员建立个人账户，到其退休时根据个人账户的累计积累额(本金加投资收益)，一次性或定期支取年金。目前，大多数国家的企业年金是给付确定制的，但从近年来的发展趋势来看，给付确定制有向缴费确定制转变的趋势。

5.4.2 企业年金的功能

企业年金不仅是劳动者退休生活保障的重要补充形式，也是企业调动职工积极性，吸引高素质人才，稳定职工队伍，增强企业竞争力和凝聚力的重要手段。它的主要作用和功能至少可以概括为以下三个方面。

1. 分配功能

企业年金既具有国民收入初次分配性质，也具有国民收入再分配性质。因此，企业年金形式的补充养老金计划又被视为对职工的一种延迟支付的工资收入分配。

2. 激励功能

企业年金计划根据企业的盈利和职工的绩效为职工年金个人账户供款，可以吸引高素质人才，稳定职工队伍，保障职工利益，最大限度地调动职工的劳动积极性和创造力，提高职工为企业服务的自豪感和责任感，从而增强企业的凝聚力和市场竞争力，获取最大经济效益，是一种积极而有效的手段。

3. 保障功能

建立企业年金可以在相当程度上提高职工退休后的养老金待遇水平，解决由于基本养老金替代率逐年下降而造成的职工退休前后的较大收入差距，弥补基本养老金保障水平的不足，满足退休人员享受较高生活质量的客观需求，发挥其补充和保障的作用。

5.4.3　企业年金的重要作用

我国正在完善的城镇职工养老保险体系，由基本养老保险、企业年金和个人储蓄性养老保险三个部分组成。企业年金被称为“第二支柱”，是城镇职工养老保险体系的“三个支柱”的重要组成部分，在企业的经营管理中发挥着不可替代的重要作用。

(1) 建立企业年金制度，有利于树立良好的企业形象，吸引和留住优秀人才。随着社会主义市场经济的发展和知识经济的到来，越来越多的企业认识到，企业的竞争归根结底是人的竞争。但是，伴随着劳动人事制度改革的不断深化，人才流动机制已逐步形成，企业有选择人才的权利，个人也有择业的自由，人才的合理流动已成为时代的潮流。因此，企业单位建立良好的员工福利保障制度，充分解决员工的医疗、养老、工伤及死亡抚恤等问题，有利于落实人力资源管理制度，树立良好的企业形象，增加市场竞争力，从而吸引优秀人才加盟。同时，又切实保障了员工利益，稳定了现有员工队伍，增强了企业的凝聚力，调动了员工的积极性，对提高企业经济效益具有积极的促进作用。

(2) 企业根据员工的贡献，设计具有差异性的年金计划，有利于形成公平合理的分配制度，充分发挥员工的潜能。在设计年金计划时，企业可以充分利用年金保险的灵活性特点，打破传统薪酬福利的“平均主义”原则，对于不同服务年限、不同职级、不同岗位、不同贡献的员工提供不同的保障计划。建立差异化的企业年金制度，可在单位内部形成一种激励氛围，充分调动员工的工作积极性，发挥自身的最大潜力，为企业的发展多做贡献。

(3) 通过年金计划中“权益归属”的设定，利用福利沉淀实现有效激励，留住人才。很多企业在用高薪酬福利制度实现激励的同时，用期权的形式作一些规定以起到留住人才、长期规划的目的。在企业年金的计划中，设定权益归属方案，规定服务满一定的年限后方可获得相应的年金权益，与即时兑现的奖金福利相比，企业年金既使员工得到了鼓励，又达到了类似期权的良好效果，而且操作上又比期权要简单、方便得多。同时，设置权益归属还将与未来国家可能设立的递延纳税政策很好地衔接。

(4) 在提高员工福利的同时，利用国家有关税收政策，为企业和个人合理节税。假定企业购买年金保险，除了可充分利用国家财税政策，还无须缴纳企业所得税；与假定企业进行其他投资形式相比，在假定投资收益率相同的情况下，由于保险作为复利计算，只在最终扣除相关税金，而其他投资每年都将扣除相应的所得税，因此年金保险与其他投资形式相比，将会获取更大收益。

(5) 完善现代企业制度，提高企业核心竞争力。建立企业年金制度，有利于企业建立现代企业制度，完善人力资源管理。一方面，企业年金能够提供可观的退休收入，保障员工退休后的生活品质，增强员工的安全感和归属感，满足员工的安全需求。另一方面，企业年金计划会根据员工的能力和资历或贡献大小来确定不同的缴费金额，并按要求确定归属比例，使员工价值得以体现，从而可以提高员工的荣誉感和成就感，满足员工的个人尊严需求。因此，企业年金在企业战略管理中具有重要作用，是提高公司核心竞争力的一个重要手段。

综上所述，企业年金并不是一项纯粹的养老筹资工具，对于建立计划的企业来说，在我国现有的社会保障、税收等制度的框架下，它在降低企业成本、激励员工等方面的优势仍然是企业提高自身竞争能力、实现人力资源优化配置的良好市场工具。

5.4.4　企业年金的发展现状

1. 认识不足

我国企业员工和高管的年金观念普遍淡薄，对企业年金缺乏必要的了解，有的甚至一无所知，还有的把年金和年薪混为一谈。

从政府的角度看，现阶段我国发展企业年金制度的性质依旧不清，定位依旧不明，政策界限比较模糊。

从企业的角度来讲，企业管理人员对企业年金的认识也存在偏差。他们一是担心建立企业年金制度会加大企业支出，影响利润；二是他们看不到企业年金所产生的经济效应和社会效应，有的认为企业为社会基本养老、医疗等保险已付出很多，建立企业年金将进一步增加企业负担，企业没有责任支付这笔“额外”的费用；有的认为与其让员工未来才能享受到企业年金的福利，还不如直接向员工发放住房公积金或者奖金等即期福利，后者的激励效果更明显。从职工的角度来说，长期以来，我国员工信奉“养儿防老”、“储蓄养老”，普遍缺乏对制度性养老的基本认识。年金费用的缴纳引起员工每月工资收入减少，一些员工误以为是企业额外收取的费用。还有些员工缺乏对未来养老保障进行投资的长远观念，参与企业年金的积极性不高。

2. 回报率不高

我国建立信托型企业年金制度正处于探索阶段，在人员、机构、产品等方面都难以满足年金市场投资的需要。首先，缺乏真正意义上的企业年金产品，我国还不够发达的资本市场难以提供多样化的投资工具和投资渠道，对个性化和多样化年金产品的设计和提供形成了严重制约。其次，缺乏有经验的基金管理人才和专业机构。信托型企业年金制度需要大量的投资、服务、风险管理、产品设计等方面的专业人才。再次，企业年金托管综合费用高也进一步降低了投资收益率，出现投资收益低于同期银行储蓄和国债利率的非正常现象，致使一些企业年金过度依赖缴费而不是投资绩效，最终将影响企业年金的支付能力。最后，企业年金投资渠道的狭窄，阻碍了高投资回报的获得，进一步削弱了企业年金的吸引力。

3. 企业年金的管理不够规范

我国企业年金的管理运营主要采用三种模式：① 企业自办模式。这种模式是在企业的大财务账下开立企业年金账户，当企业遇到资金困难时，难以控制被挪用的风险。② 社保机构经办模式。由社保机构收取、管理、经营、发放企业年金。该模式的弊端在于监管与运营合一，没有披露信息的强制性，企业和员工对资金的投资、收益、分配等一无所知，更谈不上监管。③ 保险公司模式。由保险公司负责设计企业年金计划，并运营和管理企业年金资产，通常以团体养老年金保险的形式体现。这种模式下，企业年金资产与保险公司的资产没有截然分开，也难以保证年金资产的独立性和安全性，且存在管理成本高、基金运用渠道少等缺陷。

由于相关优惠政策，特别是税收优惠尚未落实或力度不够，许多有实力、有条件建立企业年金的企业尚处于观望态度。

4. 区域差异过大

我国区域经济发展水平差异较大，发达地区与欠发达地区的企业年金参保比例、基金规模相差悬殊。发达地区如上海、深圳和大连由于经济基础好、增长速度高，企业年金的发展有良好的社会经济环境，参保企业、参保员工以及基金累积数量都较大。而欠发达地区企业年金的发展因受制于经济的发展水平而呈现波动起伏势态，数量水平低，大多数尚处于不规范的状态，还有许多企业因经济效益不好而停止了已实行的企业年金计划。

5. 行业结构失衡

截止 2009 年第二季度，全国有 3 万多户企业建立了企业年金，企业年金比 2008 年增加了 200 亿元，其中账户管理机构管理的企业账户数为 30 685 个，仅占全国 940.8 万户企业的 0.33%～0.35%，其中中小企业的数量更少；而在美国有 70%左右的大企业和 50%左右的中小企业建立了企业年金计划，相比之下我国企业年金的覆盖范围实在是微乎其微。同时，我国企业年金覆盖的行业结构还很不均衡，建立年金计划的以国有大中型企业为主，尤其是石油、电力、烟草等垄断性行业占据了绝大部分市场，而民营及其他企业建立年金计划的比较少。

5.4.5　企业年金的发展策略

企业年金制度作为社会保障体系的补充性养老制度，在完善职工养老体系中发挥着积极的推动作用。但由于历史和现实的原因，企业年金还不能普及到大多数企业职工身上。这与政府所倡导的“和谐社会建设人人参与，经济发展成果人人共享”的时代宣言极不相符，要确保企业职工退休后“老有所养，老有所乐”，并使之“老有所为”，应该对该制度有理性认识和科学规划，并做好以下几方面的工作。

1. 加大宣传力度

更多的企业和职工参与，才能壮大市场；市场规范可信，才能吸引更多的企业和职工参与，才能最终达到建立企业年金制度的初衷。尽管企业年金制度已实行了十余年，但仍然有相当部分员工对此知之甚微。所以，要想使企业的大多数主体积极参与到行动中来，就必须先从企业年金的基础工作——宣传培训抓起。通过宣传培训，让职工们从感性上知晓、了解，从思想上认同、接受该制度，从而转化为行动上的自觉参与。要通过多种形式，促进企业和职工以及社会各方面共同了解、关心企业年金制度的建立，为发展企业年金制度创造良好的社会氛围。

2. 养老待遇水平

有关的资料显示，国外基本养老保险待遇水平普遍在 40%左右，而我国总和替代率仍接近 80%。基本养老保险水平过高，就意味着降低了发展补充养老保险的必要性和弹性空间，不利于发挥个人、企业在养老保险体系中的作用。为此应尽快明确基本养老保险与补充养老保险的关系和发展定位，要采取积极稳妥的办法，缓解基本养老保险的资金亏空，使现收现付性质的基本养老保险水平逐步降低，赋予企业年金及商业补充养老保险以更大的责任，同时为它们提供更大的发展空间。

3. 投资与管理

首先，我国企业年金基金投资运营要遵循一定的原则：要进行组合投资达到减少投资风险的目的；要坚持投资管理人和基金托管人职责严格分离的原则，明确双方责任；要确保资金安全性，在确保风险保持在合理水平的前提下，实施积极的投资策略；其次，以市场竞争为基础，委托投资运营机构代为运营企业年金基金；再次，加快企业年金基金管理体制改革，建立符合市场化投资要求的监管体制；最后，要拓宽投资渠道，为年金基金创造更多适宜的投资工具，有效地实现保值增值。

4. 出台优惠政策

企业年金的税收优惠政策是从制度层面调动企业建立企业年金的积极性。

建立企业年金，宏观上旨在减少国家财政的负担，微观上旨在帮助一个企业解决其职工养老问题，从而激发职工的工作热情，这对企业的发展也是至关重要的。因此，政府应当从税收层面上给予企业年金优惠政策，鼓励企业和职工个人共同缴费。尽快研究出台企业年金税收优惠政策，并完善相关法规，促进企业年金和个人自愿性养老保险发展，并鼓励其通过专业化的投资机构投资资本市场，实现养老金保值增值。

5. 采取区域推进式企业年金发展战略作为对基本养老保险的补充

企业年金要走各地区全面发展的道路，绝不能因为经济水平落后就放弃建立与发展企业年金制度，否则当基本养老保险替代率下降后人们将失去养老的第二重保障。由于现实状况的约束，我国企业年金制的全国施行不可能一蹴而就。为此，应当首先选择效益好、具有长期发展能力的企业作为试点先建立，在此基础上再推广到中小型企业，这样可以有计划、有步骤地逐步扩大企业年金在我国的覆盖率。

5.5　农村社会保障资金的管理体制

新型农村社会养老保险(简称“新农保”)是以保障农村居民年老时的基本生活为目的，建立个人缴费、集体补助、政府补贴相结合的筹资模式，养老待遇由社会统筹与个人账户相结合，与家庭养老、土地保障、社会救助等其他社会保障政策措施相配套，由政府组织实施的一项社会养老保险制度，是国家社会保险体系的重要组成部分。

5.5.1　农村社会保障的现状

1. 农村养老保险现状

(1) 传统的家庭养老保险功能削弱。随着以社会分工为特征的工业社会的到来，之前自然稳定的关系被打破了，“子承父业”不复存在，父子两代除了血缘关系和未成年时的抚养关系之外，几乎没有其他关系。子女的劳动技能要靠自己的努力去掌握，劳动机会要靠自己去争取，为此往往必须离开父母。父母不可能像传统经济条件下一样控制子女的劳动和收入，子女也不可能像小农经济条件下一样听命于父母。家庭结构也发生了重大变化，代与代之间的独立性增强，农村同样变成了 4－2－1 的家庭结构。这一切使赡养老人只有传统道德这一个约束力，而这个约束力也在日益递减。随着农村经济改革的深入，农民的养老观念发生了重大的转变，养儿防老的观念则在逐渐减弱。

（2）土地生产资料的功能削弱。从 1978 年到 1998 年，全国农民平均来自第一产业的收入比重由 91.5%下降到了 57.2%，其中纯农业收入仅占总收入的 42.9%。目前农民家庭经营收入中，大约 40%来自第二产业与第三产业，1/4 左右来自劳动收入，来自转移性与财产性的收入约占纯收入的 57%。由此可见，来自土地的农业收入已难以保证农民的基本生活，以之养老更是奢望。有的农民已经摆脱土地的束缚，参与到现实的社会保障中。近年来农民的承包地被大量征用，对价是极少的土地补偿费。所以完全依靠土地来养老的选择也是不可行的。

2. 农村医疗保险的现状

目前我国农村的医疗保险，主要有合作医疗、医疗保险、统筹解决住院费及预防保健合同等多种形式，其中合作医疗是最普遍的形式。农村合作医疗制度是由政府支持、农民群众与农村经济组织共同筹资、在医疗上实行互助互济的一种有医疗保险性质的农村健康保障制度。从 2006 年起，中央和地方财政不断增加投入，加强以乡镇卫生院为重点的农村卫生基础设施建设，健全农村三级医疗卫生服务和医疗救助体系。但农村的医疗卫生状况并没有多大改善，主要原因表现在：

（1）经验不足。农村合作医疗被当作不合理负担取消后，对于大多数农村来说，合作医疗已经淡出了人们的记忆。由于这一制度的长期中止，现在重新实施，无论是地方政府还是农民群众自己，都缺乏实施新型农村合作医疗制度的经验。

（2）资金筹集十分艰难。中央财政的资金到位是没有问题的，地方财政的资金能否到位或是到位后能否持久还是一个问号，同时个人缴纳的部分是以乡镇人均纯收入为基数计算的。这里就存在一个报表数与实际数的差距，如果报表数水分少，与实际接近，人民群众还能接受，否则将引起人民群众的抵制和反对。

（3）观念难转变。过去的农村合作医疗反反复复，许多农民对此持怀疑态度。少部分农民群众还把对合作医疗的不信任转嫁到对干部、对医务人员的不信任。除此之外，一些农民群众寻求医疗保障的意识不强，无风险规避意识。

（4）合作医疗管理操作难，合作医疗额外（非必要）成本过高。在报销费用的过程中，手续程序繁杂，而用于具体操作合作医疗的资金少，定点医疗单位报销的标准低，农民群众享受的报销范围和幅度都不大。

3. 农村社会救助的现状

在中国农村社会救助领域，现行的主要政策措施有五保供养、特困户救济、临时救济、灾害救助、最低生活保障和扶贫政策等。

（1）五保供养制度。对农村“三无”人员实行五保供养，是中国农村一项传统社会救助工作。农村五保供养资金在地方政府预算中安排，中央财政对财政困难地区的农村五保供养给予补助。这一规定将农村最困难群体纳入了公共财政的保障范围，实现了五保供养从农民集体内部的互助共济体制，向国家财政供养为主的现代化社会保障体制的历史性转变。

（2）特困户定期定量救济政策。改革开放以来，民政部为解决农村贫困人口的生活问题，从 1994 年开始普遍推行农村低保制度，试点探索。2003 年初，民政部通过对农村困难群体的调查研究，制定了对生活极度困难、自救能力很差的农村特困户的救济办法。主要做法是对不救不活的农村特困户发放《农村特困户救助证》，实行定期定量救济，以农村救济工作制度化、规范化做法避免农村社会救济的随意性、临时性，切实保障好农村最困难的特困群体的基本生活。

（3）临时救济措施。临时救济的主要对象是不符合五保供养条件和农村特困户救济标准、生活水平略高于特困户的一般贫困户。其生活水平处于最低生活保障的边缘地带，一旦受到饥荒、疾病、意外伤害等影响，就很容易陷入贫困境地。临时救济一般都采取不定期的多种多样的扶贫帮困措施，如年节来临时给予生活补助，或不定期地给予生活物品救助的方式等。救济经费一般由当地政府财政列支，辅之以社会互助的方式。

（4）灾害救助制度。灾害救助对象是突然遭受灾害侵袭的农户。近几年来，我国自然灾害发生频繁，“十二五”期间，全国共救助灾民4.8亿多人次，恢复重建倒损房屋近2600万间。从2001年民政部开始推动制定救灾应急预案，到2005年5月国家颁布《国家自然灾害救助应急预案》，全国救灾应急预案体系的形成，标志着我国自然灾害应急救助体系初步确立。

（5）最低生活保障制度。为了解决农村困难群众生活问题，民政部门进行了建立农村最低生活保障制度的试点探索。2003年4月，民政部要求中西部没有条件的地方不再实行最低生活保障制度，只在沿海发达地区和大城市郊区继续实行这一制度。

以上各项政策在不同时期不同程度上都发挥了各自的功用，但是由于各项政策出发点、目标、标准都有很大差别，并没有合成为一个完整统一的社会救助政策，各项制度在面对贫困这一课题时既有重叠交叉，也有覆盖不全，导致资源浪费，政策效果不明显，不应保而保，应保却未保的现象时有发生，迫切需要整合政策，构筑中国农村社会救助政策的总体性框架。

5.5.2 新农保的基本原则

新型农村社会养老保险制度的基本原则是“保基本、广覆盖、有弹性、可持续”。一是从农村实际出发，低水平起步，筹资和待遇标准要与经济发展及各方面承受力相适应；二是个人、集体、政府合理分担责任，权利与义务相适应；三是政府引导和农民自愿相结合，引导农民普遍参保；四是先行试点，逐步推开。

新型农村社会养老保险制度采取社会统筹与个人账户相结合的基本模式和个人缴费、集体补助、政府补贴相结合的筹资方式。满60周岁以上的农村居民个人不再缴费，直接享受中央财政补助的基础养老金，但其符合参保条件的子女应当参保缴费。也就是说，只有年满60周岁的农村老年人，并且其符合条件的子女参保缴费，才可享受政府发放的基础养老金。这既是政府组织引导下的农民自愿参加，又是“待遇享受”的必要条件。

各地根据本地实际认真选择试点地区，制定切实可行的实施方案。各有关部门要加强统筹协调和监督管理，做好新型农村社会养老保险制度与家庭养老、土地保障、社会救助等其他社会保障政策的配套衔接工作。新型农村社会养老保险基金纳入同级财政社会保障基金财政专户，实行收支两条线管理，并建立公示和信息披露制度，加强社会监督。

5.5.3 新农保和老农保的区别

第一，筹资的结构不同。过去的老农保主要是农民自己缴费，实际上是自我储蓄的模式，而新农保就是个人缴费、集体补助和政府补贴相结合，是三个筹资渠道。特别是中央财政对地方进行补助，这个补助又是直接补贴到农民的头上。新农保是继取消农业税、农业直补、新型农村合作医疗等一系列惠农政策之后的又一项重大的惠农政策。

第二，老农保主要是建立农民的账户，新农保在支付结构上的设计是两部分：一部分是基础养老金，一部分是个人账户的养老金。而基础养老金是由国家财政全部保证支付的。换句话说，就是中国农民60岁以后都将享受到国家普惠式的养老金。当然，新农保政策要通过试点完善之后逐步推开，并不是说从明天开始就可以领钱了。

5.5.4 新农保实施的意义

新型农村社会养老保险是一项惠及民生的重大举措，使“老有所养”的目标得以进一步实现。“新农保”的积极意义是多方面的，具体而言有以下几点。

首先，有利于农民生活水平的提高。新农保按照基础养老金和个人账户养老金相结合的原则，实施以个人缴费、集体补助和政府补贴的缴费方法，由中央或地方政府对基础养老金给予全额补贴，在农民60岁的时候可以领取至少55元的基础养老金，并按照渐进原则，逐步提高其待遇水平。尽管现阶段的保障水平较低，但相比之前的老农保已有很大进步，成功向社会养老迈进，在一定程度上减小了子女的经济负担，使农民养老无后顾之忧，增加其消费能力，提高了农民的生活质量，为其老年生活提供了保障。

其次，有利于破解城乡二元的经济和社会结构。长期以来，我国实施以农业促工业、以农村支持城市的发展策略，加之城市居民有包括养老、医疗等较为全面的社会保障体系，而农村居民在此方面的保障却极低或处于空缺状态的现实更加剧了我国城乡发展的二元化，城乡差距越来越大。从城市居民和农村居民人均可支配收入的角度看，1978年的收入比例为2.57∶1，此后成迅速扩大趋势，到2008年收入差距比例上升为3.31∶1。若再考虑城镇居民的各种社会保障、福利和津贴的话，城乡差距会更大。通过对农村居民推行普惠制的养老保险和之前的“新农合”双管齐下，有助于减轻农民的生活负担，缩小城乡之间的社会保障水平，也有助于将来实现城乡统一保障体系的链接，从而有益于加快农村劳动力的正常流动，扩大农民的就业渠道，增加非农收入，减小城乡居民的收入剪刀差，加快我国的城镇化进程，进而实现城乡统一发展的社会经济目标。

最后，有利于扩大内需和国民经济发展。目前我国的收入分配体系很不合理，资本主要流向政府和企业，工人和农民的收入普遍偏低。因此，我国经济的发展不得不依存于外部需求，为扩大竞争优势，往往通过降低工人工资、延长工作时间等手段，从而形成一种经济发展的恶性循环。而面对世界经济低迷、外部需求迅速下降的情况，扩大内需成为解决我国产品供应过剩问题的首要途径。我国4/5的人口生活在农村，他们的生活需求潜力是巨大的，由于他们的社会保障水平低，对未来的不确定预期(养老、医疗、教育等)较大，极大地削弱了他们的消费能力。通过新农保这一民生政策的实施，实际上就是增加了农民的收入水平，无疑会有助于降低他们对未来养老的担忧，增加消费，进而通过经济学中的乘数效应，促进我国经济的持续发展，实现真正意义上的富民强国。

本章小结

社会保障资金管理体制是社会保障管理体制的组成部分，它包括社会保障资金管理组织机构的设置，中央与地方、地方各级政府、政府有关部门及机构的社会保障资金管理权责的划分等内容。研究社会保障资金管理体制，目的在于明确管理主体，规范其在管理进程中的权限、职责与分工，从而提高管理效率，促进社会保障资金管理目标的实现，使社会保障制度运行更加顺畅。

案例分析

“十三五”如何规划社会保障

“十三五”规划建议中提高社会保障水平的部署有哪些？

新华社 2015 年 11 月 3 日受权发布《中共中央关于制定国民经济和社会发展第十三个五年规划的建议》。这是到 2020 年实现全面小康社会的最后一个五年规划。其中，与公众切身利益最相关、最能体现“小康”价值的，是一系列事关提高社会保障水平的部署。实施全民参保计划、实现职工基础养老金全国统筹、逐步提高国有资本收益上缴公共财政比例、全面实施城乡居民大病保险制度、全面推进公立医院综合改革等部署，尽管在规划纲要发布前已经“预热”或次第展开，但五年规划建议将这些部署推向了倒计时进程中。而透过“十三五”规划中相关内容的表述，可以发现未来五年提高社会保障水平的关键所在。

“实施全民参保计划”：关键在适当降低社会保险费率

目前，养老保险缴费率是 28%（个人：8%；企业：20%），医保缴费率是 12%（个人：2%+3 元；企业：10%），住房公积金是 24%（个人、企业：各 12%），再加上失业保险（个人：0.2%；企业：1%）、工伤保险（企业：0.3%）、生育保险（企业：0.8%）等，“五险一金”缴费率近 66.3%。其中，个人负担不到 20%，其余由企业负担。

超过 40%的社保费率，高于全球平均水平，与欧洲高福利国家相当。

· 社保高费率的负面作用明显。一方面限制了个人消费能力，另一方面增加了企业成本。

· 降低社保费率的直接效应。今后职工个人当期可支配收入将有所提高，企业负担将有所降低，间接效应是有助于增强消费驱动的内生经济动力。

“实现职工基础养老金全国统筹”：关键在提高投资回报率

目前养老金的年收益率仅为 2%左右，长期面临贬值风险。推进养老金全国统筹，可为养老金入市，以市场配置的方式保值增值创造条件。

“逐步提高国有资本收益上缴公共财政比例”：关键在划转部分国有资本充实社保基金

养老金入市和渐进式延迟退休，固然是弥补养老资金缺口的重要途径，但最有效率的是以国有资本充实。这既能还原国有资本的全民属性，也有助于盘活分散的存量国有资本，将其纳入新的监管体系中来。

“全面实施城乡居民大病保险制度”：关键在改革医保支付方式

· 这实际上也是医保的关键所在。目前的医保支付方式基于过去的公费医疗、劳保医疗而设计，级别、工种等是这一制度设计的基础，从而导致一些医保政策范围外的一些费用和服务项目支出过多，与基本医疗保障形成了“争蛋糕”的局面。改革医保支付方式，就是尽可能提高医保政策范围内的报销比例，让医保控费，从而让更多的医疗资源投向普通民众。有了这个基础，医疗资源才能撑得起城乡居民大病保险制度的全面实施。

“全面推进公立医院综合改革”：关键在破除逐利机制

公立医院不姓“公”，早已备受诟病。其中“以药养医”、过度医疗等尤其凸显了公立医院的逐利性。破除逐利机制，应从利益生成的主要渠道入手。此前推出的公立医院改革方案已经提出了将公立医院门诊药房改制为零售药店等医药分开的方法。可以预期，今后五年相关试点改革到全面铺开的进程将大大提速。

配套改革措施不落实改革将面临各种障碍

显然，“十三五”规划建议中与社会保障相关的部分，具有紧密的相互关联性和明确的操作路径。但也要看到，这些部署也将深度触动现有利益格局。比如，在养老金由地方缴付并管理的情况下，全国统筹意味着中央与地方利益的调整；改革医保支付方式意味着干部就医利益的调整；划转部分国有资本充实社保基金意味着国有资本监管和使用方式的调整等。没有相配套的改革措施，落实就将面临各种障碍。就此而言，“十三五”规划建议中的核心表述，实际上也将各相关领域的深化改革进程纳入了倒计时中。改革的彻底程度，决定着未来五年社会保障水平的提高程度。

复习思考题

1. 社会保障资金管理目标有哪些？
2. 社会保障资金管理模式的划分方法有哪些？都有哪些模式？
3. 我国应该选择怎样的社会保障资金管理模式？
4. 什么是社会保障资金的管理体制？
5. 什么是统账结合？
6. 企业年金有哪些重要作用？
7. 新农保的定义是什么？与老农保有何区别？

第6章 社会保障资金管理方法

◈ **阅读材料**

城镇低保不是“自助餐”

——对×省50县社保资金使用情况的案例分析

一、背景材料

2002年以来，X省SD县通过建立完善社会救助制度，适时提高救助标准，逐步扩大救助范围，有力地促进了社会救助工作的深入开展，全县已初步形成以城乡低保、农村五保为主体，以大病医疗救助、特困救助和教育救助等政策救助相配套的城乡社会救助体系新格局。目前，全县享受城镇低保人数已达1735户3606人，已累计发放低保资金180多万元。

2012年4月下旬至6月底，该县财政局抽调有关人员组成检查组，历时两个多月时间，对全县五个社区1735户城镇居民最低生活保障资金管理和发放情况进行了专项检查。

二、基本情况

检查前，县财政局组织检查人员进行了专题研究，明确了检查程序、检查纪律。此次检查，检查组采取“四查、四看、一公示”的检查思路，“四查”即查收入、查房产、查消费水平、查子女就业情况；“四看”即看户口原件，看低保金领取情况，看证明材料，看申报、审核、审批的原始资料；“一公示”即在检查通知下发前，在各社区先行公示。检查实施阶段，该局领导多次深入检查组，协调各方关系，处理检查中出现的困难和问题，并向检查组提出了“多听、多看、多调查、多汇报”的工作要求。

一是“多听”。检查过程中，及时处理群众举报电话反映的突出问题，为检查工作的顺利推进提供有力证据。二是“多看”。对一些不能明确判断失业、下岗以及难以界定是否应享受低保的，要求低保人员尽量提供有效材料予以证实。三是“多调查”。对有群众举报或不能完全确定享受低保资格的人员反复调查，绝不轻易放过。四是“多汇报”。随时向局领导汇报检查进度，认真听取领导的指示和建议，使检查工作取得事半功倍的效果。

三、问题的发现和处理

检查发现，有 42 户 75 名已享受低保的人员，通过弄虚作假、隐报、瞒报、提供虚假证明等手段隐瞒自己真实工作身份，掩盖自己的实际家庭收入，骗取低保资格；另有 90 户 186 名已享受低保的人员不能提供相关佐证材料。由于认识不到位、监管缺位等原因，致使城镇低保在部分人眼中俨然成了“自助餐”：部分低保经办人员把低保当福利，靠山吃山，出现“特权保”；低保运行体系动态管理不灵，对低保户中人员自然死亡、下岗人员退休、子女就业、婚嫁、经济情况明显好转等情况缺乏有效动态管理；户籍管理部门随意将一个家庭一分为二，在低保户中形成相当一部分“单亲族”；低保政策宣传导向偏离，个别民政部门工作人员错误地认为只要生活困难就可以享受低保，以致有些部门在遇到改制、下岗等涉及困难职工问题时，动辄就以低保做筹码。以上不正之风在一定程度上影响制约了低保政策执行的公平性和公正性。

据此，该局当即取消了 132 户 261 名原享受低保人员的低保资格，并张榜公示。此举在该县引起了强烈反响，得到了民众的支持并引发了关于此问题激烈的讨论。

加强低保资金管理的对策针对检查凸显的问题提出以下对策：

一是要建立健全低保审核、审批岗位责任制，制定完善的责任考核体系。从实际出发，强化低保经办人员责任意识和服务意识，哪个环节出现问题，就追究其管理人员的责任，确保低保工作公开化、透明化。

二是要不断推动低保工作规范化运作。加强部门之间的协调配合，民政、财政、工商、劳动、社区、乡镇等部门要密切协作，实现信息共享，通过建立健全各项规章制度，推动低保工作步入规范轨道。

三是要标本兼治，帮扶并举。既要保证弱势群体的基本生活，又要积极同再就业结合起来，多角度、多层面开发适合低保人员的就业岗位，通过重新上岗，劳动自救，使低保对象从根本上解决问题。

四是要加强监管，杜绝违规现象。不断完善低保工作的监督体系，切实把好“界定关”“公示关”“程序关”和“发放关”，积极发挥政府、舆论、群众的监督作用，利用各种有效措施，确保低保工作公平、公正、公开。

五是要加强宣传。要通过正确教育、引导，使“主动申请低保，积极走出低保”的观念深入人心，改变整个社会低保工作和低保对象的片面看法。

6.1　社会保障资金预算管理

由于社会保障资金的复杂性与重要性，使得社会保障资金管理方法的产生并不断发展变化，进而趋于完善。社会保障资金管理有助于实现社会公平，维护社会稳定，促进经济发展，但需要科学的理论指导和有效的方法支撑。社会保障资金预算管理是社会保障资金管理的首要工作与重要内容。社会保障预算是反映社会保障资金收支及各项社会保障基金投资经营活动的特定计划，也是建立社会主义市场经济体制的重要组成部分。

6.1.1 社会保障资金预算管理概述

1. 社会保障资金预算管理的必要性

（1）建立社会保障预算是深化社会保障制度改革、加强社会保障资金管理监督的内在要求。建立社会保障预算管理可以强化管理和约束机制，规范社会保障资金收支及各项基金结余投资运营活动，提高资金使用效益，促进社会保障事业的发展。

（2）建立社会保障预算是规范政府收支、体现政府社会保障职能的重要手段。将社会保障基金的收支纳入预算管理，可以改变一般性税收收入安排的社会保障支出分散在行政经费和各项事业经费的有关科目中的状况，避免造成资金管理混乱，有利于全面地反映社会保障收支的总体情况和加强监督管理，体现政府在社会保障方面的职能作用。

（3）建立社会保障预算是加强国家财政宏观调控能力的重要途径。随着社会经济的迅速发展和社会保障体制改革的逐步深化，社会保障资金收支流量会越来越大，且存在大量的结余。而这些结余资金都是国家可以依法灵活运用的资金，可以大大增强国家财政的宏观调控能力。而且结余资金是一种传递性消费基金，结余量的大小直接影响到积累与消费关系以及社会供求总量的平衡，客观上也要求国家采取相应的手段加以控制和管理。

（4）建立社会保障预算是完善复式预算制度的重要内容。社会保障事业的资金用途具有特殊性，表现在国家预算上，要求对这一类资金的收支单独反映，使社会各界对社会保障资金的收缴、使用情况有一个全面、完整的认识。因此，建立社会保障预算可以把社会保障资金收支从经常性预算收支中分离出来，并将预算外的各项社会保障基金纳入国家预算统一管理，以便完整地反映社会保障事业的发展状况。

2. 社会保障预算的编制

1）“两部制”社会保障预算

“两部制”社会保障预算由社会保障基金预算和政府公共预算中的社会保障经费支出预算两部分组成。社会保障基金预算主要反映基本养老保险基金、失业保险基金、医疗保险基金、工伤保险基金、女工生育保险基金、住房公积金等的收支情况。各项基金收入一般由企业缴纳的保险金、个人缴纳的保险金、财政补贴收入和其他收入等几部分组成，其他收入包括用各项基金购买国家债券所得的利息收入和滞纳金收入等。各项基金支出一般包括各保险项目支出和管理费支出等。另外，预算还应通过编写辅助说明反映各项基金结余的投资运营及效率等有关情况。一般性税收收入安排的社会保障支出在政府公共预算中以“社会保障支出类”科目单独反映，其主要内容包括公共卫生支出、优抚救济支出、行政事业单位离退休经费、城镇青年就业补助费、住房改革支出、扶贫支出以及教育补助经费等。

这一方案的优点是：

（1）各种社会保障基金纳入国家预算管理，依法运营，使社会保障基金的管理逐步向制度化、规范化过渡。既然政府对社会保险终将承担最后兜底责任，财政部门就应该切实加强管理。

(2) 一般性税收收入用于社会保障事业的责任和义务，预算安排的多寡能够直接体现政府对社会保障事业的支持程度。

(3) 编制方法比较简单，容易过渡。

这一方案也有缺点，如基金预算不能全面反映社会保障资金规模和保障水平，基金预算与公共预算缺乏有机联系，涉及部门利益调整，实施难度较大等等。

2)“一体化”社会保障预算

将社会保障基金收支和一般性税收收入安排的社会保障经费支出作为一个整体来反映。这一方案有如下优点：

(1) 能够全面反映社会保障基金收支情况和基金规模，体现社会保障整体水平。

(2) 可以对社会保障基金需求做出全面统一的安排，有利于社会保障事业的协调发展。

(3) 基金供求关系明晰，便于管理监督，有利于提高基金使用效益。

(4) 既体现了政府的责任，又体现了公众的权利和义务。

但也有其不足，如国家预算科目变动较大，又涉及众多部门利益的重新调整，实施难度更大一些。而且具体编制方法比较复杂，技术处理有一定难度。

如果对以上两种方案进行比较分析，可以看出，第二个方案即“一体化”社会保障预算既能够克服现行预算管理办法中各项资金管理混乱等问题，又能克服社会保障基金预算不能全面反映社会保障收支状况的弊端，同时吸取政府公共预算管理办法和社会保障基金预算管理办法的优点，符合当前我国建立社会主义市场经济体制和完善社会保障制度的客观需要。但是，由于我国目前正处在向市场经济过渡的时期，各方面的体制尚未理顺，改革不配套，“一体化”社会保障预算编制难度较大。因此，在复式预算方案出台后，可先按第一个方案编制预算，同时研究向第二个方案过渡的措施。

6.1.2　社会保障预算模式的国际经验借鉴

目前，西方国家社会保障预算的编制大致有三种模式：一是政府公共预算模式；二是社会保障专项基金预算模式；三是完全脱离政府财政的社会保障预算模式。

1. 政府公共预算模式

1) 主要特点

政府公共预算模式以英国、瑞典等福利国家为代表。在这些国家，国家预算只分为经常预算和资本预算，社会保障资金全部纳入经常预算内，同政府其他收支混为一体，国家全面负担起社会保障事业的财政责任，在这种预算形式下，并不存在独立的社会保障预算。

以英国为例，英国的社会保障体系由五个部分组成，即社会保险、国民保健、个人社会福利、住房补助和免费教育，其资金来源主要是社会保障缴款，社会保障缴款同政府的其他税收一样列入政府经常预算。2001—2002 年财政年度英国社会保障缴款占政府经常收入的 16.2%(详见表 6-1)。

表 6-1　2001—2002 财政年度英国的经常收入

收入项目	实际收入(10 亿英镑)	收入结构(%)
经常收入总计	389.9	100
国内收入总额	216.9	55.6
所得税	110.2	28.3
公司税	29.8	7.6
石油收入税	1.3	0.3
资本收益税	3.0	0.8
遗产税	2.4	0.6
印花税	7.0	1.8
社会保障缴款	63.2	16.2
海关与货物税总额	104.9	26.9
其他税收收入	47.9	12.3
其他项目及其他收入	20.2	5.2

资料来源：林治芬，高文敏. 社会保障预算管理[M]. 北京：中国财政经济出版社，2006.

英国的财政支出以管理支出为基础编制，管理支出包括两个部分：一是三年内相对稳定的部门支出；而是不容易多年稳定的其他管理支出。2001—2002 财政年度英国社会保障部门财政支出占管理支出的 21.1%，其他管理支出中社会保障项目的支出占到管理支出的 32%(详见表 6-2)。

表 6-2　2001—2002 年财政年度英国的管理支出

支出项目	实际支出(10 亿英镑)	支出结构(%)
管理支出总计	389.6	100
部门支出总计	224.1	57.5
其中社会保障部门支出总计	82.3	21.1
教育和技能	19.1	4.9
健康	53.9	13.8
环境、食物和乡村事务	3.0	0.8

续表

支出项目	实际支出(10亿英镑)	支出结构(%)
工作和退休金	6.3	1.6
其他管理支出总计	165.5	42.5
社会保障津贴	101.1	25.9
税收支出	8.7	2.2
住房收入账户补助金	4.5	1.2
净政府机构养老金	10.1	2.6
其他支出	41.1	10.5

资料来源：林治芬，高文敏. 社会保障预算管理[M]. 北京：中国财政经济出版社，2006.

归纳起来，英国的社会保障预算具有以下特点：

(1) 各项社会保障收支全部列入国家预算进行管理。在英国，以政府的名义征集的各种税费都是上缴国库由财政部统一分配的，并在统一的公共财政预算中全面反映其收支状况。社会保障收支也不例外，并无独立的社会保障预算，但各项社会保障收支内含于经常预算中，与资本预算没有关系。就国民保险费而言，其对应的支出项目是以缴费为基准的各项福利津贴及管理费用(必须专款专用，不得用于其他方面的开支)，其收支要全部纳入公共预算并单独反映，当该项费用收不抵支时，政府应从一般性税收收入中调剂解决(实际执行中近几年财政每年都要补贴其赤字)。其他不以缴费为基础的各种福利津贴及其管理费和医疗保健服务支出直接来源于一般性税收收入，在预算支出中都是单独反映的。

(2) 社会保障机构的经费。社会保障机构的各项管理费支出，既有来自于国民保险费收入的，又有来自于一般性税收收入的，其核定办法与其他政府机构经费核定办法完全是一样的。人员经费由财政部按公务员有关待遇标准予以核定，而公用经费则在严格控制的基础上予以核定。

(3) 预算编制主体及报送程序。由于英国的预算基本上是部门预算，而社会保障又分属于社会保障部、卫生部以及教育和就业部等三个部门的职责，因此，财政部在社会保障收支的预算管理活动中要与以上三个部门打交道，按照其各自的职责范围分别确定其每个财政年度的收支。每个财政年度，这三个部门都要在与财政部共同讨论和商量的基础上编制其下年度的部门预算，申述其收支变化因素，并将预算报告同时报送内阁会议和财政部，政府精算署也同时报送其关于国民保险费的精算报告。财政部在收到各部门的预算报告后，在认真调查研究和综合平衡的基础上编制统一的财政预算报告，并上报内阁会议，由内阁会议讨论通过后以正式报告上报议会，由议会通过后即付诸实施。

2）经验和借鉴

英国是世界上建立社会保障制度最早的国家之一，也是福利国家的首创国。完整的保障项目使英国提供了“从摇篮到坟墓”的福利，人们在整个生命期间都可能从社会保障制度中受益。英国社会保障制度是以国家为主体的，其前提需要有较强的经济支持力，特别需要有较高的财政收入水平。而我国，从财政来源看，由于经济水平较低，税收占国内生产总值的比重较低。从财政支出方向看，我国财政长期以来承担着基本建设方面的责任，政府投资成为国有资产形成的主要途径，如果政府的这种角色继续下去，财政就不可能拿出很多钱来发展社会保障事业。

英国的社会保障预算制度给我们如下启示：

（1）一方面，英国的社会保障收支全部纳入国家预算，政府控制社会保障事业的进程，直接参与其具体的管理工作，体现了较高的福利水平。但另一方面，政府参与过多，担负的责任重大，在“福利刚性”的影响下，易于给财政造成较大的负担。这种缺点在“福利”国家日益显露，并造成较大的财政困难。由于这些国家的福利水平高，从另一侧面给经济带来负面影响，一定程度上延缓了经济发展的进程。

（2）在确定社会保障支出项目时，应考虑把多年不变的项目和每年一变的项目分开设计，便于及时把握社会保险支出的变化。

同时，我们也不难发现，我国目前的社会保障预算现状与英国有些相似之处：

（1）尽管我国目前的社会保障所有项目的收支尚未全部纳入国家预算管理，但来源于财政一般性税收收入安排的社会救助、社会福利和社会优抚资金列入政府经常性预算管理。另外，从社会上征缴、收取、筹集的基本养老、医疗、失业、工伤、生育等社会保险资金，未纳入预算内管理(从 1998 年以后，社会保险基金收支纳入财政专户进行管理)，但国家预算的编制增设了“财政对社保补助支出”等科目，将预算安排的用于基本养老保险基金、失业保险基金、基本医疗保险基金、城镇居民最低生活保障金和国有企业下岗职工基本生活保障金及其向失业保险并轨的补偿金等社保项目的补助支出，统一到该科目核算，也就是说当社会保险费用收不抵支时，政府从一般性税收收入中调剂解决了部分资金缺口(实际执行中近几年财政每年都要弥补其赤字)。

（2）我国的社会保障事业分属于劳动和社会保障部、民政部、卫生部、人事部等职能部门，这与英国的社会保障又分属于社会保障部、卫生部以及教育和就业部等三个部门有些类似。在编著社会保障预算时，明确又不交叉地划分好各部门的职能分工和预算编制流程，是比较关键的。

2. 社会保障专项基金预算模式

1）主要特点

社会保障专项基金预算模式以美国为代表。美国的社会保障由社会保险、社会福利、社会救助三个部分组成，其构成内容如图 6－1 所示。

美国的社会保障预算经历了三个阶段：1937—1968 年是独立预算；1969—1982 年是纳入联邦预算的统一预算；1983 年以后社会保险基金又从联邦预算中划出，变为预算外。社会保险基金脱离联邦预算的主要原因是为了防止当时不断膨胀的联邦预算赤字会影响社会保险基金的长期收支平衡。

根据不同的资金来源、用途，美国联邦政府社会保障基金的预算管理分为两个部分，即：一般公共税收安排的社会福利补助支出和社会保障专项用于社会保险支出。

除美国外，日本的社会保障预算也属于此类模式。日本政府预算由一般会计预算和特别会计预算两大体系组成。一般会计预算反映政府一般性税收收入及其相应的支出，特别会计预算反映政府具有特定目的的专项支出。

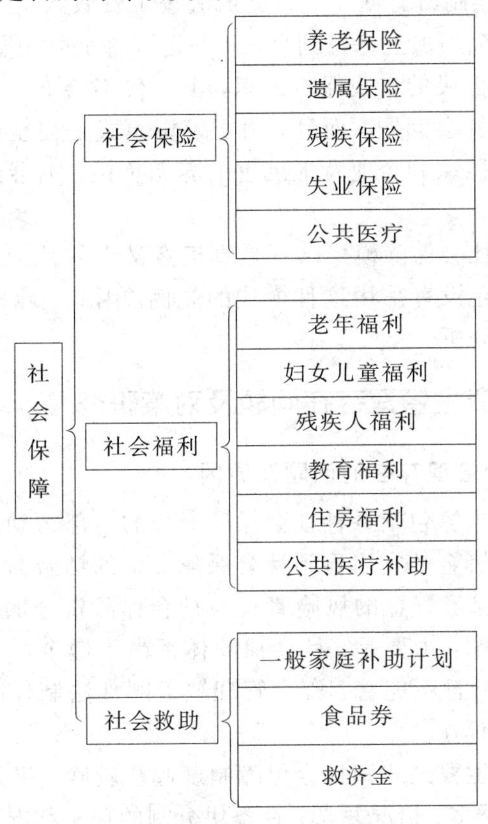

图6-1　美国社会保障构成图

2）经验与借鉴

纵观美国的社会保障发展，我们发现，美国社会保障中政府的作用由强化走向弱化，联邦政府的职能逐渐从直接责任人向决策者方向转变，但政府是社会保障制度中最重要的角色这一点并没有改变。美国政府对社会保障的介入，首先表现在社会保障立法上，其次还表现在政府是社会保障事务的积极参与者，即政府必须承担“最后出场者”，通过国家财政为社会保障提供一定数额的资金，弥补社会保障预算赤字，政府作为社会保障事务中的立法者和参与主体，对社会保障制度发展起着举足轻重的作用。而且，美国社会保障的资金来源将朝着私营化和分散化的方向发展，但政府仍然是社会福利支出中最大的资金渠道，并对服务提供者的服务质量进行监控和评估。美国政府一直强调社会保障要与国民经济的发展相适应，采取增收节支措施，以实现社会保障基金收支的基本平衡。

3. 完全脱离政府财政的社会保障预算模式

完全脱离政府财政的社会保障预算模式以新加坡为代表，社会保险基金预算不仅从政府一般公共预算中脱离出来，而且完全脱离了政府的预算管理。新加坡的社会保障预算模式是由其独特的社会保障制度所决定的。

新加坡社会保障制度的主体是中央公积金制度，是典型的个人积累模式，强调强制储蓄。它是通过国家立法，强制所有雇主、雇员依法按工资收入的一定比例向中央公积金局缴纳公积金，由中央公积金局加上每月利息，一并记入每个公积金会员的账户，专户专储。这一社会保险制度强化了公民的自我保障意识，上一代不给下一代留下任何包袱，避免了代际转嫁负担带来的各种社会问题。而且，由于筹资模式是完全积累式的，避免了人口老龄化的影响和困扰不致使国家和企业背上沉重的养老负担，不会出现退休金的支付危机和困难。

严格来讲，新加坡的社会保障模式已不是真正意义上的社会保障预算，而且目前只是被少数小国所采纳，大国还没有采用这种模式的先例。因此，此模式对我国的可借鉴性较小，本篇在此不做详尽的分析。

6.1.3 我国社会保障资金管理存在问题及对策研究

1. 我国社会保障资金管理存在的问题及原因

社会保障资金管理的内容包括各种社会保障资金的全部运动过程的管理，即从社会保障资金的收入至社会保障资金的支出再到社会保障资金的结余与投资等。在资金运动的过程管理中，还需考虑社会保障资金的风险管理与社会保障资金的监督管理。目前，社会保障资金管理还存在一些问题，主要是：社会保障体系尚不健全，资金管理缺乏完善的制度支撑；社会保障法律层次低且不完善，资金管理缺乏刚性法制保障；社会保障资金管理成本高且风险大，资金监管不力。

造成这些问题的原因主要是我国社会保障制度起步较晚，仍处于从计划经济向市场经济的转型中，经验少、矛盾多、情况复杂；在条块分割的现实状况下形成了不同的地方利益和部门利益；社会各方面法制意识的淡薄；我国城乡二元化经济结构的阻碍等。

2. 针对我国社会保障资金管理存在问题的措施

从长远来看，改善社会保障资金管理要从以下几个方面入手。

(1) 要按照权利与责任相统一的基本原则，明确政府与市场、中央与地方、地方各级政府以及政府各部门之间在社会保障资金管理中的责任；

(2) 要加强社会保障资金管理的法制建设，提高社会保障及资金管理立法层次，扩大社会保障立法的覆盖面，完善社会保障法律的实施机制，使其更具权威性、规范性、强制性；

(3) 要结合我国的实际，积极探索有针对性的社会保障资金管理的方法，建立政事分权、统账分权和资产负债分权的管理模式，降低管理成本和管理风险；

(4) 要借鉴国外社会保障资金管理的经验，如多渠道筹资与多支柱运行，政府监管与适度竞争，社会保障纳入社会经济全局与长远考虑等。

随着我国经济社会的不断发展和建设社会主义和谐社会目标的提出，加强社会保障资金管理的必要性和紧迫性更加凸显。逐步推进社会保障和资金管理改革，首先应做好以下几个方面的工作：

(1) 要建立统一、科学、规范的社会保障管理框架，由社会保障管理机构进行统一的政策管理，由财政部门进行规范、严格的资金管理，由各方代表组成的监督机构对社会保障资金的收缴、使用、安全等情况进行经常性监督。

(2) 建立社会保障预算，强化用款单位和资金经办机构的责任，强化国家财政的宏观调控职能。

(3) 在完善市地统筹的基础上积极推进省级统筹，以利于人员流动、资金调剂和资金管理。

(4) 从实际出发，建立和完善与各地的经济发展水平相适应的农村社会保障制度。

(5) 加快社会保障制度立法，制定了规范权威的社会保障法规。

(6) 充分发挥财政部门在社会保障改革中的职能作用，避免政策的片面性。

3. 建立和完善我国社会保障预算

1) 基本原则

一是不分资金来源，将各类社会保障收支全面纳入预算。二是在全面、完整、真实地反映社会保障收支情况的同时，要确保专款专用。

2) 建立社会保障预算的目标

逐步建立起以社会保障税为主要收入来源，各项社会保障收支及投资运营活动全部纳入社会保障预算，收支管理及社会保障基金投资运营规范化，各项政策措施完整配套的具有中国特色的社会保障预算体系。近期目标是先将养老、失业、医疗、工伤、女工生育等保险基金以及住房公积金、残疾人就业保障金、社会福利基金等纳入国家预算，财政部门设立社会保障基金专户，统一核算，统一管理；同时，将一般性税收收入安排的在政府公共预算各类预算科目中编列的各项社会保障经费支出，如卫生事业费、抚恤和社会福利事业费、行政事业离退休经费等，从其他类中划出来，单独设类予以反映。

6.2　社会保障资金财务管理

具体来说，社会保障资金财务管理是社会保障机构根据国家的有关法律法规，根据社会保障资金运动的规律，建立社会保障财务管理制度，编制财务计划，加强经济核算，进行财务检查，开展财务分析等，是正确处理财务关系的一项管理工作。

6.2.1　社会保障资金财务管理概述

社会保障资金财务管理是社会保障管理的重要组成部分，是对社会保障管理机构的资金收支活动进行计划、决策、控制、考核及监督等内容的总称。具体来说，社会保障资金财务管理是社会保障机构根据国家的有关法律法规，根据社会保障资金运动的规律，建立社会保障财务管理制度，编制财务计划，加强经济核算，进行财务检查，开展财务分析等，是正确处理财务关系的一项管理工作。

1. 社会保障资金财务管理的分类及特点

社会保障资金财务管理根据社会保障项目，又可分社会保险财务管理、社会救助财务管理、社会福利财务管理和社会优抚财务管理。社会保险财务管理又可细分为养老保险财务管理、医疗保险财务管理、失业保险财务管理、工伤保险财务管理、生育保险财务管理等。

社会保障资金财务管理能够准确、迅速地反映社会保障事业的发展情况，反映社会保障基金的征收、保管、投资运行以及支付情况，因此，社会保障资金财务管理是社会保障决策的依据和基础。

2. 社会保障资金财务管理的职能

社会保障资金财务管理的职能有二：一是反映职能；二是监督职能。

（1）反映职能。反映职能就是指社会保障资金财务通过记录、分类、报告、分析等手段，将社会保障各项经济业务内容转换成财务信息，全面、系统、综合地反映社会保障资金的财务状况。社会保障事业本身是一项复杂的系统工程，其制度的设计、实施和完善等都需要财务管理提供及时而准确的信息。

（2）监督职能。监督职能是指社会保障资金财务通过其本身的活动，对社会保障基金运行的合法性、合理性和有效性进行监督。这种监督属于社会保障管理机构的内部监督，是整个社会保障监督体系的第一层次。同时，财务管理的监督又是一种全过程的监督，既是事后监督，又是事前监督和事中监督。

3. 社会保障资金财务管理的内容

社会保障资金财务管理主要包括三方面内容：第一，正确计算负担比例，合理筹集社会保障基金。正确确定社会保障费率，计算出单位和个人负担费用的合理比例，这既要考虑社会保障事业发展的实际需要，又要考虑单位和个人的经济承受能力。第二，正确支付各项社会保障费用，保障国民基本生活。第三，编制财务计划，分析财务收支状况，定期进行预报和预测，以便及时调整。

4. 社会保障资金财务管理的方法

社会保障财务管理的方法就是反映社会保障的财务内容、执行社会保障计划和完成社会保障财务管理的手段。

1）财务制度

财务制度是由政府统一制定基本方针，由社会保障管理机构根据这些基本方针和本单位的实际加以确定。它是组织财务活动、处理财务关系的基本准则。其具体内容包括：社会保障会计制度，社会保障财会人员岗位责任制度，社会保障管理机构所需费用的审批制度，社会保障财产物资管理制度，社会保障审计制度。

2）财务计划

社会保障财务计划是根据社会保障管理内容制定的，主要由社会保障基金收支计划等内容组成，通过社会保障基金预算报表等来反映。社会保障财务计划是社会保障计划管理的重要组成部分。

3）经济核算

经济核算是根据社会保障管理机构的实际情况制定的管理制度。财务计划指标的完成情况是通过经济核算手段，全面而系统地反映出来。经济核算包括：（1）会计核算，它是通过记账、登记和编制会计报表等方法，全面而系统地反映和监督社会保障的各项财务活动；

(2) 统计核算，它是运用综合指标分析与研究社会保障的财务活动，利用统计方法对社会保障的财务资料进行加工整理，从中发现社会保障财务的内在联系和发展趋势；(3) 业务核算，通过直接观察和计量，发现社会保障财务的规律。

4) 财务检查

财务检查是指根据国家有关法律法规和政策，以会计核算资料为基础，采用检查账目等一系列方法，对社会保障基金收支的合法性、合理性等进行一种检查和监督。检查的内容包括：财务预算计划的执行情况、社会保障基金的收入和支出情况、执行规章制度的情况等。财务检查根据其内容可分为会计检查、财产检查、专项检查；根据检查的时间，分为事前检查、日常检查和事后检查。

6.2.2　社保资金管理现状

1. 内部控制环境存在的问题

总的来说，社保资金管理的控制环境基本能保持资金的安全有效，特别是社会化发放的资金。救助对象的确定能做到公平、公正、公开，但也存在诸多问题：

(1) 部分领导的政策观念不强，对专项资金的政策刚性认识不足，随意改变专项资金的用途，标准和救济对象。

(2) 授权和分配责任的方法不科学、不清晰，主要表现为政府、财管所、民政办及村委会职责分工不明确，预算账和零户统管专户账混乱，专项资金与费用混管混用、让不适当的人员经手专项资金等。

(3) 缺乏内部审计，从而造成违反政策抵扣救助资金、冒名顶替套取财政资金等问题。

2. 资金程序控制现状

社保资金特别对是救灾资金从对象的确定到资金发放到对象手中，都有严格的程序，然而有四种不同的模式。第一种，民政办根据上级相关文件确定发放的对象及标准，财政所根据民政办提供花名册向救助对象下达通知单，由救助对象直接到财管所领取救助资金。该程序是最规范的程序，其优点是能保证救助资金安全发放到对象手中，缺点是不便于边缘村对象(许多救助对象是老、弱、病、残)的领取，可能造成专项资金跨年度长期搁置。第二种，民政办根据上级相关文件确定发放的对象及标准，财政所根据民政办提供花名册通知村组干部到财管所统一领取，由村组干部下发救助资金。该程序的优点是能保证救助资金及时发放，专项资金不滞留在财政账户，缺点是村组干部利用发放资金的便利以救助资金抵扣农户往来或截留挪用。第三种，财政所“以拨代报”，资金到账后拨入民政办，由镇政府通知对象到民政办领取。该程序的优点是能保证救助资金发放到对象手中，不被村组干部截留和抵扣，缺点是财管所丧失监管职能，救助资金容易被镇政府或民政办挪用，也不便于边缘村对象的领取。第四种，财政所“以拨代报”，资金到账后拨入民政办，由民政办通知村组干部统一领取并代发到对象手中。该程序最不可取，具备以上三个程序的所有缺点。

3. 会计管理系统存在的问题

会计管理系统存在明显的不足。一是预算账户管理不规范，从该账户中直接列收列支；二是民政办或福利院没有设立专账；三是民政办或者福利院未纳入零户统管；四是民政账户中有虚假的会计记录；五是不按会计分期的原则及时记录发生的业务；六是会计科目的设置不科学，专项资金不设置专用科目等。

6.2.3　财务管理的建议

针对社保资金管理的现状及存在的问题，应从财务上加强管理，具体的建议如下：

(1) 强化制度建设，加强政策和业务培训，为社保资金的管理创造良好的环境。政府、财政所、民政办需强化、完善并严格执行财务管理制度，并确保社保资金的运行有章可循。各级领导应把好政策关，要把管好社保资金、落实政策上升到建设和谐社会的高度上来，财政工作人员应加强业务学习，坚持原则，确保社保资金的运行有章必循。

(2) 严格操作程序，创新工作方式，保证专项资金的安全高效。对于救灾资金对象的确定和资金的发放，应严格执行文件并创新工作方式：一是按照程序确定救济对象，确保救济对象准确、公开、公平，不得弄虚作假；二是做到专款专用、重点使用，不得截留挪用，不得与五保供养经费、农村低保金等经费混用；三是利用惠农政策信息资源平台，实行救灾资金直达农户“一卡通”、杜绝村组干部代领代发，对于一次性和临时性救灾资金，可由政府组织机关干部和财政人员发放到群众手中，并办好相关手续。

(3) 规范资金管理，做到账务清晰。首先，应将民政资金做到专账专管，既不能与预算账混管，也不能与福利院混管。其次，民政部门内部各项资金必须按照资金的性质和用途进行分类，为专款专用提供必要的会计信息。如救灾资金、五保资金、优抚资金、社会救济、民政经费等必须建立专门的科目，并在相应的科目下进行细化核算，如五保经费中的生活费、医疗费、福利院经费等。最后，为便于规范管理、内部审计和稽核，保证账务清晰，全市应统一民政资金的三级科目，市局在拨付资金时，对于资金的性质应明确填写到三级科目，便于明确资金用途并统一建账，统一管理，杜绝混管混用。

6.3　社会保障资金统计管理

从20世纪70年代至今，世界各国一直都在努力探寻社会保障改革的方向和道路，迫切需要社会保障的国际比较和理论指导。然而由于缺乏统一的国际通用统计标准，各国社会保障统计资料无法进行对比。从20世纪90年代后期，国际上陆续有学者关注社会保障统计口径问题，但有关理论和实践仍严重滞后于现实需要。中国目前尚未建立起社会保障统计体系，也尚未见到有关社会保障统计口径与标准的国际比较研究。建立社会保障统计体系是中国社会管理的重要基础工程，也是服务型政府建设的重要内容。

6.3.1　社会保障统计国际比较与借鉴

本节中我们将通过对四大国际组织、三个代表国家社会保障统计的比较分析，总结出国际社会保障支出统计的口径差异主要集中在其所包括的社会保障项目、主体和形式三方面。指出国际社会应关注社会保障统计标准问题，以使社会保障统计在其国际比较、理论研究和方向道路选择方面发挥应有作用。中国在构建社会保障统计的起始阶段，尤需注意英、美、日三国将社会保障作为独立大类在统计年鉴中单独列示；借鉴欧盟经验建立社会保障收支统计体系，并通过来源法、部门法、项目法和对象法的选择完成社会保障支出统计。

1. 四大国际组织的社会保障统计

目前四大国际组织建立的社会保障统计体系，有的是进行收支统计，有的只进行支出统计，其中建立社会保障统计最早的是国际劳工组织；统计口径最宽的是 OECD，最窄的是世界银行；统计内容最全的是欧盟。

1）四大国际组织社会保障统计的发展简况

(1) 国际劳工组织(ILO)从 1949 年开始社会保障给付费(Cost of Social Security)统计，曾进行过 19 次社会保障调查，汇集各国数据发表社会保障国际比较资料。但从 1996 年开始，由于考虑到与其他国际组织有关统计数据的整合，ILO 对社会保障给付费统计标准和方法进行了较大修改，致使以往统计的连续性断裂，无法再用其进行国际比较。

(2) 世界经济合作组织(OECD)于 1996 年开始发布社会支出(Social Expenditure)统计，目前已经形成了专门的统计资料库(SOCX)。SOCX 比 ILO 的社会保障范围宽泛，除一般的社会保障项目外，还包括了福利设施配置费等非个人转移性支出，故其统计的社会支出比 ILO 的社会保障费要大得多。继 ILO 的社会保障费统计国际比较中断后，OECD 的社会支出统计使发达国家间社会保障支出比较成为可能，但 SOCX 体系中没有关于社会保障资金来源的统计。

(3) 欧洲经济联盟(EU)于 1996 年建立了社会保障资金来源和支付综合统计体系(ESSPROS)，其中作为社会保障支出统计指标的是社会保护费(Social Protection Expenditure)。由于 EU 目前已经包括了 27 个成员国，而且其社会保障统计体系包括收入与支出两方面的统计，因此该统计体系利用价值较高。

(4) 世界银行于 1996 年建立社会保障收支统计，包括社会保障捐款(Social Contributions)、社会保障支出(Compensation of Employees)统计。其社会保障捐款包括雇员、雇主及自雇个人的社会保险金，以及其来源无法确定的其他贡献；社会保障支出包括针对雇员过去劳动的现金及实物补偿，以及政府对社会保障项目的财政支持和养老金补助。

2）四大国际组织社会保障支出统计口径比较

作为社会保障规模与总量的统计指标，社会保障支出应该是全口径的支出，即一国在一定时期内(通常为一年)所有主体以各种形式实施的全部社会保障项目的支出总计。四大国际组织有关社会保障支出的统计口径差异主要集中在其所包括社会保障的项目、主体、形式三方面。

(1) 从项目上说，全口径的社会保障支出包括一个国家用于社会成员生存和发展保护上的所有社会保障项目，既包括社会保险，也包括社会救助，还包括社会津贴与福利等。需指出：由各国社会保障制度不同而形成的统计项目差异应内含于社会保障统计中，但实践中有、而统计未包括的项目则是应予调整的口径差异。

为了便于比较，我们将四大国际组织的社会保障统计项目列示如表 6-3 所示。通过比较不难发现：四大国际组织社会保障统计项目的口径差异主要集中在就业促进、保健医疗、住房保障以及有关管理费上。关于就业促进(积极劳动市场政策)，OECD 和世界银行将其作为一个独立项目纳入统计范围，但 ILO 不包括，EU 则是分散在相关的项目中。关于保健医疗和住宅项目，只有世界银行没有将其纳入统计范围。另外世界银行仅将实际支付给劳动者个人的社会保护性支出列入统计范围，因而在四大国际组织中统计口径最窄。

OECD不仅将对个人的社会保障支出列入统计范围，而且将一些并未实际转移给社会成员的社会性支出(福利机构的设施配置费)也纳入统计范围，因而在四大国际组织中统计口径最宽。“社会保障给付费、社会支出、社会保护费”的不同名称，反映了国际对社会保障概念、内涵和外延的不同理解，也严重限制着社会保障统计的国际比较与研究，建立社会保障国际统计标准势在必行。

表 6-3 四大国际组织的社会保障统计项目

ILO 社会保障费统计	OECD 社会支出统计	EU 社会保障收支统计	世界银行 社会保障收支统计
1. 老龄 2. 遗属 3. 残疾 4. 劳动灾害 5. 保健医疗 6. 家属 7. 失业 8. 住宅 9. 生活保护及其他	1. 老龄 2. 遗属 3. 残疾 4. 劳动灾害 5. 伤病 6. 保健医疗 7. 家属 8. 积极劳动市场政策 9. 失业 10. 住宅 11. 其他社会给付	1. 保健医疗 2. 残疾 3. 老龄 4. 遗属 5. 家属 6. 育儿 7. 失业 8. 住宅 9. 其他	1. 残疾 2. 劳动力市场 3. 养老金 4. 社会安全及收入转移 5. 社会资金 6. 战略与绩效

(2) 从实施主体上说，全口径的社会保障支出包括所有主体实施的社会保障支出，既包括政府公共部门，也包括社会单位及独立机构和个人实施的社会保障支出。但实践中，世界银行的统计范围主要是A板块，而OECD和EU则包括B板块和D板块，如表6-4所示。

表 6-4 社会保障实施主体与形式

	公共部门 B		私人部门 D	
再分配	社会保险利益 A	公共保险项目参与 自雇者选择 保险覆盖	雇主提供的疾病保险 强制性贡献产生的利益 C	税收优惠利益 企业年金 员工提供健康计划
非再分配	来自政府的利益 个体储蓄方案		非税收优惠 精算公平的 退休金	独家私人：利益 保险累积、市场买进 计划个体出价、参数 选择

(3) 从实施特点和支出形式上说，全口径的社会保障支出既包括初次分配，也包括再分配的社会保障支出；既包括强制性，也包括自愿性社会保障支出；既包括现金支出，也包括实物支出，还包括各种券证形式的支出，如表6-5所示。

表 6－5　四大国际组织社会保障支出所包括的社会保障统计口径

ILO	OECD	EU	世界银行
公共支出	公共支出	公共支出	公共支出
准公共支出	强制性私人支出	强制性私人支出	
独立机构支出	私人自愿支出	私人自愿支出	

还应该指出，全口径的社会保障支出一定是社会保障支出的总额，而不是社会保障收入总额或基金总额。收入总额反映社会保障集中的资源，而并非真正用在了社会保障对象身上；基金总额反映社会保障集中资源的剩余存量；只有用社会保障支出总额占 GDP 比重反映社会保障规模更具现实意义。

2. 英、美、日三国的社会保障统计

英国、美国、日本均将社会保障作为一个独立的大类单独列示在统计年鉴中，在社会保障大类下再按项目、对象及部门等进行明细统计。

1）英国社会保障统计

英国统计年鉴分为五大门类、29 大类，社会保障列其第三大门类中的第 12 大类。英国统计年鉴的五大门类板块分明；社会保障大类下的统计不分城乡和地区，突出分项目和分对象的统计，反映出英国社会保障制度的全国统一性和全国统筹性，也体现出英国社会管理的成熟，如表 6－6 所示。

表 6－6　英国统计年鉴门类

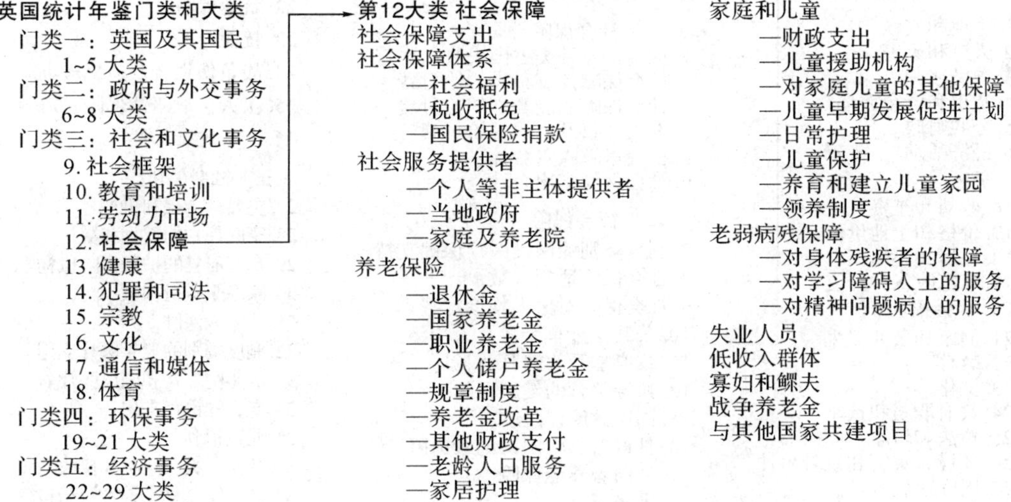

2）美国社会保障统计

美国统计年鉴未设门类而是直接列示 30 个大类，社会保障是其中的第 11 大类。在社会保障大类下设有 4 个中类和 100 个统计指标，先按项目、再按对象分类，其中社会保障信托基金单列一个中类，如表 6－7 所示。

表 6－7 美国统计年鉴门类

美国统计年鉴中30个大类
1. 人口
2. 出生与死亡率、成婚及离婚率
3. 健康和营养
4. 教育
5. 执法、法院和监狱
6. 地理和环境
7. 选举
8. 国家和地方政府财政与就业
9. 联邦政府财政和就业
10. 国家安全和退伍军人事务
11. 社会保险和人类服务
12. 劳动力、就业和收入
13. 收入、支出、贫困和财富
14. 物价
……
20. 建设和住房
……
30. 国际统计比较

第11大类 社会保险和人类服务
中类1：职业、收入和缴费率
1. 参保人数
3. 应税收入
5. 总就业收益
9. 总收入
12. OASDHI的缴费率
13. 老年遗属残疾和健康保险
17. 补偿性医疗保险
中类2：养老金待遇受益人
18. 养老金总数
19~32 按受益对象分类统计月均养老金（现行美金）
33~44 按受益对象分类统计月均养老金（2005年美元）
45~61 按受益对象分类统计年养老金支出总数
62. 月养老金待遇
63~77 按受益对象分类统计
中类3：受益人、年支出额及月均养老金
78. 养老金受益人总数
79. 退休工人及孤寡老人
80. 遗属
81. 工残职工及孤寡老人
82. 年支出（总数）
83~85同79~81
86.月均养老金支付
87~89同79~81
中类4：社会保障信托基金
90. 信托基金种类
91. 养老保险和遗属抚恤
92. 上缴净收入
93. 已获利息
94. 基金支付
95. 年末资产
96. 工伤保险
97. 上缴净收入
98. 已获利息
99. 基金支付
100. 年末资产

3）日本社会保障统计

日本社会保障在其国家统计年鉴 27 个大类中列第 20 大类，该大类下再按社会保障综合、社会保险、社会福利三个部分进行分类统计。其三个中类的分类清晰，但社会保险和社会福利中类下的统计项目多且杂，体现出日本社会保障制度繁复的特点，如表 6－8 所示。

表 6－8 日本统计年鉴门类

日本统计年鉴27个大类
1. 土地和气候
2. 人口和家庭
3. 国民账户
4. 货币和资金循环
5. 公共财政
6. 经济活动
……
16. 劳动和工资
17. 价格和土地价值
18. 住房和不动产
19. 家庭收入和开支
20. 社会福利
21. 健康和公共卫生
22. 教育
23. 文化
24. 政府职员和选举
25. 司法和警察
26. 环境，灾害和意外事件
27. 国际比较统计

第20大类 社会福利
（一）社会保障综合
1. 社会保障种类占国民收入比重
2. 社会保障计划种类的给付费
3. 社会保障职能类别的给付费
4. 老人儿童及家属的给付费
5. 社会保障收入合计
6. 社会保障支出合计

（二）社会保险
7. 制度类别的国民医疗保健支持
8. 社会保险适用人数
9. 社会保险对象人均诊疗费
10. 公共年金享受者及人均年金
11. 政府掌管的健康保险
12. 协会掌管的健康保险
13. 国民健康保险
14. 都道府县的国民健康保险
15. 劳动者养老保险
16. 国民年金
17. 农民养老金
18. 护理保险人数和给付
19. 国家及地方公务员养老保险
20. 私立学校教职员养老保险
21. 海员保险
22. 就业保险
23. 抚恤金
24. 战争伤亡者及遗属救助
25. 工人事故赔偿保险
26. 公务灾害补偿

（三）社会福利
27. 主要社会福利机构
28. 家庭住户的类型和数量
29. 都道府县的护理保险机构
30. 家庭服务机构数
31. 老年人保健
32. 制度类别的老年医疗支出
33. 老年医疗费和国民医疗费
34. 老人的诊疗支出
35. 儿童福利
36. 托儿所数及定员和接收数量
37. 儿童津贴享受人数及给付额
38. 残障福利
39. 帮助智障者康复人数
40. 生活救济住户、人员及给付费
41. 都道府县生活救济户与个人
42. 生活救济新进和退出家庭数
43. 社会福利机构及民生专员

6.3.2 中国社会保障统计体系构建

1. 中国社会保障统计现状

中国目前并未建立起社会保障统计体系，在中国统计年鉴里，社会保障统计项目主要集中于最后一个统计大类“社会服务及其他”和第八大类“财政”。另外有些项目零散分布在相关大类中，其分布如图 6-2 所示。

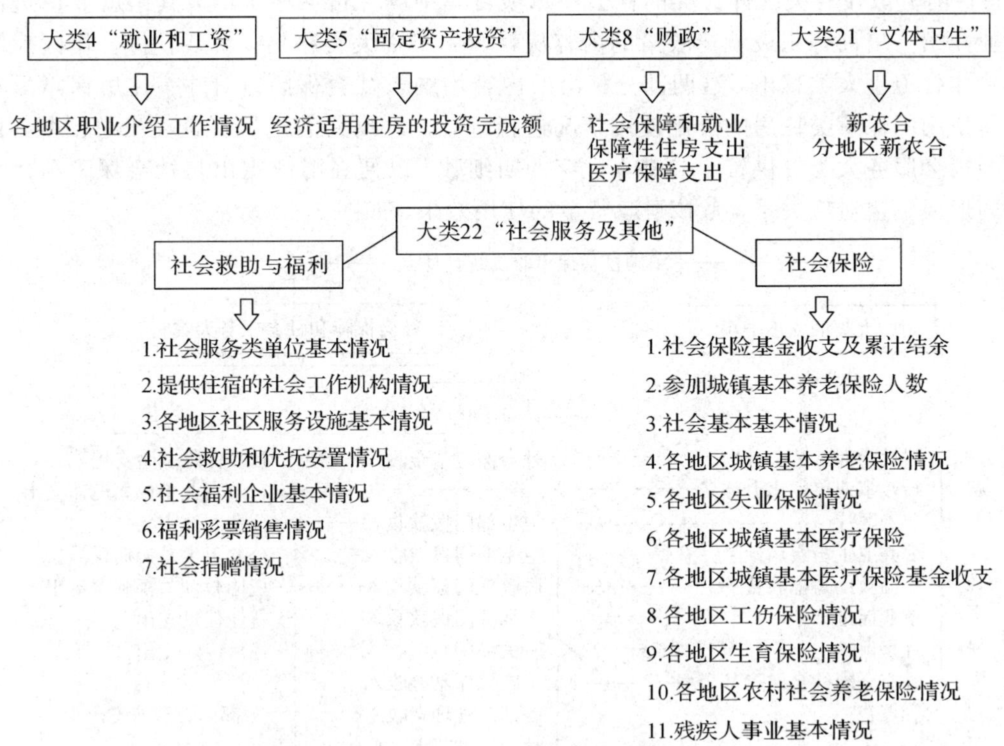

图 6-2 2010 年中国统计年鉴中的社会保障内容

上述社会保障统计中：大类 4、大类 22 中的社会救助与福利两部分只有基本数字统计，而无资金统计；大类 8 只有粗分类的资金统计而无基本数字统计；大类 5、大类 22 中的社会保险两部分既有资金统计，也有基本数字统计，但其中经济适用房的资金统计是投资完成额，而不是同社会保障支出相一致的概念。因此，依据中国统计年鉴无法统计出中国社会保障支出总额。

2. 中国社会保障统计体系建设方向和路径

1）大方向是将其作为独立大类单独列示在统计年鉴中

这既是国际社会保障统计给我们的启示，也是中国改善民生、建立服务型政府、加强社会管理、促进社会和谐的重要举措。当然目前一步到位尚不现实，可在“十二五”期间先行健全、规范现有社会保障统计体系，从“十三五”开始大类单列。

2）明确社会保障统计内涵和外延

综合国际社会保障统计经验，社会保障有狭义和广义之分。狭义的社会保障包括社会保险、社会救助和社会福利(优抚安置)；在狭义社会保障基础上增加就业促进、住房保障、公共卫生构成广义的社会保障；另外，社会保障管理费作为单独项目统计在社会保障支出中，个人社会保障性存款也统计在内。中国应兼顾国际经验，注意规范社会保障统计尚范围，这是建立社会保障统计体系的重要前提。

3）构建包括收入和支出的社会保障统计体系

国际社会保障统计有支出统计和收支统计两种体系，考虑到我国社会保障的资金监管和制度选择与建设等需要，笔者提出中国应建立包括收入和支出在内的社会保障统计体系，将目前分散在有关统计大类的社会保障项目集中归并进两个大类，其中就业促进部分将职业介绍与培训等积极就业政策的内容从就业和工资大类移出，新型农村合作医疗统计从文化体育卫生大类移出，这两部分移出的内容均纳入社会保险统计中。住房保障只对建成交付使用的保障类住房的分配使用情况进行统计。财政大类提供资金支出总括数，社会保障与社会服务大类提供资金与基本数字的明细数，以便在财政支出与社会保障和社会服务之间形成资金对应关系，考核财政资金的使用效果，如图 6－3 所示。

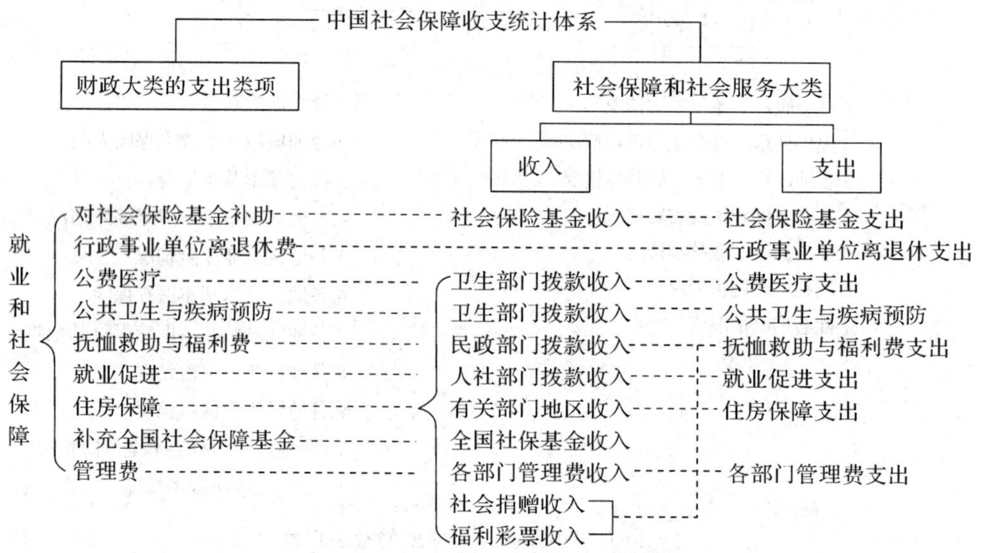

图 6－3　中国社会保障收支统计体系

4）建立健全社会保障统计指标体系

以社会保障项目为第一层次，以覆盖、待遇、负担、基金、成本效率为第二层次，构建起包括城市与农村、基本与补充的社会保障统计指标体系。

5）建立社会保障支出统计的方法体系

相对于收入统计，社会保障支出统计更为复杂，因此成为社会保障统计的研究重点。在全面分析中外社会保障统计的基础上，笔者提出我国社会保障支出统计的方法体系：

（1）来源法，即从社会保障资金来源角度分别按照市场、政府、社会三大来源统计社会保障支出。社会保障支出总额＝社会保险支出＋财政社会保障支出－财政对社会保险基金补助支出＋社会性资金社会保障支出。式中社会保险支出既包括城镇、也包括农村；既包括基本、也包括补充，总之是全部社会保险支出。该方法有利于分析社会保障支出的资金来源构成，且统计相对简便；但三大块支出之间有交叉，易出现重复统计，也难以反映社会保障的支出结构。

(2) 部门法，即从社会保障政府管理部门的角度，将其各自的社会保障支出予以加总统计社会保障支出总额。我国的社会保障事业主要由四大部门管理：其中人力资源和社会保障(人社)部门负责社会保险和就业促进，民政部门负责社会救济、社会优抚安置和社会福利，住房与城乡建设(住建)部门负责住房保障，财政部门负责行政事业单位离退休费、公费医疗、医疗保障以及疾病预防等支出。社会保障支出总额＝∑(人社部门＋民政部门＋住建部门＋财政部门)社会保障支出额。该种方法与中国现实最为贴近，有利于统计工作的开展与数据质量的管理，也便于财政部门的事业费预算管理和考核，但难点在于财政部门与其他部门间的数字关系。财政部门向人社、民政、住建等部门划拨的社会保障资金，已然列入各部门的社会保障支出中，不能再统计到财政社会保障支出中。财政社会保障支出仅统计由财政部门直接支付的属于社会保障、且未包含在其他部门社会保障支出的项目。同时，上述部门除社会保障支出以外还有其他事业支出，需注意其支出的分类统计。还需指出，新农合和医疗救助目前由卫生部门管理，教育救助由教育部门管理，按照部门法统计社会保障支出，最好将其划归人社部门和民政部门。

(3) 项目法，即按社会保障构成项目进行汇总，社会保障支出总额＝∑(社会保险＋社会救济＋社会福利＋住房保障＋行政事业单位离退休＋公费医疗)支出。该种方法便于观察社会保障制度的项目构成，有利于完善社会保障制度，但实施中仍需以部门统计为基础。

(4) 对象法，即从社会保障资金给付的对象的角度进行汇总社会保障支出总额＝∑(老年人＋残疾人＋儿童＋妇女＋劳动者＋军人＋其他优抚对象)社会保障支出。该种方法有助于分析不同的社会群体所享受的社会保障份额，便于政府分析有关分配问题，完善社会保障政策，但在我国目前以部门、项目统计为主的情况下该种方法还很难实现。

中国 2009 年城镇基本社会保险支出 12303 亿元，补充社会保险收入(缺少支出统计)2525 亿元，财政社会保障支出 10967 亿元，财政对社会保险基金补助支出 1776.73 亿元，住房公积金支出(提取额 1958.34＋贷款额 2035.93)亿元，社会捐赠资金收入(缺少支出数)509.4 亿元，福利彩票公益金支出 113.4 亿元。由此在缺少农村社会保险支出、社会性资金社会保障支出、个人社会保障性存款、社会保障管理费支出的情况下，中国 2009 年社会保障支出总额为 28635.34 亿元，占当年 GDP335353 亿元的 8.5%。在 OECD 统计的 34 个国家中，公共社会支出占 GDP 的比重平均为 19.3%，其前三位是法国 28.4%、瑞典 27.3%、奥地利 26.4%。后 3 位是墨西哥 7.2%、韩国 7.5%、土耳其 10.5%，但该 3 国 2008 年人均国民收入依次为 9980、21530、9340 美元，中国仅为 2940 美元。由此可见，以中国目前的经济发展水平论，我国经济总量中用于社会保障的比例并不那么低。而且，现阶段中国的社会保障制度处于建设期，其发展趋势是从低到高，而发达国家社会保障制度早已经过高峰期进入调整期，其趋势是由高向低。因此，我们在同国际社会保障资料对比时，既要考虑到统计口径的差异，也要注意到经济水平与发展阶段的差异，切忌简单直接地将发达国家的社会保障规模作为我们的决策目标。

6.3.3　关于社会保障资金统计管理的建议

根据《劳动和社会保障部关于进一步加强劳动和社会保障统计工作的意见》，为进一步加强劳动保障统计工作，切实提高统计工作的质量和效率，现就当前社保资金统计工作提出以下意见：

充分认识统计工作的重要性，进一步强化统计基础建设劳动保障统计是劳动保障事业发展重要的基础性工作。

各项劳动保障统计数据既是制定劳动保障各项政策的重要依据，又是各项政策执行情况和社情民意的最直接体现。各级劳动保障部门要坚决按照江泽民总书记“七一”重要讲话和党的十五届六中全会精神，从讲政治的高度，以实事求是的态度，增强对新时期劳动保障统计工作重要性的认识；按照部党组提出的“抓落实、抓管理、抓调研，加强干部队伍建设”要求，切实加强对统计工作的领导，强化统计基础建设，在机构编制、人员配备和经费安排上予以优先考虑，为统计工作的开展创造良好条件。要重视和加强统计队伍的建设，充实统计人员队伍，保持统计人员的相对稳定，以切实保证统计制度的落实和统计工作的连续性；要进一步通过各种行之有效的培训方式，对劳动保障统计工作人员进行统计知识和劳动保障业务培训，提高统计人员素质，逐步实现统计人员持证上岗。

1. 加强统一管理和综合协调，发挥统计工作的整体效能

各地劳动保障部门都要明确一个处(室)负责统计的管理和综合协调工作，组织国家统计报表制度和统计调查工作的实施，协调劳动保障部门与其他部门在统计方面的关系，制定本地区统计工作制度，并按照“统一管理、分工负责、综合协调、统一对外”的原则，规划制定本地区统计报表制度和统计调查方案，统一对外发布和提供有关统计信息资料。重要数据的公开发布和对外提供，要进行统一审批，坚决制止数出多门、重复统计、数据相互矛盾现象的发生。

2. 进一步改革统计调查方法，加快劳动保障统计调查方法体系的建设

根据各级领导和社会各界对劳动保障统计资料的需求，各地要进一步改革统计调查方法，加快建立以必要的全面定期报表和抽样调查为主体，辅之以重点调查、典型调查等非全面调查方法和普查相结合的新型劳动保障统计调查方法体系。要针对不同时期劳动保障工作的重点，采用灵活多样的统计调查方法，并着力探索不同统计调查方法有机结合的途径。要根据形势不断发展的要求，进一步调整统计指标和分组，完善定期报表制度。同时积极就劳动保障工作中的难点、热点和群众关心的问题开展抽样调查、典型调查等非全面的快速调查，并进行超级汇总，以及时、准确地取得全面定期报表所不能得到的情况和统计数据，为制定政策提供依据，为社会各界提供咨询服务。

3. 依法做好统计工作，不断提高数据质量是统计工作的生命

各级劳动保障部门要严格按照《统计法》和《劳动保障部统计工作管理办法》的规定，采取各种有效措施，依法开展统计调查，不断提高统计数据质量。要从源头抓起，逐步建立起统一的基层单位基本数据的统计台账，建立健全基层单位数据库，并定期进行维护和更新，确保来自基层单位统计数据的准确、可靠；要建立和完善统计数据质量责任制，并从2001年起定期开展统计数据质量检查和评估工作；要严肃统计纪律、加强统计监督，任何单位或个人不得以任何理由修改基层单位上报的统计数据和来自基层单位的汇总数据，坚决制止弄虚作假、虚报浮夸、篡改统计数据的违法行为。

4. 围绕劳动保障中心工作，加强统计的调查分析和预测工作是劳动保障统计的关键，也是提高统计工作服务水平的重要环节

各地要紧紧围绕劳动保障中心工作，尤其是热点、难点和人民群众关心的劳动保障问题，积极开展全方位、多层次的统计调查、分析和预测工作，不断提高分析预测水平，并使之经常化、制度化。要努力完善劳动保障工作季度形势分析和年度公报制度，全方位、多角度反映劳动保障工作情况。

5. 充分开发和利用现有统计资源，提高统计工作的有效性和时效性

要加强对已有统计数据资料的综合开发和利用。要通过整理历史资料、整合不同来源的资料，为领导科学决策、企业加快发展和劳动者合理定位提供准确的数据、分析和建议。要通过统计报告、统计数据、统计图表等形式生动形象地反映劳动保障工作的进展情况，并通过定期或不定期的报刊、书籍、磁介质以及网络等，广泛发布相关统计资料，更好地为社会各界服务。要充分利用现代科技成果，特别是计算机和网络技术，提高统计数据的处理质量和效率。从 2001 年年报起，各地区上报劳动保障部的定期统计报表和规定的重要信息(除密级件或其他特殊原因之外)，都要争取通过网络来完成。

6.4　社会保险资金精算管理

社会保障精算是为保证社会保障制度的平稳运行，以社会保障理论为基础，借鉴精算学和商业保险精算学的基本方法，分析社会保障风险，量化社会保障相关指标，为社会保障部门决策提供参考依据(决策支持)的一门应用学科。

6.4.1　社会保障精算的产生与发展

1. 国外社会保障精算的产生与发展

20 世纪 50 年代，随着社会保障制度的发展，社会保障精算的相关研究逐步展开。N. L 鲍尔斯等著的《精算数学》推导出一些专门的精算模型。R. L 布朗在其著作《人口数学》中介绍了人口普查数据在美国退休金保障上应用的思路和方法。另外，S. G. 凯利森的《利息理论》，N. L 鲍尔斯的《风险理论》和 Dick London《生存模型》都从精算的角度对社会保障制度进行了分析。这几位学者的著作开创了将精算学引入社会保障领域的先河。经过几十年的发展，国外社会保障精算的应用已经较为广泛。在社会保障制度比较完善的国家，大多运用精算技术对社会保障计划费用及其可能的变化做出长期预测，从而为社会保障资金管理部门提供有用信息，使现在和将来的社会保障计划都能建立在合理的财力基础之上，有效避免基金支付危机。例如，美国社会保障署每年都从精算的角度对其年度财务报告进行审查，主要内容包括：(1) 社会保障信托基金财务状况和精算状况的技术和方法是否符合精算业的要求；(2) 所有财务报告中的假设和由此引起的精算估计是否合理，是否真正适合于评价社会保障信托基金的财务和精算状况。由此可见，在发达国家，精算已成为社会保障领域中必不可少的管理工具。

国外社会保障精算发展的另一个显著特点是，越来越多的精算师开始从传统的商业保险领域进入社会保障领域。精算师的主要工作就是综合运用统计、数学、会计、投资、法律等方面的知识，对各种风险因素进行预测、评估和管理。在社会保障领域中，精算师一般要首先调查和收集有关参保人数、死亡率等资料，然后根据所要预测的目标构建相关的模型，最后在一定的政策和原则的基础上进行精算，对社会保障风险进行评价，进而为政府决策提供参考依据。

总之，当前国外关于社会保障精算的研究主要集中在社会保障风险的预测和管理、社会保障资金的运营管理等方面，而且随着更多的具有从业资格的精算师进入社会保障领域，社会保障精算正朝着规范化、精确化的方向发展。

2. 国内社会保障精算的产生与发展

我国的精算事业起步较晚，尚处于引入阶段。从 1982 年我国恢复办理寿险业务开始，精算在商业保险领域得到了发展。1986 年，我国开始社会保障制度改革，社会保障研究只是简单套用商业保险精算的基本方法，这个时期我国的社会保障精算还处于萌芽阶段。

从 20 世纪 90 年代开始，随着我国社会主义市场经济的建立，社会保障制度改革的力度逐步增强；面对人口老龄化程度的加剧和就业人口数量的增加，社会保障对于国家财政的压力逐步加大，因此，我国于 1997 年开始实施“社会统筹和个人账户”相结合的养老保险和医疗保险制度，但在制度改革进程中引发了养老保险隐性债务、社会保障基金缺口等一系列问题。

这些问题使人们逐步认识到，社会保障制度的制定和运行需要更加科学的方法来指导，因此精算在社会保障领域得到了迅速的发展。具体表现在两方面。

（1）研究领域扩展。从传统的仅集中于研究养老保险扩展到医疗保险、失业保险等其他社会保障项目；

（2）研究深度增加。由以前多从宏观角度对社会保障问题进行研究，发展为注重对具体问题的深入分析。

从实践方面来看，我国社会保障精算也得到了迅速的发展。具体表现在以下两个方面。

（1）精算教育从无到有。我国直到 1988 年才开始在高校中开展精算教育，相比发达国家的精算教育落后几十年，但我国精算教育的发展速度很快，一些高校开设了社会保障精算课程，全国已有数十所高校开始培养精算方向的本科生或研究生；

（2）精算研究机构逐步建立。除了在高校中开展精算教育以外，我国专业精算机构数量逐步增多，南开大学、复旦大学、上海财经大学、厦门大学等一些高等院校成立了专业的精算中心。其中，中央财经大学于 2003 年建立了社会保障精算中心，是我国第一家社会保障精算专业机构。这表明社会保障精算已经成为一个单独的研究方向从传统的精算领域中分离出来。

从理论研究来看，部分学者在社会保障精算研究方面取得了一定成果，主要著作有：王晓军的《社会保障精算原理》、王鉴岗的《社会养老保险平衡测算》、周渭兵的《社会养老保险精算理论、方法及其应用》和陈滔的《医疗保险精算和风险控制方法》等。

6.4.2 社会保险精算的内容

1. 社会养老保险精算的主要内容

（1）社会养老保险基金平衡精算。社会养老保险基金平衡就是基金的收入和支出在数量上要保持相等，这是社会养老保险基金在筹资和使用中所要遵循的原则。但是，目前的问题是社会养老保险基金支大于收，基金缺口逐年扩大，养老金的支付风险逐步增大，直接影响社会养老保险制度的平稳运行。在本书中，我们对不同筹资模式下社会养老保险基金平衡的几种典型精算方法进行了比较和修正，并通过实例对陕西省社会养老保险基金收支状况进行测算。

(2) 社会养老保险基金隐性债务精算。社会养老保险基金的隐性债务是在社会养老保险制度转轨过程中形成的历史债务，是在现收现付制社会保障体系中，对已经退休和在职人员的养老金承诺，但这种承诺在现收现付制向基金制转轨过程中缺乏相应的融资途径，由此形成债务。隐性债务是目前世界上很多养老保险制度转轨国家所面临的问题，隐性债务的存在影响着退休人员的养老金待遇水平。因此，为了减少隐性债务带来的巨大风险，减小其规模，就必须对其进行测算并据此予以补足。本书在后续的篇章中将重点阐述几种测算模型并对陕西省的社会养老保险基金隐性债务进行实际测算。

(3) 社会养老保险替代率精算。社会养老保险替代率是养老金与工资的比例，分为平均替代率和个体替代率，它反映了社会养老保险制度对退休职工生活的保障水平。社会养老保险替代率水平的高低影响养老保险基金收支规模和运行状况，是社会养老保险的重要指标。

(4) 社会养老保险影响因素敏感性分析。社会养老保险制度的运行，受到多种因素的影响，包括制度内因素和制度外因素。某些重要因素的微小变动，会对社会养老保险制度平稳运行产生一定程度的影响。

(5) 社会养老保险基金投资精算。社会养老保险基金的筹集和给付时间跨度较大，期间面临着通货膨胀、经济波动等各种风险，这些风险会影响养老金的正常给付，因此，必须对其进行投资以实现基金的保值和增值。选择适当的投资方式，并设计出合理的投资组合方案是基金保值增值的关键。

2. 社会医疗保险精算的主要内容

(1) 社会医疗保险基本指标测算医药补偿比、保险因子和增加系数是衡量医疗保险费用收支状况与评价社会医疗保险制度运行状况的基本指标。

(2) 社会医疗保险收支状况测算医疗保险基金收支平衡是保证医疗保险制度平稳运行的基本条件，要实现医疗保险基金收支平衡就需要对医疗保险基金的收支状况进行定量分析。

3. 其他社会保障项目的精算

(1) 失业保险精算。失业保险是对失业者在一定时期内提供基本生活保障的一种制度化的社会安排。失业率是衡量失业水平的一个常见指标，只有准确衡量失业水平才能够准确计算失业保险基金的支出状况。另外，“收支相等，略有节余”，是失业保险基金管理遵循的基本原则。

(2) 工伤保险精算。工伤保险是国家和社会对在生产过程中因公受伤，或因职业病导致暂时或永久失去劳动能力或导致死亡的劳动者及其家属提供物质帮助的制度。通过分析工伤保险基金的收入和支出状况，恰当地确定工伤保险的缴费率，有利于保证对受伤者的救治和降低工伤风险的可能性。

(3) 生育保险精算。生育保险是对女性劳动者在生育期间提供的医疗服务和经济补偿，能够分散生育行为给女性劳动者职业生涯带来的风险。进行生育保险收支的测算，能够保证生育保险金的正常给付，确保劳动力再生产和人口再生产。

(4) 社会救助精算。社会救助是国家在公民难以维持其基本生活时，提供的保证其最低生活需求的物质援助的制度，是社会保障的最低层次，是保障社会成员基本生活的最后一道防线。其中，贫困率和最低生活保障线是确定社会救助目标群体的基本指标。

6.4.3 社会保障精算和商业保险精算的关系

社会保障精算是在商业保险精算的基础上发展起来的，因此，本节对社会保障精算和商业保险精算的联系与区别加以分析。

1. 社会保障精算和商业保险精算的联系

(1) 理论基础相同。由于精算学是商业保险精算和社会保障精算共同的理论基础，因此，商业保险精算与社会保障精算的基本原理相同，如利息理论、人口理论和风险理论等。

(2) 技术方法相似。风险及其导致的损失是社会保障精算与商业保险精算的研究内容，它们通过对风险的评价来测算风险损失和未来赔付责任，在此过程中，都需要运用概率论和数理统计以及其他学科的相关知识。因此，在许多方面两者的技术方法相似。

2. 社会保障精算和商业保险精算的区别

(1) 精算目的不同。商业保险以盈利为目的，因此，商业保险精算需要对商业保险公司的盈利能力做出估计，在制定保险费率和赔付标准时，要保证商业保险公司有一定盈余。而社会保障是为了保障公民的基本生活，不以盈利为目标，因此，社会保障精算以保障基金的收支平衡，促进社会保障制度的平稳运行为主要目的。

(2) 计算方法不同。商业保险的保险对象是不确定的，参保人既可根据自身需要选择不同保险的项目，也可根据自身偏好选择不同的商业保险公司。而社会保障制度由国家强制实施，达到参保条件的人必须参加。由于参保人群特征不同，商业保险精算和社会保障精算所依赖的生命表的构造方法存在差异，相关的具体计算方法也不尽相同。

(3) 保险费的筹集和管理不同。商业保险的保险费一般视险情而定，由个人承担并由盈利性的金融机构负责管理；而社会保险费一般由国家统一规定费率，个人、国家和企业共同负担，非盈利性的经办机构负责管理的。

本 章 小 结

社会保障资金预算管理制度是我国财政管理的最主要、最基本的制度之一。党的十四界三中全会明确提出“要逐步建立政府公共支出预算和国有资产经营预算，并根据情况建立社会保障预算和其他预算”，形成具有中国特色的预算管理体系。社会保障预算管理制度是建立在社会保障制度改革与发展的基础之上为社会保障事业服务、并按照科学的管理方式运行的制度。本章通过对社会保障资金预算管理、社会保障资金财务管理、社会保障资金统计管理和精算管理的详细解释全面阐述了社会保障资金的管理方法。

案例分析

社保干部非法审批套取社保资金　国土局副局长“卖地”捞取好处
海南检察机关统计近5年渎职犯罪　平均个案造成损失258万

渎职侵权犯罪，被称为“不落腰包的腐败”，其造成的损失、危害远远大于贪污、贿赂犯罪所带来的损失、危害。有权威部门曾做过这样的统计，把近5年来贪污贿赂的犯罪和渎职侵权犯罪的做了一个比较，把所有的办案涉及金额除以案件数量，把每个案件造成的损失都统计了出来，得出了一个结论：贪污犯罪平均个案损失是15万元，渎职侵权犯罪的平均个案损失是258万元。

近年来，海南省检察机关查处了一批损害人民群众合法权益的渎职侵权犯罪案件，涉及国土资源管理、林业、教育、安全生产监管、社会保障、水务、交通、司法、食品药品监管等多个领域。日前，相关部门向《法制日报》记者披露了一批典型案例。

滥用职权非法审批社保资金提前套现

韩军，曾担任海口市社会保险结算支付中心副主任兼海口市社会保险事业局琼山社会保险所所长。2010年11月9日，因滥用职权罪被海口市琼山区人民法院判处有期徒刑两年，缓刑两年。

2008年，海南省养老保险开始实行全省统筹制度，当时海口地区依据相关规定对1992年至1997年养老保险费的补缴审查较为严格，需要一系列的书面材料证明，但在该省其他市县，对补缴养老保险费的审查相对宽松，部分人员甚至可以凭关系虚构工作单位办理补缴手续。由于补缴保险后，退休后能领取的养老金要明显多于未补缴的人员，因此很多人便通过韩军想办法办理1992年至1997年养老保险的手续。韩军明知有关人员不符合补缴条件，仍找到在工作过程中认识的林某(曾在龙华区社保与就业管理站工作，后因涉嫌诈骗罪被起诉)，作为中介帮助一些不符合条件人员办理手续。在办理时，韩军只提供给林某一张参保人的身份证复印件并支付相关费用，而林某则负责将伪造好的参保人在澄迈县社保局的补缴手续材料交给韩军，由韩军录入海口市社保局电脑管理系统。2008年7月至2009年8月，韩军先后主动托林某办理40多人，至案发时已录入海口市社保局电脑管理系统20多人。

韩军除主动托林某伪造请托人的社保关系转移材料外，还帮助林某办理了由林某介绍的人的社保关系转移手续。经核查，2008年7月至2009年8月，由韩军录入的伪造社保关系转移人员共计229人，伪造缴费但未实际缴费却已退休领取养老保险金的共计82人。截至案发，韩军的行为已导致51.81万元的社会养老保险金被冒领。

“卖地”捞取好处国土局干部落马

黄尤智，保亭县民政局原副局长，在1997年7月至2002年1月担任保亭县建设与国土资源局副局长期间，负责国土局的日常工作安排，主要是负责建设用地、承包土地和国有土地出让使用等工作。

2000年9月，在办理保亭县某农业综合开发有限公司在保亭县新政镇南改村南改岭和布谷岭，申请征用13448亩国有林地用于养殖黄牛过程中，明知该公司征用的土地一次性向县政府请示有超越县一级政府审批权限不可能获批的情况下，指使该公司将征用的土地分成三块，分三次提出申请并从中捞取好处，误导县政府超越权限审批，致使该公司在没有缴足土地确权费和未缴纳3165.58万元土地出让金的情况下，取得土地使用权证。同时，该公司利用该块地的土地使用权向银行贷款，给国家造成经济损失300万元人民币。

2011年3月9日，保亭县人民法院以黄尤智犯受贿罪，判处有期徒刑两年，犯滥用职权罪，判处有期徒刑一年，决定执行刑期两年六个月。

内外勾结偷工减料新修公路脱皮露骨

潘正波，原系文昌市地方公路管理站副站长，文昌市农村公路改造工程指挥部任项目负责人、总工程师，文昌市农村公路工程施工建设质量监督小组副组长；邓邦兴，原系文昌市交通局办事员，2005年8月被派到文昌市农村公路改造工程指挥部计量合同部工作，担任文蓬线K27至干塘公路的业主方现场代表。两人与施工老板勾结，偷工减料，致使新修的公路未达标而脱皮露骨严重，造成直接经济损失100余万元。

文昌市农村公路通畅工程不仅是海南省公路网的有机组成部分，也是中央及省计划投资修建的惠民、利民的农村“通畅工程”之一，项目建设资金由中央补助资金、省级自筹资金和市、县、乡镇两级政府配套资金共同组成。

文蓬线K27至干塘公路原由海南某建筑公司文昌分公司承建。该公司负责人林某在完成文蓬线K27至干塘公路的土方路基、级配碎石工序的施工后，又将余下的水泥砼面层等工程施工转包给林某某(没有施工资质)。林某某承包该工程后，既没有聘请专业的公路工程技术人员指导施工，也没有组建工程队，只是在需要施工时，临时到大致坡雇请零散工人来进行施工。在使用水泥过程中，没有使用明确规定的PO425号水泥，而是使用明令禁止的PC325号水泥。

时任文蓬线K27至干塘公路的业主代表邓邦兴在明知施工队没有技术人员、现场管理不到位和施工材料不合规定的情况下，没有认真对工程质量进行监督，没有提出明确的整改措施和采取有效手段要求施工队进行整改。

2009年1月8日，潘正波组织人员对文蓬线K27至干塘公路进行验收。其间，潘正波收受了林某某人民币2000元，在没有设计单位人员参加、也没有进行抗折弯拉强度测试的情况下，潘正波在验收报告上签名确认该路段质量合格，使该路段顺利通过验收。

该路段通车后不久多处出现坑洞与破损，路面脱皮露骨严重，造成直接经济损失100余万元。当地群众对此议论纷纷，意见极大，指责这是豆腐渣工程，致使政府声誉受损。另外还查明潘正波在管理文昌市农村公路通畅工程期间，利用担任总工程师的职务之便，多次收受、索取施工队老板的钱财50800元。

2010年1月25日，文昌市人民法院以被告人潘正波犯玩忽职守罪判处有期徒刑一年六个月，犯受贿罪判处有期徒刑两年三个月，两罪并罚，执行有期徒刑三年六个月；被告人邓邦兴犯玩忽职守罪，免予刑事处罚。

反省与思考

长期以来，社会公众特别是一些国家机关工作人员和领导干部，对渎职侵权犯罪的严重危害性认识不够，相当多的渎职侵权犯罪案件被忽视、被容忍、被“谅解”。而事实上，渎职侵权的危害大大超过了贪污贿赂。我国正处于社会转型期，矛盾纷繁复杂，渎职侵权犯罪容易成为产生社会矛盾的重要因素和引发群体性事件的导火索，加强对权力的监督制约比过去任何时候都更为迫切。

从目前的情况看，“发现难、取证难、处理难”成为制约反渎职侵权工作的突出问题。检察机关的反渎职侵权工作必须得到全社会的重视，尤其是拥有行政许可、审批权力的行政部门的重视和认可，让权力在阳光下运行，才能开展得更好。

（来源法制网——法制日报）

复习思考题

1. 为什么要进行社会保障资金预算管理?
2. 如何进行社会保障资金统计管理?
3. 社会保障资金财务管理的职能。
4. 针对我国社会保障资金管理存在问题的措施有哪些?
5. 社会保障资金财务管理的职能有哪些?
6. 如何进行社会保障资金财务管理?
7. 关于我国社会保障资金统计管理，你有什么建议?
8. 社会保险精算的主要内容。

第7章 社会保障资金管理与国家财政

◈ 阅读材料

美国和日本的社会保障预算

美国社会保障预算纳入联邦预算体系，分为预算内和预算外两个部分。按现行法律规定，社会保障支出项目，只有养老、遗属和残联保险信托基金(又称“社会保障信托基金”)，这三项支出项目列为预算外，而社会医疗保险基金、联邦/州失业保险基金、社会救助和社会福利项目等则列入预算内。预算内项目由总统预算与管理办公室负责编制，预算外项目由挂靠在财政部的基金管理委员会负责编制，同时由该委员会每年向国会报告社会保障信托基金的收支状况，提出短期(10年内)和长期((75年内)基金的状况预测，并根据短长期预测就联邦社保基金的投资和征缴提出相应的方案。社会保障信托基金收支情况纳入预算外项目管理的主要原因有以下两点：一是避免掩盖政府公共支出的赤字。以2009年为例，美国政府总赤字为4 070亿美元，其中预算内赤字6 110亿美元，预算外盈余2 040亿美元。将社会保障信托基金收支单列，可以避免政府通过社会保障信托基金盈余掩盖公共支出的巨额赤字，增强国会对一般预算的控制力度。二是社会保障信托基金与其他社会保障项目不同，其收支更具有长期性，需要对其进行短期(10年)和长期(75年)预测，以便政府及时调整政策应对未来支付高峰。

日本实行复式预算制度，中央预算分为“一般会计预算”、“特别会计预算”和“政府关联机构预算”三大类。一般会计预算管理中央政府的一般性财政收支，它以税收、国债收入等为来源，为中央政府的行政管理、社会保障、教育、公共投资等活动提供财力支持。在日本，通常情况下所讲的预算就是一般会计预算。特别会计预算是分类管理型事业预算，包括若干大类，其中保险特别会计预算，是管理政府社会保险业务的特别会计预算；融资特别会计预算，是管理中央政府融资货款的特别预算；整理特别会计预算，是管理中央政府特殊资金的特别会计预算，如国债偿还基金特别会计预算等。日本社会保障预算以特别会计预算为主，一般会计预算为辅。日本政府一般会计预算收入中没有关于社会保障的收入项目，仅在一般会计预算支出中设立社会保障关系费支出一项，具体核算社会救济、社会福利、公共卫生等项目的全部支出和国家承担的社会保险费或对社会保险基金的补助支出。日本特别会计预算涉及的社会保障项目全部是社会保险基金，包括厚生年金、船员保险、国民年金、国立医院(医疗保险)、劳动保险(失业和工伤保险)等 5 个特别会计账户。

(本案例资料来源：崔晓冬.美国和日本的社会保障预算及启示[J]. 中国财政，2011(11).)

请思考：美国和日本社会保障预算的共同点是什么？这两个国家在这些方面具有共同点的根本原因是什么？

7.1　社会保障资金的财政职能

随着社会保障资金支出规模的迅速扩大，国家财政的强力支持已经成为社会保障资金立足和发展的基础，没有国家财政的支持，社会保障资金将面临严重的经济风险。同时，财政理论的变化对社会保障理论和社会保障资金管理的制度实践也提供了具体的指导方法和应用手段。

7.1.1　财政的概念

财政是指政府为实现其职能并满足公共需要，凭借政治权力和财产权力，在公共领域进行的资源配置和收入分配的经济活动。在这一系列经济活动中，主要参与主体包括家庭部门、企业部门和政府部门。政府部门一方面以税收、收费等方式获取收入；另一方面又通过向社会公众提供各种公共产品，以及向某些家庭部门和企业部门提供补助或补贴而安排其支出。

7.1.2　财政的三大职能

公共财政的职能主要包括以下三个方面。

1. 优化资源配置职能

在现代社会中，资源配置的方式主要有两种，即市场配置和政府配置。公共财政所承担的资源配置职能是为弥补市场在资源配置方面的缺陷而存在的。其内容主要有：第一，将资源配置于无法按付费原则经由市场配置的公共部门；第二，将资源配置于具有自然垄断倾向而不宜由市场配置的非竞争性商品和行业；第三，将资源配置于具有高风险，且预期收益不确定，但对经济发展有带动作用的高新技术产业；第四，将资源配置于投资大、建设周期长、私人部门无力投资的基础产业和部门。

2. 调节收入分配职能

调节收入分配职能，是指公共财政以政府为主体的分配活动，按照社会公平原则，改变和调整市场分配的结果，以协调各种利益分配关系，促进社会稳定和经济发展的职责和功能。其内容主要包括：第一，调节个人之间的收入分配关系；第二，调节部门及产业间的收入分配关系；第三，调节地区间的收入分配关系。

3. 稳定经济增长职能

稳定经济增长职能，是政府运用税收、公债、转移性支出、投资等财政变量与其他经济变量的有机关联和相互影响，来调节和管制社会需求的总量和结构，使之与社会供给相适应，促使经济持续稳定的增长。其内容主要包括：第一，调节经济增长速度，使其具有稳定性和持续性；第二，调节经济结构，使其具有协调性和合理性。

社会保障与公共财政的三大职能之间存在着密切的联系。

(1) 就公共财政的资源配置职能而言，国家发行国债常常借助于社会保障基金，世界各国普遍规定社会保障基金在投资过程中必须保证一定比例用以购买国债。

(2) 公共财政分配职能中的福利性转移支出本身就是社会保障的内容。社会保障的基本功能就是对社会分配的参与，通过其分配机制的特有功能，缓解社会分配不公所造成的影响，为社会成员提供基本生活保障。

(3) 在公共财政稳定经济的职能中，社会保障税税率以及社会保障支出等可以自动调节经济波动。通过个人所得税和社会保障制度来平抑经济运行的萧条与过热，是公共财政适应市场经济要求，也是稳定经济职能的重要手段。因为，社会保障制度下的济贫支出和失业保险费支出与经济形势的反向运动具有促进经济回升或抑制经济衰退的作用。

7.1.3 社会保障与公共财政之间的关系

1. 财政制度是社会保障制度运行的经济基础

(1) 财政制度直接决定着社会保障分配领域的总量和结构。社会保障资金是政府公共财政支出的重要组成部分。社会保障资金的主要来源于财政资金：社会福利和社会救济资金直接由政府财政支出；机关、事业单位工作人员的社会保险资金直接由财政支出；企业和雇员的社会保险资金在收不抵支时，政府作为最后责任人给予支持；企业供款也可以看成是政府间接支持，因为此项费用在税前列支。

我国财政性社会保障金并没有专门的资金来源，直接通过财政收入列支，这也在一定程度上导致了财政性社会保障支出水平较低，社会保障事业缺乏资金支持的现状。我国中央和地方社会保障支出合计占财政总支出的比重基本保持在12%左右，但是其中纯粹体现社会共济和全民保障的抚恤、福利、救济支出仅占2%，这个水平即使和其他发展中国家相比也很低。

社会福利基金和全国社会保障基金都有明确的资金来源。社会福利基金实行按比例分级留成使用的原则，中央级留成比例为彩票销售总额的5%；省、地两级的留成比例不得超过彩票销售总额的5%；县级留成比例不得低于彩票销售总额的20%。全国社会保障基金则主要来源于国有资产收益和财政补助。

(2) 财政制度是社会保障制度改革成败的重要支持。目前面对人口老龄化的趋势，各国均尝试进行社会保障改革，改革中会产生转制成本，这部分成本需要政府化解，以保证改革能顺利进行。

以我国养老保险基金为例，1997年，《国务院关于建立统一的企业职工基本养老保险制度的决定》(国发〔1997〕26号)(以下简称《决定》)正式将基本养老保险制度统一为社会统筹与个人账户相结合的部分积累制，确定了统一的缴费率和替代率，划清了“老人”(1997年之前已经退休的职工)、“中人”(1997年前参加工作的职工)和“新人”(1997年后参加工作的职工)的界限，初步界定了转制成本的计算范围与规模。

然而，在《决定》中，只给出了养老金待遇给付的标准，即“‘老人老办法，‘中人’中办法，‘新人’新办法”，但是“老人”的养老金、“中人”的基础养老金和过渡性养老金基金的来源都没有具体明确。因此，很快就出现了转型成本问题。这部分转型成本以及个人账户被透支部分的名义增值额和发放过程中因种种原因而增加的部分，便构成了由体制转轨而派生的养老保险隐性债务(中国经济改革研究基金会、中国经济体制改革委员会联合专家组，2006)。世界银行、中国劳动和社会保障部科研所、国务院体改办和其他一些学者都对中国养老保险的隐性债务做过测算，虽然测算结果相差很大，但都表明这种制度转轨带来的成本的确是一个不小的负担。在一系列的假设条件下，最大的隐性债务规模(投资回报率为4%)为 119 353 亿元，最小的隐性债务规模(投资回报率为 8%)也达到 18 301 亿元。

如此巨额的隐性债务，都从社会统筹基金中支付，地方财政压力过大，尤其是一些财力较弱、下岗职工普遍的老工业城市，养老保障制度的运行步履维艰。由于国发〔1997〕26 号文件只是将个人账户作为一个计发方法，个人账户不是实际账户，而是一个“名义账户”，一些地方为满足当期支付需要，大量动用“中人”和“新人”积累的个人账户养老基金，不断地透支个人账户，使个人账户的空账规模越来越大。劳动和社会保障部门相关负责人于 2006 年接受媒体参访时曾透露，我国在 2005 年年底养老保险个人账户空账运行规模已超过 8 000 亿元，并以每年 1 000 亿元的规模在扩大。

个人账户空账运行大大增加了社会保险制度的风险和不可持续性。为了做实个人账户，我国先后出台了多项措施，比如降低个人账户记账比例，对社会统筹基金与个人账户基金实行分账管理，以及建立起全国社会保障基金这项战略性储备基金。目前，人力资源保障部正在推进由中央和地方两级财政出资，在 13 个省(区、市)开展做实个人账户的试点。值得注意的是，不论采取何种途径，在做实个人账户的过程中，公共财政都负有不可推卸的责任。

2. 社会保障制度与积极财政政策

凯恩斯主义经济学以需求管理为基础建立了财政与社会保障经济理论。凯恩斯主义认为，收入分配不均不利于资本的增加，他主张实行累进税制以缩小分配差距，要求以财政政策为重心，通过政府有意识的财政支出与收入来影响消费倾向。凯恩斯主义提出，通过个人间的财政转移支付，既可以对失业者、贫困者以救济，从而刺激消费需求，也可以使政府在经济发生波动时通过改变社会福利费用支出的水平影响总需求水平，来调整经济运行。凯恩斯的有效需求理论既是积极财政政策的理论基础，也成为现代社会保障制度建立的理论基石之一，为政府干预经济、承担更多的社会保障责任提供了有力的理论依据。

为了保证财政负担适当，社会保障制度的设置应该有利于扩大边际消费倾向。扩大边际消费倾向就应当倾向于解决被保险者最迫切需要解决的问题。这样可以最快地将政府投资转变成消费，从而刺激经济增长。同时这也符合福利主义学派的观点，收入分配如果向穷人倾斜，可以提高整个社会福利，有利于实现帕累托最优，有利于社会稳定。如果社会保障制度设计得当(边际消费倾向足够大)，还可以增加财政收入。

在社会保障体系中，个人负担的部分越多，出于防范个人风险的需要，个人储蓄就会越多，挤占的即期消费就越多，并且这些资金并不一定能满足出现不测事件自我保障的需要。而建立一个完善的社会保障制度，可以有效防范个人风险，从而释放部分储蓄，起到减少储蓄，扩大内需的作用。内需扩大可以有效刺激经济发展，增加财政收入，因此社会保障支出也成为积极财政政策的重要政策工具之一。

7.1.4 社会保障资金财政管理的内容

1. 预算管理

对社会保障基金实行预算管理是政府为实现社会保障目标的管理手段，不仅能够增强社会保障基金收支管理的强制性和相对稳定性，还能够使政府和公众对社会保障基金有全面和完整的了解。在已经建立社会保障制度的国家中，多数国家建立了社会保障预算制度。

2. 财政拨款管理

在现代社会保障制度中，政府的财政拨款是筹措社会保障资金的一个固定的、重要的来源渠道。没有国家财政作为经济后盾，很难建立起健全的社会保障制度。许多国家将社会保障基金直接纳入国家的财政预算，有的国家虽然社会保障基金在财政预算系统之外运行，但是已经通过财政专户对其进行密切监控；有的国家建立了完全独立于国家财政预算系统之外的社会保障基金系统(如新加坡、智利等)，但是国家财政仍承担对社会救济、社会福利事业的直接拨款责任，有时还对系统之外的社会保障基金给予适当的援助。

财政对社会保障的拨款表现为以下几个方面。

(1) 直接拨款实施社会保障项目。如社会救济等项目都是由政府财政全部供款的，有的国家其政府财政分担社会保险缴费的责任。

(2) 承担社会保障运行费用。运行费用虽然并不直接用于受保障者，却维持了社会保障基金的完整与安全，因而也是实施社会保障制度的重要的经济条件。我国社会保障经办机构的经费最初是按比例从社会保障基金收入中提取，目前也已经全部改由财政预算安排。

(3) 实行税收优惠。例如给予纳税人及社保基金投资运营的税收优惠。

3. 税收管理

财政对社会保障实行的税收调控主要体现为税收优惠。

(1) 对社会保障缴税的纳税人给予税收优惠。财政将社会保障缴费(税)从企业利润及个人所得税中分离出去，实质上是财政资金的转移和让渡。企业社会保险费税前列支会减少财政的所得税收入，但同时可以鼓励缴纳社会保障税，增加社会保障基金。

(2) 允许慈善捐赠享受免税优惠。慈善事业和社会捐助是社会保障的重要内容，是政府保障的有利补充，对慈善组织和社会捐赠采取税收政策引导能够有效地促进慈善事业发展。财政是否允许慈善捐助在个人所得税和企业所得税税基中扣减，将直接影响纳税人的捐赠行为；允许纳税人在其所得税税基中扣减的比例也会对捐赠行为产生影响，扣减比例越大，对纳税人捐赠的激励作用越大，也将促使人们选择慈善捐赠方式合理避税。

(3) 对社会保障基金的投资运营给予税收优惠。财政要对社会保障基金的投资运营给予税收优惠。例如，我国对社会保障基金理事会、社会保障基金投资管理人运用社保基金买卖证券投资基金、股票、债券的差价收入，暂免征收营业税。对社会保障基金理事会、社会保障基金投资管理人管理的社保基金银行存款利息收入，社保基金从证券市场中取得的收入，包括买卖证券投资基金、股票、债券的差价收入，证券投资基金红利收入，股票的股息、红利收入，债券的利息收入及其他收入，暂免征收企业所得税。适当的税收优惠是推动社会保障事业发展，提高企业和个人参保积极性不可缺少的。但过多、过滥的优惠又会影响社会保障基金的收入，造成应征收入的大量减少。因此，确定税收优惠项目一定要科学、合理、适度。部分编制税收支出预算的国家也将社会保障税收优惠政策作为税收支出预算的重要内容，对国家通过税收优惠政策给予社会保障的隐性财政支出规模进行统计、监督和管理。

4. 财务管理

财政对社会保障财务管理主要分为两个层次。由政府直接举办的社会救济和社会福利项目，因其经费来源于财政经常性公共预算，财政对这些项目实施收支管理和监督。对于社会保险收支，财政参与管理的程度主要取决于社会保障管理体制。在政府强制实施但由民间机构具体管理的体制模式下，财政主要负责收支的宏观管理，并对其给予必要的财政补助。在政府强制实施且有政府直属机构直接管理的体制模式下，财政不仅要对其实施宏观的监督管理，具体的收入、支出也都属于财政的管理范围。为了保证各项社会保障基金的安全和完整，提高社会保障基金使用的透明度，无论是政府直接举办还是民间管理为主，财政都必须建立健全各项财务会计制度，制定相关的财务、会计、监督法律法规，加强社会保障基金的财务管理和会计核算工作。国际会计准则委员会颁布了“雇主财务报表中退休金会计”、“退休金计划的会计和报告”等专门会计准则，我国也先后制定了《社会保障基金财务制度》、《社会保障基金会计制度》等财务会计制度，对社会保险收入、支出以及具体的会计科目作了明确规定。

社会保障基金结余的投资运作也是社会保障财政管理的重要内容。在实行现收现付制的社会保障财务制度下，基金结余仅相当于 2～3 个月支付额的备付金，一般只能用于购买短期国债或存于银行。在实行部分积累或完全积累制的社会保障财务制度下，基金结余规模较大，出于保值增值的需要，必须进行投资运作。无论是现收现付还是基金制，基金结余的投资运作都必须在财政规定的制度框架和政策范围内进行。为了规范社会保障基金投资运作行为，我国财政部已经制定了《全国社会保障基金投资管理暂行办法》。

7.2　公共财政体制下的社会保障基金预算

社会保障基金预算是社会保障管理部门为实施社会保障计划和任务编制的，对预算期内社会保障基金的收入和支出活动所做出的，经过法定程序审批，得到法律认可的财务计划。

目前，国际上大致有三种社会保障基金预算模式。

7.2.1　政府公共预算

将社会保障资金视为政府的经常性开支，在政府公共预算内统一安排，不存在单独的社会保障预算。这种模式的典型代表为英国、瑞典等国。

英国的社会保障预算收支都包含在政府的经常性预算中。英国社会保障收入来源于国民的“社会保障缴费(社会保险税)”。在英国的社会保障资金来源中，社会保障缴费所占比重偏低，1994 年为 34.95%(由雇主和雇员分别承担)。英国的社会保险费由国内税务局负责具体征收，收入上缴国库，成为政府财政收入的有机组成部分，由财政部统收统支，不存在独立的社保预算，只是各项社会保障在公共预算中单独反映，当社会保障项目收不抵支时，按规定从一般性税收收入中调剂解决。英国的社会保障支出直接以“社会保障费”项目列示在政府的经常预算支出中，在政府经常预算支出中社会保障费所占比重由 1977 年的 23.9%上升至 1984 年为 29.1%，1994 年上升为 32%。

7.2.2 专项基金预算

将社会保障收支与政府经常性预算收支分开或相对独立，单独编列社会保障专项预算，这种模式的典型代表为美国。

美国的社会保障资金以信托基金的形式进行管理，将社会保险税收入存入信托基金账户，社会保险税收入和社会保障支出在政府预算中以总额单独列示，社会保险税的结余以基金形式单独编制预算。

美国社会保障信托基金是财政部下设的一个金融账户。社会保障税的税款流入国库存款账户，交由政府在全国各地的财政机构进行管理。财政部将通过国库收上来的工资薪金税以联邦保障金的形式转记到社会保障信托基金的专门账户中。美国的社会保障信托基金的 89%来源于工资薪金税，即社会保险税。它是由薪金税、失业保险税、个体业主税共同构成的一个综合性的税种，现已成为美国仅次于所得税的第二大税种。信托基金是一个名义账户，资金并不进行实际转拨，只是财政部在自己的相关账户之间进行转账而已，因此社会保障津贴的发放不通过信托基金，还是通过国库。在国库支付社会保障津贴的同时，同等价值的保障金也就从信托基金的账面销掉了。当社会保障税款的收入大于其支出时，体现在社会保障信托基金专户上的保障金余额就会增加。这些余额代表着政府对社会保障信托基金的负债。

7.2.3 不纳入政府公共预算

社会保障收支均独立于政府预算之外，单独管理，如新加坡的社会保障公积金。新加坡的社会保障采取中央公积金制度，按照公积金法令，所有受雇的新加坡公民和永久性居民都是新加坡公积金会员，必须依法缴纳公积金。新加坡的公积金下设三个子账户：普通账户、特别账户和保健储蓄账户。75%的公积金存入普通账户，10%存入特别账户，15%存入保健储蓄账户。新加坡的社会保障公积金不论是其收支还是投资运营均不纳入政府预算，政府不负担任何费用，完全是在政府预算之外独立运行。新加坡的公积金制度由隶属于劳工部的中央公积金局负责其行政管理，但公积金资产的具体营运是由政府投资公司负责的。

以英国为代表的福利国家将社会保障收入与支出直接列示在政府的经常性预算收支中，政府直接参与社会保障收支的具体管理，社会保障收支在安排过程中直接体现政府的意志。这种预算模式的优点在于最大限度地体现了政府在社会保障制度中应当承担的责任，由政府财政为基金支出兜底，可以确保社会成员的福利水平。但由于社会保障预算与政府经常性预算收支混在一起，难免社会保障收支与经常性收支之间会相互挤占资金。而且由于社会保障预算收支全部由财政负责，因此在福利刚性作用下，社会保障支出膨胀，成为财政不堪背负的重压。同时由于社会福利支出日益膨胀，致使劳动力成本不断增加，增加了产品的生产成本，影响了作为市场经济主体的私人企业的资金积累，导致产品竞争力下降以及产业资本向廉价劳动力市场流动。在“银色浪潮”的席卷下，以英国为代表的政府公共预算形式的社会保障预算已不再为各国所赞同。

以美国为代表的资本主义后起之秀在社会保障制度设计上兼顾了公平和效率。专项基金预算模式兼具有政府公共预算模式和不纳入公共预算模式的优点，主要体现在：

(1) 把通过社会保险税筹集的社会保障资金形成社会保障信托基金，由专门机构单独管理，依法运营，并向全社会定期发布基金运营情况，因此基金运作透明度高，公众监督作用强，基金安全性较好，便于基金保值增值，在基金运作管理方面较为成功；

(2) 总额列入政府预算内的社会保障信托基金，在其收支投资管理等方面与政府经常性预算收支分开，单独成体系，避免财政对社会保障的大包大揽，减轻了财政负担。但是这种模式也存在着不足，由于政府预算中仅反映社会保障信托基金收支总额，对于各项基金的收支情况等不能详细反映，这样政府对社会保障的控制力相对就小，一旦社会保障信托基金管理出现问题，对作为社会保障最终负担者的财政将构成很大威胁。

社会保障不纳入政府预算管理这种模式的最大特点是政府不直接参与社会保障的收支管理，因而财政对社会保障的负担相对要轻。而且社会保障资金单独核算，有利于基金的保值增值。但是，社会保障本来是国家宏观调控的一种政策手段，具有收入再分配以及统筹共济性的含义及特征。由于完全脱离预算之外，政府只是通过法律、法规等对社会保障实行间接管理，政府对社会保障的干预作用程度太小，因此政府利用社会保障进行宏观调控的作用明显减弱。从世界范围看，社会保障完全脱离国家预算这种形式多是少数小国家采用，比如新加坡、智利和东欧的一些国家。

通过对世界各国社会保障预算模式进行分析和比较，不难看出第三种模式存在着非常明显的缺陷，作为与全体公民的生存与生活息息相关的社会保障基金，政府要管。但是如何管、管多少这就需要我们进行充分的讨论。但可以明确的是，社会保障预算应与政府经常预算分开，但又不能完全割裂开。

7.3　社会保障资金与财政收支

7.3.1　社会保障基金与财政收入

1. 财政收入

财政收入，是指政府为履行其职能、实施公共政策和提供公共物品与服务需要而筹集的一切资金的总和。财政收入表现为政府部门在一定时期内(一般为一个财政年度)所取得的货币收入。财政收入是衡量一国政府财力的重要指标，政府在社会经济活动中提供公共物品和服务的范围和数量，在很大程度上取决于财政收入的充裕状况。

财政是同国家的产生和存在相联系。国家为了维持自身的存在和发挥职能，必须消耗一定的社会产品。但是，国家本身通常不直接从事生产活动，因而必须凭借自身拥有的政治权力，强制性地征收一部分社会产品，以满足各方面支出的需要。这种国家的收入和支出就是财政，它是国家凭借政治权力而进行的社会产品的分配。从这一概念的内容可以看出，财政是一种分配关系，是一种以国家为主体、在社会范围内集中性的分配关系。

政府获取财政收入有以下意义：第一，财政收入是财政支出的前提；财政分配是收入与支出的统一过程，财政支出是财政收入的目的，财政收入则是财政支出的前提和保证，在一般情况下，收入的数量决定着财政支出的规模，收入多才能支出多。因此，只有在发展生产的基础上，积极聚集资金，才有为更多的财政支出创造前提。第二，财政收入是实现国家的职能的财力保证；国家为了实现其职能，必须掌握一定数量的社会产品，财政收入正是国家资金的重要手段。对实现国家职能有重要意义。第三，财政收入是正确处理各方面物质利益关系的重要方式；财政收入的取得不仅仅是聚集资金的问题，在具体操作过程中，取得多少、采取何种方式，关系到党的方针政策的贯彻落实，涉及各方面的物质利益关系的处理。只有在组织财政收入的过程中正确处理各种物质利益关系，才能达到充分调动各方面的积极性，达到优化资源配置，协调分配关系的目的。

2. 社会保障基金与财政收入的关系

社会保障缴费或税是重要的财政收入形式。社会保障缴费是指参加各类社会保险并缴纳保费的行为。一般情况下特指社会统筹的养老保险、医疗保险、失业保险、工伤保险、生育保险的缴费。社保缴纳基数一般是指当月的工资，社保缴费基数是社会平均工资的60%～300%为缴纳基数，比如社会平均工资是1000元，缴纳的基数可以是600元～3000元。据资料显示，2014年全国一般公共财政收入140350亿元，其中社会保障和就业支出占到了8%。

7.3.2 社会保障基金与财政支出

1. 财政支出

财政支出通常是指国家为实现其各种职能，由财政部门按照预算计划，将国家集中的财政资金向有关部门和方面进行支付的活动，因此也称预算支出。在我国，由于存在预算外资金，所以财政支出的概念也就有狭义与广义之分：狭义的财政支出仅指预算内支出；广义的财政支出则包括预算内支出和预算外支出。如果没有特殊的说明，我们后面所说的财政支出，一般是指狭义的财政支出概念。

财政支出与财政收入一起构成财政分配的完整体系，财政支出是财政收入的归宿，它反映了政府政策的选择，体现了政府活动的方向和范围。所以，它是财政分配活动的重要的环节。

财政支出的方式和途径，分为无偿拨款和有偿使用两种。无偿拨款指财政资金在上下级财政之间的无偿调拨以及财政资金从财政部门向付款单位的无偿调拨以及财政资金从财政部门向用款单位的无偿转移，是财政支出的最基本方式。对于国家各行政管理部门所需要的资金和国有非营利事业单位核定的支大于收的差额，通常采用无偿拨款的方式。有偿使用指以借出财政周转金和财政周转金放款的方式供应财政资金，用于有偿使用的财政周转金除了来源于财政周转金收入外，还主要以列支财政支出的方式设置和增补。

2. 两者关系

财政支出直接为社会保障基金提供重要的资金来源。社会保障基金是根据国家有关法律、法规和政策的规定，为实施社会保障制度而建立起来、专款专用的资金。社会保障基金一般按不同的项目分别建立，如社会保险基金、社会救济基金、社会福利基金等。其中，社会保险基金是社会保障基金中最重要的组成部分。全国社会保障基金的资金来源包括财政预算拨款、国有股减持收入、彩票公益金收入和投资收益。截至2014年底，全国社会保障基金的总规模是 1711 亿元，从来源看，主要来自中央财政拨款，其中财政预算拨款 1148 亿元，占 67%，国有股减持收入 261 亿元，占 15%，彩票公益金收入 129 亿元，占 8%。从另一个方面也表明了，社会保障基金支出是财政支出中相当重要的内容。

7.3.3　社会保障基金与财政赤字

1. 财政赤字

财政赤字是财政支出大于财政收入而形成的差额，由于会计核算中用红字处理，所以称为财政赤字。它反映着一国政府的收支状况。财政赤字是财政收支未能实现平衡的一种表现，是一种世界性的财政现象。财政赤字即预算赤字，指一国政府在每一财政年度开始之初，在编制预算时在收支安排上就有的赤字。若实际执行结果收入大于支出，为财政盈余。

一国之所以会出现财政赤字，有许多原因。有的是为了刺激经济发展而降低税率或增加政府支出，有的则因为政府管理不当，引起大量的逃税或过分浪费。当一个国家财政赤字累积过高时，就好像一间公司背负的债务过多一样，对国家的长期经济发展而言，并不是一件好事，对于该国货币亦属长期的利空，且日后为了要解决财政赤字只有靠减少政府支出或增加税收，这两项措施，对于经济或社会的稳定都有不良的影响。一国财政赤字若加大，该国货币会下跌，反之，若财政赤字缩小，表示该国经济良好，该国货币会上扬。财政赤字的大小对于判断财政政策的方向和力度是至关重要的。财政政策是重要的宏观经济政策之一，而财政赤字则是衡量财政政策状况的重要指标。因此，正确衡量财政赤字对于制定财政政策具有十分重要的意义。

2. 两者关系

社会保障基金负担过重是导致政府财政赤字的原因之一，在政府财政赤字下，可能削减社会保障基金支出。例如美国由于前任加州州长施瓦辛格留下 254 亿美元的州政府债务，加州 2010 年财政预算报告削减 125 亿美元开支，其中针对穷人的医疗 17 亿美元，在岗员工福利 15 亿美元作为世界第一大债务国，美国在 2010 年 2 月将政府负债上限由 12.4 万亿美元提高到 14.3 万亿美元，而 2010 年底，美国债务已经突破 14 万亿美元。

7.4　完善我国社会保障资金管理的财政对策

7.4.1　我国社会保障基金财政管理存在的问题

近几年来，随着我国社会保障制度逐步完善，社会保障基金的财政管理实践也取得了较大突破。各级财政积极参与社会保障制度建设，社会保障资金的财政管理进一步加强，财政投入不断加大，社会保障基金作为预算外资金纳入财政专户管理，社会保险经办机构经费由提取管理费改为财政预算安排，有力地支持了社会保障事业的发展。但社会保障财政管理中仍然存在着一些不容忽视、亟待解决的问题。

1. 尚未建立经常性的财政投入机制

尽管近几年社会保障财政支出连年大幅增加，但与发达国家和其他发展中国家相比，我国政府用于社会保障的资金投入比例还是比较低的，尚未建立起经常性的财政投入机制。与发达国家相比，我国个人缴费水平和企业缴费水平相对较高，而政府对社会养老基金贡献却偏低。2015 年，中央财政用于社会保障的支出占中央财政总支出的比例，加拿大为 39％，日本为 37％，澳大利亚为 35％，我国只有 10％左右。尽管近两年中央也一再要求各级财政部门要通过调整财政支出结构将财政支出的 15％～20％用于社会保障，但由于缺乏立法约束，财政对社会保障投入带有明显的随意性。

2. 各级政府间的社会保障财政责任模糊

一是社会保障事权过分下移，统筹层次不高。国务院于 1998 年就明确要求，各省区市要在 1998 年年底以前实行企业职工养老保险基金省级统筹，建立基本养老保险基金省级调剂制度。尽管如此，我国大部分地区的社会保障基金仍然处于“县级统筹”和“市级统筹”的分散管理状态，全国除了京、津、沪三市外，仅陕西省基本做到了企业职工基本养老金省级统筹。二是中央政府在政策制定、基金管理上权威不足。目前所有的社会保障基金均处于省及省以下市、县的分散管理之中，导致中央财政缺乏调剂地区间社会保障基金的权力和能力。三是地方政府财政责任不明，既无法自主地推进社会保障改革，又可以在社会保险具体方案设计、基金管理使用等方面违背中央的统一要求，维护地方利益。四是政府间的财政投入责任不清。1998—2001 年，国家财政对养老保险的补贴中，90％以上均来源于中央财政，地方财政不足；有条件的地方可能多投入，无条件、负担重的地方可以少投入甚至不投入，完全依赖中央财政补贴。

3. 社会保障基金缺口已成为财政风险的巨大隐患

社会保障的财政风险主要表现在养老保险风险。目前我国的养老保险基金已经出现支付危机，不断扩大的养老保险基金收支缺口，已经成为引发财政风险的巨大隐患。

4. 社会保障基金的预算约束不足

虽然社会保障基金实行预算管理，由经办机构编制年度基金预算草案，由劳动保障部门审核汇总并报财政部门审核，经同级政府批准后，由财政部门向劳动保障部门批复执行。但社会保障基金预算其实还算不上真正的预算，不仅预算审批层次低(经同级政府批准即可)，而且具有预算软约束的特点，各地区各部门在社会保障基金管理上缺乏相应的监督和法律、法规的约束，社会保障基金不同程度地存在挪用和浪费现象。一些地方擅自挪用社会保障基金用于基本建设和公用事业建设投资，甚至盖办公楼、宿舍和搞房地产投资和证券投资，给社会保障基金造成损失。经劳动和社会保障部、财政部等部门检查核定，仅 1996 年至 1998 年 3 月各地违规动用基金就达 173. 98 亿元。随着经济的发展，社会保障资金规模也会越来越大，如果继续实行分散管理，不能纳入财政统一的预算体系，接受立法机构的监督，不仅难以保证资金的安全和完整，而且不能保证政府社会保障职能的实施。

5. 社会保障基金保值增值不理想

一方面，目前整个社会保障基金基本上是由地方社会保险机构分散管理。在这种背景下，或者基金太少无法进行投资运营，或者虽有一定积累，但基金运作又常常受到地方政府的干预和地方利益的驱动，因此导致挪用基金、投资难以回收等现象屡屡发生。另一方面，社会保障基金的投资运营渠道单一，在一定程度上制约了基金的保值增值。按国家规定，基金结余只能用于购买国债或存入国有商业银行，严禁进行其他任何形式的投资。而银行利率水平和国债发行量、发行方式等很难满足社会保障基金保值增值的需要。

在我国1997年的养老保险制度设计中，个人账户部分能够提供38.5%的替代率的假设前提是我国平均预期寿命达到70岁，并且工资的增长率等于名义利息率。在缴费40年，收益20年的前提下，不考虑通胀因素，实际利率大于实际工资增长率3%，10%的缴费率能带来55%～60%的收入替代率。如满足，则替代率降低为20%～30%。比如上海个人账户记账利率在2004年、2005年均为1.98%，个人账户替代率很难承担养老责任，统筹账户将面临很大支付压力。在较长一段时期内，社保基金保值增值的主渠道，恐怕仍然是依靠买国债、存定期的低息收入，社保基金的保值增值，正陷入"安全性"与"效益性"的两难选择之中。

7.4.2　完善我国社会保障基金财政管理的对策

针对我国社会保障基金财政管理的现状，提出如下对策。

1. 建立健全完善的社会保障筹资模式

我国传统的社会保障筹资模式，对于不同的保障项目，均采用现收现付制。这种模式曾经发挥了重要的作用。随着社会保障制度改革的深化，社会保障资金的不断扩大，社会保障项目的逐步健全，继续实行单一的现收现付制显然难以满足形势的需要。因此，要结合各类保障项目的特点和要求，实行现收现付、完全积累和部分积累三种筹资模式相结合的多层次的复式筹资制度。一是对城镇职工养老保险采用部分积累制。部分积累式的收费率以及通货膨胀的压力虽高于现收现付式，但低于完全积累式。二是对失业、医疗、工伤保险等采用现收现付制。这些险种都属于短期支付项目，保险基金规模较小，多数国家普遍采用现收现付、缺口由财政补贴的做法。三是对农村养老保险采用完全积累制。这是在农村经济尚不发达、农村老龄人口数量众多的情况下的现实选择。

2. 合理确定中央与地方各级政府的社会保障财政责任

社会保障作为分配职能的重要内容，在很大程度上应是中央政府的职责，但这不意味着中央政府承担全部成本，必须结合政府的职能按照社会保障的项目特点将其划分到各级政府。社会保障项目中，养老保险涉及的范围最广、周期最长、风险最大，任何地方政府都难以长期独自承担。因此，应将养老保险划归中央政府统一管理，即由目前的省级统筹改为全国统筹。通过养老保险统筹层次的提高，来增强抵御风险能力。其他社会保障项目也应划归不同的地方政府，将失业保险划归省(市)一级政府统一管理，医疗保险划归地市级政府管理，工伤和生育保险则划归县市级政府管理。

3. 开辟多元化的筹资渠道

一是采用"费+税"的复合筹资形式。以社会保险税方式筹集雇主缴纳的用于社会统筹的资金，以社会保险费的方式筹集个人缴纳的进入个人账户的资金。税费的征收管理应实行"双轨"征收、"分账"管理的模式，即社会统筹部分采用社会保险税方式，由税务机关征收；建立专门的个人账户收费管理体系，由全国社会保障基金理事会下设专门机构负责管理。二是建立经常性的财政投入机制。要在完善现有的财政投入制度的基础上，充分运用税收和财政支出方式，将个人所得税、消费税以及娱乐业营业税的一定比例用于社会保障，确保社会保障筹资需要。三是变现国有资产，充实社会保障基金。通过减持国有股、推行社会保障“专用资产券”和“认可债券”等形式，逐步解决社会保障欠账问题。

4. 加强社会保障基金的财政管理

一是编制社会保险预算。结合我国实际，应实行“板块式”社会保险预算模式，即在政府公共预算之外，单独编制社会保险(基金)预算，用一般性税收收入安排的社会保障性支出继续在政府公共预算中编列、反映。二是确保社保基金保值增值。财政部门要进一步加大对社会保障基金的政策扶持，在保证资金安全的前提下，适当拓宽社会保障资金的投资渠道，增强社保基金保值增值能力。三是加强财政对社保基金的财务监督管理，对社保基金征缴、投资运营以及拨付使用等全过程进行监督检查。

5. 切实防范社会保障财政风险

一是要综合运用各种财政税收政策，促进企业提高经济效益，改善企业财务经营状况，提高社会保障基金的缴付水平，增加社会保障基金收入；同时，企业效益的改善可以提高劳动者收入水平，缩小贫困群体数量，降低失业率，增强个人的自我保障能力，减少对社会保障资金的需求。二是进一步调整财政支出结构。优化支出存量结构，用好财政支出增量，集中财力向社会保障倾斜，逐步将社会保障支出占财政支出的比重由现在的10%左右提高到15%～20%。三是建立社会保障财政风险预警机制。社会保险财政潜伏着巨大的危机，一旦发生就必然波及整个社会。因此必须加强社会保障财政风险的预警性或预防性监督，构建科学灵敏的社会保障财政预警系统。

6. 积极探索开展个人账户基金投资试点

由于社保经办机构主要负责基金的收缴、日常管理和计发等工作，并非专业的投资机构。随着个人账户养老金规模的扩大，为了更好的保值增值，社保基金投资应由专业机构来进行。所以，对于个人账户养老金，应主要通过多元分散型基金管理模式来进行投资运营。即社会保险专门机构委托银行、信托公司、投资公司、基金管理公司等金融机构对个人账户基金在法律允许的范围内进行信托投资，并规定最低投资收益率的基金运营模式。这种模式能充分利用专业投资机构的经验和水平，制定更科学合理的投资组合和投资方式种类，起到专家理财的作用，而且由于多元竞争的特点，能在一定程度上更有效率的分散基金投资风险，提高投资绩效。配套措施还包括：

(1) 尽快出台关于个人账户养老金投资的投资管理规定；

(2) 继续做实个人账户；

(3) 提高养老金统筹层次；

(4) 进一步完善资本市场。总之，只有通过多方面的努力，我国个人账户养老基金才能真正实现保值增值。

本章小结

公共财政是指政府为实现其职能并满足公共需要，凭借政治权力在公共领域进行的资源配置和收入分配的经济活动。公共财政的三大职能是优化资源配置、调节收入分配和稳定经济增长。公共财政制度是社会保障基金运行的经济基础，而社会保障基金是公共财政政策的重要政策工具。

社会保障基金财政管理包括预算管理、财政拨款管理、税收管理和财务管理。社会保障基金预算形式主要有政府公共预算和专项资金预算等。目前我国社会保障基金财政管理在财政投入机制、财政责任、预算约束和保值增值等方面还存在较多缺陷，未来还应继续健全筹资模式、明确财政责任、开辟多元化的筹资渠道。

案例分析

多地今年社保缴费基数标准上浮

党的十八届三中全会明确指出，适时适当降低社会保险费率，但目前我国的确存在五险一金占工资比例偏高状态，急需广集民智、集中攻关，制定一个符合国情、统筹各方、切实可行的顶层设计。

据《经济日报》记者梳理，2015年全国已有天津、重庆、福建、江西等地执行新的社保缴费基数标准。与2014年相比，用人单位和职工需要缴纳的社保费用均出现不同程度的上涨。

天津市人社局近日公布，2015年天津用人单位和职工缴纳城镇职工基本养老、城镇职工基本医疗、失业、工伤和生育保险费基数的最低和最高标准分别为2812元和14058元。据记者查询测算，天津2015年城镇职工社保缴费基数下限上调282元，上限则上调了1278元，涨幅分别为11%和10%。

公开信息显示，除天津市外，2015年1月1日起，福建省无雇工个体工商户和灵活就业人员月缴纳养老保险费基数按1600元执行，按此标准计算，月缴纳养老保险费将比以往增加60元；在江西省，参加城镇职工基本养老保险的个体工商户和灵活就业人员，2015年缴费基数最低为1550元、最高为11625元，较去年分别增加130元和975元。

中国劳动关系学院劳动关系系主任乔健在接受《经济日报》记者采访时表示，各地对社保缴费基数的调整，主要是基于上一年当地社会平均工资的增长。但由于历史和现实原因，社会平均工资存在虚高成分，并不能完全反映出社会群体平均收入的真实情况。

党的十八届三中全会明确指出，扩大参保缴费覆盖面，适时适当降低社会保险费率。但目前情况是，除了每年持续上调的缴费基数外，我国企业职工的社保缴费率一直居高不下。截至2015年我国养老、医疗、失业、工伤、生育5项社保的缴费比例，企业为29.8%，其中养老20%、医疗6%、失业2%、工伤1%、生育0.8%；个人累计已达到11%左右，合计超过个人工资的40%，在国际上属于偏高水平。

"如果说，五险一金已经达到与可支配工资对等的程度，确实到了比较高的程度。"著名人类学家乔健认为，社保缴费基数提高幅度过大，势必会加大企业和低收入群体的缴费负担。

为什么会出现五险一金占工资比例偏高的状态？中国劳动保障科学研究院院长刘燕斌分析认为，一方面，我国社会保险制度建立时间较晚，由于历史原因造成了部分人员没有缴费或缴费积累不足，但按规定仍可享受社保待遇，为此社会保险基金需要承担巨额的"改革成本"以支撑运行；另一方面，我国老龄化程度的加速、社保基金投资运营空间有限等问题，也使社会保险费率需要保持在较高的水平上。

与此同时，养老金的替代率水平是否能够得到相应提高，同样成为社会关注的热点。所谓养老金替代率，是指劳动者退休时的养老金领取水平与退休前工资收入水平之间的比率，是衡量劳动者退休前后生活保障水平差异的基本指标之一。

“从劳动者角度来看，最关心的就是社保的缴费和收益。”中国社会科学院世界社保研究中心执行研究员高庆波说。

面对备受关注的养老保险统筹，急需广集民智、集中攻关，制定一个符合国情、统筹各方、切实可行的顶层设计。

在乔健看来，从收入分配角度考虑，应注意养老保险制度改革与完善工资制度同步推进和协调。比如机关事业单位人员养老保险与企业并轨的同时，需要进一步深化收入分配改革，特别是规范收入分配秩序。

“城镇居民收入的差距进一步缩小，将有利于提高低收入人群参保和缴费能力。当最低工资保障水平不断提高，工资集体协商制度切实有效实行后，低收入人群才会有意愿加入到社会保险中来。”乔健说。

财政部发布《关于 2013 年全国社会保险基金决算的说明》显示，2013 年，全国社会保险基金总收入 35994 亿元。不过，按照现行规定，这笔钱只能存银行、购买国债，虽然保证了基金安全，但基金收益较低，赶不上物价上涨幅度，这就造成了社保基金的贬值。如何实现既降低缴费水平，又不影响当期社保缴费收入，尚需进一步研究。

据人社部方面透露，目前养老保险全国统筹的方向已经确定，在具体方案的设计上，重点是统一确定缴费的基数和费率，归集中央统筹基金进行省际的余缺调剂，同时允许省级地区在确保全国统筹的前提下，有一定的费率和待遇调整浮动幅度，从而调动中央和地方两个积极性。

（来源：经济日报 作者：韩秉志）

复习思考题

1. 什么是公共财政？
2. 公共财政的三大职能是什么？
3. 简述社会保障基金与公共财政的关系。
4. 社会保障基金财政管理都包括哪些内容？
5. 简述我国财政社会保障基金管理的发展现状。
6. 当前我国社会保障基金财政管理中存在哪些问题？如何解决？

第三篇　实 务 篇

第 8 章　中国社会保障基金运营概况

◈ 阅读材料

上海社保案

上海社保案是指上海市劳动和社会保障局局长祝均一违规挪用、侵占社会保障基金的经济案件，涉案金额达百亿人民币。

2006 年 8 月 9 日，上海市劳动和社会保障局原局长祝均一在上海市人大十二届常委会第二十九次会议上被正式免去局长职务。祝均一落马问题涉及老百姓的保命钱：违规拆借 32 亿元社保基金给民营企业家张荣坤旗下的福禧投资公司用于收购沪杭高速公路的权益。在此次会上，上海市市长韩正透露，上海市劳动与社会保障局社保基金监管处原处长陆祺伟、上海电气集团原副总裁韩国璋也在接受调查。2006 年 8 月 24 日，据新华社发布电文称："有关部门在对上海市劳动与社会保障局违规使用社保资金问题进行核查中发现，上海市宝山区原区委副书记、区长秦裕涉嫌严重违纪。"9 月 24 日，上海市原市委书记陈良宇因涉及上海市劳动与社会保障局违规使用社保资金，为一些不法企业主谋取利益、袒护有严重违纪违法问题的身边工作人员，利用职务上的便利为亲属谋取不正当利益等严重违纪问题被免职。10 月 20 日，张荣坤担任董事长福禧投资控股有限公司发布公告称，"接到有关司法机关的通知，张荣坤董事长已经被依法逮捕"。

1. 上海三分之一的补充养老保险资金被借用

2002 年 3 月，30 多岁的苏州青年张荣坤以 32 亿元拿下沪杭高速上海段 30 年收费经营权时，其掌控的"福禧投资"顿时成为上海滩颇具神秘色彩的民营企业。之后的两三年，张荣坤接连大手笔投资高速公路，到 2004 年 6 月，"福禧投资"参与管理的公路里程已达 200 公里，总投资超过 100 亿元，财大气粗和手眼通天令同行且惊且妒。2004 年张荣坤的福禧投资参与上海电气改制，最终出资 9.6 亿元持有 8.15%的股权成为第二大股东，更令投资界许多人士大跌眼镜。然而随着 7 月 17 日上海劳动和社会保障局原局长祝均一因为违规拆借社保基金被查处，人们一下子看清了撬动张荣坤神速崛起的那根杠杆——社保资金。日前，上海社保局下属的"企业年金发展中心"将"福禧投资"及其股东沸点投资告上法庭，要求后两者提前归还所借资金，将张荣坤及其福禧投资当年大手笔收购高速公路资金来源大白于天下。福禧如此轻易借到巨款，不能不让人怀疑其本身就是上海社保资金违规投资的桥梁和工具。根据上海企业年金发展中心提交的起诉书，年金发展中心先后将34.5亿元的资金通过委托资金运营的方式拆借给福禧投资及其股东沸点投资，用于收购高速公路等资产。据上海社保局福利保险处有关人士透露，截至2005年底，上海年金发展中心管理的资金在110亿元以上，占到全国年金总额的1.6%。也就是说，上海1/3的补充养老保险资金都借给了张荣坤使用。

2. 幕后代理人的出现

年轻的张荣坤之所以能够大把拆借这些有着严格使用规定的年金，依靠的无非是权钱交易。有关消息人士透露，无论是上海劳动和社会保障局局长祝均一的落马还是上海电气的王成明、韩国璋被“双规”，均与社保资金违规拆借给福禧投资有关，而为福禧投资提供便利的祝均一在这个过程中收受了巨额好处费。

祝均一掌管上海社保基金逾10年，业务娴熟，讲起社保基金的功能，管理方式头头是道，“这个技术型官僚，平时根本看不出有生活糜烂、贪赃枉法的劣迹”。不过，据中纪委初步调查的情况看，祝均一的贪腐程度却令人咋舌。其中包括祝均一到香港“玩”一个二三流的影星时，一掷就是十几万港币。

据悉，有关人员到祝家调查，随便拿起一张存折，数目都在人民币百万元以上。消息人士透露，祝均一利用掌管社保基金的便利，为民营企业家张荣坤开通融资渠道，张荣坤也投桃报李，为根本没有在张荣坤公司任职的祝均一老婆开出几十万元年薪。

上海社保腐败大案暴露了公共基金管理方面的漏洞，也引起了有关方面的重视。在不久前召开的全国劳动保障系统纪检监察工作座谈会上，劳动和社会保障部、监察部表示将建立专项检查制度，每年组成联合检查组，对部分省市社保基金征缴、支付、管理和发放情况进行专项检查，并直接对市县进行抽查。

8.1 中国社会保障基金的发展情况

8.1.1 中国社会保障基金的发展背景和规模

1. 中国社会保障基金的发展背景

随着我国人口老龄化规模的不断扩大，加上国家养老保险体系的尚不健全，养老负担与日俱增，但是通过提高养老金缴费率、推迟退休年龄、降低发放标准等办法以应对挑战也出现了很多问题：首先，我国社会保障的各项缴费率已高达职工工资总额的40%以上，其中养老保险的企业和个人缴费率分别达到20%和8%，这对双方而言压力沉重，如果再提高缴费率恐怕难以承担。其次，由于经济增速减缓，国内就业形势不容乐观，最为突出的就是大学生就业问题。2014年，我国高校毕业生达到727万，超越去年成为“史上更难毕业季”。面对严峻的就业形势，每年需新增近200万个就业岗位，推迟退休年限将会减少就业机会，让刚出社会的大学生没就业就不得不面临可能失业的窘境。最后，我国的养老保险仅仅提供基本生活保障，进一步降低养老金发放标准将会导致养老保障水平的严重下滑。因此，为了保证社会保障资金的增长需求，为了真正解决我国社会保障体系的隐性问题，为了充分应对未来人口老龄化危机，党中央、国务院决定建立“全国社会保障基金”，同时设立“全国社会保障基金理事会”，负责管理运营全国社会保障基金。全国社会保障基金是中央政府集中的社会保障资金，是中国国家重要的战略储备，主要用于弥补今后人口老龄化高峰时期的社会保障需要。

2010年10月28日第十一届全国人民代表大会常务委员会第十七次会议通过的《中华人民共和国社会保险法》第七十一条规定：国家设立全国社会保障基金，由中央财政预算拨款以及国务院批准的其他方式筹集的资金构成，用于社会保障支出的补充、调剂。全国社会保障基金由全国社会保障基金管理运营机构负责管理运营，在保证安全的前提下实现保值增值。全国社会保障基金理事会为国务院直属正部级事业单位，是负责管理运营全国社会保障基金的独立法人机构。该基金会的主要职责有：管理中央财政拨入的资金、减持国有股所获资金及其他方式筹集的资金。制定全国社会保障基金的投资经营策略并组织实施。选择并委托全国社会保障基金投资管理人、托管人，对全国社会保障基金资产进行投资运作和托管，对投资运作和托管情况进行检查；在规定的范围内对全国社会保障基金资产进行直接投资运作。负责全国社会保障基金的财务管理与会计核算，定期编制财务会计报表，起草财务会计报告。定期向社会公布全国社会保障基金的资产、收益、现金流量等财务情况。根据财政部、劳动和社会保障部共同下达的指令和确定的方式拨出资金。承办国务院交办的其他事项。

全国社会保障基金自成立以来，其总资产增长迅猛，2012年全国社会保障基金资产总额突破万亿元大关，达到11060.37亿元，基金权益总额也与之保持同步增长，达到为10753.57亿元，成为国家的重要战略储备。

2. 我国社会保障基金的发展规模

我国社会保障基金由全国社会保障基金理事会受托管理，主要资金来源渠道为国有股减持划入资金及股权资产、中央财政拨入资金、经国务院批准以其他方式筹集的资金及其投资收益。财政性净拨入和投资收益是目前全国社会保障基金资产规模增长的两个主要资金来源。我国社会保障基金规模稳步增长，资本总额从初期200亿元人民币增加至2014年底的15356.39亿元，相比十三年前的805.09亿元，增长十倍多，资金规模得到壮大充实。

目前我国社保基金投资运营的主要法规依据是财政部、劳动和社会保障部两部于2001年12月以部长令形式颁布的《全国社会保障基金投资管理暂行办法》(简称《暂行办法》)。按照该《暂行办法》要求，全国社会保障基金采取由社保基金会直接运作与社保基金会委托投资管理人运作相结合的投资模式。理事会直接运作的社保基金的投资范围限于银行存款和一级市场国债，其他投资需委托社保基金投资管理人管理和运作并委托社保基金托管人托管。目前，全国社保基金理事会确定了10家境内投资管理人和3家境内投资托管人以及2家境外投资全球托管人和10家境外委托投资管理人。截至2014年年末，直接投资资产7718.12亿元，占基金资产总额的50.26%；委托投资资产7638.27亿元，占基金资产总额的49.74%；境内投资资产14050.61亿元，占基金资产总额的91.50%；境外投资资产1305.78亿元，占基金资产总额的8.50%。同时，基金权益总额为14573.29亿元，包括全国社保基金权益12407.97亿元(累计财政性净拨入6552.67亿元，累计投资增值5855.30

亿元)；个人账户基金权益 1109.74 亿元(划入资金 805.82 亿元，累计投资收益 303.92 亿元)；广东委托资金权益 1055.58 亿元(委托资金 1000 亿元，累计投资收益 173.36 亿元)。境内外国有股转持方面，2014 年，国有股减转持资金和股份共计 82.83 亿元(减持资金 21.58亿元，境内转持股票 25.36 亿元，境外转持股票 35.89 亿元)；自 2009 年 6 月执行《境内证券市场转持部分国有股充实全国社会保障基金实施办法》以来，累计国有股减转持资金和股份 2384.11 亿元(减持资金 836.97 亿元，境内转持股票 869.26 亿元。2012 年，全国社保基金收到境外转持国有股 44.83 亿元，自 2005 年执行境外国有股减持改转持政策以来，累计转持境外国有股 587.62 亿元。全国社会保障基金收益率总体呈现上升水平，基金权益投资收益额高达 1424.60 亿元，投资收益率 11.69%。其中，已实现收益额 883.84 亿元(已实现收益率 7.45%)，交易类资产公允价值变动额 540.76 亿元。基金自成立以来的累计投资收益额 5611.95 亿元，年均投资收益率 8.38%，有力促进了全国社会保障基金的规模增长。近年来的投资收益率如图 8-1 所示。

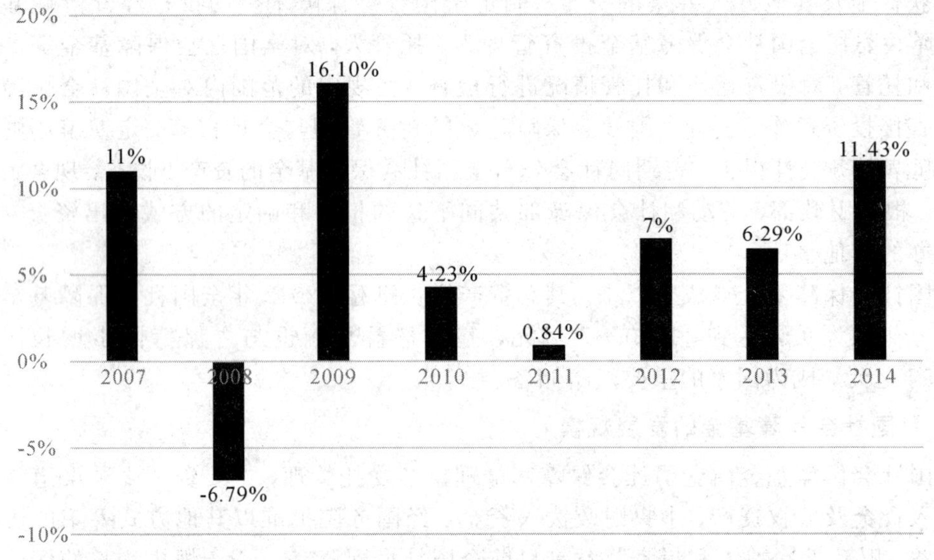

图 8-1　2007—2014 年全国社会保障基金收益率

8.1.2　中国社会保障基金的资金来源

为了弥补今后人口老龄化高峰时期的社会保障需要和其他社会保障需要的社会保障基金，其来源主要包括：中央财政预算拨款，中央财政拨入彩票公益金，国有股减持或转持划入资金或股权资产，经国务院批准的以其他方式筹集的资金，投资收益等。

1. 中央财政预算拨款

全国社保基金是中央政府集中的社会保障战略储备，因此中央财政拨款占有重要地位，现阶段社会保障制度得以实施的前提，主要依靠国家财政的大力支持。

国家财政每年都会拨入大规模款项以充实社保基金，虽然 2003 年只有 49.08 亿元的拨款，但随着国家财政投入力度的加大，2004—2008 年每年均保持在 300 亿元左右的拨款额，2009 年就拨入了 825.89 亿元，2010 年稍有下跌到 634.44 亿元，从这些数据可看出，这一资金来源数额波动略大。近年来，我国财政收入占 GDP 的比重逐年提高，中央财政收入连年增加，为我国社保基金提供了更为坚实的储备力量。财政历年拨入全国社会保障基金资金情况如图 8－2 所示。

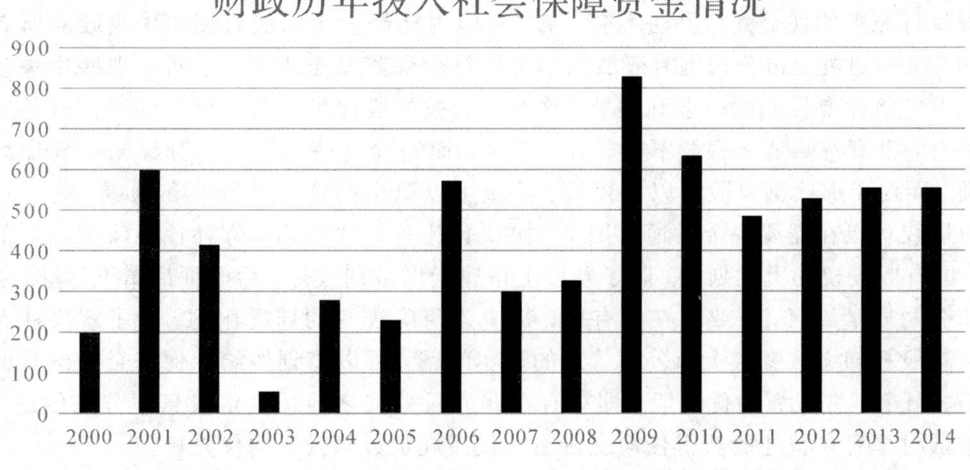

图 8－2　2000—2014 年我国财政历年拨入社会保障资金情况统计

2. 国有股减持、划拨和转持

2001 年 6 月 12 日，国务院正式颁布《减持国有股筹集社会保障资金管理暂行办法》(以下简称《暂行办法》)。《暂行办法》中的第五条明确规定国有股减持主要采取国有股存量发行的方式。凡国家拥有股份的股份有限公司(包括在境外上市的公司)向公共投资者首次发行和增发股票时，均应按融资额的 10％出售国有股；股份有限公司设立未满 3 年的，拟出售的国有股通过划拨方式转由全国社会保障基金理事会持有，并由其委托该公司在公开募股时一次或分次出售。国有股存量出售收入，全部上缴全国社会保障基金。该规定旨在解决社保基金的缺口问题。国务院的这一决定为划拨国有股补充社保基金扫清了政策上的障碍。自《暂行办法》实施以来，国内股票市场长期出现萎靡不振的局面，鉴于此，10 月 22 日，证监会在得到国务院批准的前提下，停止执行《暂行办法》的第五条规定。2002 年 6 月 23 日，国务院决定，除企业海外发行上市，对国内上市公司停止执行该《暂行办法》中关于利用证券市场减持国有股的规定，不再出台具体实施办法。因此，我国社会保障基金通过证券市场减持获得资金来源中，就没有国内证券市场减持这部分，而海外股票减持仍可执行。

但与国外证券市场相比，国内证券市场中国有上市公司居多，目前中国经营性国有资产的总量超过 10 万亿元，超过以各种方式测算的社会保障基金缺口总额。如果加上政府直接支配的土地、矿山等各种国有资源，国有经济的总量就更多。因此，在上述政策出台的同时，国务院强调将部分国有股划拨给全国社会保障基金，划拨部分将不在证券市场上减持变现，全国社保基金可在需要时通过分红、向战略投资者协议转让等方式充实社保基金。2003 年十六届三中全会《关于完善社会主义市场经济体制若干问题决议》也提出，采取多种形式，依法划转部分国有资产充实社保基金。此后，国务院多次提出扩大社会保障基金规模。关于国有股的划拨方式，一般有以下两种：第一，对于国内首次上市的公司，如果有国有股，在上市时统一划拨其国有股给全国社保基金理事会或省级统筹基金。这部分股权在上市之初就明确属于中央和省级社保基金所有，性质是非流通的一般法人股。中央和省级社保基金虽然没有以现金出资，但和其他一般法人股一样享受同等待遇，在将来非流通股转流通股的过程中，在同等条件下可以考虑优先转化为流通股。对企业海外发行上市的公司继续执行原来的现金减持办法不变。第二，国内已经上市的股权属于中央政府所有的上市公司，统一划拨上市公司国有股股权给全国社会保障基金理事会。对于那些中央政府认为在国有经济需要控制的行业和领域，这部分划拨的股权可以为了保持国有控股的地位而长期持有，没有特殊情况一般不得转让、变现，而是通过持有股份的分红来体现作为股东的权益。而对于那些国有股可以不控股、甚至可以退出的竞争性行业和领域，统一划拨的这部分股权可以在需要现金时通过拍卖、协议转让等方式变现，弥补社会保障基金的资金缺口。国有股股权的上述划拨，除了新股上市属于增量划拨外，后两种都属于存量划拨，不管上市公司质量如何，只要存在国有股，都应该明确统一的划拨比例。为了解决社保基金掌管大量股权却无法参与上市公司管理的现实问题，可以将划拨给社保基金的国有股由国资委进行托管，并设置为优先股，即享有在普通股分红之前按规定股息率分红的权利，当企业解散时享有在普通股获得任何支付之前收回规定数额投资的优先权。

可以说，划拨国有股充实社保基金，是与我国的资本市场，尤其是证券市场环境息息相关。这种方式可增强现有养老金体系的弹性，应对不利的外来冲击。通过划转国有资产统筹解决国企改制成本，有助于加快国企改革的进程；通过划转使得社保基金成为国有企业的机构投资者，有助于完善国企治理结构，也有助于完善上市公司治理结构，促进我国资本市场的发展。但是，目前全国社会保障缺口数量为 2 万亿元，仅仅依靠划拨上市公司国有股来完成充实社保基金的任务是不现实的。

随着 2005、2006 年股改的顺利进行，国有股逐步进入流通市场。因此，可以在国有股全流通后实行社保基金的“转持”，即将 10%～15% 的全流通国有股划归全国社保基金持有，由社保基金享受这部分股权的收益，保证“转持”国有股在本年内不转让。依据理事会的解释，在以往减持国有企业海外股权的操作中，由于股份的溢价部分涉及权益，在划拨的过程中因一些环节上的延迟容易导致欠缴。减持改为转持可以从根本上解决收入欠缴的问题；加上如果这些股票二级市场表现不错，还能够提高全国社会保障基金的收益水平。所谓转持其实也就是国有股份的划拨。自国务院 2005 年批准后，全国社会保障基金理事会在香港交易及结算所中央结算系统开立了公司投资者账户，正式启动了社会保障基金国有股海外减持改转持工作。2009 年 6 月 19 日，财政部、国资委、证监会、全国社会保障基金理事会联合发布了《境内证券市场转持部分国有股充实全国社会保障基金实施办法》，规定股权分置改革新老划断后，凡在境内证券市场首次公开发行股票并上市（IPO）的含国有股的股份有限公司，除国务院另有规定的，均需按 IPO 时市场发行股份数量的 10%，将股份有限公司部分国有股转由全国社会保障基金持有。涉及国有股东 826 家，应转持股份 83.94亿股，发行市值约 639.33 亿元。区区 600 亿元，显然不足以填补社会保障基金数万亿元的资金缺口，但贵在为破解社保基金困局开辟一条可持续的资金来源，发出了一个积极信号。将部分国有股转持社保基金并长期持有，将国有资本每年的利润分红用于我国养老金支付，这一政策既体现了全民资产全民所有、全民所用的理念，又有助于社保基金通过增持的国有股实现资产的保值增值，为我国社保基金的发展提供了长期稳定的收入支持，可谓多赢策略。

3. 发行彩票收入

发行福利彩票是国家筹集福利基金的重要手段，但由于我国社会保障改革过程中较高的转制成本和较重的历史债务，国家便规定彩票收入的一部分将作为补充社保基金的重要资金来源。国务院批准的彩票公益金分配政策是将彩票公益金在中央和地方之间按 50∶50 的比例进行分配。中央集中的彩票公益金，在全国社会保障基金、中央专项彩票公益金、民政部和国家体育总局之间，按 60％、30％、5％和 5％的比例分配。2008 年，全国发行销售彩票 10 601 325 万元。按照国务院批准的彩票公益金分配政策，2008 年分配给全国社会保障基金 1 887 009 万元，用于补充全国社会保障基金。

4. 行业统筹基金

财政部、劳动和社会保障部 2004 年联合发布《原行业统筹企业基本养老保险基金管理办法》，将原实行基本养老保险行业统筹的企业已上缴财政部养老保险基金专户的基本养老保险资金行业统筹基金(简称“行业统筹基金”)委托全国社会保障基金理事会管理，全国社会保障基金理事会参照《全国社会保障基金投资管理暂行办法》，将该基金与全国社会保障基金一起进行投资运营，并单独设立台账，作为全国社保基金的负债进行核算，截止 2010 年底，全国社会保障基金受托管理原行业统筹基金共计 64.27 亿元。

5. 个人账户基金

“个人账户基金”是个人账户中央财政补助资金的简称。2006 年，财政部、劳动与社会保障联合发布《做实企业职工基本养老保险个人账户中央补助资金投资管理暂行办法》，并委托全国社会保障基金管理试点省市、自治区的个人账户资金中央补助资金及其投资收益。做实个人账户后，社会统筹基金和个人账户基金分账征收，独立运营，互不挤占。统筹基金用于当期养老金的发放，个人账户基金用于储存积累，实现个人账户基金由“空”到“实”的根本转变。逐步将过去个人账号的亏空补上，做到账实相符。自 2006 年底，全国社会保障基金理事会与 9 个省市、自治区人民政府简述了委托投资协议，该协议最短期限为 5 年，纳入全国社会保障基金统一运营管理，并作为基金权益核算。截止 2014 年，全国社会保障基金受托管理的个人账户资金总计 1109.74 亿元。

6. 投资收益

社会保障基金投资运营是指通过发行基金份额，集中投资者的资金，由基金托管人托管并由基金管理人管理或专门从事社保投资的管理人员运用资金，从事股票、债券、基础设施、不动产等金融工具或实业工具投资的一种间接投资方式。全国社会保障基金理事会所进行的投资运营收益也是作为补充全国社会保障基金的一部分资金来源，全国社保基金投资领域包括：银行存款、国债、企业债券、金融债券、股票、抵押贷款、产业投资和房地产投资，其投资已取得了一定成效。2014 年，基金权益投资收益额达到 1424.60 亿元，投资收益率为 11.69％。

8.2　全国社会保障基金投资理念与投资原则

在我国，全国社会保障基金于 2001 年 8 月 8 日作为战略投资者从一级市场申购了 7 亿股中国石化股票，标志着全国社会保障基金进入证券市场，其在投资实践中逐渐形成了价值投资理念、长期投资理念、专业规范理念和责任投资理念这四项基本理念，并明确了投资原则和投资范围，为社会保障基金的投资运作提供坚实基础。

8.2.1　全国社会保障基金投资理念

全国社保基金于2000年成立以来，在股票投资实践中逐渐形成了以下基本理念：

(1) 价值投资和长期投资的理念。社保基金会在股票投资中奉行价值投资理念，一直坚持正确处理投资对象的内在价值与市场价格涨跌之间的关系，把投资价值作为选择投资对象的标准，把发现和实现投资价值作为投资的首要工作，而不是依靠概念炒作和内幕消息进行投资。全国社会保障基金负债期限较长，中短期支付压力较小。为适应这种资产负债特性，社保基金会确立了股票长期投资的理念。它要求社保基金必须追求长期投资目标，围绕长期投资目标实行长期投资战略，并在一个较长时期内对投资执行情况进行考核和评估。社保基金的股票投资，着眼于分享国民经济增长的长期收益，着眼于分享股票市场健康发展的成果。社保基金股票的长期投资理念，使得它不会采取短期投资行为，不会依靠股市的大起大落炒作盈利。相反，它是股市中的一支稳定力量。股市中类似社保基金这样的长期投资机构越多，长期资金量就越大，股市的发展就会越稳定。

(2) 专业规范的理念。社保基金会按照投资管理和风险管理并重、制度建设和技术支持并重、权利和义务对等的基本指导思想，设计和建立了一个程序比较清晰、职责比较明确的专业化股票投资管理模式。在股票投资管理中，坚持审慎的资产配置，坚持公平、合理、择优选择投资管理人及托管人，坚持科学准确的绩效评估和全面有效的风险管理。股票投资专业规范的理念，要求社保基金会在投资运作中严格遵守国家的法律法规，严格按照专业程序的规定，严格履行投资合同，而不通过市场炒作等违法乱纪的行为来获取暴利。

(3) 安全至上的理念。安全至上是社保基金股票投资始终不渝的理念。社保基金会在借鉴国际经验的基础上，区别股票投资不同风险的成因，采取了不同的控制措施。在投资过程中，对于市场和法律风险，通过投资方针和投资合同的各项具体规定加以控制；对于操作风险，通过有效的信息确认机制加以控制；对于投资管理人的委托代理风险，通过及时获取和分析相关信息、与投资管理人的沟通交流和建立激励约束机制等方式加以控制。

(4) 责任投资的理念。责任投资的理念要求社保基金会在以下几个方面做一个负责任的股票投资者。在经济发展方面，社保基金投资强调要正确认识促进经济发展与实现投资收益的关系。经济增长成果是养老金投资收益的根本来源，促进经济发展有利于养老金的积累。养老金应该充分发挥其规模巨大和投资长期性的独特优势，为我国宏观经济的健康发展尽职尽责；在股票市场方面，社保基金投资强调要维护我国股票市场的健康持续发展。随着养老金资产占股票市场市值的比例不断扩大，影响养老金收益高低的因素将逐步由投资策略和技巧转变为股票市场的发展水平。为此，社保基金一直致力于关心和促进我国股票市场的健康与发展，不仅自觉抵制一切危害市场机制的行为，用规范的投资引导股市行为，而且其专业化的投资运作框架、规范化的业务流程，为我国机构投资者的规范运作发挥了示范作用。

针对于社保基金在股票市场中投资的行为来看，中国社保基金应该站在公共力量和公共利益的角度来考虑取舍，学会“反周期”地进出股市，这样做，一方面有利于站在公共政策的立场发挥市场润滑剂的作用，另一方面又能让社保基金保值增值。这叫一箭双雕，既合民意，又得民心。在股市低迷、人心涣散的时候，社保基金逐渐介入股市，不但可以低成本建仓，而且还能以其示范作用重建市场信心。在股市过热、泡沫加重的情况下，社保基金应该选择逐渐退出，为市场降温，给社保基金保险。这样的投资模式，应该是周期性极强的，一个熊牛交替就是一个轮回，从一个熊市底部到一个牛市顶部，就是它的一个周期。

截至2015年，中国股市平均市盈率已高达70倍，泡沫已是十分严重，不但毫无任何投资价值可言，而且随时可能结束这一轮牛市行情，并快速步入漫漫熊市。因为中国股市总是在“涨过头”与“跌过头”中交替，因此，在这样一 种情势下，中国社保基金应该有自知之明，应该尽快撤出。即便全国股民的热情冲动，即便股市还能上涨一段，社保基金也没有必要拿全国人民的“保命钱”去进行高风险投资。

8.2.2　全国社会保障基金投资原则

1. 投资原则

任何投资都要兼顾收益性、安全性和流动性的原则，但是根据投资要求不同，三者的优先次序有所不同。全国社保基金的社会保障功能决定了其投资原则的顺序是：安全性、收益性、流动性，即在保障基金安全的基础上提高基金的收益率，同时保证其流动性需要。

（1）安全性原则。社保基金投资运营的安全性原则是指社保基金投资不能承担过高的风险，必须保证投资的本金能够按期收回，并取得一定的投资收益。这是由社保基金的经济属性及其基本职能所决定的，社保基金是老百姓的“活命钱”，其投资风险不应过大，否则不但无法获得预期的收益，而且还会危及养老保险制度的经济基础，从而引起社会动荡。因此社保基金进行投资时其安全性是首要的。安全性是社保基金进行投资必须遵循的最基本的原则。

（2）收益性原则。社保基金的收益性原则是指在符合安全性原则的前提下，尽可能的取得比较高的投资收益率。没有社保基金的投资收益，也就谈不上社保基金的保值增值，社保基金的安全性也就不可能存在。如果社保基金投资能取得较大收益，则可以为社保基金支出提供可靠的资金来源，也有利于减轻国家、企业和个人的经济负担。在具体投资活动中，收益性原则常与安全性原则相冲突，这要求投资人在项目投资决策时权衡收益与风险的关系，注意两者是否相称。

（3）流动性原则。社保基金投资的流动性原则也是应该考虑的。社保基金的流动性是指社保基金投资的资产变现支付养老金的能力，是社保基金运行的连续性和充分性的体现。社保基金的流动性和安全性紧密相连：一方面，养老金的及时支付需要社保基金资产具有一定的流动性；另一方面，理论上分析其收益和流动性应是反方向的，流动性好的其收益相对较差，流动性较差的其收益相对就较好。

由于投资的收益和风险是同向的，而资产的流动性却与收益呈负相关关系。这样就使得社保基金的投资原则在实际过程中往往难以同时达到。因此在进行投资的时候，必须根据实际情况，依照现实目标灵活选择投资方式，真正做到社保基金投资的收益性和安全性的统一，同时注意社保基金的流动性，以此确保合理的风险和收益水平。

2. 全国社会保障基金投资范围

社保基金的投资对象就是社保基金投资的标的物。投资对象是实现社保基金投资营运安全性与收益性的载体。不同投资对象处于不同的风险体系，其风险程度具有差异性，从而制约了社保基金投资营运的安全性和收益性。2001 年 12 月 13 日《全国社会保障基金投资管理暂行办法》的公布，标志着社会保障基金保值增值渠道的扩大，其投资入市得到了政策许可。按照《暂行办法》规定，全国社会保障基金投资的范围仅限于银行存款、买卖国债和其他具有良好流动性的金融工具，包括上市流通的证券投资基金、股票、信用等级在投资级以上的企业债、金融债等有价证券。不同投资对象的风险和收益比较分析如下：

（1）银行存款。银行存款是我国现阶段社保基金的主要投资工具。银行存款可以获取稳定的存款利息，流动性好，被认为是社保基金的最安全、零风险的投资方式。但是，银行存款收益率低，难以抵御通货膨胀的风险，只是从名义上实现社保基金的保值增值，实际上却存在贬值的风险。因此，随着社保基金投资工具的选择越来越多样化，银行存款的比例应该逐步降低，银行存款比例的降低将成为一种必然，银行存款将成为保障基金流动性需要的短期投资工具。

（2）国债。国债是由中央政府发行的债券，安全性也较高。在我国，国债的收益率长期高于同期银行存款利率，因此在我国的社保基金投资结构中一直保持着相当比例的国债资产。在各类债券中信誉最高，国债资信可靠，投资风险较小，还本付息按时可靠，投资者可以如期地收回本金和利息。国债有比较完善的二级市场，流动性高。但随着利率体系市场化程度的逐渐提高，国债利率与银行存款的利差逐渐缩小，投资收益率下降，赶不上通货膨胀的速度。

（3）金融债券和企业债券。债券投资的特点是债券利率事先确定，收益可以很精确的预期，但易受市场利率的影响。因此，投资的安全性比国债差。银行发行金融债券的目的是为效益好的项目融资，因而它的利率较高。企业债券的种类、期限不同，其利率也不一样，但企业债券的利率一般都高于同期银行存款利率。与国债相比，这些债券的安全性稍差。这些债券的流动性状况与证券市场的发达程度有关，证券市场交易越活跃、市场规模越大、管理越规范，其流动性就越好。社保基金购买债券首先要根据安全性原则来考虑债券的信用，其次要根据流动性原则，选择那些可以上市交易的债券种类，以利于增加回报和转移风险。

（4）可转换债券。可转换债券是一种可以在特定时间、按照特定条件转换为普通股股票的特殊企业债券。可转换债券一般具有固定的利率和期限，其发行者按规定只能是上市公司或即将取得上市资格的公司。由于可转换债券既有债权性，又具有股权性，因此，可转换债券被看做一种稳健的投资方式。虽然可转换债券的票面利率相对于国债和银行存款的利率偏低，但具有可转换成普通股、分享企业成长成果的优势。投资者可根据获利情况，将可转债转换成为股票进行套利操作以获取更高的投资收益。

（5）股票。股票是最能够减小通货膨胀对资产贬值影响的投资方式之一。这是因为股票一方面代表的是对股票发行单位（股份制公司）资产的所有权，随着公司的经营壮大，股票所代表的资产的实际价值也在增长，这是它能够使资产保值增值的主要原因；另一方面投资股票的定期收入（红利）不像债券利息那样预先就确定了的，而是随公司经营状况不断变化，以货币表示的公司的名义收入能随通货膨胀率作相应变化，而保持其实际收入不变，这样红利在一定程度上能抵消通货膨胀的影响。社会保障基金能否介入股票投资主要取决于社保基金预期收益率和资本市场的发育程度。从世界范围来看，各国政府对于社保基金投资股票市场通常持较为谨慎的态度。目前，我国的证券市场已经发展到一定的规模，也正是如此我国已经有条件、有步骤、有限度的允许社保基金投资进入证券市场，实现社保基金保值增值。但是我国上市公司质量、法律秩序以及制度等方面还存在一些不足之处，证券市场仍属于新兴市场，系统风险和非系统风险仍然较高。因此，目前要控制好社保基金进入股市的规模。

(6) 投资基金。投资基金是由投资者共同出资组成基金，并交由专业人士来管理运作，投资人按照基金份额来分享基金的增值收益的一种社会化的信托投资工具。基金经理人通过多样化的投资组合，努力降低风险，谋求资金长期、稳定的增值，较好地兼顾了安全性、收益性和流动性的原则。特别是开放式基金，由于其发行时不限定基金规模，发行以后投资者可以按照基金净值自由的申购和赎回，另外，基金份额处于开放状态，也就不存在由于供求不平衡而导致基金价格的折价或者溢价现象。近年来我国开放式基金的发展势头很猛，已经成为证券投资基金的主要发展方式。从国外来看，社会保障基金已将开放式基金作为重要的投资工具之一。由于首批社会保障基金投资管理人都为基金管理公司，因此都没有购买证券投资基金。目前我国从政策上已明确社会保障基金可以投资证券投资基金，未来开放式基金应成为社会保障基金投资关注的投资工具之一。

(7) 抵押贷款。抵押贷款是指银行在发放贷款，要求借款人以自己资产作为抵押。一方面是风险小，这是因为借方可以通过财产作价款抵押；另一方面收益相对较高，因而可作为社保基金投资的一种方式。当前资金短缺是中国金融市场存在的普遍现象，相对国有企业而言，民营企业特别是中小企业很难从银行获得信贷资金，因此，从社保基金投资的社会效益角度出发，可以从这些企业中挑选优质的、信誉好的企业作为抵押贷款的发放对象。

贷款也是社保基金可以投资的另一类债务合同。它的流动性风险要比债券大，但对贷款人和投资者都比较有利。住房金融产品包括抵押贷款和以抵押贷款为基础发行的证券。住房抵押贷款具有低风险和收益稳定的特点，再加上其一定的社会效益，可以在未来社保基金的贷款资产中占据主要地位。我国目前居民住宅的需求量相当大，房地产事业作为国民经济支持产业的地位进一步的加强，投资于住房金融产品比直接投资房地产的风险要小得多。从我国的实际情况出发，社保基金在近阶段可以投资不动产抵押贷款，即贷款方以土地、设备、房屋等不动产为抵押担保品向社保基金公司进行贷款。如果贷款方到期不能偿还本金利息，社保基金公司有权处理抵押品来抵偿。现在银行可提供的抵押贷款品种有住房抵押贷款、住房按揭贷款、商用房按揭贷款、公积金组合贷款等十几个。这些贷款方式，以抵押作为担保主体，比较适合于收入稳定、有偿还能力的人群，贷款期一般为 3 到 5 年，期限适中。这类借款人注重个人信用，且有良好的个人消费习惯，房价和收入控制在合理的限度之内，可以按月偿还贷款本息。目前，对我国的商业银行来说，住房抵押贷款(按揭)是优质资产，平均坏账率较低，商业银行还可以通过转按揭、更换住房等手段适度消除风险，加之一些信用增级措施，投资者承担的风险较小。收益方面，它的利率通常高于国债利率，因此，它完全可以成为社保基金新的投资工具。现阶段我国的住房公积金面临着资金的不足，通过发行以抵押贷款为基础的证券吸引了以社保基金为主的机构投资者，可以为住房抵押一级市场提供充足的资金。抵押贷款证券是以住房抵押贷款为基础资产，发行人为商业银行或投资银行。由于有稳定的现金流作保证，抵押贷款证券的投资风险较小，收益比较稳定。目前国内还没有房地产抵押贷款证券，鉴于房地产抵押贷款的良好信用记录和稳定现金流，开发适合社保基金投资的房地产抵押贷款证券是一种很有意义的做法。

将房地产抵押贷款证券化，一方面可以解决房地产抵押贷款资金不足的局面，刺激房地产消费，另一方面还可以为社保基金提供相对高收益、低风险的投资渠道，是比较适合社保基金投资的金融创新工具。对于社会保障基金来说，可以参照银行的相关业务来发展自己的住房抵押贷款业务，作为进军贷款业务的主打产品，随着全社会生活水平的不断提高，房地产抵押贷款的可拓展空间是相当大的。

(8) 海外投资。虽然我国社会保障基金在内地证券市场的投资取得了一定的收益，但是现在突出的问题是中国资本市场的系统风险在一定程度上超过了社保基金的承受范围，而且市场本身无法满足社保基金长期性、安全性、稳定收益和收入增长的总体投资要求。据统计资料显示：纽约证券交易所系统风险(不可分散风险)占 1/4 左右，而非系统风险(可分散风险)占 3/4 左右。所以，在以美国为代表的成熟的资本市场中，非系统风险可以通过投资组合分散掉。然而，我国上海证券交易所的投资风险结构与此“倒置”，系统风险占 2/3，非系统风险占 1/3 左右。另外，我国沪深股票指数和美国股票指数的相关系数为 0.01，与香港恒生股票指数大概在 0.07，与世界股票市场指数为 0.03，可见，我国证券市场与海外证券市场的相关性较小，因此在资产组合中，增加一些不完全相关的海外投资可以提高资产组合的收益、方差比率。因此，为了抵消内地资本市场不可分散的风险，向境外拓展投资领域成了社保基金“安全至上”的必然选择。境外有许多发达的资本市场，甚至是新兴市场都具备社保基金所需要的风险收益特征的投资产品，境外投资的这部分资金完全可以在设定的风险承受范围之内获得比较高的收益，而且还有大量的金融工具可以用来管理、减低甚至消除多数投资风险。这些都为社保基金提高自身的抗风险能力和收益水平提供了广阔的市场空间。为了更好地降低投资风险，根据投资对象国之间的相关性研究，在不同国家的固定收益产品和股票产品之间进行投资组合，可较好地规避一国投资风险。另外，在投资时要对汇率风险、国家风险及投资品种的非系统性风险要进行充分的估计，并采取适当的措施进行风险管理，以确保社保基金投资的安全

(9) 不动产。不动产是指土地、住宅、厂房、办公楼等财产。对于不动产投资是一种投资回收期长、资金需求量大的投资方式。其收益主要来自两个方面：一是通过出租获取租金；二是获取买卖不动产时的增额差价。不动产的价格，在发生通货膨胀时随着物价的上涨而上涨，因此具有很强的抗通货膨胀的能力。但不动产投资最大的问题是资产的流动性低，且效益性在一定程度上也会遭受宏观经济环境变化风险的影响。不动产投资的收益和风险与经济周期密切相关，在经济繁荣阶段，不动产投资的盈利性和流动性较好；而经济衰退时，不动产投资的流动性较差，因此盈利状况也不理想。社保基金由于一部分是应急性基金，随时可能要用于养老支付的需要，所以这部分基金必须随时能够变现。

社保基金注重多元化投资渠道，2006 年全国社会保障基金就已经发起了渤海产业投资基金。2008 年下半年，全国社会保障基金支持了京沪高铁等国家重要基础设施和多个省市的民生工程建设，并以战略投资者身份参与对国家开发银行和中国农业银行的股份制改造。同年又以国内首家可以自主投资股权投资基金的机构投资者身份，承诺对弘毅和鼎晖两只股权基金各投资 20 亿元，2010 年全国社保基金再次投资于弘毅二期人民币基金 30 亿元人民币，力求从多种渠道实现基金保值增值。全国社保基金理事会在 2009 年扩大股权投资基金的投资。截至 2010 年，向社保基金提出筹集资金的机构已经有近 20 家，全国社保基金将选择 3～5 家进行投资。尤其值得注意的是，全国社保基金 2010 年首次新增了对 PE

的投入，并将其锁定为新的投资重点，其 2010 年收益超过了 3494 万元。目前已有 4 家基金管理公司纳入全国社会保障基金新投资范围，即中信资本、金浦产业投资基金、国创母基金和赛富亚洲投资基金。截止 2010 年 11 月，全国社会保障基金已经投资了 7 家管理公司、8 只基金，承诺投资 117 亿。实际投资 65 亿，预计至 2011 年年底，全国社保基金委托 PE 投资总规模将升至 210 亿元。而根据国家发改委于 2011 年年初发布的 PE 备案指引，全国社保基金可投资 PE 的比例上调至 10%。按照全国社会保障基金资产总额 8566.90 亿元来估算，将有超过 850 亿元可用于投资 PE。但是，由于 PE 在中国发展时间不长，很多风险并未充分暴露出来，来投资 PE 的节奏上需要慎之又慎，同时进行严格的风险管控，不能掉以轻心。

此外，社保基金还投资于信托，此项投资是社保基金自 2005 年起拓展投资渠道、进行多元化投资的新尝试，2008 年社保基金在信托投资上实现收益 11 亿元，较上年增加 7 亿元。到 2011 年 7 月，全国社会保障基金拿出 30 亿元信托贷款投资南京市保障房项目，为天津市提供了 30 亿元的信托贷款，专项用于该市的公共租赁住房醒目建设，交银国信受托全国社保 45 亿投资重庆保障房建设，当然，这仅仅是开端，未来全国社保基金会在多地调研，将陆续投资更多的保障房建设，现阶段全国社保基金的投资范围仅限定为中央企业，所以只能投资中央企业或其地方子公司。另外，投资基金可以在各地选择成长型企业进行投资，部分资金可以进行信托贷款，但主要是发放保障房项目的建设贷款。

8.3　全国社会保障基金投资运作模式及过程分析

8.3.1　全国社会保障基金投资运作模式

投资运营管理模式包括集中垄断运营模式与分散竞争运营模式。分散竞争运营模式即通常由政府根据法律规范的资格条件确定多家符合条件的私营机构来运营社会保障基金，允许各机构之间展开竞争；集中垄断运营模式，即由政府系统或政府授权的公营机构集中运营社会保障基金，具体又可分为内部投资管理(购买国债或参与国家财政统筹)和委托外部投资管理。委托外部投资管理(委托银行、信托公司、基金管理组织等金融机构运营)又可再细分为部分委托和全部委托两种模式。全国社会保障基金目前的投资运作管理模式是：理事会直接运作和委托管理运作模式，是政府集中管理模式。对风险较小的投资采取直接投资模式，对风险较大的投资运用委托投资模式，是国际养老金管理运作的成功经验之一，这样做既有利于分散风险，又有利于发挥专门投资机构的专业优势。在借鉴国际经验的基础上，全国社会保障基金理事会对银行存款和一级市场国债承销直接运作，对股票、企业债、金融债等委托专业投资管理机构进行投资。2002 年，全国社会保障基金理事会通过严格的评审程序，确定了六家基金管理公司作为投资管理人，两家商业银行作为托管银行。全国社会保障基金于 2003 年 6 月正式入市。2006 年进行境外投资，境外投资选择了花旗和北美信托两家全球委托银行。境内投资主要选择了易方达基金管理有限公司、招商基金管理有限公司、中国国际金融管理有限公司、国泰基金管理有限公司和三家商业银行(中国银行、交通银行、工商银行)。

8.3.2　全国社会保障基金投资运作流程分析

从图 8-3 的全国社会保障基金投资管理模式运作流程图中可以看出投资运营管理的主体部分主要有三个，分别是理事会、基金管理公司和基金托管人，主体之间主要依靠委托代理关系和监督与被监督关系维系，处理好主体之间的关系是保障基金进入资本市场正常运行的首要条件。

全国社会保障基金的投资管理人是受社会保障基金理事会的委托作为社会保障基金的投资管理的代理人执行“专家理财”职能的机构。在基金管理公司的选择过程中全国社会保障基金理事会有责任对基金管理公司的整体运营情况和财务状况等基本情况有一个充分的了解，同时对投资管理业务资格进行严格的审查，并严格按照规定条件及合同条件要素审核基金管理公司的委托条件。社保理事会和证监会作为双重监管机构对基金管理公司的运营情况进行监督。全国社会保障基金托管人受社会保障基金理事会的委托作为社会保障基金理事会的保管代理人执行基金托管职能。托管人在执行理事会委托代理的职责同时有监督基金管理公司的责任，同时托管人的托管情况也受中国人民银行的监督管理。由于证监会和中国人民银行的监督使得基金管理人与托管人之间的互惠交易风险下降。2006 年 5 月 1 日，开始执行《全国社会保障基金境外投资管理暂行办法》中对我国社会保障基金境外资产托管人(商业银行或委托管理公司)的申请条件作了严格的要求，对于其信用级别也作了具体的规定，如托管人必须具备国际公认评级机构最近三年对其长期信用评级在 A 级或者相当于 A 级以上，银行存款要求是三 A 级，债券必须是选购 BBB 或相当于 BBB 以上的债券，对于票据及货币市场产品要求达到 AAA 级水平。全国社保基金刚刚进入到海外市场，海外托管人的选择需十分慎重，同时在我国信用资产评估公司发展起步比较晚，整体实力和评价水平处于初级发展阶段，因此发展信用评估公司，借助于民间评估公司的力量提高理事会的评估能力，有利于更加安全可靠的选择托管人。

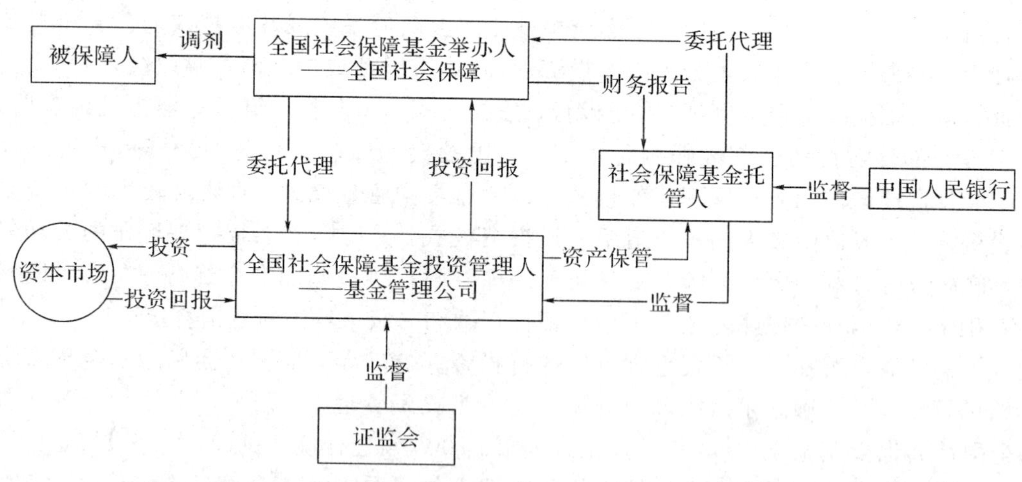

图 8-3　全国社会保障基金投资管理模式运作流程图

从投资运行的主体之间的关系维护上可以看出，基金理事会作为投资运营的主体之一，受监督的力度很小，这样容易造成资金挪用、专款私用等现象，因此我们应该加大对基金理事会的监督管理，减少其作为投资主体及利用政治权利挪用资金的可能。中国人民银行作为央行应从宏观上监督管理这项关系国民经济的基金的投资运营情况，同时对理事会出具的财务报告等基金情况进行严格监督。

8.3.3 全国社会保障基金投资运作中的逆向选择和道德风险分析

在经济生活中，人们获得的信息往往是不充分的，也是不对称的，并且信息的获得必须支付成本。造成信息不对称的原因主要是一方对事实真相缺乏了解，另一方故意隐瞒事实，甚至捏造事实。这种相关信息占有的不对称状况导致在交易完成前后分别发生"逆向选择"和"道德风险"问题，严重影响经济效益。信息不对称理论就是用以说明相关信息在交易双方的不对称分布对于市场交易和市场运行效率所产生的一系列影响。

激励理论的奠基者詹姆斯·莫里斯所提出的委托代理理论就是信息不对称理论的实际运用，莫里斯的理论观点主要如下：委托人无法观察到代理人的行为，如努力程度的大小、机会主义的有无，以及条件禀赋，如能力、风险大小、风险态度等。代理人可能利用自己的优势，通过降低努力水平或其他机会主义行为来达到最大自我效用的满足，甚至不惜损害委托人的利益。当然，其中原因还是源于信息不对称和不确定性的同时存在。如果信息是完全的，委托人就可以清楚代理人的努力水平，然后据此付酬。或预先确定使其利润最大化的某一努力水平，然后与代理人签订合约。所以如果信息是完全对称的，尽管委托人与代理人的目标函数不一致，委托人仍可以很好地控制代理人的行为。即使委托人无法观察代理人的努力水平，如果代理人是在不存在不确定性的条件下管理企业，产出只是努力水平的一个函数，虽然努力水平无法观察，但是产出是可以衡量的，因为产出与努力水平之间的关系是确定的，因此，努力水平是可以准确算出的，企业利润的多少就是努力程度的量化指标。但是，由于不确定因素的存在，无法根据收入、利润等指标，来判断代理人的努力程度，在实际工作中就会发生"逆向选择"和"道德风险"。

同时，道德风险是双向的，也就是说除了基金公司，全国社会保障基金理事会作为委托人也存在道德风险。《新帕尔格雷夫经济学大辞典》中对道德风险的解释是："从事经济活动的人在最大限度地增进自身效用时做出不利于他人的行动"。规避道德风险的关键在于，是否能够把全部后果适当地转嫁给经济行为者。如果能够把利益留给自己，而把损失转嫁给别人，就有可能产生道德风险。著名的经济学家科托威茨在他的论著中指出："道德风险存在于下列情况：由于不确定性和不完全的或有限制的协议使负有责任的经济行为者不能承担全部损失(或利益)，因而他们不承受其行动的全部后果，同样地，也不享受行动的所有好处"。

根据信息经济学理论，在传统的非对称信息观点下，交易双方中拥有私人信息的参与人称为"代理人"，不拥有私人信息的参与人称为"委托人"。在参与人签约之后因信息不对称而产生的代理人利用私人信息侵犯委托人利益的行为被称为"道德风险"。许多研究表明，在许多情况下不只一方拥有私人信息，所以道德风险就不止存在于交易中的一方，而是双方都有发生道德风险。随着近年关于这方面的研究展开，委托人与代理人之间相互都有私人信息，双方都存在道德风险，代理人的道德风险可以是自身单方面操控的，也可以向中间人(比如监督人)发出密邀，合作造成委托人的利益损失；同样委托人的道德风险也可以是自身单独操控的，也可以是利用其他中间人(比如监督人)私下联合造成代理人的利益损失。

因此从信息不对称角度讲，在投资运营过程中基金管理公司就具有比理事会更直接和更具体的数据信息，更能在相对提前的时间观测到基金运营的变化情况，在委托代理关系建立以后，主体双方是非常清楚他们之间的权责关系及利益关系的。因此在利益关系驱动下，基金管理公司容易将不真实的信息反馈给理事会以取得更多的利益或形成更多的虚假外部信息以谋求自身利益。由于道德风险的双向性我们应该更加注意理事会和基金管理公司分别作为代理人和委托人的单方面控制，同时加强中间人的监督职责是解决问题的有效方法。

8.3.4 全国社会保障基金投资运作中的信托关系分析

信托是指委托人基于对受托人的信任，将其财产权委托给受托人，由受托人按委托的意愿以自己的名义，为受益人的利益或者特定目的进行管理或者处分的行为。委托人对受托人的信任是信托关系成立的前提，信托财产及财产权的转移是成立信托的基础。这种信托关系体现了五重含义：一是委托人将财产委托给受托人后对信托财产就没有了直接控制权；二是受托人完全是以自己的名义对信托财产进行管理处分；三是受托人管理处分信托财产必须按委托人的意愿进行；四是这种意愿是在信托合同中事先约定的，也是受托人管理处分信托财产的依据；五是受托人管理处分信托财产必须是为了受益人的利益，既不能为了受托人自己的利益，也不能为了第三人的利益。因此托管人与委托人之间严格执行信托关系合同成为关键。

例如本书之前提及的上海社保案的发生我们可以发现在投资管理中由于制度性的缺陷造成基金监管的力度和层面不够，规避由于信息的不对称造成的逆向选择和道德风险带来的损失成为社保资金管理的重点，同时信托关系也需要法律上进一步明确和加强管理实施。只有这样才能够保障基金的专款专用，实现基金保值增值，当突发事件发生时才能更好地起到社保基金的保障职能，保障经济的正常运转和社会的安定。

8.4 全国社会保障基金存在的问题

社会保障基金在当今社会的经济发展中具有独特的价值和社会作用，因此大力加强这项工作的建设就成为当前社保工作的重中之重。但是，目前我国社会保障基金工作中还存在着不可忽视的问题，下面主要从社会背景和基金投资运作两方面来阐述此问题。

8.4.1 全国社会保障基金发展背景问题

1. 中国人口老龄化速度加快

根据2000年第五次人口普查显示，中国65岁以上人口占整个人口比重达6.96%。国际上通常把60岁以上的人口占总人口比例达到10%，或65岁以上人口占总人口的比重达到7%作为国家和地区进入老龄化的标准，由此看出我国即将进入老龄化社会。随着我国人口老龄化规模不断扩张的发展态势，此指标从2002年的7.3%上涨至2012年的9.4%。

2012 年我国 65 岁以上的老年人口已达到 1.27 亿人，且每年仍以 800 万人的速度增加。到 2014 年甚至达到 13755 万人，占全国比重 10.1%。目前，我国人口平均预期寿命达到 74.83岁，比 2000 年的 71.40 岁提高 3.43 岁，不仅超过发展中国家的老龄化平均水平，而且比一些发达国家还要高。根据人口学家预测，2050 年，我国老龄人口将达到总人口数的三分之一，如图 8－4 所示。

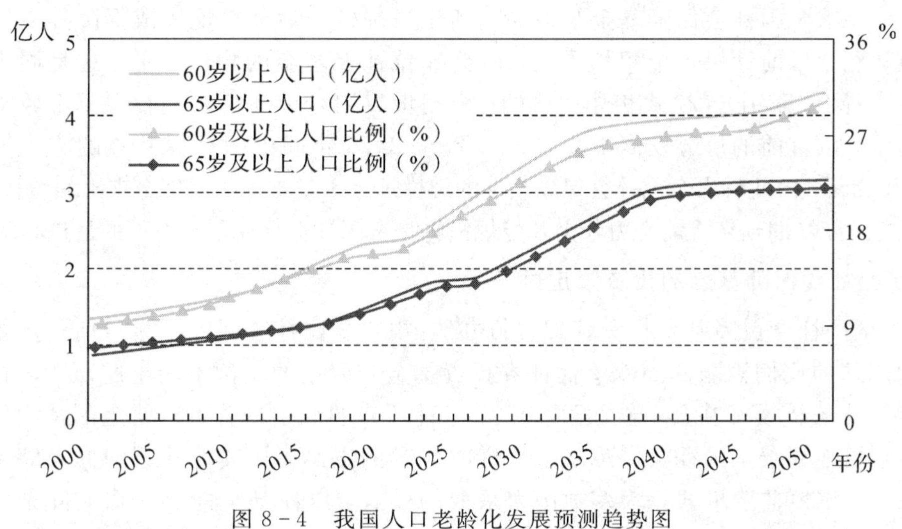

图 8－4　我国人口老龄化发展预测趋势图

从中国人口老龄化发展来看，有几个非常显著的特征。首先，我国老年人口规模呈现总量扩张、增量提速的趋势，人口抚养的负担正逐步加强。中国自 20 世纪 50 年代以来人口结构主要呈现出“壮年期短，老年期快”的特点，中国人口的壮年期从 1982 年到 2000 年只有 18 年，而世界平均人口壮年期为 50 多年，而 2010 年我国 60 岁以上老年人口已经达 1.78 亿，是世界上唯一老年人口超过 1 亿的国家。到 2025 年，我国老年人口接近 3 亿，2037 年超过 4 亿，2050 年以后，老年人口占全国总人口 30%以上，其数量和速度发展之迅猛不容小觑。其次，人口老龄化发展形势也表现出明显的区域不平衡性。从地区分布来看，东部和中部地区的人口老龄化形势相对严峻，西部地区的人口压力相对较小。尤其是上海、浙江、北京、江苏等地区人口老龄化程度最为严重，其次是山东、广东、河南、湖北等地区。从时间走势来看，东部地区人口老龄化正逐渐向中部和西部地区转移。最后，未富先老迹象显现，经济发展压力增强。如，2001 年，我国 65 岁及以上老年人口占比达到 7.1%，按照联合国标准正式进入到老龄化社会，而当年人均 GDP 仅为 1041.6 美元，不及德国、英国和加拿大的 1/20，仅为美国和日本的 3%左右，与发达国家存在较大差距。2012 年，我国人均 GDP 虽然大幅增长至 6188.2 美元，但与美国、日本、德国、英国等多数发达国家仍然存在较大差距，经济发展压力依然较强，呈现出越来越大的养老金需求与经济发展对资金需求的矛盾。

2. 社会保障基金规模较低且积累不足

根据全国社会保障基金理事会的估算，假设年收益率保持在 5%以上，每年提供 1000 亿元的流量收益，则我国社会保障基金规模至少要保持在 2 万亿元的水平上，才可以在保证不流失本金的前提下，弥补二三十年后出现的社会保障动态需求并更好的应对未来的老龄化危机。虽说每年我国社保基金的资产市值在不断增加，但达到2万亿元的规模还是不容易的，即目前基金规模尚不能完全满足弥补未来养老金缺口的历史任务。目前全国社会保障基金人均水平只有不足600元人民币，远远低于国际同类基金的人均水平。由于我国人口总数较多、人口老龄化程度不断加深，并且由于养老保险制度转轨以及农村养老保险尚未正式建立等原因，养老金支付需求未来将大幅度上升，造成养老保险资金较大的支付压力，因此要求全国社会保障基金必须要达到相当规模之后才可能完成保障养老保险制度持续健康运行。目前社保基金积累不足，就会导致社保基金的隐形债务，这是同中国社保基金制度选择“统账结合”模式相伴而成的。根据世界银行公布的中国社保基金收支缺口研究报告显示，以目前的形势发展下去，2001年至2075年间中国社保基金的收支缺口将达到9.15万亿元，由此看出全国社会保障基金的规模远远不足支撑社保资金支出的增长，在中国养老保险支付高峰期到来之前全力壮大基金规模将是全国社会保障基金发展的最核心问题。

3. 我国社会保障基金的投资限定过严

根据《全国社会保障基金投资管理暂行办法》规定全国社会保障基金目前资产组合中银行存款和国债的比例不能低50%，而证券投资基金和股票的比例不能超过50%，投资产业基金和市场化股权投资基金不能超过10%。这种严格的规定尽管可以使全国社会保障基金规避风险，但不利于全国社会保障基金投资收益率的提高。从其他国家的养老储备基金投资监管来看，审慎监管模式是大多数国家采取的模式，以使基金能够根据实际条件的变化适时调整投资策略和资产组合，最大化规避风险和提高收益。例如，爱尔兰、新西兰、法国、挪威等国基于长期投资理念，均对养老储备基金投资运营采取审慎监管模式，没有对资产比例作严格限制，并取得了良好的效果。爱尔兰“国家养老储备基金”资产组合中股票接近80%；新西兰“超级年金基金”80%的资产配置于股票和实业投资，无风险资产仅占20%；法国“退休储备基金”除对投资区域和单一发行人的金融工具比例有规定之外，其他投资限制较少。随着投资渠道的逐步拓宽，全国社会保障基金投资收益率总体提高也证明了灵活的投资策略有利于全国社会保障基金的保值增值。因此，在风险控制的基础上逐步放宽全国社会保障基金的种种投资限制，投资监管向审慎模式转变，增强全国社会保障基金理事会的投资管理自主权和投资地域、产品、业务等选择空间，将有利于全国社会保障基金提高投资收益率以保证基金的保值增值。

4. 我国相关法律法规及监督机制的不健全

一方面，关于全国社会保障基金发展的统一法规文件尚未出台。目前主要相关规定有关于投资运营的《全国社会保障基金投资管理暂行办法》和《全国社会保障基金境外投资管理暂行规定》，以及关于全国社会保障基金来源的《国务院关于印发减持国有股筹集社会保障资金管理暂行办法的通知》、《国务院关于进一步规范彩票管理的通知》和《境内证券市场转持部分国有股充实全国社会保障基金实施办法》。这些规定由于立法层次较低、内容不尽完善等原因，已不能完全适应全国社会保障基金的发展需求。目前，除《国务院关于印发减持国有股筹集社会保障资金管理暂行办法的通知》之外，其他规定均由相关部门制定实施，而关于投资运营的两个规定均是以暂行办法的形式，随着时间的推移，原规定中对于投资渠道和投资比例的限制等内容已不能够完全适应环境的变化，全国社会保障基金发展法规环境亟待完善。

另一方面，国务院自 1996 年开始就明确要求对各项社会保险基金按预算外资金管理办法管理，纳入社会保障基金财政专户，实行专户存储、专项管理、专款专用的收支两条线管理，但从目前看，仍然存在着管理体制不顺、缺乏协调机制和制约机制等问题，主要表现在资金挪用情况方面严重。这主要源于政府部门对保障基金支配权认识上的误区。政府部门错误地认为有权支配社会保障基金。实质上社会保障基金是劳动力价值或价格的组成部分，是被保险的劳动者所共有的一项社会公共基金，它由国家、企业、个人三方共同出资筹集，但是按照法定比例收缴形成基金后，所有权就只属于被保险的劳动者，而不属于任何政府部门或企业。这一点非常重要。然而由于缺乏有效的监督机制，加之前几年受投资热的影响，一些地方政府往往把这笔基金等同于政府财政收入，在资金不足的情况下经常性地动用社会保障基金用于地方建设。从根本上讲，这是一种越权行为，也正是这种行为最终造成了社会保障基金的拖欠，并导致部分受保人员的正当利益得不到保障。

8.4.2　全国社会保障基金投资运作存在的问题

1. 投资管理成本过高

我国已经步入老龄化社会，未来社会保障基金的支付将超过收入，资金缺口巨大，其原因有多方面，“隐性债务”是其中重要一项。所谓隐性债务实际是国家经济体制转化的成本。在政府直接管理基金的情况下，财政困难时有可能挪用基金，这在一定程度上给投资运行带来了障碍，不能保证资金及时投资到预定的投资方向上，引发连续的资金缺口，最终致使资金保值受到影响，从而也使投资管理的成本不断扩大。现行的社会保障制度产生了地方政府的利益，这种利益既来源于地方政府对基金管理具有一定的使用权力，也来自对管理费用的提取和使用。

目前，我国社会保障制度管理费用的来源是社会保障基金本身而不是一般预算支出。从社会保障基金中提取管理费用的理由之一是，社会中只有很小一部分人加入社会保障制度并从中受益，如果以一般预算支付这一制度的管理费用，对那些没有加入这一制度的人们是不公平的。但从另一方面来说，从社会保障基金中提取管理费用的做法又导致了另一些问题，如产生地方利益驱动机制并由此导致管理费用的高昂，且管理费用不统一。现在，我国的社会保障基金管理费用是较高的，除了社会保障制度统筹的范围小，从而基金的规模较小引起的单位成本高在起作用外，各地利益对高管理费用的渴求也在起作用。

2. 投资渠道狭窄单一

现收现付制作为目前世界上大多数国家采用的财政平衡方式也仅仅是一个阶段的筹资手段，这主要是因为不断增长的给付与已到极限的负担之间，有可能还会矛盾激化，其最终避免不了被新的筹资模式所取代。而我国从社会保险发展之初到现在，在很长一段时间内实行这种制度，在经济转型中我国虽然实行了个人缴费制度，即采用社会统筹与个人账户相结合的方式，但并没有从根本上改变现收现付制的性质，个人缴费的保障项目占社会保障项目比例偏低，其他一些保障项目如工伤保险等仍是主要由企业支付，社会化管理程度不高。这种情况导致了社保基金支付压力的产生，使企业与个人的负担增加，在计划经济下就必然会促使国家和企业挑起重担，形成资金来源渠道单一的局面。同时，由于企业盈利能力以及个人收入的差别，造成普遍的欠缴、拒缴社会保险费的现象。

除此之外，我国历来对社保基金的运用有较严格的限制，规定基金结余额除预留相当于两个月的支付费用外，应全部购买国家债券和存入银行专户，严格禁止投入其他金融和经营性事业。目前，我国社保基金结余绝大部分集中投资于无风险和低风险的银行存款、政府债券、金融债券等投资品种。从表 8-1 可以看出社保基金 2001 年、2002 年、2003 和 2004 年投资于银行存款及债券的比例分别为 98%、99%、76%和 57%，虽然我国对社保资金运用方式的限制一定程度上体现了安全性原则，却同时导致了资金运用的低效率，2004 年的投资收益率是 3.32%，而当年的通货膨胀率却为 3.9%。我国的银行存款和国债都是以单利方式计息，而历年我国零售物价指数是该年与上年相比即环比的结果是以复利计算的。这一因素削弱了利率的保值能力。我国利率尚未市场化，银行存款利率与国库券利率都是管制利率，管制利率与市场利率之间存在着巨大利差，社保基金被剥夺了获取公平合理的市场利率的投资收益，而这一部分收益被转让给了银行和国家财政。另外，近几年银行存款率的不断下调使基金收益率不断下降，国债的利率受银行存款率的影响也大幅度下调，因此，现实存在问题已经说明，社保基金存入银行和认购国债，已经难以实现保值增值。

表 8-1 2001—2007 年全国社会保障基金投资分布

年份	银行存款	股票	债务	委托投资
2001	65.87	1.57	33.56	0
2002	75.9	1.02	22.54	0
2003	46.39	0	29.54	24.07
2004	39.71	6.8	18.21	35.8
2005	49.01	6.46	8.1	34.48
2006	33.65	20.68	5.02	37.37
2007	23.31	6.13	9.53	47.06

3. 投资管理人控制机制存在缺陷

首先，投资管理人内部控制机制不健全，相关风险较大。我国的投资管理人市场绝大部分是基金管理公司。从历史情况看，大部分的基金管理公司存在不同程度的违规操作现象，与投资管理人在社保基金运营体系中的地位及市场的期望并不相称。2005 年中国证监会的调查结果显示：十家基金管理公司中，未发现异常行为的仅有两家，异常交易行为较轻的有五家，其中大成、长盛的异常交易行为数量接近或超过平均水平，博时公司的异常交易行为数量明显突出。近几年，基金公司的不规范操作情况也屡见报端。所以，我国的基金管理公司，突出的问题在于违规操作以及基金经理的道德风险，出现这些问题的根本原因是这些基金公司的内部控制机制不健全，不能起到强化控制、防范风险的目的。大部分基金管理公司在获得投资管理人资格之后，仅设立专门的机构理财部门负责社保基金的投资管理，其研究、交易系统等与公募基金还是共用一个平台，这也是社保基金和开放式基金在选股时如此一致的重要原因。

其次，投资管理人外部控制机制的一些规定欠妥。社保基金投资管理人的考核周期短，鼓励了短线操作。投资管理人的考核周期仅为两年，致使投资管理人较多进行短线操作，无法展现其投资风格。社保基金入市应该切实摒弃赚取短线差价的思维，否则不仅不利于股市长期稳定发展，而且不利于社保基金的安全。从社保基金投资运营体系的设计看，拥有投资监控权力的主体包括社保基金理事会、政府监管机构及托管人，如何在他们之间进行职责的分工是非常重要的问题。当前的投资监控权力过分集中于社保基金理事会，没有发挥出监控体系的作用。从社会保障制度安排看，社保基金理事会应关注社保基金的资产负债匹配风险以及战略资产配置等宏观问题。它本身也不具备投资适时监控的技术与成本优势，况且随着社保基金投资管理人数量的增加，其实施监控的负担将越来越重，将没有精力去关注社保基金长期的风险，这将加大社保基金的战略风险。同时，现行控制机制的作用重点与市场状况并不吻合。当前的控制机制，从选任到绩效评估，过多考虑的是投资管理人历史和当前的投资收益率，对于投资管理人的内部控制、道德风险防范等方面重视不足，而后者恰恰是当前我国基金管理公司面临的最大问题。

最后，社保基金管理和投资运营主体的行政化导致监管的失效。从目前社保基金的管理机构设置来看，社保基金的事务管理和投资运营的主体是各级社会保障中心，由于各社会保障中心通常附属于上一级主管部门，且没有明确与之分离，这样，从政策制定到具体的征收、管理、使用和运营，实际上都由同一部门执行，各中心仍承担相当多的行政职能——既是“运动员”又是“裁判员”，“左手监管右手”，行政管理机构的约束趋于软化。而这种“泛行政化”的制度设计，使得各级社保基金管理中心对基金资产拥有绝对的支配权，加之没有法人资产和独立的经济利益的约束，其内部就很难建立起有效的监督管理机制，也缺乏建立规范的会计审计体系。同时，在我国社保基金的管理过程中，社保基金收支一直未能纳入财政统一计划和预算管理体系，并且处于分散的状态，规模庞大的社保基金没有受到立法机构的监督，必然会在一定程度上造成资金管理混乱。此外，作为社保基金的实际所有者——每一个社保基金的缴纳者，始终无法得知社保基金的真实运营状况，更谈不上拥有真正意义上的管理和监督权。在地方或部门利益的驱使下，社保基金作为“准政府”资金被挪用，盗用也就不足为奇了。

4. 基金管理透明度低，信息披露不健全

基金管理公司必须将基金投资的成本、效益及其他重大事项及时向公众披露，以使社保基金置于监管机构和基金持有人的双重监督之下，从而有效防止其违规操作，损害基金持有人的利益。现阶段虽然建立了以行使社会监督职能为目标的社会保障监督委员会，并制定了章程，但其实质仍是政府性质，并且较多的流于形式，并没有发挥实质作用，这导致了信息披露制度不健全，基金管理透明度低。另外，《全国社会保障基金投资管理暂行办法》中除了规定社保基金理事会应每年一次向社会公布社保基金资产、收益、现金流量等财务状况外，其余的均为报告制度所涉及的内容，包括每季度一次向财政部、劳动和社会保障部提交社保基金财务会计报告、投资管理报告等，这种重“报告”轻“披露”的规定，对负责管理社保基金营运的管理公司难以起到直接制约的作用。

5. 投资营运模式难以适应市场经济要求

目前，我国社会保障基金的投资领域涉及股票、债券、实业和信托投资等，大致涵盖了国内资本市场提供的适合养老金投资的大部分投资品种，并已成功地实现了跨市场投资的战略布局，这使其能够比较有效地分散投资风险。然而，我国社保基金的主体依然是政府，长期以来，把保持社保基金的安全性作为首选目标，并对社会保险基金的投资渠道和投资工具进行了严格限制。这种投资制度安排虽然保障了基金运行的安全性，同时也限制了社保基金的投资渠道，投资结构的不尽合理，进而造成其投资收益不高。2001—2006 年 5 年间风险较低的投资占全国社保基金总资产的 80％以上。2006 年，全国社保基金开始进行境外投资，但只限于股票和债券的投资。到目前，境外投资占总资产的比例是 6.9％。现代投资理论表明，要确保资产的保值增值，规避风险，就必须实现投资多元化。在市场经济发达的国家，社会保障基金的营运均实行多元化的投资。而我国社会保障基金只能存入银行和购买国债，并按银行现行利率和国债利率计息。事实表明，这种办法难以确保社会保障基金的保值和增值。例如，从历年社会保障基金银行存款利率与同期全国通货膨胀率的对比中，就可以看出保障基金是难以保值的，更不要说增值了。

本章小结

本章首先介绍了全国社会保障基金的发展情况，包括历史背景、现今发展规模以及资金来源。其次，阐述了全国社会保障基金的投资运作模式，包括投资理念与原则、投资运作模式以及基本流程，并进行道德分析和信托分析。最后，从社会背景和投资运作两方面细致地总结了社保基金面临的主要问题。

案例分析

公益金大量补充社保是否违背“公益”本质

中国福利彩票多年秉承“扶老、助残、救孤、济困”的发行宗旨，一直以公益为本，以募捐、奉献为基础，为国为民做出了重要的贡献。不仅为我国老年人、残疾人、孤儿、困难学生、困难人群等提供了物质方面的帮扶，更为社保基金提供了巨大的支持，以弥补我国社保基金的空缺。

1. 公益金分配使用情况

彩票公益金的由来是彩票销量扣除返奖奖金、彩票发行费后所得的一部分。根据国务院批准的彩票公益金分配政策，彩票公益金的分配按照中央和地方之间 50：50 的比例分配，专项用于社会福利、体育等社会公益事业，按政府性基金管理办法纳入预算，实行财政收支两条线管理，专款专用，结余结转下年继续使用。地方留成彩票公益金，由省级财政部门商民政、体育等有关部门研究确定分配原则。中央集中彩票公益金在全国社会保障基金、中央专项彩票公益金、民政部和体育总局之间分别按 60％、30％、5％和 5％的比例分配。从比例上看，中央彩票公益金的半数以上是用于补充社会保障基金的空缺的。据调查显示，大量彩票公益金用于补充社保 69.34％的人是不知道的，以为彩票公益金只是用于福利事业。还有 53.33％的人不支持半数以上的公益金补充社保，认为背离了彩票本身“公益”的发行宗旨，且难以监管。

2. 彩票公益金补充社会保障基金情况

我们先来看看公益金为什么要补充社保，社保基金是否需要公益金来做后盾？社保基金亏损的原因：社保基金亏损，其实是社会现象造成的，即老龄化社会的到来。退休人员增加过多且寿命普遍延长，受通货膨胀影响还得每年涨退休金，所以造成社保基金支出过大，而新增保险弥补不了支出空缺时，就可以广义地说社保基金亏损。社保中很大一部分是养老保险，我国现已进入老龄化社会，2014 年中国 60 岁及以上老人 2.12 亿人，占总人口比例为 15.5%；65 岁以上人口数为 1.37 亿人，占比 10.1%。世界卫生组织定义：65 岁及以上人口占总人口的比例达到 7%时，为“老龄化社会”，达到 14%为“老龄社会”，达到 20%时为“超老龄社会”。我国进入老龄化社会，养老压力必然增加，养老保险基金供给紧缺是正常现象。

全国社会保障基金是指全国社会保障基金理事会(以下简称理事会)负责管理的由国有股减持划入资金及股权资产、中央财政拨入资金、经国务院批准以其他方式筹集的资金及其投资收益形成的由中央政府集中的社会保障基金。其中彩票公益金就是财政部划拨的筹集的资金。公益金补充社保主要应用于养老保险。与福彩发行宗旨中的“扶老”原则有异曲同工之妙，有利于保障社会的稳定。但并不意味着要一味增加补充社保的占比来弥补这一亏空，容易使大多购彩的彩民内心的不平衡感增加。

3. 多管齐下，有效利用公益金

在公益金的筹集、分配、使用方面，国务院财政部也在积极调整，以期使公益金在使用上更加合理、清晰透明。2015 年 11 月 16 日，财政部进一步规范和加强了彩票资金构成比例，以彰显国家彩票的公益性和社会责任，促进彩票事业平稳健康发展。从 1987 年开始发行彩票，我们可以看出，提取的公益金比例经历了多次调整，国务院财政部对于公益金的使用比例是在不断探索当中，彩票公益金的筹集、分配使用和公益项目的管理在调整中不断完善。在公益金分配使用上也在不断调整，以期达到公益金真正取之于民，用之于民。另外，公益金公示方面还需更加完善与明确，当前公益金公示中列出的庞大数据不足以使广大彩民清晰明了彩票公益金的去向，因此需继续完善公益金监督体制，将广大彩民纳入监督体系中。只有让公益金真正用到实处，真正做到以公益为宗旨，资助困难群体，帮助需要帮助的人，益国益民，公益金的未来会更加清晰，才能将彩票公益事业做大做强。

复习思考题

1. 我国社会保障基金的主要资金来源有哪些？具备哪些特征？
2. 我国社会保障基金的投资范围包含哪些内容？
3. 我国社会保障基金投资管理模式的运作流程是什么？
4. 我国社会保障基金在投资运作过程中的现状和主要问题有哪些？
5. 简述我国人口老龄化现状，并分析该现象如何对我国社会保障基金的影响。

第9章 中国社会保障资金的投资策略及风险控制

◈ **阅读材料**

我国证券投资基金业绩评价的实证研究

一、研究样本的选取及数据来源

本案例随机选取了2001年1月1日以前上市的且基金规模均为20亿的10只基金作为研究样本，包括基金开元、金泰、兴华、安信、裕阳、普惠、泰和、同益、景宏和基金汉盛等，评价期为2001年1月1日到2003年12月31日。本案例所需的基金单位净值来源于国泰君安信息技术开发公司的中国证券市场研究数据库以及中国证券报官方网站(www.cs.com.cn)所公布的周基金资产净值；中信指数、国债指数来源于中信证券网(www.citicindex.com.cn)。

二、市场基准组合的选择和无风险收益率的确定

该案例表明，进行证券基金业绩测评时，市场基准组合的选择是最重要的，不同的市场基准组合往往造成不同的评价结果。而我国缺乏像S&P500那样的权威性市场指数作为市场基准组合，这给选择市场基准组合带来了一定的难度。虽然我国股票市场上推出了认同较广泛的上证综指、深证综指，但是它们仍有较强的局限性，主要表现在：(1) 品种单一，且只有上海证券综合指数和深圳证券成分指数被市场认可；(2) 覆盖面窄，两市缺少反映市场整体变化的统一指数；(3) 现有指数多采用总股本加权而不是采用流通股本加权，难以反映市场的真实状况。因此，本文没有使用上述两种指数，而是选取了比较有代表性，能够克服了上述缺点的中信指数。中信指数体系中的系列风格指数也为本文采用多因素模型提供了较好的市场基准组合。这些风格指数包括大盘价值指数型(大盘股中市场价值/账面价值高的股票)、大盘成长指数型(大盘股中市场价值/账面价值低的股票)；中盘价值指数型(中盘股中市场价值/账面价值高的股票)、中盘成长指数型(中盘股中市场价值/账面价值低的股票)；小盘价值指数型(小盘股中市场价值/账面价值高的股票)；小盘价值指数型(小盘股中市场价值/账面价值高的股票)、小盘成长指数型(小盘股中市场价值/账面价值低的股票)。《证券投资基金管理暂行办法》规定证券投资基金投资于国债的最低比率不得低于20%，且现实运作中债券投资组合在基金投资组合中的权重比较大，因此我们将债券也包括在基准组合中，选择中信国债指数作为债券的基准指数。这样，我们构建了一个可以覆盖沪深两市 A 股和国债的市场基准组合。这里假定市场基准组合 70% 的投资额投资于股票市场，30% 投资于国债市场。

在国外研究中，无风险收益率通常用短期国债利率来代替，但在我国，由于国债市场并不发达，且品种单一，故采用 1 年期定期存款利率作为无风险收益率，并折算为周利率。

三、绩效评估结果分析

利用风险调整前后的基金业绩评价指标，我们对样本基金进行分析，计算了各个基金的夏普指数、特雷诺指数和詹森指数及其各自的排名，结果列在表 9-1 中。

表 9-1　基金业绩各评价指标汇总表

基金名称	夏普指数	名次	特雷诺指数	名次	詹森指数	名次
基金开元	-0.12792741	10	-0.008891666	8	-2.16E-03	9
基金金泰	-0.07392511	5	-0.005129012	4	-3.97E-04	5
基金兴华	-0.04918913	3	-0.003193419	1	2.78E-04	3
基金安信	-0.12037077	9	-0.012246336	10	-2.74E-03	10
基金裕阳	-0.11908256	8	-0.007629083	8	-1.79E-03	8
基金普惠	-0.07571045	6	-0.006159679	6	-8.13E-04	6
基金泰和	-0.04691785	2	-0.004594656	3	3.03E-04	2
基金同益	-0.06000708	4	-0.005656594	5	5.87E-05	4
基金景宏	-0.03385922	1	-0.003862577	2	4.17E-03	1
基金汉盛	-0.11539106	7	-0.007197629	7	-1.58E-03	7

根据表 9-1，无论以总风险为调整基础的夏普指数，还是以系统风险为调整基础的特雷诺指数和詹森指数作为评价标准，基金排序大致相同。在某些基金的排名上存在差异，其原因可能是该样本基金的非系统风险较大，而造成样本基金非系统风险较大的原因很可能是因为：(1) 选择的时间跨度较短；(2) 基金并未能分散投资，充分分散非系统风险。从表 1 不难看出，这 10 只基金的夏普指数和特雷诺指数均为负数，表明基金承受总风险所得到的单位风险补偿为负值。产生这种结果的原因可能是因为：(1) 基金业绩与市场基准组合的业绩相比，仍好于市场基准组合的业绩，但由于整个市场不景气，造成基金收益出现了亏损；(2) 由于基金经理自身能力有限，基金业绩与市场基准组合的业绩相比劣于市场基准组合的业绩，导致基金整个行业出现亏损。利用夏普比率差进一步分析，结果在表 1 最后一栏中，我们得出整个 10 只样本基金的夏普比率差均为正值。这说明与市场基准组合相比，基金的业绩好于市场基准组合。基金之所以出现普遍亏损的现象是由于整个证券市场不景气造成的。

9.1 中国社会保障基金投资渠道分析

《全国社会保障基金投资管理暂行办法》第二十五条明文规定：社保基金投资的范围限于银行存款、买卖国债和其他具有良好流动性的金融工具，包括上市流通的证券投资基金、股票、信用等级在投资级以上的企业债、金融债等有价证券。全国社保基金的投资分为直接投资和委托投资。直接投资是由全国社保基金理事会直接运作，但投资范围受到严格限制，只能投资于银行存款、一级市场国债；委托投资是指除直接投资外的剩余资金由全国社保基金理事会委托社保基金投资管理人进行管理和运作，同时由基金托管人进行托管。社保基金投资遵循安全性、流动性和收益性的原则，银行存款属于低风险低收益的投资产品，安全性高，流动性强。国债是由国家发行的，以国家信用作担保，向社会筹集资金而形成的债权债务关系。由于国家是发行人，国家的信用度最高，所以投资风险最小。

9.1.1 我国社会保障基金投资渠道现状

1. 境内投资

在境内证券投资方面，股票投资成绩斐然。自 2003 年 6 月全国社保基金进入资本市场，投资股市至今，从总量上来看，股票投资累计回报率高达 364.5%，累计金额高达 1326 亿元，平均年化回报率高达 18.61%，比基金高十几个百分点；从比重上来看，投资股票金额占全部投资金额的比重平均虽只有 19.22%，但投资回报占全部投资回报的比重却高达 46%；显而易见，全国社保基金投资中，股票投资占有重要地位。

除了证券投资占据境内投资主体部分外，社保基金的实业投资也逐渐兴起。实业投资是将货币资金转化为产业资本以获取收益的经济活动。全国社保基金 2011 年各大类资产实际比例中，实业投资占 16.31%，回报率较高。当前，全国社保基金的实业投资主要采取两种投资方式：直接投资和间接投资。直接投资是指全国社保基金理事会直接参与中央企业的股权投资；间接投资是指全国社保基金理事会通过投资股权投资基金，从而达到间接投资企业的目的。直接投资方面，社保基金积极投资于各银行、国有控股机构，如交通银行 100 亿元、中国工商银行 100 亿元、中国信达资产管理股份有限公司 50 亿元、大唐控股有限责任公司 26 亿元，中航国际控股有限公司 13.44 亿元等。股权基金投资方面可圈可点。截至 2012 年，全国社保基金共投资了鼎晖一期基金、弘毅一期基金、联想一期基金等 16 支基金，共 210 家企业，承诺出资 226.55 亿元，已配置金额占可配置金额的 26.08%，社保基金在股权投资基金的发展空间广阔。社保基金投资的行业偏好上看，机械设备已经连续十四个季度维持第一名的位置；而食品饮料连续两个季度进入前三，由第一季度的第三名升至第二季度的第二名；其次是交通运输由 2012 年第一季度的第四名升至第二季度的第三名。

2. 境外投资

《全国社会保障基金境外投资管理暂行规定》第十五条明文规定全国社保基金境外投资工具仅限于银行存款、相关债券、银行票据、大额可转让存单等货币市场产品；境外证券交易所上市的股票；证券市场公开发行的基金；金融市场上流通的掉期、远期等衍生金融工具，且仅限于风险管理需要，严禁用于投机或放大交易。其中，银行存款要求相关银行是中资银行或是被国际知名评级机构最近连续三年都评为长期信用 A 级及以上的外资银行。相关证券是指由外国政府、国际金融组织、外国机构和外国公司发行的，被国际评级机构评级在 BBB 级或者相当于 BBB 级以上的债券或是中国政府或者企业在境外发行的债券；为了积极开拓海外市场，全国社会保障基金理事会目前选取的投资工具主要包括多资产类别配置型产品、新兴市场(除中国)本币债券积极型产品、全球资源类股票积极型产品、全球不动产股票积极型产品等，这些投资工具均有国外专门的投资公司负责运作。

9.1.2　我国社会保障基金投资渠道优化分析

1. 扩大债券投资渠道

目前，在固定收益资产投资方面，我国社保基金主要的投资工具是银行存款和国债。银行存款虽然满足安全性的原则，但是收益偏低，实际上，近些年来，银行存款利率都不及通货膨胀率，也就是说，按购买力计算，我国社保基金在银行的存款是贬值的。国债作为“金边债券”，安全性由国家信用作为担保，属于无风险的投资工具，其收益率与银行存款相差无几，收益率都偏低。我国社保基金作为全国人民的“养老钱”，投资无风险资产无可非议，而且必须将一部分资产配置到银行存款和国债等无风险资产上，以充分保证社保基金的流动性和安全性，也方便于进行其他的投资，实行资产的多元配置，分散风险，提高收益。但在固定收益资产投资方面，可选的投资工具不应仅仅局限于银行存款和国债，应当扩大投资品种，投资金融债券、公司债券和资产支持证券等。金融债券与一般国债等其他债券一样，反应的都是债权债务关系，只是国债的发行主体是政府，以国家信用作为担保；而金融债券的发行主体是银行和非银行类的金融机构，以银行或非银行金融机构本身的信用作为担保。由于金融机构在国民经济中占有举足轻重的地位，金融机构资金雄厚，规模庞大，机构本身治理结构完善，政府监管严格，信用评级要远高于其他非金融机构，具有违约风险小，安全性高、收益性和流动性好的特点。与其他债券相比，金融债券的风险高于国债的风险但低于其他债券的风险，同时收益率低于国债的收益率但高于其他债券的收益率。从国外经验来看，挪威政府养老基金和美国社保基金都通过投资金融债券获得了较高的收益。

公司债券的发行主体是公司，以公司本身信用作担保。一般而言，公司债券的风险要高于国债和公司债券，收益率也要比较高。公司债券依据公司资质不同，风险各异。按公司风险，可将公司进行评级。国际主流评级机构将公司债券分为 A 类级(包括 AAA、AA、A)、B 类级(包括 BBB、BB、B)、C 类级(包括 CCC、CC、C)和 D 类级。A 类级安全性最高，受经济影响较小，投资风险很小；B 类受经济影响较大，债券波动较大，风险较高，收益较高；C 类和 D 类风险极高，主要适合投资者通过买卖债券赚取差价获取收益。作为社保基金，出于收益和安全的角度考虑，可以投资于 A 类级和 B 类级债券。以挪威政府养老基金债券投资为例，其主要投资于 A 级债券和 BBB 级债券，投资 AM 级和 BBB 级以下的很少，如表 9－2 所示。主要是因为 AAA 级收益太低而 BBB 级以下风险太高。我国社保基金应该加大对 A 级债券的和 BBB 级债券的投资，增加社保基金的投资收益，实现社保基金的保值增值。资产支持证券是将标的资产作为抵押，在资本市场上发行的，具有较高收益的金融工具。它是以资产池为标的，其收益就来自于资产池产生的现金流。

表 9－2　挪威政府养老基金按评级级别的债券配置情况

挪威克朗	AAA	AA	A	BBB
政府债券	53495	187356	35158	97841
政府相关债券	88803	46689	9740	18082
通货相关债权	29743	4508	229	7275
公司债券	404	16258	94819	82143
资产支持证券	111639	15922	42763	19039

资产支持证券起源于美国，随后风靡全球主要发达国家的金融市场。近年来，随着新兴市场国家金融市场逐渐成熟和对资金流动性的要求，资产支持证券也开始兴起。我国资产支持证券起步较晚，但发展很快。2005 年首批总额为 71. 94 亿的资产支持证券由国家开发银行和中国建设银行在银行间市场发行。经过几年的发展，已经达到相当规模，但相对其他债券，资产支持证券在我国规模相对较小，且投资品种较少，主要集中在 AM、AA 和 A 级债券上，资产支持证券风险相对国债较高，收益可观，我国社保基金可以涉足资产支持证券，但规模不易过大，要适度投资。

2. 加大实业投资力度

社保基金投资实业是大势所趋。目前，社保基金投资实业，主要是通过直接投资中央企业、进行股权基金投资或通过信托贷款投资于保障性住房建设。除此之外，我国社保基金还应当积极拓宽实业投资渠道，加大对不动产、国家基础设施建设和私募股权的投资力度。不动产投资包括投资于土地使用权、商业地产、工业地产、政策性住宅和经济适用房等地产项目。社保基金投资土地使用权，是一个双赢的行为。一方面，可以促进土地市场的流动性，保障土地市场的健康发展；另一方面，也可以提高自身的收益，优化资产配置，获得长期投资回报。社保基金作为稳健的机构投资者，既可以在经济过热的情况下，抑制土地市场过热，也可以在经济不景气时，防止价格过度波动。不动产投资的重点领域是商业地产。商业地产投资规模大，收益率在 7%～8%之间，而且收益相对稳定，便于集中管理。投资商业地产是个长期投资行为，投资周期较长，适合社保基金的长期价值投资，实现社保基金的保值增值。社保基金应积极投资工业地产。工业地产的投资包括土地开发、土地流转及后续经营等。目前，工业地产主要通过兴建厂房用于对外出租、投资工业园区和建设新城等获取收益。投资工业园区时，应选择比较成熟的、规模较大的工业区域进行投资，这样比较容易获得聚集效应，降低风险，稳定收益。社保基金应加大投资包括经济适用房在内的政策性住宅项目。现阶段我国正处于城镇化的进程之中，对房地产有着强大的刚性需求，但由于房价过高，人民的需求受到抑制，为了满足人民的住房需求，政府主导开发经济适用房等政策性住宅项目。社保基金投资政策性住宅，一方面，可以为其进行融资，减轻政府的融资压力，加快保障房建设；另一方面，由于这些政策性住宅是政府主导的，且存在着刚性需求，风险较小，能够保障社保基金稳定的收益来源。当前，为了应对全球金融危机，我国采取了积极的财政政策和稳健的货币政策，扩大内需调结构，促进经济增长。国家推出四万亿的救市计划，加快基础设施建设。这些建设投资规模大、投资时间长，收益颇高，同时需要巨额资金的支持，社保资金雄厚，而且一直坚持价值投资和长期投资的价值理念，非常适合投资基础设施建设。社保基金投资不动产，有助于拓宽社保基金的投资渠道，提高其投资收益率和抵御通货膨胀的能力。当通货膨胀时，不动产的价格也会水涨船高，因此不动产投资是一个有效地保值工具。

3. 投资信托及住房抵押贷款

社保基金投资信托主要是出于以下几点考虑。其一，信托具有破产风险隔离功能；其二，信托既可以投资于货币市场和资本市场，也可以投资于实业；其三，信托是专家理财、规模经营，具有低风险、高收益的特点。信托投资公司可以同时运作若干个投资项目，每个项目都是独立运作、独自承担风险获取收益的。当一个投资项目亏损时，并不会影响到其他投资项目，当信托投资公司负债时，信托资产也无需承担偿债风险。信托投资渠道广泛，既可以在货币市场和资本市场上投资，购买相关的短期和中长期金融产品，也可以在实业领域，信托投资大型基础设施建设，投资房地产项目，为政府和项目融通资金，并以其未来现金流和政府税收为担保，具有风险小，收益高的特点。信托可以跨市场，多领域投资，分散投资风险，获取高额投资收益。信托投资公司雇佣富有经验的专业投资团队，其具有雄厚的资金作支撑，充分发挥规模效应，重点布局，分散投资，降低投资成本，获取超额收益。随着中国经济的快速发展，人民的生活水平逐步提高，收入逐步增加。伴随着中国城市化进程的加快，人们的购房需求强劲。在房地产市场，由于房价高涨，大多数工薪阶层购房通常是通过住房抵押贷款的途径。这部分购房的工薪阶层资产信用良好，违约风险小，社保基金面向这部分群体发放贷款，并以其房产作抵押。住房抵押贷款收益率比一般存收益率高，也比政府债券的收益率高，投资住房抵押贷款可以获得较高的投资收益，这样，既可以满足人们的贷款需要，也可以获取稳定的收益，实现社保基金的多元化投资，保值增值。

4. 加快海外投资步伐

社保基金追求的是价值投资、长期投资，当前，全球正处于后金融危机时代，全球流动性不足，一些国际优良的企业缺乏资金，价值低估，这是社保基金投资抄底，拓展海外市场的有利时机。一方面，可以拓宽社保基金的投资渠道，分散国内投资风险；另一方面，可以进军海外发达的资本市场，选取多样化的投资品种，在弥补全球流动性不足的同时获取较高的投资收益。随着全球金融一体化的推进，全球债券市场、股票市场、期货市场、汇率市场和金融衍生品市场联动性，金融传染效应越来越明显。随着金融创新，金融理论和技术得到飞速发展，在选择社保基金海外投资代理人时，要综合考虑，慎之又慎。社保基金是人们的养老钱，社保基金海外投资应选择专业化的国际性投资管理机构进行投资。首先，这些机构实力雄厚，信誉良好，有着丰富的国际市场的投资经验，一流的投资技术；其次，选取的投资机构应与投资目的地相吻合，可考虑走本土化投资路线，这样能够发挥投资公司的本土优势，有的放矢。社保基金初涉海外市场，选取的投资品种应当是投资基金。投资基金采用组合投资，既可以投资于股票、债券也可以投资其他金融工具，收益共享，风险共担。基金的选择应当兼货币市场和资本市场基金、股票基金兼债券基金，投资期限长短结合，风险高低搭配，充分降低投资风险，获取稳定收益。投资海外市场，除却信用风险、市场风险等国内投资也会遇到的风险外，还会遇到汇率风险和国家风险等。针对汇率风险，由于人民币兑美元正处于升值期，社保基金获得的投资收益要抵消一部分汇率损失，才是实际的投资收益，因此规避汇率风险，就可以有效提高投资收益。社保基金规避汇率风险可以选取多个投资币种，进行多币种投资，对冲汇率风险，如同时投资欧元、美元、法元、加元和澳元等。针对国家风险，应当谨慎选择投资目的地。衡量国家风险大小的工具，通常是国家的信用评级的高低。这些评级充分考虑了该国的政治稳定性、经济实力、财政收支、进出口贸易和矿产资源等。一般情况下，国内债务、国外债务占 GDP 的比重越高，国家风险越大，反之，则国家风险越小。

综合所述，我国社保基金应该在现有投资渠道的基础上，通过借鉴国外社保基金的投资经验，积极拓宽投资路径，重点在债券投资渠道、实业投资、信托投资及住房抵押贷款、海外投资等领域积极探索，适当放宽投资比例的限制，不仅有利于这些市场领域的长远发展，而且也可以实现社保基金的保值增值，实现互惠共赢。

9.2 中国社会保障基金的投资风险种类与存在问题

9.2.1 我国社会保障基金的主要投资风险

1. 银行储蓄风险

为了保证社会保障基金的安全性，全国社会保障基金理事会一直把银行存款作为首要的投资工具。在我国社会保障基金初期进行投资运营时，大部分的资金是存入银行的，后来随着我国社保基金投资工具的多样化以及日益突出的人口老龄化问题，利用银行储蓄投资的比例逐渐下降。虽然将基金存入银行是一种较为安全性的选择，但是银行储蓄的风险也是显而易见的，主要风险有：第一，利率风险。这是利率变化使经济主体的实际收益与预期收益或实际成本与预期成本发生背离，从而经济主体遭受损失的可能性。当利率的波动使社会保障基金资产的收益率低于最低投资收益率要求时，社会保障基金会面临利率风险。当利用银行存款进行投资，其利率与收益有直接的联系，如果银行存款的利率提高，那么收益就会增加，反之银行存款的利率下降，收益就会减少。因此，当国家进行宏观调控来调整经济时，银行存款的利率也会随之出现波动，进而影响我国社保基金的收益。第二，通货膨胀风险。主要是通过通货膨胀率和银行存款利率来体现的，即银行存款的利率低于通货膨胀率时，社会保障基金存入银行的资金就会出现贬值的现象。社会保障基金的积累和投资都是个长期的过程，因此，通货膨胀的存在必然会侵蚀社会保障基金的实际购买力，这一风险也是经常存在的。2011 年，中央人民银行年内连续三次调息，1 年、2 年、3 年和 5 年期的定期存款利率分别调整为：3.5%、4.4%、5%、5.5%，而根据国家统计局公布的有关数据显示，2011 年全年综合居民消费物价平均指数为 110.3，年通货膨胀率为 5.81%。从中可以看出，社会保障基金投资于银行会随时面临着贬值的风险。第三，汇率风险。国际投资中由于汇率变动所引起的投资收益的变化称为汇率风险。外汇汇率由于受到各国政府的财政政策、货币政策、汇率政策及外汇供求的影响而频繁波动。由外币支付的证券给投资者带来的将不仅仅是证券价格本身变动所导致的风险，还包括支付货币的汇率变动所产生的风险。因此，当社保基金投资于以外币表示的资产时，他们除要承担资本市场上的其他风险，还要承担货币兑换中汇率变化的风险。

2. 债券投资风险

我国的社会保障基金对于债券的投资主要集中在国债与信用等级较高的金融债或企业债，通过这种投资方式面临的风险主要有：第一，信用风险，也称违约风险。即债券的发行人因管理不当和经营不善，而导致债券到期后无法承担还本付息的责任，使投资者的实际收益和预期收益出现偏差的风险。这是在债券投资中面临的最常见的也是威胁最大的风险。第二，操作风险。即由于技术原因而在债券投资的过程中产生的风险，主要包括操作人员的恶意行为产生的失控风险、交易系统发生故障导致的风险及交易程序中存在差错而出现的风险，对社会保障基金投资而言，由于投资者操作素质与水平有限，或是操作者心理状态不好等原因导致投资操作失误，引起投资收益的损失就是操作性风险。一般通过完善内部控制制度是可以降低操作风险。第三，是流动性风险。金融机构的流动性风险主要包括两种形式：市场、产品的流动性风险和现金流、资金的流动性风险。前者是指由于市场交易不足而无法按照当前的市场价值进行交易所造成的损失，后者是指现金流不能满足债务支出的需求，这种情况往往迫使机构提前清算，从而使账面上的金额转化为实际损失，甚至导致机构破产。对社保基金而言，资金收支的不匹配包括数量上的不匹配和时间上的不匹配。当社保基金及投资收益不足以支付当期的支出时，就会出现流动性风险，社保基金必须低价变卖资产或者举债以支付现金短缺，造成一定的损失。

3. 股票投资风险

股票投资在我国社会保障基金投资工具中所存在的风险可以说是风险最大的一个，它具有最明显的高风险高收益的特点。而股票投资除了像银行储蓄和债券投资一样会面临着利率风险与通货膨胀风险外，还面临着特有的两种风险：第一，股利收益不确定风险。尽管上市公司会对未来是否赢利进行预测，但公司并不能承诺其未来可能产生的股利水平，保证不了这种预测的准确性。同时，股利收益的多少不仅取决于整体的经济形势的好坏，还与上市公司的资金实力、经营状况以及公司的股利分配政策相关。另外，在企业需要清算时，债券持有者在资产分配顺序上是优于股票投资者的，而股票投资者只有分配剩余资产的权力，很难获得大部分的赔偿。所以，股票投资者的股利收益是不确定的，使得股票投资存在着很大的风险。第二，股价的不确定性风险。在股票的二级市场上，投资者主要是通过购买及抛售股票来获取资本利得。由于股票价格的波动受多种因素影响，所以股票价格总是体现出敏感的一面，比如宏观经济状况、国内外政治形势、市场供需以及公司的经营状况等，都会导致股票的价格频繁起落。

4. 资本市场滞后性风险

在银行主导型融资机制和金融抑制政策的作用下，我国资本市场的发展结构失衡，相对于经济的高速增长显得滞后和缓慢。为了保证资本市场的正常运作，我国资本市场的发展还受到政府严重的行政干预。比如在我国的股票市场中，股票的入市只有在政府的审批后才能准予的，在一定程度上，这种发展的滞后性阻碍了我国资本市场的健康发展。这种非市场化的特点导致了我国经济发展的速度与资本市场的发展速度不匹配，限制了资本市场的自我纠正和规模扩大。

5. 政策风险

政策风险是指政府的一系列宏观政策，如财政政策、货币政策、地区发展政策及行业政策等发生重大的变化或是有重要的法规出台，从而引起资本市场的价格发生变化，最终使投资者承受一定的风险。比如国家为了扩大内需，政府就会出台适度从紧的财政政策和宽松的货币政策，这样的政策会使政府降低税费以及央行降低存款准备金率，最终让消费者拥有更多的钱，刺激居民进行消费，而且投入到投资市场的资金也会随着增多。但随着大量资金的进入，会使投机热钱也随着涌入，进而对投资者带来投机风险。由于我国正处于社会保障体制转型期，社会保障基金的管理与运营的法律法规还不健全，因此在社会保障基金运营过程中必然存在政策风险。

9.2.2 我国社会保障基金风险控制存在的问题

1. 社保基金投资运营风险管理模式落后

在我国社会保障基金投资运营的初期，我国通常只是通过资产负债指标来测算风险。而近几年来，随着风险管理与风险防范理念的引入，社会保障基金的投资管理人开始运用基本的量化手段来度量风险，但在投资运营过程中还是会主要根据以往的经验来做出决策，所以仍未形成一套明确的模型系统。相比之下，国外发达国家运用模型来量化风险作为风险管理技术手段，已经成为主要流行趋势。而我国社会保障基金投资运营正处于初步尝试与快速发展的阶段，同时还面临着一般性金融风险和特有的资本市场风险。相应地，我国社会保障基金投资运营的风险管理技术也要跟上脚步。因此，滞后、单一的风险管理手段已经不能够较好地防范如今日趋多样化的投资运营风险。特别是这种忽略事前防范，只着眼事后处理的风险管理模式，仅适用在初期将大部分的社会保障基金投资于银行存款、国债这样低风险工具的时期。应该及时转变旧有的风险管理模式，多借鉴国外先进的风险管理技术手段，把我国社保基金投资运营的风险降到最低。

2. 社保基金投资运营风险防范机制缺乏量化指标

纵观我国社会保障基金发展历程，不难发现，随着金融市场环境的变动与社会保障基金规模的变大，其面临的风险正日趋多样化。而风险量化是社会保障基金投资运营风险管理的一个重要环节。但是就目前来看，我国社会保障基金投资运营风险管理体系中缺乏一系列的指标来量化所面临的各种风险。只有在识别风险后，准确地度量各种风险以了解潜在损失的规模，才能为后续我国社会保障基金投资风险防范对策的制定提供一定的依据。因此，用简单、单一地定型分析来估算社保基金投资运营的风险已经不能保证其资金的安全性，另外，单凭政府政策导向来防范风险更不能适应我国社会保障基金的发展。

3. 社保基金投资运营风险防范机制缺乏有效的风险转移手段

目前，我国社会保障基金投资运营风险防范机制缺乏有效的风险转移手段，这一问题与我国金融市场发展起步较晚和金融市场发展不完善有关。同时，我国金融衍生产品的研发仍处于起步阶段，金融衍生产品的创新能力受限，各种金融衍生工具在国内并没有完全推广开来。因此，用做风险转移手段的工具相对匮乏，市场上供投资者进行选择旳风险管理工具也比较少。相比较而言，国外发达国家的金融工程技术比较发达，能够不断地创造出贴合风险管理需求的衍生工具，特别是金融衍生工具包含对冲风险的性质，在国外往往被投资者视为最有效的风险管理工具。而我国对社会保障基金投资运营的风险转移较多通过投资组合来实现。具体说来，一方面是通过有效的投资组合来规避社保基金的非系统性风险，另一方面是通过海外投资来规避国内的系统风险。然而，由于中国金融市场发展的不完善，投资组合所能提供的社会保障基金投资运营风险转移手段也是十分有限的。只有我国金融市场的发展不断完善，使得我国金融工程技术进一步发展，社保基金的金融衍生风险管理工具才会趋于多样化。

4. 社保基金投资运营风险防范机制缺乏有效的监控系统

目前，我国社会保障基金投资运营风险防范机制还没有形成一个完整的监控体系。投资主体在应对相应的风险上没有统一的风险管理依据，也没有统一的事后改善措施和完善的风险预警体系。从社会保障基金投资运营管理人的角度而言，由于监管方对其考核的期限较短，一定程度上造成了投资管理人只是过分重视短期利益，而忽略了社会保障基金投资的长期安全。从监管方而言，仅仅是对投资流程、投资渠道和投资比例的限定进行监管，更多的是关心操作是否违规，而忽略了依据我国社保基金自身的特点从而给出统一的风险控制口径。同时，社会保障基金的监管主体的各级机构严重缺乏社保基金的风险识别能力和风险度量能力，甚至没有有效的风险防范手段，更多是根据国家出台地政策来做出投资决策。另外，我国社会保障基金投资运营监管模式类似限量监管，只是注重微观的或基层的监督，更多情况下是分散的事后监管。这种监控模式，缺少的是市场机制与政府行为的链接，容易造成我国社会保障投资运营风险防范的监控反应“迟钝”。而社会保障基金风险防范预警系统可以及时发现和预测可能出现的危机，以便采取有效的预防措施。社会保障基金投资运营风险预警实质上是对社保基金运行的中长期宏观监控，这是我们需要建立的有效的风险监控系统。

9.3　中国社会保障基金的投资风险控制方法

9.3.1　股票的投资风险控制

1. 股票价值分析

股票是虚拟资本的一种形式，它本身没有价值。从本质上讲，股票仅是一个拥有某一种所有权的凭证。股票之所以能够有价，是因为股票的持有人，即股东，不但可以参加股东大会，对股份公司的经营决策施加影响，还享有参与分红与派息的权利，获得相应的经济利益。其价值主要体现在每股权益比率和对公司成长的预期上。如果每股权益比率越高，那么相应的股票价值越高；反之越低。如果公司发展非常好，规模不断扩大，效益不断提高，能够不断分红，那么，股票价值就越高；反之越低。股票的价格可分为：面值、净值、清算价格、发行价及市价等五种。

股票的面值，是股份公司在所发行的股票票面上标明的票面金额，代表着股东对企业资产的所有权，它以元/股为单位，其作用是用来表明每一张股票所包含的资本数额。在我国上海和深圳证券交易所流通的股票的面值均为每股一元。股票票面价值的最初目的是保证股票持有者在退股之时能够收回票面所表明的资产，随着股票的发展，购买股票后将不能再退股，所以股票面值现在的作用有一些变化。一是表明股票的认购者在股份公司投资中所占的比例，作为确认股东权利的根据。二是首次发行股票时，将股票的面值作为发行定价的一个依据。

股票的净值又称为账面价值，也称为每股净资产，是用会计统计的方法计算出来的每股股票所包含的资产净值。其计算方法是用公司的净资产（包括注册资金、各种公积金、累积盈余等，不包括债务）除以总股本，得到的就是每股的净值。股份公司的账面价值越高，则股东实际拥有的资产就越多。由于企业股东有优先股与普通股之分，因此，优先股和普通股的净值在计算方法上也各有不同。

$$\text{普通股每股净值}=\frac{\text{资产总值}-\text{债务及优先股总额}}{\text{普通股股数}} \tag{9-1}$$

$$\text{优先股每股净值}=\frac{\text{资产总值}-\text{债务总额}}{\text{优先股股数}} \tag{9-2}$$

由于账面价值是财务统计、计算的结果，数据较精确而且可信度很高，所以它是股票投资者评估和分析上市公司实力的重要依据之一。

股票的清算价格是指一旦股份公司破产或倒闭后进行清算时，每股股票所代表的实际价值。从理论上讲，股票的每股清算价格应与股票的账面价值相一致，但企业在破产清算时，其财产价值是以实际的销售价格来计算的，而在进行财产处置时，其售价一般都会低于实际价值。所以股票的清算价格就会与股票的净值不相一致。股票的清算价格只是在股份公司因破产或其他原因丧失法人资格而进行清算时才被作为确定股票价格的依据，在股票的发行和流通过程中没有意义。

股票的市价，是指股票在交易过程中交易双方达成的成交价，通常所指的股票价格就是指市价。股票的市价直接反映着股票市场的行情，是股民购买股票的依据。由于受众多因素的影响，股票的市价处于经常性的变化之中。股票价格是股票市场价值的集中体现，因此这一价格又称为股票行市。一般取决于两个基本因素：一是股票预期的股息量，二是银行的利息率。即

$$\text{股票价格}=\frac{\text{预期股息}}{\text{利息率}} \tag{9-3}$$

假定某公司股票预期年股息1元，银行的年利息率为4%，那么，这只股票的买卖价格应为：

$$\frac{1(\text{预期股息})}{4\%(\text{利息率})}=25\text{ 元}$$

同一只股票，由于预期股息与利息率不同，股票行市会有所变化，在利息率不变的情况下，预期股息量越大，股票价格越高；预期股息量越小，股票价格越低，在股息量不变的情况下，银行利率越高，股票价格就越低，反之亦然。

2. 影响股价的变动因素

1）公司的经营财务状况和盈利能力

这是影响股票价格最重要的基本因素。经营状况即指发行公司在经营方面的概况，包括经营特征，如公司属于商业企业还是工业企业、公司在行业中的地位、产品性质、内销还是外销、技术密集型还是劳动密集型、批量生产还是个别生产、产品的生命周期、在市场上有无替代产品、产品的竞争力、销售力和销售网等。此外，公司的经济状况还包括员工的构成以及管理结构、管理水平等。上述因素既可直接影响公司的财务状况，亦可间接影响投资者的投资意向，进而影响股价变化。当公司的经营状况好，盈利能力强，股票价格的基础

扎实，大家认为此时的股票很稳定，上涨的机会多，反之，其股票价格难以提高，下跌的机会多。另外，公司的财务状况亦是影响股价的重要原因甚至是直接原因。依照各国法规，凡能反映公司的财务状况的重要指标都必须公开，上市公司的财务状况还需定期向社会公开。

2）经济周期和物价的变动

经济周期的循环、波动与股价之间存在着紧密的联系。一般情况下，股价总是伴随着经济周期的变化而升降。在经济复苏阶段，投资逐步回升，资本周转开始加速，利润逐渐增加，股价呈上升趋势。在繁荣阶段，生产继续增加，设备的扩充、更新加速，就业机会不断增多，工资持续上升并引起消费上涨；同时企业盈利不断上升，投资活动趋于活跃，股价进入大幅度上升阶段。在危机阶段，由于有支付能力的需求减少，造成整个社会的生产过剩，企业经营规模缩小，产量下降，失业人数迅速增加，企业盈利能力急剧下降，股价随之下跌；同时，由于危机到来，企业倒闭增加，投资者纷纷抛售股票，股价亦急剧下跌。在萧条阶段，生产严重过剩并处于停滞状态，商品价格低落且销售困难，而在危机阶段中残存的资本流入股票市场，股价不再继续下跌并逐渐趋于稳定状态。不难看出，股价不仅是伴随着经济周期的循环波动而起伏的，而且，其变动往往在经济循环变化之前出现。两者间相互依存的关系为：复苏阶段：股价回升；繁荣阶段：股价上升；危机阶段：股价下跌；萧条阶段：股价稳定。

因为商品的价格是货币购买力的表现，所以物价水平被视为通货膨胀或通货紧缩的重要指标。一般而言，商品价格上升时，公司的产品能够以较高的价格水平售出，盈利相应增加，股价亦会上升。如物价上升时，那些拥有较大库存产品的企业的生产成本是按原来的物价计算的，因而可导致直接的盈利上升；对于需大量依赖新购原材料的企业而言，则可能产生不利影响。此外，由于物价上涨，股票也有一定的保值作用，也由于物价上涨，货币供应量增加，也会使社会游资进入股票市场，增大需求，导致股价上升。需要说明的是，物价与股价的关系并非完全是正相关，即物价上涨股价亦上升。当物价上涨到一定程度，由于经济过热又会推动利率上升，则股价亦可能下降；此外，如物价上涨所导致的上升成本无法通过销售转嫁出去；物价上涨的程度引起投资者对股票价值所用折现率的估计提高而造成股票价值降低；物价上涨的程度使股票的保值作用降低，投资者把资金从股市抽出，投到其他保值物品方面时等等，股价亦会相应下降。

3）国家的经济政策

政府在财政政策、税收政策、产业政策、货币政策、外贸政策等方面的变化会影响股价变动。就财政收入政策看，当国家对某类企业实行税收优惠，那就意味着这些企业的盈利将相应增加，而这些企业公司发行的股票亦会受到重视，其价格容易上升。从财政支出政策看，当国家对某些行业或某类企业增加投入，就意味着这些行业、企业的生产将发展，亦会同样引起投资者的重视。此外，如产业政策的执行，政府对产品和劳务的限价会导致相应股票价格下跌；税收制度的改变，如调高个人所得税，则会影响社会消费水平下降，引起商品滞销，乃至于影响公司盈利及股价下跌，等等。

3. 股票投资风险的测量方法

由于投资风险的无处不在，有效度量可以尽可能减少风险给相关当事人带来的惨重损失，从目前情况看，一般采用比较法、价差发、利差法、VAR 模型等几种方法来测算股票投资风险。

1）比较法

比较法测算股票投资风险运用的原理是比价原理，它通过比较两只或几只每股收益相等或相近的股票价格来测度股票的投资风险，价格较高的股票投资风险相对更大，价格较低的股票投资风险相对较小。虽说比较法较为直观、简单因而被投资者广泛接受和使用，但是因为比较的是过去每股收益，并没有考虑到上市公司业绩成长性，而且单纯认为影响股票价格的因素仅仅是每股收益，这种观点是片面的。

2）价差法

价差法测度股票投资风险的基本原理是波动原理，它认为价格波动大的股票其投资风险也大，价格波动小的股票其投资风险也小。其计算公式如下：

$$价差率=\frac{最高价-最低价}{(最高价+最低价)\div 2}\times 100\% \tag{9-4}$$

例如，某只股票过去一段时间的最高价是30元，最低价是15元，则

$$价差率=\frac{30-15}{(30+15)\div 2}\times 100\%=66.7\%$$

因此，价差反映了股票价格波动程度的大小，价差大，股票价格波动程度小，投资风险就会变小。价差法可以比较两种或两种以上收益不同的股票投资风险，相比于比较法，价差法更符合股市风险规律。投资者可以根据自己的风险承受能力从中选择投资方向，风险承受能力强者可以选择价差率较高的股票，而风险承受能力差者可选择价差率低的股票。

3）离差法

离差法认为股票投资风险的大小取决于股票价格的波动程度，该方法弥补了价差法只用最高价和最低价的波动幅度测度风险的片面性，它考虑了一定时期内的各只股票价格。离差法反映了波动的股票价格对其波动中心股票价格平均值的波动程度或离散程度，标准差的数值越大，则股票价格的波动程度越大，股票的投资风险也越大。其计算公式如下：

$$S=\sqrt{\frac{1}{n-1}\sum_{i=1}^{n}(X_i-X)^2} \tag{9-5}$$

其中，S表示某个时期某种股票价格的标准差；n表示该时期内的计算天数；X_i表示该时期内第i个股票价格；X表示该时期股票的平均价格。例如，甲乙两只股票5天的价格如表9－3所示：

表9－3 甲乙股票5天的价格变化

	周一	周二	周三	周四	周五	5天平均价
甲	19.80	19.38	19.68	19.83	18.78	19.53
乙	14.19	13.07	14.32	14.20	13.21	13.92

将上表中的数字代入计算公式中，得到甲股的价格标准差为S＝0.4628，乙股的价格标准差为S＝0.4647。由此看出，乙股的投资风险比甲股稍大，但两者投资风险已非常接近。当n＝5时，测度的是某一周某一股票的投资风险程度；当n取某一个月的交易天数，X_i取该股一个月每个交易日的收盘价，则可测量某一个月的投资风险；当X_i取各天收市指

数，则计算出来的标准差反映了某一时期股票市场整体的投资风险。

4) VAR 模型（向量自回归模型）

对股票投资风险的度量主要是用收益率的方差或标准差来表示。但是收益的方差只是描述了收益率的波动性，即实际收益偏离预期收益的程度，这种偏离可以是正偏离，也可以是负偏离，而实际上投资者往往关注的是负偏离，即资产可能出现的损失，风险的方差并不能准确地说明这一点。此外，波动性并不能确切指明股票资产组合的损失究竟有多大。例如，我们假设一个资产组合的标准差是 50 万元，那么究竟发生这 50 万元损失的可能性有多大呢？方差无法解决这个问题。因此，我们引进"VaR"的概念，以解决方差及协方差对风险度量的不足之处。

计算 VaR 值涉及三个要素：一是持有期的长短；二是置信区间的大小；三是未来资产组合价值的分布特征。除此之外，通常需要选取一个计量单位，VaR 总是用某个国家的货币作为基准表示，它依赖于基础货币的选取。持有期就是计量价格变动的时间间隔持有期的选择需权衡许多因素，一般而言，持有期愈长，预期的价格变动就越大，结果计量的风险就愈大。置信度的选择则反映投资者的风险偏好和对其从事交易的谨慎度，金融机构采用的置信区间常在 90%～99%之间。VAR 的计算方法很多，限于篇幅所限，本书将主要介绍最简单、最常用的"方差—协方差法"。设一个投资组合，其初始投资额为 W_0，持有期内收益率为 R_p，则该组合的期末价值为 $W=W_0(1+R_p)$。如果投资组合收益率的均值为 U_p，方差为σ_p^2，在给定置信水平 $1-\alpha$。下投资组合的最低投资收益率为 R_p^*，则最低投资组合价值 $W^*=W_0(1+R_p^*)$，定义：$VAR=W_0(1+U_p)-W^*$。$=W_0(U_p-R_p^*)$。如果投资组合收益率服从正态分布，α 表示投资组合的标准差，$\triangle t$ 表示投资持有期的时间间隔，则

$$VAR=W_0(u_p-r_P{}^*)=W_0\alpha\sigma\sqrt{\Delta t} \tag{9-6}$$

VAR 方法可以用于事前度量风险，而不像传统的风险度量方法仅仅用于事后衡量风险，并可用来度量整个股票投资组合直至整个经营单位的整体风险，因此，在实践中得到了广泛的运用。作为目前被广泛运用的风险度量方法，VaR 有以下明显的优点：第一，它具有简洁的含义和直观的价值判断。它使得资产组合风险能够具体化为一个可以与收益相配比的数字，从而有利于经营管理目标的实现；第二，从本质上看，VaR 也是一种风险测度方法，但是，它比方差等风险测度方法更接近于投资者对风险的真实心理感受；第三，它考虑了决策者所处的环境和具体情况，使风险决策更具有可操作性。由于持有期和置信区间的选择都是根据决策者的具体情况做出的，因此它的适用性更广。20 世纪 90 年代以来，VaR 已经成为银行、证券经纪公司、投资基金等金融机构、市场监管者以及各类非金融公司对股票投资风险度量与管理、资产配置、绩效评价的重要工具。

9.3.2　债券的投资风险控制

1. 债券的信用等级

债券信用评级是以企业或经济主体发行的有价债券为对象进行的信用评级。一般是对具有独立法人资格企业所发行某一特定债券，按期还本付息的可靠程度进行评估，并标示其信用程度的等级。进行债券信用评级最主要原因是方便投资者进行债券投资决策，投资者购买债券是要承担一定风险的，如果发行者到期不能偿还本息，投资者就会蒙受损失，

这种风险称为信用风险。债券的信用风险因发行后偿还能力不同而有所差异，对广大投资者尤其是中小投资者来说，事先了解债券的信用等级是非常重要的。由于受到时间、知识和信息的限制，无法对众多债券进行分析和选择，因此需要专业机构对准备发行的债券还本付息的可靠程度，进行客观、公正和权威的评定，也就是进行债券信用评级，以方便投资者决策。债券信用评级的另一个重要原因，是减少信誉高的发行人的筹资成本。一般来说，资信等级越高的债券，越容易得到投资者的信任，能够以较低的利率出售；而资信等级低的债券，风险较大，只能以较高的利率发行。

A级债券是最高级别的债券，其特点包括：本金和收益的安全性最大、它们受经济形势影响的程度较小、它们的收益水平较低，筹资成本也低。对于A级债券来说，利率的变化比经济状况的变化更为重要。因此，一般人们把A级债券称为信誉良好的"金边债券"，对特别注重利息收入的投资者或保值者是较好的选择。B级债券对那些熟练的证券投资者来说特别有吸引力，因为这些投资者不情愿只购买收益较低的A级债券，而甘愿冒一定风险购买收益较高的B级债券。B级债券的特点包括：第一，债券的安全性、稳定性以及利息收益会受到经济中不稳定因素的影响；第二，经济形势的变化对这类债券的价值影响很大；第三，投资者冒一定风险，但收益水平较高，筹资成本与费用也较高。因此，对B级债券的投资，投资者必须具有选择与管理证券的良好能力。对愿意承担一定风险，又想取得较高收益的投资者，投资B级债券是较好的选择。第四，C级和D级是投机性或赌博性的债券。从正常投资角度来看，没有多大的经济意义但对于敢于承担风险，试图从差价变动中取得巨大收益的投资者，C级和D级债券也是一种可供选择的投资对象。

债券的信用评级对发行单位和投资者而言都十分重要，对发行单位来说，较高的信用评级为其低成本融资创造了良好的市场基础，债券信用等级高，票面利率相对低一些也能获得投资者的支持；对投资者而言，由专业机构在调查研究基础上得出的债券信用等级，为其甄别债券的投资风险提供了相对权威且简便的方式。由于高收益与高风险的相伴，投资者可以根据自己的风险承受能力对不同信用等级的债券开展投资组合，按照我国目前的政策规定，社会保障基金只能投资A等级的债券，以便在一定程度上控制债券的投资风险。

2. 债券价值分析

债券价值是指进行债券投资是投资者预期可获得的现金流入的现值。债券的现金流入主要包括利息和到期收回的本金或出售时获得的现金两部分。总的来说，影响债券价值有两个层次的因素，一方面是内在因素，包括债券期限、票面利率、是否可赎回、税收待遇、流动性(二级市场的活跃程度)、发债主体的信用度等；另一方面就是外在因素，包括供求状况、基础利率、市场利率风险(波动程度)、通货膨胀水平等因素。当债券的购买价格低于债券价值时，才值得购买。债券价值的计算公式因不同的计息方法，可以有以下几种表示方式。

典型的债券是指固定利率、每年计算并支付利息、到期归还本金的债券。这种典型债券价值计算的基本模型是：

$$V = \sum_{t=1}^{n} \frac{I}{(1+i)^t} + \frac{M}{(1+i)^n} \tag{9-7}$$

其中，V代表债券价值；I代表定期计算的利息；M代表债券票面价值；i代表必要投资收益率；n 代表计息期数；t 代表第 t 次。

我国有些债券是采用贴现方式发行，没有票面利率，到期按面值偿还。这种债券价值的计算公式为：

$$V=\frac{M}{(1+i)^n} \tag{9-8}$$

除此之外，一次还本付息且单利计息的债券价值的计算模型如下：

$$V=\frac{I\cdot n+M}{(1+i)^n} \tag{9-9}$$

例如：A 公司欲购买 B 公司发行的利随本清、不计复利的债券。该债券面值为 1000 元，5 年期，票面利率为 10%，当前市场利率为 8%。若该债券目前发行价格为 1200 元，问 A 公司应否购买该债券。由上述公式可知：$V= 1000\times10\%\times5 + 1000\div(1+8\%)^5 = 1020$ 元。因为该债券价值为 1 020 元，小于目前买价 1 200 元，所以 A 公司不适合投资。而如果市场利率为 5%时，$V= 1000\times10\%\times5 + 1000 \div(1+5\%)^5 = 1284$ 元，则可以投资。这说明，由于市场利率的下降，导致该债券价格上升。联系到社会保障基金，如果没有事先对相应风险进行管理，难免会承受投资损失。

3. 债券的收益率曲线

债券收益率曲线是描述在某一时点上一组可交易债券的收益率与其剩余到期期限之间数量关系的一条曲线，即在直角坐标系中，以债券剩余到期期限为横坐标、债券收益率为纵坐标而绘制的曲线。研究债券收益率曲线具有重要的意义，对于投资者而言，可以用来作为预测债券的发行投标利率、在二级市场上选择债券投资券种和预测债券价格的分析工具；对于发行人而言，可为其发行债券、进行资产负债管理提供参考。债券收益率曲线的形状可以反映出当时长短期利率水平之间的关系，它是市场对当前经济状况的判断及对未来经济走势预期(包括经济增长、通货膨胀、资本回报率等)的结果。债券收益率曲线通常表现为四种情况，一是正向收益率曲线，表明在某一时点上债券的投资期限越长，收益率越高，也就意味社会经济处于增长期阶段；二是反向收益率曲线，表明在某一时点上债券的投资期限越长，收益率越低，也就意味着社会经济进入衰退期；三是水平收益率曲线，表明收益率的高低与投资期限的长短无关，也就意味着社会经济出现极不正常情况；四是波动收益率曲线，表明债券收益率随投资期限不同而呈现波浪变动，也就意味着社会经济未来有可能出现波动。

收益率曲线的主要作用体现在以下五个方面：一是能够反映债券的利率水平和市场状况。收益率曲线的编制综合利用了市场上已知的所有债券价格信息，如双边报价、结算价和发行价等，由于价格波动必然引起利率波动，因此收益率曲线能够反映即时的债券市场利率水平，进而反映出市场对整体经济和金融的走势预期及债券市场供求关系的变化等情况；二是可以作为债券交易定价的重要参考。债券的定价通常是债券未来预期现金流的贴现现值，而贴现率则需要从收益率曲线中获得。由于完整平滑的收益率曲线既反映了市场参与者对短、中、长期利率的总体预期，又可以从中找到任意期限的贴现率，因此收益率曲线是市场参与者在债券一、二级市场中交易定价的重要参考；三是能够促进统一的市场化利率形成。不同的机构采用不同方法和选用不同的价格样本可编制出不同的收益率曲线，但只有当某一收益率曲线的公允性得到市场的普遍认可后，才会形成一个被广泛参考的共同定价基准，即公允收益率曲线。由于公允收益率曲线是在市场中产生又被市场广泛接受，市场参与者的交易定价就会比较接近，从而形成统一的市场化利率基准；四是可用于对非债券金融资产的定价。收益率曲线除可被直接用来对债券进行定价外，还可以用于其他金融产品的定价。(1) 商业银行的内部转移定价；(2) 商业银行的票据业务、拆借业务；(3) 理财产品等中间业务；(4) 利率远期、利率互换、利率期货及利率期权等利率衍生产品的定价；(5) 商业银行实行市场化存贷款利率也需要参考收益率曲线；五是可以量化信用风险。不同信用等级的债券对应不同的收益率曲线，对不同信用等级债券的收益率曲线进行比较，曲线之间的高低程度反映出市场对各信用等级风险溢价的点差定量判断。通常信用等级越低则收益率曲线越高，反之则相反，国债因具有无信用风险特征，因而国债收益率曲线最低，具有最基础的定价参考作用。

有关收益率曲线的相关理论也是在不断发展，首先是纯粹预期理论，该理论认为只有预期的未来短期利率，决定收益率曲线的形状；当预期未来短期利率上升时，会有上升的收益率曲线，反之，收益率曲线呈下降态势。为投资者预期与利率变动之间建立了一种对应关系，预期改变了，收益曲线的形状也会随之发生变化。纯粹预期理论作为一种精巧的理论，可以较好地解释用收益率曲线表示的利率期限结构在不同时期变动的原因，但它最大的缺陷是“忽视了投资于债券或类似于票据上的内在风险”。为了克服这个缺点，人们又提出了流动性升水理论加以解释。流动性升水理论又称作流动性升水或流动性报酬理论，简称 LP 理论。该理论在纯预期理论的基础上，充分考虑了投资于债券的风险，认为长期债券的流动性低于短期债券，这是由于“持有长期债券确定是有风险的，而这一风险会随着债券到期日增长而增加。”该理论认为金融市场是有风险的，投资者持有长期证券将比持有短期证券更具风险，如果不向长期证券持有人进行补偿，则投资者将偏好于短期证券，这样可以降低风险和增加流动性。但从借贷的角度来看，借款人却又偏好长期借款以保证他们有一稳定的资金来源，这就导致了对不同期限证券的供给和需求形式上的不平衡——投机者或许希望抵消这种不平衡。因此，该理论断言投资者和投机者都是风险厌恶的，必须支付一份流动性升水才能使他们愿意持有长期证券。最早提出者希克斯认为随着期限的延长，投资风险也随之增加，因此流动性升水L_i($i=2，3，\cdots，n$)是时间的递增函数，因此有：$L_n > L_{n-1} > \cdots > L_2 > 0$，$n \geqslant 2$。与纯粹预期理论的“完全替代”前提不同，流动性升水理论的关键假设是不同期限的债券可以替代，这意味着预期仍然可以影响不同期限债券的预期回报率；不过这些债券并非完全的替代品，投资者对短期债券和长期债券的偏好不同的事实说明流动性升水也会影响预期回报率。除以上两种理论，市场分割理论也被广泛运用解释于收益率曲线，其产生源于市场的非有效性(或非完美性)和投资者的有限理性，它的最早倡导者是卡伯特森。该理论认为，由于存在法律、偏好或其他因素的限制，投资者和债券的发行者都不能无成本地实现资金在不同期限的证券之间的自由转移。因此，证券市场并不是一个统一的无差别的市场，而是分别存在着短期市场、中期市场和长期市场。不同市场上的利率分别各市场的供给和需求决定。当长期债券供给曲线与需求曲线的交点高于短期债券供给曲线与需求曲线的交点时，债券的收益率曲线向上倾斜；相反，当长期债券供给曲线与需求曲线的交点低于短期债券供给曲线与需求曲线的交点时，债券的收益率曲线向下倾斜。

9.3.3 投资基金的投资风险控制

投资基金的风险控制主要是采用一定方法，对基金的投资组合绩效加以衡量，从而做出是买入、卖出或持有的决策。一般根据风险调整衡量指标，通过对收益加以风险调整，得到一个可以同时对收益与风险加以考虑的综合指标，以期能够排除风险因素对绩效评价的不利影响。三大经典的投资基金组合绩效衡量方法包括：特雷诺指数、夏普比率和收益差以及詹森指数。

1. 特雷诺指数

特雷诺指数是以基金收益的系统风险作为基金绩效调整的因子，反映基金承担单位系统风险所获得的超额收益。指数值越大，承担单位系统风险所获得的超额收益越高。特雷诺指数是对单位风险的超额收益的一种衡量方法。在该指数中，超额收益被定义为基金的投资收益率与同期的无风险收益率之差，该指数计算公式为：

$$T=\frac{R_p-R_f}{\beta_p} \tag{9-10}$$

其中：T 表示特雷诺的业绩指数，R_p表示某只基金的投资考察期内的平均收益率，R_f 表示考察期内的平均无风险利率，β_p表示某只基金的系统风险。特雷诺业绩指数的含义就是每单位系统风险资产获得的超额报酬(超过无风险利率R_f。特雷诺业绩指数越大，基金的表现就越好；反之，基金的表现越差。基金投资组合面临的投资风险包含系统风险和非系统风险两个部分。在财务理论中，衡量投资收益的风险一般采用两个指标：一是其历史收益率标准差 σ，衡量投资收益的总风险；二是其系统性风险系数，即 β 的估计值。特雷诺认为，基金管理者通过投资组合应消除所有的非系统性风险，因此特雷诺用单位系统性风险系数所获得的超额收益率来衡量投资基金的业绩。足够分散化的组合没有非系统性风险，仅有与市场变动差异的系统性风险。因此，他采用基金投资收益率的β_p系数作为衡量风险的指标。

2. 夏普比率

现代投资理论的研究表明，风险的大小在决定组合的表现上具有基础性的作用。风险调整后的收益率就是一个可以同时对收益与风险加以考虑的综合指标，以期能够排除风险因素对绩效评估的不利影响。夏普比率就是一个可以同时对收益与风险加以综合考虑的三大经典指标之一。

投资中有一个常规的特点，即投资标的预期报酬越高，投资人所能忍受的波动风险越高；反之，预期报酬越低，波动风险也越低。所以理性的投资人选择投资标的与投资组合的主要目的为：在固定所能承受的风险下，追求最大的报酬；或在固定的预期报酬下，追求最低的风险。在此基础上，夏普以投资学最重要的理论基础“资本资产定价模型”为出发，发展出名闻遐迩的夏普比率，又被称为夏普指数，用以衡量金融资产的绩效表现。夏普理论的核心思想是：理性的投资者将选择并持有有效的投资组合，即那些在给定的风险水平下使期望回报最大化的投资组合，或那些在给定期望回报率的水平上使风险最小化的投资组合。解释起来非常简单，他认为投资者在建立有风险的投资组合时，至少应该要求投资回报达到无风险投资的回报，或者更多。

夏普比率的计算公式可以表示为：

$$\frac{E(R_p)-R_f}{\sigma_p} \tag{9-11}$$

其中 $E(R_p)$ 表示投资组合预期报酬率；R_f 表示无风险利率；σ_p 表示投资组合的标准差。该公式主要目的是计算投资组合每承受一单位总风险，会产生多少的超额报酬。当投资组合内的资产皆为风险性资产时，适用夏普比率。夏普指数代表投资人每多承担一分风险，可以拿到几分报酬；若为正值，代表基金报酬率高过波动风险；若为负值，代表基金操作风险大过于报酬率。这样一来，每个投资组合都可以计算夏普指数，即投资回报与多冒风险的比例，这个比例越高，投资组合越佳。例如，国债的回报是 3%，而某人的投资组合预期回报是 15%，某人的投资组合的标准偏差是 6%，那么用 15%～3%，可以得出 12%(代表某人超出无风险投资的回报)，再用 12%÷6%＝2，代表投资者风险每增长 1%，换来的是 2% 的多余收益。夏普理论告诉我们，投资时也要比较风险，尽可能用科学的方法以冒小风险来换大回报。所以说，投资者应该成熟起来，尽量避免一些不值得冒的风险。同时当投资者在投资时如缺乏投资经验与研究时间，可以让真正的专业人士来帮助投资者建立起适合自己的，可承受风险最小化的投资组合。这些投资组合可以通过该指数来衡量出风险和回报比例。

3. 夏普收益差

夏普为评估基金相对绩效，创造了夏普收益差。他假设基金承担的总风险水平为事先既定，基金经理有两个选择：一是简单策略，只涉及无风险资产和市场组合，不涉及其他个别股票，在此基础上通过买入一定比率的无风险资产和市场组合达到既定的风险水平，这样的一个投资组合正好位于资本市场线上；二是积极的管理策略，通过选择股票形成具有既定风险的投资组合。在风险水平 σ_i 下的简单投资组合的收益是 $R_f+(R_m-R_f)\sigma_i/\sigma_m$，其中 R_m 为市场组合的平均收益率，σ_m 是市场组合收益率的标准差。它与基金平均收益 R_p 之差反映了在同一风险水平下基金能否战胜市场而获得超额收益的能力。其计算方法为：

$$\text{夏普收益差}=R_p-\frac{R_f+(R_m-R_f)\sigma_i}{\sigma_m} \tag{9-13}$$

4. 詹森指数

詹森指数实际上是对基金超额收益大小的一种衡量。这种衡量综合考虑了基金收益与风险因素，比单纯的考虑基金收益大小要更科学。詹森指数作为测定证券组合经营绩效的一种指标，是证券组合的实际期望收益率与位于证券市场线上的证券组合的期望收益率之差。1968 年，美国经济学家迈克尔·詹森提出了这个以资本资产定价模型为基础的业绩衡量指数，它能评估基金的业绩优于基准的程度，通过比较考察期基金收益率与由定价模型得出的预期收益率之差，即基金的实际收益超过它所承受风险对应的预期收益的部分来评价基金，此差额部分就是与基金经理业绩直接相关的收益。其表达式为：

$$\alpha=(R_i-R_f)-\beta_i(R_m-R_f) \tag{9-14}$$

其中，α 是第 i 个基金的与市场无关的平均回报率。若 α 显著为正，说明基金的绩效优于市场；反之，则劣于市场。它表示基金投资组合收益率与相同系统风险水平下市场投资组合收益率的差异。詹森指数实质是反映证券投资组合收益率与按该组合的 β 系数算出来的均衡收益率之间的差额。当然，差额越大，也就是詹森系数越大，反映基金运作效果越好。如果为正值，则说明基金经理有超常的选股能力，被评价基金与市场相比，高于市场平均水平，投资业绩良好；为负值则说明基金经理的选股能力欠佳，不能跑过指数，被评价基金的表现与市场相比较整体表现差；为零则说明基金经理的选股能力一般，只能与指数持平。

本章小结

本章首先介绍了中国社会保障基金的投资渠道现状与优化分析。其次介绍了中国社会保障基金的投资风险种类与存在问题。最后介绍了中国社会保障基金的投资风险控制的具体方法。

案例分析

我国社保基金投资的发展三阶段

一、第一阶段(2001—2003 年)：社保基金试水投资

在这个阶段是由社保基金理事会直接投资。由于刚开始投资，各方面不熟悉，害怕投资风险，投资方式就是存银行、买国债。另外加上当时资金量小，投资渠道少，投资工具简单，银行存款比例高，且利率低，所以投资收益非常低，每年都只有 2.5%左右的收益，如果考虑抵消通货膨胀的因素，则收益水平会更低，如表 9-4 所示。

这个期间特点主要是试水投资，熟悉投资市场，追求稳定无风险收益。

表 9-4　2001—2003 年社保基金投资收益

年份	实现投资收益(亿元)	收益比	通货膨胀率
2001	9.67	2.25%	0.7%
2002	21.00	2.75%	−0.8%
2003	34.07	2.71%	1.20%

二、第二阶段 (2004—2010 年)：投资全面展开

这个阶段主要增加了委托投资，同时也开始了股权投资。投资方式也发生了根本变化，增加了权益类投资、实业投资；资金规模也急剧增大，投资收益也明显增多，投资收益比例也得到提高。

1. 大量进行权益类投资

权益类投资就是委托基金管理公司从事股票投资、证券基金投资，期间选择了 10 个基金公司为投资委托人。由表 9-5 可知：其中，101 到 112 组合、501 到 504 组合、601 到 604 组合都为股票投资组合，在此期间股票投资的比例大大增加了；投资技术也逐渐增强，对市场的适应性得到了提高。通过增加各种高收益投资品种为提高社保基金的投资收益奠定了良好基础。

表 9-5 前 10 个委托投资基金及投资组合

编号	基金公司名	管理的社保基金组合
1	南方基金管理有限公司	101，201，301，401，701
2	博时基金管理有限公司	102，103，108，202，402，502，702，802，902
3	华夏基金管理有限公司	007，107，203，801，901
4	鹏华基金管理有限公司	104，204，304，404，503，704
5	长盛基金管理有限公司	105，205，305，405，603，705
6	嘉实基金管理有限公司	106，206，306，406，504，602，706
7	易方达基金管理有限公司	109，407，502，601，707
8	招商基金管理有限公司	110，408，604，708
9	国泰基金管理有限公司	111，409，709
10	中国国际金融有限公司	112

2. 进行实业投资

当时由于大量企业改制，准备上市要寻找战略投资者，而社保基金正好符合这个要求。因为它具有资金量大，回收期长且要求稳定收益的特点，所以社保基金在当时参股了一些央企，也取得了不错效益。

3. 投资收益稳定增加，投资结构得到改善

在这个阶段通过增加投资方式，改变投资结构，建立合理的投资组合，投资收益额增加迅速，收益比例也逐渐提高。从表 9-6 我们可以看出，无论是投资收益绝对额还是相对比例都有很高，绝对额从以前的几十亿上升到几百亿，相对值也基本维持 6%～8%左右，所以我们可以说在这个阶段社保基金的投资水平有了很大提高，我们的投资理念和模式开始逐渐成形。

表 9-6 2004—2010 年投资收益表

年份	实现投资收益(亿元)	收益比	通货膨胀率
2004	45：91	3.32	3.90
2005	52.90	3.12	1.80
2008	195.80	9.34	1.50
2007	1129.20	38.93	4.80
2008	−390.72	−6.75	5.9
2009	427.66	8.39	−0.7
2010	426.41	6.56	3.3

三、第三阶段(2011 年—至今)：建立稳定投资模式

第二阶段由于对股票投资依赖过大，股票投资的业绩直接影响了社保基金投资的整体业绩。为了试验一些新的投资工具品种，降低对单一投资品种的依赖，2011 年开始，我国开始逐步扩大股权投资和创投机构的投资，在这方面的投资额迅速增加。

(1) 股权投资。中国股权投资的发展是随着国外私募股权投资基金逐渐进入而发展兴盛起来的，并在中国形成了三次投资的浪潮。第一波投资浪潮是在 1992 年前后，大量海外投资基金第一次涌入中国。后来由于体制没有理顺，缺乏流通退出渠道，加上行政干预等原因，第一波投资浪潮在中国以全面失败告终。第二波投资浪潮发生在 1999 年，大量投资投向中国互联网行业。但由于中小企业板没有建立，退出渠道不够畅通，2001 年科技潮退去，一大批投资企业也最终倒闭。2004 年以后，后期基金的成功案例始浮现，鼎晖投资鹰牌陶瓷、南孚电池等，也就是第三次股权投资浪潮。这波浪潮中，华平、凯雷等美国大型投资基金开始迅速扩大在中国的投资。我国社保基金在这个阶段对股权投资也发展迅速，到 2011 年 3 月 31 日，全国社保基金共投资了中比基金，渤海产业基金，弘毅一期基金等 9 只、由 7 家管理人发起设立的股权投资基金，承诺投资总额为 156.55 亿元。具体见表 9-7。

表 9-7　社保基金投资的股权基金

编号	基金名称	备　注
1	中比基金	中国和比利时合作建立的产业基金
2	渤海产业基金	国务院批准的首只产业基金
3	弘毅一期基金	联想集团控股的基金
4	鼎晖一期基金	社保基金控股的私募股权基金
5	绵阳产业基金	最大的人民币 PE
6	和谐成长基金	IDG 集团控股的私募股权基金
7	联想投资基金	联想集团控股的私募股权基金
8	弘毅二期基金	联想集团创立的基金
9	鼎晖二期基金	社保基金投资 30 亿元

社保基金 2011 年还投资了 5 家大型股权投资基金，投资规模 70 亿元左右，相比自 2008 年到 2010 年每年投资两家的速度，社保基金在 2011 年加快了投资。至此，社保基金已投资了 12 只基金，总投资规模可能超过 200 亿元。

(2) 创投基金投资。与此同时，社保基金也对创投基金表现出浓厚兴趣，积极试水创投基金。期间社保基金的 PE 投资计划为：总投资额为 60 亿元，选定 4 家 PE 机构作为投资对象，具体名单见表 9-8。

表 9-8 社保参股的创投名单

编号	机构名	备注
1	中信资本	中信集团控股的产业投资基金
2	金浦产业投资基金	投资金融领域的产业基金
3	国创母基金	我国首个国家级大型人民币母基—600 亿元人民币规模
4	赛富亚洲投资基金	日本软银控股的高技术产业基金

(3) 其他投资。社保基金在这个阶段对所有合适的投资对象都进行了投资，包括信托投资保障房建设，分别投资重庆，天津和南京保障房建设 45 亿元、30 亿元和 30 亿元。同时试验了指数投资，证券化资产投资，如 ETF 产品等等。

复习思考题

1. 我国的投资渠道有哪些？
2. 马科维茨投资组合理论的核心观点是什么？如何运用均值-方差模型对社保基金进行合理投资组合？
3. 资本资产定价模型和套利定价模型有哪些共同点和区别？
4. 委托代理理论在社会保障基金投资策略中有哪些作用？
5. 有哪些方法可以衡量投资基金组合的绩效？
6. 如何有效控制社会保障基金的风险？有哪些地方需要改进？

第 10 章　社会保障资金管理国际借鉴

◈ **阅读材料**

国外社会保障资金保值增值经验与风险

受人口老龄化、经济金融自由化趋势的影响及社保制度的调整改革等因素的制约，国际社保资金管理呈现出一些值得关注的新特点，给中国社保资金运作提供了可借鉴的经验。

(1) 美国

美国在 1935 年建立社会保障制度的同时也建立了社会保障信托资金管理委员会。按美国现行政策，社保资金结余只能投资于美国政府发行的债权或由政府担保利息和本金的债券。美国联邦政府的这种单一的投资做法有利有弊。一方面，可以避免投资风险，减少损失，是最佳的资金投资选择；同时，由于政府债券具有一定的流动性，偿还期限也有明确规定，信托资金可在任何时候根据支付需求按照面值提前兑付短期国债，避免造成滞后支付。另一方面，尽管政府债券有国家财政作后盾，但低风险对应低利率，社会保障资金的增值能力受到抑制，也不可避免地会受到通货膨胀的影响，更会加剧政府财政赤字。联邦政府对养老保险资金的投资方向没有严格限制，也没有硬性规定投资品种和比例，从而能够更好地利用市场机制实现保值增值。

(2) 新加坡

由于新加坡传统的以家庭为保障主体的观念，形成了新加坡独具特色的以个人(或家庭)储蓄为主的社会保障制度，即中央公积金制度。新加坡对社会保障资金集中管理，除扣除用于支付公积金费用和利息外，结余的中央公积金大部分用于购买政府债券、投资公共基础建设或投资股市。中央公积金制度可以通过最低存款计划、最低存款填补计划，保障国民退休后的基本生活水平。同时，新加坡政府在每个投资计划中都会订立保护措施，确保国民的积蓄不会因为投资失败而亏损。

(3) 日本

日本社保资金来源于个人、企业和政府三方面的依法强制性支出。日本社会保障资金的投资方式主要是采取“社会投资”，日本公共年金总资产的 80％用来购买政府债券。近几年来，日本经济处于持续低谷，股市持续下跌，公共年金制度出现大量坏账，造成日本社会保障资金投资损失惨重。其失败的主要原因在于投资体制，日本政府一直运用单一的政策金融机构，其投资过程完全由政府掌控。

(4)“智利”

智利自20世纪80年代以来对传统的社会保障制度进行了改革，其特点是引进了私营部门对社会保险的参与和管理，因而在世界上独树一帜，为世界各国研究社会保障者所关注，并将其作为一个重点研究的类型。现行智利养老保险制度将原来的现收现付改为个人账户，由雇员选择一家养老资金管理公司并缴费，公司为其设立个人账户，并负责将账户积累的资金投放于资本市场以保值增值，退休时以其积累额决定领取额度。个人账户积累资金的用途还可作为申请住房贷款的担保或提现，并规定养老金支付的三种方法：一是按计划领取；二是领取终身年金；三是领取临时提款外加终身年金。除行使人账户外，养老保险由私营机构直接参与管理和运营是智利模式的最大特点。

通过总结各国经验，可以发现随着资本市场的不断完善，社会保障资金的投资方式更加丰富，除了购买政府债券和金融机构债券外，社会保障资金的投资组合品种增加了共同资金、股票、不动产、外国债券、外国股票等。通过运用金融避险工具进行风险对冲，提高较高风险投资品种的收益水平，已经成为了社会保障资金保值增值的发展趋势。

当前，中国社保体系建设还处于改革攻坚期，覆盖面尚未惠及全体国民，社会保障承担的二次分配任务也很重。在未来经济发展不确定性增加、老龄化高峰即将来临的背景下，如何确保社保资金保值增值将是当前和今后较长时期内社保体系建设的不可回避的课题。按照国家现行政策，目前社保资金结余绝大部分只能存放银行，资金收益率往往“跑不赢”通货膨胀率，出现了在经济高速发展时期社保资金由于投资渠道单一而导致的隐形贬值现象。以下四点是对于中国社保资金保值增值的建议：

一是应建设多元化的投资主体，培育市场化的独立资金管理法人机构。从目前看，政府社保部门受其职能、资本运作专业化水平以及资本市场管理水平等因素的限制，其管理社保资金的运营效率在市场条件下较难与其他商业性金融机构竞争。因此，通过市场竞争实行委托投资，将是社保资金保值增值的一个有效的途径。

二是应建立统一规范的社保资金投资运营监管体制，确保资金投资的安全稳定。为了确保社保资金投资的安全与有效，需要建立与完善社保资金运作的监管体系，通过监管体系中监管制度法规的建设与相应的监管机构的建设，确保政府机构对多元化投资的监督与管理，调控资金资产的结构与比例。

三是应选择合适的最低收益率。出于保值的需要，不少国家都规定了社保资金投资的最低收益率。若社保资金投资的实际收益率低于预先设定的最低收益率，就应该采用必要的措施。最低收益率的确定是社保资金投资可行性评估的重要环节。

四是应丰富社保资金的投资品种，增加资金投资渠道。投资渠道的多样化不仅可以降低投资风险，增加资金的流动性，同时能够增加社保资金的中长期收益。随着中国资本市场的不断发展和完善，社保资金投资股票的比例必将不断增加，因此，利用股票等多元化的投资手段提高社保资金的盈利能力已是大势所趋。

综上，国际的社会保障资金运营管理与我国既有区别，也有联系，我们要从中吸取经验来完善我国的社会保障资金运营管理体制。

（本文摘自《国际融资》2015，03 期）

10.1　美国联邦社会保障资金的运营管理

1935 年，美国国会通过了《社会保障法案》。这是美国历史上第一部完整的社会保障法律，也在世界上第一次提出“社会保障”(Social Security)的概念。在美国，社会保障体系主要包括：由老年保险和遗属保险共同组成的“老年及遗属保险”，以及残疾保险、医疗保险、失业保险、补充保障收入和其他社会救助计划。但是，美国人更常用“社会保障”来指代“养老保险”，两者之间基本上可以画上等号。

10.1.1　美国社保资金的来源及构成

美国的社会保障资金分为联邦社会保障资金和私营养老金两部分。具体而言，联邦社会保障资金主要由老年及遗属保险信托资金和残疾保险信托资金两个子资金组成：老年及遗属保险信托资金根据 1939 年美国《社会保障法修订案》第 201 条款而创设，并取代了 1935 年社会保障法下建立的老年储备账户；残疾保险信托资金依据 1956 年社会保障法修订案而创设。联邦社会保障资金通过来源于雇主和雇员以及自我雇佣者的一种名为“联邦社会保险捐款税”的强制征收工薪税来筹资，经历了完全积累制(1935 年)、现收现付制(1939 年)和部分积累制(1983 年)三种财务模式。2014 年，养老保险最新的工薪税率是 12.4%，雇主和雇员分别缴纳 6.2%；自我雇佣者则需缴纳全部 12.4%的工薪税。当然，超过给定数额(2014 年标准为 117000 美元)以上的工薪部分不需缴税。

与联邦社会保障制度短暂的历史相比，美国私营养老金的历史则悠久得多，可以追溯到美国独立之前的英殖民地时代。1875 年，美国运通公司设立了第一个私人雇主养老金计划，距今已有 140 多年的历史。私营养老金是通过雇主资助、个人缴费、政府给予税收方面的优惠发展起来并以完全积累的个人账户的形式出现。

10.1.2　联邦社保资金的营运管理

在美国，联邦社会保障资金营运管理的总体特点是，统一管理与分项管理相结合，专业管理与顾问参与相结合。目前，联邦社会保障资金营运管理由美国财政部总体统筹，具体管理与投资由联邦社会保障信托资金托管委员会来负责。根据美国《社会保障法案》，联邦社会保障资金下属各个信托资金的资金账户开设在财政部内并由财政部专项管理，国内税务局将联邦社会保险捐款税征缴上来后直接存入各信托资金账户；作为专用账户，信托资金账户由联邦社会保障信托资金托管委员会来具体管理、监督和投资。

根据现行政策，联邦社会保障信托资金托管委员会由 6 名委员构成。其中，4 名委员固定地由联邦政府组成人员担任，分别是：财政部部长(管理托管人)、劳工部部长、卫生及公共服务部部长、社会保障署署长。另外 2 名委员则根据 1983 年《社会保障法修订案》规定由总统指定并由参议院认定，任期 4 年。社会保障署指定一名专门副署长处理委员会的日常事务。该委员会的主要职责是负责对两个信托资金实施全面管理，并负责资金投资决策和保值增值。另外，每年 4 月 1 日之前，该委员会须向国会提交一份年度报告，对上一年度资金营运情况进行评估并对下一年度进行预测，并提出短期(10 年)和长期(75 年)资金的状况预测。根据长期预测，该委员会还可以就联邦社会保障资金的投资和征缴提出相应的建议。

1994 年美国还成立了专门的独立于行政部门、跨党派的社会保障顾问委员会负责向总统、国会和社会保障署署长提供有关社会保障计划的战略和政策建议。该委员会由 7 人组成，总统任命其中 3 名，当值的参、众两院主席分别任命 2 名，所有任命不得来自同一党派。该委员会对社会保障资金进行整体上的监督、咨询和评估，以确保对联邦社会保障资金的监管超越党派利益的影响。在联邦社会保障信托资金托管委员会和社会保障顾问委员会周围，聚集了大量社会保障专家、精算师以及社会学家，他们使得这两个机构在对联邦社会保障资金进行监管、评估以及分配时更具科学性。

虽然美国一向崇尚经济自由和市场开放，但是，政府对社会保障资金的投资却有着强烈的风险意识，采取了最审慎和最保守的管理方法。根据美国《社会保障法案》的规定，联邦社会保障资金只能投资于美国政府对其本息均予以担保的“孳息型有价证券”，即美国财政部为联邦社会保障资金定向发行的特种国债。也就是说，根据这项法律，联邦社会保障资金不仅要由联邦政府统一集中管理，而且收支结余必须投资于联邦政府连本带利“担保”的证券，所获利息也要被如数存入信托资金。这就相当于联邦社会保障资金间接支持了联邦政府的一般项目赤字开支。一旦信托资金需要兑现支付相应社会保险福利，则可随时用证券向财政部赎回现金及利息，以便及时支付受益人相关待遇。通过这样的制度安排，美国政府从法律上保证了联邦社会保障资金不得被用于购买股票，或进行委托投资、房地产投资等其他方面的投资。此外，《美国联邦刑法典》也有对“侵占养老金与福利资金罪”的处罚规定，其中对违法者的处罚非常严厉。

除了联邦层面的社会保障资金，各州也纷纷建立公共养老保险项目并积累了相当规模的州级公共社会保障资金。不同于联邦社会保障资金，各州管理的公共养老保险项目资金可以参与风险投资，用于购买股票、债券、其他短期投资及房地产投资等。但是，所有州级养老资金的管理和运作都要接受外部审计和公众监督，公众随时可向养老金管理机构提出询问和质疑。这种公开的法律制度使得社会保障资金的筹集、运营和使用被置于公众监督的环境之下，有利于资金安全。

10.2 日本社会保障资金的运营管理

10.2.1 日本社会保障制度的内容

日本的社会保障有狭义和广义之分。狭义的社会保障包括国家扶助、社会福利、社会保险和公共卫生及医疗(含老人保险)四个部门；广义的社会保障系指狭义的社会保障加上国家和地方公务员养老金、战争死亡者及其遗属的抚恤金。通常所说的社会保障是指前者而言的。日本政府社会保障制度审议会认为，狭义的社会保障包括下列内容：

（1）社会保险。主要由医疗保险、养老保险、失业保险、劳动灾害补偿保险、护理保险等项目构成，是日本社会保障制度的核心内容。

（2）社会救济。主要是对生活困难的人提供生活、教育、住宅、医疗等方面的公共救济，以保障国民的最低生活水平。

（3）社会福利。主要是为高龄者、儿童和残疾人等建设有关福利设施，提供有关福利服务，具体包括老人福利、残疾人福利、精神病患者福利、儿童福利、女子福利等。

（4）公共卫生与医疗保健。主要是为预防传染病等，向国民提供健康诊断和卫生检查等，具体包括中老年人保健、健康增进对策、疑难病传染病对策、保健所服务、完善医疗机制、增加医护人数、医疗药品生产、销售和保管方面的制度安排等。另外还有环境对策，主要是改善生活环境、防治公害和保护自然环境等。

10.2.2　日本社会保障资金的筹措方式

日本基本上是遵循被保险人、事业主、国家财政拨款“三者均等负担”的原则筹措社会保障费。其社会保障的财源主要来自被保险人的保险金，事业主即雇主为被保险人交纳的保险金，税收中用作中央和地方政府为社会保障提供的财政拨款以及积存金的运用收入和其他收入。从财源项目来看，与欧美发达国家差不多，但侧重却有所不同，英国、北欧国家主要靠税收，西欧大陆国家主要靠社会保险金，日本则介于二者之间；从保险金收入构成来看，欧美国家的事业主负担高于被保险人负担，尤其是德国、法国、意大利、瑞典和美国事业主的负担比较沉重，日本与欧美有相似之处，但其事业主与被保险人二者分担比率悬殊不大。

10.2.3　日本社会保障资金运营的特点

（1）政府机构直接管理。对于社会保障资金的管理，目前世界上主要有三种模式：一是通过资金会进行管理，二是通过资金管理公司进行管理，三是政府机构直接管理。在西方一些较发达的国家及一些拉丁美洲国家，多采用第一和第二种办法，而日本则采用第三种办法，即政府直接管理的模式。政府设立了厚生年金和国民年金特别会计，目的是加强对养老保险资金的统一管理。特别会计要将收支节余额作为积累金储备于大藏省的资金运用部。资金运用部将这部分积累金和邮政储蓄金、简保资金、产业投资特别会计、政府保险费等统一纳入国家财政投融资计划，作为公共资金贷给公团、公库、特殊会计、地方公共团体等，进行基础产业、基础设施、居民住宅和医疗、社会福利设施等方面的建设。

此外，政府还要将厚生年金和国民年金的部分积累作为特别返还资金贷给年金福利事业团。年金福利事业团作为独立的法人机构，再将这部分资金作为贷款，专门用于社会保障事业，如疗养设施、大规模的养老基地建设、投保者住宅建设、享受年金者的子女教育经费等。

另外，还有部分返还资金用于证券交易。年金福利事业团要把各方面的投资收益作为纳付金交给年金特别会计，作为特别会计的收入。

（2）安全型投资模式。目前世界上对社会保障投资可分为两大主要类型。第一类是获取高收益型，资产组合中不动产投资均在50%以上，股票投资居多；第二类则是资金安全型，资产组合中以定息资金为主，如政府公债、向社团贷款等，不动产投资比重较低，投资收益相对偏低。日本采用资金安全型方式运营社保资金。如前所述，日本政府通过年金特别会计的方式，将积累的社保资金主要用于公共团体贷款，使其投资于基础设施、居民福利等方面，造福于社会。尽管投资收益相对偏低，但却保证了资金的绝对安全，很好地体现了社保资金安全运营的原则。

(3) 机构分立，相互制约。日本的社会保险机构由立法、行政管理、执行、社保资金管理运营和保险资金监督等机构组成，它们各自分工，相互独立，但又相互制约，构成一个完整的运营体系。

(4) 社会保险的立法机构为参众两院。行政管理机构包括中央和地方两级，中央行政管理机构为厚生省和劳动省。厚生省负责年金和医疗保险，劳动省负责失业保险。厚生省的年金局负责年金的调查研究、预测、规划和调整等；厚生省的社会保险局负责健康保险的调查研究、预测和规划等方面的工作。地方行政管理机构为都道府县，其国民年金课负责有关年金的行政管理工作，并对所辖市村町进行指导；保险课负责健康保险的实施及指导、监督工作。执行机构也分中央和地方两级。地方执行机构为社会保险事务所，负责投保人加入健康保险和年金的资格认证、注册、档案记录和保险费收支手续等方面的工作。中央执行机构为社会保险业务中心，负责汇总、处理地方执行机构的投保人资料。中央和地方两级执行机构用计算机联网。保险资金的管理机构分布于全国各地的保险公司，负责保险费的收取和支出。为了搞好对医疗保费使用的监督，日本设立了专门的监督机构，即社会保险资金联合会。这个机构在世界上是独一无二的。社会保险资金联合会作为医院和保险公司的中介机构，主要职责是检查、监督医疗保险费的使用情况，防止过高医药费的发生。

10.3　欧洲典型国家社会保障资金的运营管理

在社会保障领域，资金或资金的管理与运作是一个核心问题。世界各国社会保障系统，从向受保人提供的津贴看，分为两大类：一是短期性津贴，如医疗、生育、失业、工伤四个险种；二是长期性津贴，如养老保险，包括职业年金(或私人年金、补充养老保险）在内。短期津贴制度在各国实行的都是现收现付管理模式，基本上没有大量资金结余。但是，提供长期津贴的养老保险，情况就颇为复杂了。固然大多数国家的基本养老保险至今仍坚持实行现收现付模式，但职业年金制度大多数实行的是完全积累制，还有一些国家的基本养老险实行的是完全资金制，或者是现收现付制与部分基金相结合的混合模式，这就产生了基金的管理和投资运营问题。所谓社会保障资金的管理与运作，主要指的就是养老保险资金的管理与运作。特别是自20世纪70年代以来，汹涌而至的人口老龄化浪潮，不断加剧现收现付养老保险制度的财务危机，一些国家连续发出资金短缺或制度破产的预言。为应对来自各方面的挑战，许多国家正通过立法，调整原有养老保险制度结构，改革资金管理机制，推行市场运作方式，探索建立适合本国需要的社会保障资金管理制度。

10.3.1　瑞典社会保障资金的运营管理

1. 瑞典的基本情况

瑞典是北欧发达国家，其社会保障体制是北欧“福利国家”模式的典型代表。该国从1901年开始实施工伤保险，经过不断补充完善，到20世纪60年代，建立起了比较完善的社会保障体系，提供了各类收入保障和医疗、住房等福利，涉及老年、残疾、儿童、妇女、贫困家庭等不同群体的保障项目几乎无所不包，被称为“从摇篮到坟墓”或“从胎儿到天堂”的社会保障制度。

瑞典的社会保险立法早，有一套完整的社会保障法律体系，而且因为及时地补充和修正立法，使得立法较完善，能够适应社会保障深化的需要。

1984年前，瑞典是由社保部门负责征收社会保险费。自1985年起，这一任务完全交由税务机关负责，一直都执行得很好。瑞典已经建立起了完善的社会保障管理体系，税务机关负责征收社会保险费，登记有关缴费信息；财政机关负责制订社会保险金预算，将资金拨到社保部门；社保部门负责将各种社会保险金发放到领取者手里。税务机关征收的社会保险费，按财政体制交由中央和各地分别通过财政预算用于社会保障事业。

20世纪70年代以来，瑞典国家社会保障系统建立了一个强大的电脑信息系统，全国社保系统共同使用，完全实现了信息共享。每个人的收入情况，多少人参加社会保险，多少人缴费，多少人领取到了养老金，以及年龄等信息，收缴部门和使用管理部门都能随时掌握，为科学管理奠定了良好的基础。

2. 瑞典社会福利国家模式的特点

瑞典以较高的税收为发达的社会福利国家筹措资金。高度的收入转移，广泛的公共服务主要由基层部门承担。它也是经济调节的一种特定的发展模式，有能力促进制度结构的变化。据介绍，瑞典的社会福利国家模式的特点可以概述如下：

(1) 以私有制和市场经济为基础。瑞典私有制经济占经济总额的85%以上，作为其社会保障制度的必要物质前提，市场经济作为有效的生产制度，在竞争性的产业部门，实行私有制为基础的市场经济。

(2) 强调国家的作用。一方面，实行高度的计划和调节，以便使基于开放市场经济的生产发展与基于强有力的公共部门的成长相协调；另一方面，强调公共部门在提供社会保障、社会福利、社会服务方面的作用。

(3) 强调技术发展的同时，强调产业结构转型的灵活性和劳动力流动的灵活性。

(4) 在调节平等和效率，平衡经济增长、社会发展和环境保护方面，存在着广泛的舆论基础。

3. 瑞典社保资金投资管理模式

瑞典的社会保险费由雇主、雇员和国家财政共同负担。瑞典的基本社会保险项目都采取了现收现付、代际支付的筹资模式。

(1) 基本养老保险资金的来源是基本养老保险缴费、国家财政拨款补贴、地方财政拨款补贴。

(2) 补充养老保险资金的来源是补充养老保险缴费、资金收入，国家财政和地方财政不承担费用补贴。

（3）失业保险资金的来源是失业保险缴费、政府失业津贴、企业缴费、资金收入。

（4）医疗保险资金的来源是医疗保险缴费、财政拨款、资金收入。

（5）工伤保险资金的来源是工伤保险缴费、资金收入和其他收入。

4. 瑞典社会保障制度的特点

位于北欧斯堪的纳维亚半岛上的瑞典以"高税费，高福利"而成为当今"福利型"社会保障制度的缩影。该国社会保障制度建立的比较早，社会保障的范围和内容十分广泛，涉及"从摇篮到坟墓"各个生命阶段的方方面面，是一种全方位的社会保障。同时，其财政支出和国民收入支出中用于社会保障方面的比重也很高。1994 年用于养老保险、疾病和残疾保险、家庭补贴及其他津贴的四项支出分别占国内生产总值的 10.1%、5.7%、3.5%和 1.1%，总计占当年国民生产总值的 20.4%。"高税费，高福利"的社会保障体系之所以长期以来有效地运行，与其很高程度的社会保障法制化是分不开的。政府通过法制和行政管理等方式来确定社会保障的支出以及相关政策，管理以法律法规为依据，使依法行政贯穿于社会保障计划的执行与解决纠纷和问题的全过程。纵观瑞典社会保障制度的运行过程，可以得出以下特点：

（1）覆盖面宽，涉及的内容广泛，而且保障的水平很高。按照瑞典的法律规定，凡是工作和居住在瑞典的每一个居民，无论其国籍如何，都可以享受社会保障的保护。其社会保障内容广泛，涉及生命过程中的各个阶段，是一种"从摇篮到坟墓"式的全方位的社会保障。其支付的费用主要集中在养老金、医疗和福利方面，而每一方面内又有许多项目规定，几乎做到了"事无巨细，全面覆盖"的程度。

（2）主要采取现收现付制。国民基本保险以及由政府支付的补充保障项目基本上采取的都是现收现付制。这一制度的实质是以收定支，基本上不留积累。

（3）社会保障体系以人为本。瑞典的社会保障项目无不体现着"人情味儿"。从怀孕补贴、残疾补贴，到子女受教育补贴、遗属补贴，甚至到照顾补贴和疾病携带者补贴，无不体现着以人为本的原则。

（4）社会保障的支出主体是政府。瑞典的社会保障事务统一由国家社会保障委员会进行管理，而且各级地方政府也都成立了专门的社会保障管理机构，形成了一个从中央到地方的专门网络。在费用支出方面，国家政府主要负责基本保险，而地方当局政府主要负担服务保障支出。

（5）雇主和自雇者是社会保障费缴纳的主体。瑞典的基本保障项目和补充保障项目投保的保费主要由雇主承担，而雇员基本上不缴纳保费。

（6）社会保障体制主要体现出福利性。在瑞典，由社会保障机构提供给人们的保障水平与全社会的收入水平有关，与个人贡献的大小关系不是很大，受保人所享受的福利基本上相同。

5. 瑞典社会保障制度对发展中国家的启示

瑞典七十多年的社会保障制度的运行总的来说是比较成功的，它不仅是"高税费、高福利"型社会保障制度的典型，成为发达国家效仿的楷模，而且也为发展中国家建立和完善社会保障制度提供了很好的启示：

(1) 社会保障制度的建立为整个社会政治、经济的正常运行安装了“安全阀”。因此，发展中国家应该在经济和政治条件成熟时，适时地建立起具有本国特点的社会保障制度。国家应该制定相应的法律法规，对国民收入实行合理的再分配，缩小不同阶层之间的贫富差距。

(2) 发展中国家所建立的社会保障制度必须与其国情相适应，切不可全盘照搬发达国家的模式，要“取其精华，去其糟粕”。目前，世界上主要的社会保障类型各有其自身的特点，各个国家必须从自己的国情出发，真正地找到一个适合本国的保障制度。

(3) 由于发展中国家的经济增长远不如瑞典等发达国家，因此，发展中国家在确定本国的保障水平时一定要适度，否则高额的公共开支将拥占大量的经济发展资金，使投资率下降，生产率也将随之下降，从而导致居民收入降低，储蓄率下降，最终伤及整个国家的经济发展，削弱其国际市场上的综合竞争能力。

(4) 瑞典等一些国家所实行的现收现付制，是以收定支，在一定程度上有利于克服通货膨胀的影响，但是它也存在着一定的局限性。首先，表现在所缴税率不断上升。其次，现收现付制也将增加政府和社会的负担。由于税率的提高空间是有限的，它在财政上是一个很大的潜在危机，即当政府收不抵支时，唯有增税，这反过来对政府和社会又造成巨大的负担。再次，现收现付制缺乏稳定性。当年轻人多缴税后，待到退休时，必然要享受较高水平的福利，以补偿过去的高税率，这样运行的结果必将是恶性循环。最后，现收现付制对后代存在着不公平，即使惠及的只是现在的老人，负担和风险却落在了年轻人的身上。现收现付制既然存在许多弊端，那么发展中国家就应该扬长避短，尽量减少社会保障制度运转过程中的棘手问题。

(5) 社会保障的项目和覆盖面的界定要有科学性和实际性。由于社会保障的“安全阀”作用，它必将起到稳定社会、安抚民心的作用，但是它应该首先起到保护和激励相统一的作用。发展中国家的社会保障应该以保护人们的生存权为主，在此基础上逐渐扩大福利内容和程度。在保障水平的确定上应该十分谨慎，因为社会保障水平过高，一方面会造成财政上的巨大负担，另一方面也会导致“养懒人”这种负面现象的产生；社会保障水平过低，对保障人们的基本生存权起不到积极作用，无法解决人们的后顾之忧，不利于社会安定，从而将影响人们的生产积极性，从长远来看不利于整个国民经济的发展。

(6) 建立多层次的社会保障体系，健全各级社会保障管理机构，使国家、企业、个人三者都参与到社会保障制度的运行中来。这样既可以减轻国家的压力，同时也可以增强人们的社会使命感和责任感。

(7) 发展中国家在实施社会保障制度时，必须建立和健全保障监督和约束机制。社会保障是道德风险较大的保障，一旦缺乏约束，必将导致保障费用支出过高的结果。像那种“开豪华车，进豪华公共场所，领取最低生活保障补助”的也不乏其人。因此，必要的监督和约束有利于控制社会保障的非正常性支出。

10.3.2　德国社会保障资金的运营管理

1. 德国社会保险资金管理模式概况

德国的社会保险资金管理模式是行业自治模式，这是德国社会保障管理体制中最具特色的一点。行业自治管理本质上是从经济利益和经济权利两方面构成社会保障资金的两大平衡系统，使劳资双方形成合理稳定的社会伙伴关系，有效防止了政府在社保障资金管理方面的直接干预。此外，德国社保资金的筹集模式是现收现付模式，也就是用正在工作的一代人的缴费支付已经退休的一代人的社保费用。它是一种以短期横向平衡为原则的资金筹集模式，其运行模式是“以支定收，收支平衡，略有结余”。

(1) 德国社会保险资金管理的主体

德国社会保险资金的管理主体是独立的社会保险管理机构，即保险管理公司。具体规定为：

① 首先由雇主向职员参加的社会医疗保险公司缴费，再由社会医疗保险公司根据社会保险资金的分类，转交给其他保险的社会保险公司，并由联邦劳动就业部门支付医疗保险公司的管理费用。

② 在管理主体方面实行社会化管理原则。目前德国有290个这样的公司负责管理社会保险业务和保险资金，保险业务涉及养老、医疗、失业、工伤和生育等各个方面。

(2) 德国社会保险资金管理的方式

德国将社会保险资金分散在不同的社会保险机构，具体工作由保险管理公司进行自主管理，各个保险公司在组织结构和财务运行方面都是独立的实体。在承办社会保险事务的保险机构中，设立由参保人代表、雇主协会代表组成的代表大会与董事会共同负责管理相关的社会保险事务，社保资金收支政策均由代表大会和董事会共同决定，工作人员由公司董事会在代表中选举产生。

(3) 德国社会保险资金管理的运营模式

① 德国社会保险资金的缴费来源渠道多样，不同的社会保险类别有不同的资金来源渠道。主要的社会保险资金是来源于和收入相关联的社会保险税，每位投保职员及其雇主都要根据一定费用的比例缴纳社会保险税费，如果资金不足则由联邦政府提供财政补贴(目前的补贴费用大约占总体税收的1/4左右)。养老保险资金、医疗保险资金、失业保险资金主要来源于社会保险税收入，工伤事故保险资金则主要来源于雇主的工资税收入。

② 德国社会保障资金的支出以养老保险、医疗保险、工伤保险、失业保险等项目为主，共占社会保险资金总支出的80%以上。具体来说，德国的社会养老保险资金从退休之日(目前的男女退休年龄均为65岁)开始领取，支付标准为原薪金的75%，领取全额养老金的缴费年限最少在35年以上。德国的法定医疗保险具有一人投保、全家受益的特点，开支费用主要包括取药、看病、住院手术、病后疗养、轮椅费用等。

③ 德国社保资金管理以行业自治为主要运营模式，每个行业都可以自愿成立社会保险机构，负责行业内的社会保险事务，同时实行自治管理。德国没有制定统一的社会保险资金管理的政策，也没有建立全国统一的社会保险机构，社会保险资金由不同的社会保险经办机构进行管理，并通过其内部组织来运作。

2. 德国社会保险资金管理模式对我国的启示

(1) 继续完善社保经办机构的内部管理制度。德国各项社保资金的支出程序严密，资金支出必须有两个人签字把关，每天有审核，每段有检查，每年还有随机抽查。此外，德国社保资金还实现了高度的计算机管理，只有完成计算机设定的所有程序，才能通过审核。这些规范的工作流程和严格的内控机制保证了社保资金的安全。我国社保经办机构内部虽然也制定有规章制度和工作流程，明确禁止挤占、挪用社保资金，但没有建立明确的监督机制与制约机制，使得实际运行中总有违法违规操作的事件发生。这一方面是因为制度上还不够严密，存在漏洞，缺乏监督与制约机制；另一方面则是由于现有规定的刚性不强，管理人员的法律意识淡漠，一些个人和单位钻法律的空子，损害广大投保人的利益。因此，我国必须要进一步细化社保资金管理的程序性规则，使制度更加完善、严密，让违法犯罪分子无隙可钻。此外，还要强化对社保资金管理人员的法制教育，增强其执行制度的自觉性，同时加大对违法违规案件的查处力度，通过综合治理，建立起一整套严谨规范的内部管理机制。

(2) 社会保障资金管理要以政府为主导，鼓励多方参与。德国的社会保险制度具有一定的独立性，社保资金的管理以行业为基础，强调行业内部的自我管理和自我平衡，因此，社会保险资金与政府保持了一定的距离。近年来，欧洲发生了多起围绕社会保障制度改革的风波，究其主要原因，是因为经济社会的不断发展使各个行业开始不断地调整本行业的社会保险待遇水平，因此增加了社会保险资金的支出压力。而政府为了保证经济社会发展能有一个稳定的环境，只能向强大的行业工会让步，由政府出资来弥补社会保险资金的缺口，从而加重了政府的财政负担。我国社会保险资金管理制度从建立之初就主要以政府为主导，在制度的设计、实施、管理和改革等方面，政府都发挥了重要的作用，但是无疑也加重了政府的负担。因此，在管理过程中就要避免这种状况，社会保险资金管理机构应当合理分配国家、企业和个人三者的责任。对于个人，相关机构要进行大力宣传教育，鼓励和引导更多的参保人员缴纳社会保险费，实现社会保险的广覆盖目标；对于政府，则应加大公共财政对社会保障的投入，不断提高我国社会保障的水平，最低实现保基本的目标；对于企业，既要加强它们的投保意识，又不能使它们负担过重，挫伤它们的积极性，实现社会保障可持续的发展目标。

(3) 建立科学合理的社会保险资金管理体制。德国的社会保险管理机构作为独立的社团法人，实行自治管理，董事会和行政管理委员负责其具体工作，同时通过强化雇员的权利，调动其积极性，加深雇员对社保资金管理的参与程度，促使其监督社保资金管理的意识不断增加，在一定程度上保证了参保人员的利益不受非法损害。德国社会保险管理机构的独立性还体现在政府不能对社保资金进行干预，其财务状况和组织结构都是独立的，具有公共法人的地位。相比较而言，我国的社保资金管理机构缺乏统一性和独立性，导致其权利和责任不清晰，社保资金的管理较为混乱，使得一些单位和个人有隙可乘，损害了参保人员的利益。我们认为，各级政府应当重视我国社保资金管理"碎片化"的现象，不断提高统筹层次，统一缴费与待遇支付标准，在统一的制度框架内，减少行政权对社保资金管理的不当干预，严禁"批条子"挤占挪用社保资金的现象发生，为未来政府统一社保资金管理制度扫清障碍，确保社保资金管理沿着法治化轨道健康有序地向前发展。

10.3.3 瑞士社会保障资金的运营管理

1. 瑞士社会保障管理方式概述

瑞士的社会保障制度建立在由国家、企业和个人共同负担、互为补充的三大支柱模式上。长期以来，这种制度以其健全、完善和覆盖面广的特点成为瑞士社会稳定的重要保障。但是近年来，随着瑞士人口出生率降低、老龄化趋势不断加剧，社会保险资金短缺问题日益引起人们的关注。下面，以社会保险制度中的养老保险制度为例进行简要的介绍。

瑞士养老保险制度由国家(联邦养老和生存保险)、企业(资本化的职业养老保险)和个人(个人养老储蓄)三个部分组成。瑞士对社会保障的管理方式是属于半官方的自治管理方式。

联邦养老与生存保险的管理主要由政府主导，它不具备资本化的性质，政府负责对资金的管理与运营。

职业养老资金通过运营进行投资盈利。据联邦社会保险局统计的数字，职业养老资金目前大约拥有4736亿瑞士法郎，而且以后还将会以较快的速度增长。各种资金与保险公司负责对职业养老资金的运营，因此对资本化的职业养老金的投资生息与监管是整个养老保险体系管理的重点。在瑞士，管理机构的分工与合作以及权责界限分明，使得瑞士养老保险制度运作既具安全性，又具高效率。例如联邦政府与地方政府分担保险费的职责与比例，保险养老资金投资何种领域，国内外各类资本市场的投放比例等，完全是一种制度化的安排。政府各部门之间也严格按照各自的职责来承担责任。

在瑞士，职业养老资金无论由员工所在公司还是保险公司(瑞士目前有15000家保险公司负责养老资金的管理)来管理，都必须独立运作，以防止滥用资金。这些资金将被存入个人账户，而且必须保证至少能获得4%的利率。瑞士的这种保障最低收益保证制度的设计与其他国家有所不同，它分为国家和雇主机构二层。首先由雇主机构保证4%的固定收益率，如果在一个财政年度内雇主机构委托给资金管理公司管理的养老资金回报没有达到该最低保证收益率，雇主机构需根据养老金计划成员工资总额为基数额外增加缴费，用这部分额外缴费弥补养老资金距离4%收益率的差额。其次，国家设立“中央保证资金”作为第二层储备，资金来源于各“积累制”养老金计划中的养老资金的缴费及投资收益。各“积累制”养老金计划按照本计划中雇员工薪收入在规定缴费区间的工资总额，向“中央保证资金”缴纳0.04%的费用。如果雇主机构的资产不足以弥补差额，开始动用“中央保证资金”资产来弥补。如果职业养老资金的利润高于4%，经过严格审批后资金管理人员可对剩余职业养老资金款项做出其他投资方向的决定。

瑞士养老资金还同时受到联邦政府的监督。如果一个养老资金只在一个州活动，那么所在的州就负责对它的监督，如果活动范围涉及两个以上或更多的州，那么联邦社会保险局就是它的监督机构。为确保养老保险资金在投资时的效益，需考虑安全性和支付能力等因素，各个养老保险资金组织之间还有一个行会平衡与监督机制。

2. 瑞士社会保障资金管理方式的优缺点

(1) 优点。管理机构的分工与合作以及权责界限分明，使得瑞士养老保险制度运作既具安全性，又具高效率。这种管理机制在实践中实现了两个目标：一是可以避免因权力过分集中导致在保险资金收缴、营运与发放过程中出现流失或其他腐败现象的发生，从而保证了养老保险资金整个运作过程的安全性；二是由于分工的业务针对性强，各方相对容易熟悉，从而加强了工作过程中的条理性和有序性，使得工作效率有明显提高。

瑞士虽然没有要求雇主单位或资金管理公司建立专门的储备资金来保证养老资金的最低收益率，但因为它同样明确了承担责任的主体，所以瑞士养老资金“最低收益保证”制度运转得非常顺利。同时，瑞士的企业和金融机构都非常注重自身的商业声誉，当养老资金的收益率没有达到4%这一最低收益率时，绝大多数雇主机构都非常自觉和主动地予以弥补，至今尚未发现蓄意违反最低收益保证制度的事件。

（2）缺点。由于瑞士的职业养老保险模式的行业性特征，往往各行各业间的差别很大，呈现出区域性的特点。另外因为行业性特性的存在，国内范围的劳动力流动不太容易，转移接续很麻烦，即社保制度的便携性很差，对欧洲一体化进程来说就更是一个障碍。

社会养老的第一支柱替代率水平较高，而企业年金作为第二支柱不发达，由于人口寿命预期不断提高，养老成本的支付水平一直呈现出不断高于收入的趋势。这就是人们常说的收不抵支。

3. 对中国的借鉴意义

（1）改造城镇的基本社保制度，使之具有覆盖其他群体的“张力”。当然我们要把社会保障的服务群体容纳进农民工以及农民。我们知道因为瑞士的行业性的社会保障制度，造成了社会保障呈现出了行业性的区别与不公。我们不能步欧洲碎片化制度的后尘，对农民工与农民另加规定，剥夺他们公平参加社会保障并享受同等服务的权利。这个问题已经非常尖锐地摆在面前，我们再也不能让农民工等弱势群体继续徘徊在社保大门之外。

（2）社保资金管理与经营急需改革。社会统筹资金由于统筹层次太低存在着巨大的潜在风险。目前除个别几个省以外，绝大部分是县市级统筹。地方统筹时时刻刻存在着道德风险，违规挪用、利益输送和滋生腐败将难以避免。上海社保案告诉人们，社会统筹资金管理需要尽快完善治理结构，建立起一个防止腐败的防火墙。在瑞士，职业养老资金无论由员工所在公司还是保险公司来管理，管理机构的分工与合作以及权责界限分明，而且都必须独立运作，以防止滥用资金。我国一个独立运作并受到监督的社保资金管理机构有待建立，一个有效率的投资渠道和管理体系有待建立。现在的规定是只能购买国债和银行协议存款，这样并不有利于资金的运营及升值，对比与瑞士的运营模式，既有社会企业给予运营，另外企业又给予保障，这样可以基本控制资金的运营风险，值得借鉴。

10.4　新加坡与智利社会保障资金的运营管理

10.4.1　新加坡社会保障资金的运营管理

新加坡位于马来半岛南端、航运要道马六甲海峡的出口，总面积 626.4 平方公里，城市面积占绝大部分，因此人称“城市国家”。新加坡经济发达，新加坡国内生产总值 GDP3700.645 亿新加坡元，人均 GDP 为 54776 美元。新加坡除了经济上的成就为世人瞩目外，其社会保障体系也颇有特色，该国实施的中央公积金制度是世界上为数不多的不具备再分配功能的养老金计划模式。建立这一制度的初衷是为解决非公务员养老金问题而设立的，是政府通过立法强制雇员储蓄自保、雇主协保、政府管理相结合的制度。随着经济与社会的发展，公积金的用途已扩大到住房、交通、保健、投资和教育等多方面，今天，公积金制度已发展成新加坡全民社会保障制度。半个世纪以来的发展证明，新加坡的社会保障制度是一个成功的典范，取得了举世瞩目的成就。它不仅使新加坡在较短的时间内解决了人民“老有所养、病有所医、居者有其屋”的三大难题，而且又促进了新加坡经济的快速增长。研究新加坡社会保障制度，对于促进当前我国社会保障制度的改革具有重要的借鉴价值和现实意义。

1. 中央公积金管理体制

新加坡中央公积金制度实行全国统一管理，具体由新加坡劳工部下属的中央公积金局(Central Provident Fund Board，CPFB)来负责。作为统一管理中央公积金制度的权威机构，中央公积金局实行董事会领导下的总经理负责制，依法独立开展工作。董事会成员由劳工部部长提名、在得到总理的同意后任命，任期一般不超过3年。目前，现任董事会由主席、副主席和其他13名成员组成：包括2名政府官员、2名雇主代表、2名雇员代表和7名专家。中央公积金局虽然隶属于劳工部，但是，其性质是半官方的独立机构，其他部门不能干预其日常运作。同时，还建立了专门的资金收缴、投资和发放系统，独立于政府财政预算之外，以避免公积金被政府部门挪用或贪污。中央公积金账户须始终保持透明，每年都要经过国家审计局审计并对外公开。

2. 中央公积金筹集与发放

新加坡中央公积金制度实行会员制，即所有受雇的新加坡公民和永久居民都是中央公积金局的会员，无论是雇主还是雇员都必须按雇员月工资收入的一定比例向中央公积金局缴纳公积金，连同每月应得利息，一并记入每个公积金会员的个人账户，专户专储。

中央公积金缴费率并不是一成不变的，而是根据国家经济发展情况不断予以调整，并且与雇员个人年龄相关，年轻时多缴纳，逐步递减，退休前后大幅降低。

根据《中央公积金法令》，55岁以下的会员拥有的个人账户分为三个部分：一是普通账户，可用于购置政府组屋、支付获准情况下的投资、保险和教育支出以及转拨款项填补父母或配偶的退休账户；二是医疗储蓄账户，主要用于支付本人及直系亲属住院医疗费用；三是专门账户，只限于养老和特殊情况下的应急支出，还可以投资于退休关联的金融产品，一般在退休前不能动用。会员年满55岁时，普通账户和专门账户向退休账户转换。此时，会员的个人账户由两个账户组成：退休账户和医疗储蓄账户。会员可以在保留一笔最低存款在退休账户以备晚年生活之需后，提出部分公积金存款。会员如果终身残疾或永久离开新加坡，可以提前提取公积金存款。如果会员在规定年龄前不幸逝世，那么，他的公积金存款可移交指定受益人继承。中央公积金存款的发放没有统一的标准，完全根据会员个人在公积金个人账户上存款和投资收益的数量来确定。

3. 新加坡中央公积金制度主要保障功能及作用

(1) 养老保障功能。中央公积金最主要的功能是养老，新加坡实现了养老保险的社会化。据1984年的资料，新加坡的养老保险就已经覆盖了97. 3%的劳动者，基本上做到了老有所养；养老保险资金的积累十分丰厚。除了完全丧失工作能力和永久离开新加坡、马来西亚两种人可以提前支取公积金外，其他所有人凡年满55岁的会员，可在保留33800新元作为基本储蓄后，可用个人普遍户头和特别户头的余额向人寿保险购买年金，或存入经公积金局推荐的银行，或继续存在公积金局，中央公积金局用积累的养老保险资金鼓励人们投资或购买国家债券。

(2) 医疗保障功能。中央公积金中的保健储蓄账户存款限额为19 000元，超过这个限额就会自动转入普通账户内。这个账户主要用于支付个人或家人的住院费用，包括：病房费、医生费、外科手术费、各种治疗检查费等。但这些只能满足新加坡人的基本医疗费用支出，因此在1990年和1994年又分别开始实行了健保双全计划和增值健保双全计划。凡是

75 岁以内的公积金会员，都可根据年龄不同通过保健储蓄账户支付保费而参加这两种保险，这样就可获得不同住院医疗的待遇，以满足治疗大病的需要，如果住院费用超过医疗储蓄账户存款，不足部分用现金支付。为了保证退休者有一定的资金支付医疗费用，新加坡政府规定雇员在 55 岁退休时，其医疗储蓄账户中必须保留 14 000 新币的存款。

(3) 购买住房功能。中央公积金的一大创新就是购买住房计划。新加坡政府在 20 世纪 60 年代就提出了“居者有其屋”的口号。住房问题的解决不是通过财政拨款，而是通过利用积累的养老保险资金。政府通过发行债券向中央公积金筹措建屋资金，在短时间内建设起一大批廉价公屋。之后，由于养老金运营情况良好，资金年年收大于支，所以政府又规定可以让每个没有达到退休年龄的雇员提前支取“个人养老账户”的部分资金，一次或贷款购买公屋和私人住宅产业，并包括支付由建屋发展局组织的住房翻新计划。如今新加坡 92%的居民搬进了政府兴建的公共住宅，并拥有私人产权。

(4) 教育保障功能。新加坡已普及中小学免费教育，大学收费也不高。中央公积金会员可将普通户头的资金“借”给子女，付其接受高等教育所需费用，子女学成就业后，需归还所“借”资金。

(5) 购买或投资非住宅产业。如购买商店、办公室、工厂等；购买信托股票、债券股票和用于信托资金等；还可用于购买巴士服务公司的股票，不仅可分红利，还可享受特价乘车证。

4. 新加坡中央公积金制度对国家经济发展的作用

(1) 公积金制度是新加坡政府一些重大经济政策的补充，对经济发展起到了重要作用。20 世纪 70 年代到 80 年代初，新加坡经济迅速发展，工资不断提高，通过公积金缴费率把一部分消费资金转化为积累资金，从而有效地控制了通货膨胀；而在经济建设不景气时，又通过降低雇主的缴费率，使经济很快得以恢复。公积金制度是调整社会消费和积累比例的有效手段，能够促进国家经济发展，是政府一些重大经济政策的补充。

(2) 雄厚的经济实力为社会保障制度奠定了基础。中央公积金计划在动员新加坡居民储蓄方面是非常成功的。新加坡居民通过购买政府债券，为国家经济建设提供了大量资金，政府利用这笔长期可靠的、源源不断的资金基本完成了住宅、道路、机场、港口等基础设施的建设。从 20 世纪 80 年代起，政府又用这笔钱向海外投资，使经济得到了迅速的发展，经济发展了，雇员的工资又进一步的提高，使养老保险的资金更加丰厚。雄厚的经济实力为社会保障制度奠定了基础，实现了经济建设和养老保险事业的良性循环。

5. 新加坡社会保障制度对我国的借鉴和启示

(1) 立足我国国情，建立社会统筹与个人账户相结合的养老保险制度。当前，我国社会保障制度改革正处于关键的时期，有人主张我国也同新加坡一样采用完全积累的筹资模式，以便解决社会保障资金不足和人口老龄化问题。一国采取何种保障模式，立足点是国情。我国的国情与新加坡相比有许多不同点，我国国家大，人口多，经济不发达，由于城乡二元结构，在养老问题上负担较重，既要考虑城市中已经离退休的人员、即将离退休人员和在职人员的养老问题，又要考虑农村养老问题，情况比较复杂，资金需求量很大。实行完全积累的筹资模式，则现代人除了要为自己养老而储蓄性缴费之外，还要承担上一代人的现时养老费用，这样对现代人来说是不公平的。而新加坡是一个城市国家，面积小，人口少，经济发达，科学文化素质较高，这是养老保险事业取得成功的一个重要条件。因此，我国不能模仿新加坡模式，但是在改革现行养老保险制度时，应该吸收新加坡个人账户激励作用的优点，增强个人养老保险意识，推行适合我国国情的社会统筹与个人账户相结合的养老保险制度是比较现实的选择。

(2) 借鉴新加坡社会保障立法，促进我国社会保障法制化建设。社会保障是国家和社会依法对社会成员基本生活予以保障的社会安全制度。对于公民来说，享受社会保障是其基本权利；就国家而言，为公民提供社会保障是其应尽的义务。因此，如何用法律的形式，将这种权利与义务加以规范和制约，就显得极为重要。在新加坡，中央公积金制度的建立是以《中央公积金法》制定为先导的，在法制化的层面保护公积金会员的合法权益，规范管理、使用公积金储蓄行为。在我国，目前社会保障立法滞后，与社会主义市场经济对社会保障事业发展的要求不甚适应。因此，必须通过立法形式建立完备的社会保障制度，保障公民的社会保障权益，如在就业、接受教育、基本生活保障等方面的权益，同时，公民和企业，以及有关组织也须依法交纳社会保障金。

(3) 加强社会保障资金投资管理。新加坡对资金运用所持的审慎态度与成功的做法还给我们以下启发与借鉴：一是通过制定一些合理运用资金的投资计划，引导公积金会员进行投资以取得较高的收益，同时政府规定资金结余用于购买国家债券；二是完善的法律体系，辅以严格的监管办法和严厉的处罚规定。过去我国的社会保障资金在筹集和使用等环节上存在很多漏洞，如少报瞒报缴费基数而少缴资金、冒领养老金、骗取医疗保险资金，挤占、挪用甚至浪费现象在少数地区依然存在。这种现象如不从根本上制止，我国的社会保障制度在不远的将来会面临信任危机。在对待社会保障资金投资管理方面，我们应借鉴新加坡经验，在理顺社会保障资金管理体制的基础上，充分有效地利用社会保障资金。一方面要严格执行社会保障资金结余主要用于购买国债的基本政策；另一方面要研究和探索在严格管理的基础上将少部分社会保障资金(主要是养老保险资金)，有计划地投资于国家重点建设项目，在支持国家经济建设发展的同时，也取得较高的回报率。

10.4.2 智利社会保障资金的运营管理

智利自 20 世纪 80 年代以来对传统的社会保障制度进行了改革，其特点是引进了私营部门对社会保险的参与和管理，因而在世界上独树一帜，为世界各国研究社会保障者所关注，并将其作为一个重点研究的类型。其社会保障的核心是养老保险制度的改革，其主要内容是将私营部门直接引入社会保障管理机制中，并使其充当了重要角色。

现行智利养老保险制度将原来的现收现付改为个人账户，由雇员选择一家养老资金管理公司并缴费，公司为其设立个人账户，并负责将账户积累的资金投放于资本市场以保值增值，退休时以其积累额决定领取额度。个人账户积累资金的用途还可作为申请住房贷款的担保或提现，并规定养老金支付的三种方法：一是按计划领取；二是领取终身年金；三是领取临时提款外加终身年金。除个人账户外，养老保险由私营机构直接参与管理和运营是智利模式的最大特点。养老金管理公司、投资运营范围和监管措施都有专门立法来确保实施，政府承担最后风险。

1. 智利模式

智利模式是一种私营竞争型资金管理模式，即由私营的资金管理机构运用市场管理机制管理社会保险资金，同时接受政府的监管。私营竞争型管理可以通过市场竞争带来效益。一般意义上私营的资金管理机构能使投资决策有经济原因而非政治原因作出，从而产生最佳的资金配置和最高的投资收益，并有助于发展金融市场。当然市场管理也使竞争更加复杂，管理成本增大，同时分散化的私营投资管理使经济规模效应消失。此外，社会保险计划的参加者有时不能够做出有远见的投资选择，从而给未来带来更大的不确定性。另外，社会保险资金管理的效能在很大程度上取决于管理成本在其他因素不变的情况下高成本意味着待遇的降低或缴费的提高，但是管理成本因各国国情差异和制度差异等很难精确测算。私营竞争的管理成本很高，但效率也高。

在考察智利模式并从正反两面进行评价的同时，我们还应注意到其模式只限于养老保险领域，它虽然是社会保障体系的主要开支项目，但并不能等同于整个制度，因为在社会救助等领域仍然由政府直接提供保障。在养老领域政府也并非完全放任，而是从立法与监管上尽到自己责任。需要强调的是，任何一种社会保障模式至少需要经过 40 年的实践才能验证其是否具有可持与发展的潜力，而智利模式显然还过于年轻。

2. 智利模式对我国的借鉴意义和启示

我国社会保障制度自新中国成立以来发展历程大致经历两个阶段，前 30 多年是典型的国家——单位保障制，近 20 年则是处于向国家——社会保障制演变的转型阶段。而转型的艰难性在于它不仅需要对国家企业个人之间利益做出新的重大调整，同时也需要对不同社会群体(在西方国家表现为利益集团)的利益进行重新调整。不仅是个别项目调整，也是对整个制度进行重大变动。可以说中国所面对的是一项前所未有的事业，也是世界各国所没有经历过的事情，因此从在制定一项新的保障资金管理制度时必须从建制理念和价值取向、适应性、有效性、可持续性四方面对制度进行评估。下面简要以智利模式从上述四个方面说明其对中国社会保障资金管理制度的启示：

(1) 智利模式建制理念和价值取向的是在军政府发动政变并实行专制政权的政治社会背景下，通过私营化削弱政府职能，分解社会，排除有组织的抵抗建立。

(2) 社会保障模式的优劣评判并非依据制度本身而是取决于制度安排的时代适应性与国情适应性，智利似乎很轻易地改变了原有制度发展轨迹。姑且不论这种模式是否符合社会历史发展潮流，但显然在当时的环境下它的实施是适应的。

(3) 秘鲁、哥伦比亚、阿根廷、乌拉圭、墨西哥、玻利维亚、萨尔瓦多、委内瑞拉等多国仿效智利模式建立或改革了各自国家的养老保险制度，足以从制度结构的合理性、制度运行的规范性、保障需求的满足程度等方面证明其制度的有效性。

(4) 如果说智利当时实行养老私营化改革是基于政治需要，那么 20 年的实践后其依旧稳定延续，则表明了这种模式的稳定可靠。

现代社会下，改革社会保障制度已经成为一种世界潮流。它的背景是时代在发展变化，而各种传统的社会保障模式也确实存在一些不能令人满意的地方。因此修订原有社会保障制度，调整以往社会保障结构，进一步增强对社会保障的调控能力，努力实现社会保障与整个社会经济长期稳定协调发展是包括中国在内的许多国家正在或者准备进行的重要工作。而个人责任的回归，市场机制的适度引入将成为新的发展趋势，政府的主导责任从根本上不会发生变化。

中国国土面积辽阔，人口众多，老龄化问题严重，农村城市人口比例不协调；城乡二元经济结构明显；东西部、南北方地区差异较大。养老保险覆盖范围广、参与人数多，社会保险资金总数庞大，数以亿计参保者的退休生活保障寄托于此。因此人口城乡地区间差异、传统价值观念、历史文化和曾惠及亿万国民的原有制度路径依赖的制约决定了我国不能像智利一样实行养老保险私有化，所谓“船大难掉头”，一个不慎后果不堪设想，所以制定社会保障资金管理的运营模式的决策时必须慎之又慎。

综上所述，从我国目前建立社会保险制度所获得的经验以及需要努力的方向来看，智利模式并非我们的榜样，其中最重要的是我们不具备私人经营机构的条件，而且私营化带来的弊端是我们所不能回避和忽视的，“把工人移交给私人保险组织负责的人和做法都是危险的。这样会扩大不公平，收入高的以增加保障，而收入低的工人(他们通常会遭到更多的风险)承担的风险增加。后者更需要公共资金计划的帮助。20 世纪 80 年代社会政策并不意味着要把向来被认为政府基本责任的服务社会化。因此，中国虽难以做到社会保险运营的私营化，但智利社会保险运作注重效率和投资最大化，则是我国社会保险资金运营自始至终应当坚持和追求的。

本章小结

本章主要简述了美国、日本、新加坡、智利、欧洲等国的社会保障资金运营管理的方法、来源、筹措方式、经验和对发展中国家的启示。我们可以根据这些发达国家的经验，找出自己的不足，来思考如何发展我国的社会保障资金运营管理方式，使人民生活更加幸福安康，经济发展更加平稳，社会更加和谐，增强我国的国际地位。

案例分析

英、美、日、智利社会保障制度改革比较研究

福利国家中的典型代表英国、美国、日本，非福利国家的特色代表智利，都在不断进行社会保障制度的改革。改革的共同趋势表现为调整政府和市场的比例，转变政府职能，在保持政府控制权的前提下，实现社保的“市场化”或“私有化”。中国应该借鉴国际经验，以养老、医疗为重心，建立高效率、市场化的社会保障资金管理机制，推进社保事业的发展。

世界各国的社会保障制度尽管呈现众多的差异性，但是共性也是不容忽视的，尤其是在经济日益全球化的今天。探索一些有代表性的国家在社会保障制度上的改革动因及其共同趋势，对正处于社会保障制度改革发展阶段的中国有积极借鉴意义。现选取分别处于福利国家中、低层次的美国、英国和日本，以及非福利国家的特色代表智利，进行比较分析，以探寻它们的改革动向、促使改革进行的内因及外因。

1. 四国之社会保障制度改革

· 美国

美国的社会保障制度将补救模式和机制模式区分管理。补救性的社会援助计划专门用于救助贫困人口，并支付退休人员的基本医疗保障。机制性的社会保障主要用于解决基本养老问题，通过统一税收而不是社会保险来实行现收现付的代际再分配。相对于欧洲福利

国家，美国无论是社会援助计划，还是社会保障的给付都控制在低水平，这与美国控制政府规模的传统观念相符。在政府不愿意直接干涉的附加养老和医疗保险等领域里，美国政府制定了财政免税政策，鼓励企业和个人通过市场为使老年生活更宽裕而积累资金。20世纪90年代以来，美国社会保障呈现出三大危机：一是医疗费用不断上涨，加重了社会福利保障赤字带来寅吃卯粮的财源危机；二是社会福利的某些不当保障，加剧了家庭关系的维系危机；三是老龄化趋势的发展，导致社会福利老年退休金保障的支付危机。为缓解各种矛盾和危机，小布什政府实施的改革措施主要包括：为缓解老龄化带来的冲击，政府已经通过法律逐步适当延长法定退休年龄；主张社会保障受益人用公司和个人所缴纳的部分社保税建立个人投资账户，投资证券市场，自负盈亏；对退休人员现行的社会福利不做担保，逐步减少政府对养老退休金的负担，更多地由私人承担。这种政策实际上继承了里根的藏富于民，增加和扩大私人投资和消费，拉动经济增长的主张。美国布什当政时期期望将提出的改革方案在今年夏季前投票表决成为正式法律，把雇员交纳的2%的社保税转移到个人控制的“个人投资资金账户”。原来交纳的其余4.2%和雇主负担的那部分社保税仍按原渠道用于支付社保金。然而，美政府为支付社保转型所需资金预计高达2万亿美元，势必加重政府的巨额财政赤字负担。而且，将社会保障资金中的一部分投入资本市场使之增值本身带有相当大的风险，既有可能使资本增益，也有可能使资本缩水，对于一个具有经济周期的国家来说，既有经济繁荣期的喜悦，又有经济萧条期的苦难，改革成败实在难以预料。这场改革对于布什总统来说犹如一次政治赌博，而下的赌注却是美国几千万老年人的生活保障金，搞得不好养老资金打了水漂。另外，美国的社会保障改革长期积淀、积重难返，关系近三亿美国民众的切身利益，涉及社会经济发展和持续发展，社会政治稳定、进步和发展，各个阶层和收入段纳税人的利益集团互动关系，是一项过去、现在和未来相互影响的十分复杂的系统工程，在很大程度上是一场政治较量，而不仅仅是社会保障本身的可行性考量。

• 英国

英国社会保障制度的特点是：① 体系完整覆盖面广，与福利制度相联系。英国的社会保障涉及人民生活的方方面面，形成保险、救助和津贴三个大类。除了被撒切尔夫人取消的附加公共养老计划以外，英国社会保障的两个最大的项目——基本养老与疾病保障，都是覆盖全体居民的。总体上，英国社会保障与社会福利制度密切相关，与教育、医疗和收入分配制度密切相关。② 分类合理，体现不同功能。社会保障的资金主要来源于一般税收。就社会保障本身看，三类分工明确：社会保险与社会成员的就业联在一起，其受益与其缴费完成情况结合，未缴费者无权享受，缴费多者多享受，体现了权利与义务的对等关系；社会救助属社会的无条件帮助，直接与受益人的收入水平联系，而与保险缴费无关，救助完全体现了人类道德要求，也是人权保障的具体内容；专项津贴划归社会关爱范畴，是国民对于特殊人民的优待，体现了社会的精神文明。英国政府在决定给付的增减方面有较大的权力，在决定税收数额和保障水平方面有较大的活动余地和较主动的地位。因此，英国比较早地建设了“福利国家”，也比较早地实行了对福利国家的削减手术，英国人享受的社会服务已经降低到和美国人相差无几的水平。

英国社会保障制度面临的危机主要表现为财政负担繁重，福利刚性明显。从近20余年英国社会保障制度发展看，现阶段规模是初始期的10倍，项目增加快，表明社会保障刚性特点明显，准上不准下，易上不易下。从社会保障的主体部分社会保险资金的收支看，随着保障程度提高和保障范围扩大，资金收支业已出现赤字。尽管英国的社会保障制度在20世纪进行了多次改革，但往往是越改陷得越深，形式改，受益程度和受益范围不能改。英国布莱尔当政时期提出了几项关键原则来指导将来的社会保障发展，鼓励和帮助处于工作年龄的人们在适当的地方就业；改变国家与公民的关系，发展各种类型的“私有化”，使公民更“独立、负责和品行端正”。具体包括以下五项原则：通过发展新的交易和就业领域帮助人们从福利转向就业；发展有弹性的个性化服务，帮助人们就业；对于那些愿意而且能够工作的人们，降低就业门槛；通过改革税收和津贴系统，包括就业家庭税负、国民保险和所得税以及引进国民最低薪资水平等，保障工作报酬；确保责任和权利对等。英国在改革社会保障制度的过程中.引进了太多的市场机制，结果违背了改革的初衷；英国政府本来希望降低劳动成本，结果反而增加了劳动成本，因为雇主需要支付额外的养老金和医疗保险，而私营的保险不一定效率都高，私营医疗保险则比公共医疗服务昂贵得多，大量的雇主承担不起这些福利负担，结果就造成了一部分没有职业保障的人生活水平下降，社会上出现两极分化的状况。尽管成效并不显著，但是英国作为一个福利国家也远没有走到尽头。

· 日本

日本属于中等程度的福利国家，其社会保障制度建立在共同体主义上，是参照德国模式制定的。因此，日本在共同体主义基础上建立的社会保障制度的一般特征：制度是按大企业、中小企业和个体经营进行划分的，所以自然反映出了人们收入的多少、企业保险费支付能力的差距，由此极大地拉开了支付保险额的水准。保险费的收入成为财政来源的主要部分。日本从战后建立社会保障制度起就没有停止对制度的改革和完善，20世纪80年代中期后更是加大了改革的力度，历届内阁都把社会保障改革作为一项主要内容，小泉纯一郎当政时期也是如此。社会保障审议会以社会保障的给付与负担为中心，进行了横跨各个制度的研究，于2003年6月发表了《关于今后社会保障改革方向性的意见》，明确提出了社会保障改革的几个基本点：一是与社会经济的调和。即随着社会经济的变化，从给付和负担两个方面把握与经济、财政之间的协调发展。二是确保制度的公平性。即在人口结构变动的过程中不让特定的年龄层承担过重的负担，避免给付和负担在特定的时期发生不均衡。三是在年金、医疗、护理等各种制度之间进行给付与负担的整合，进行年金制度、医疗制度、护理制度相互关联的综合性改革。具体改革内容如下：

(1) 2000年3月，日本国会通过了养老金制度改革相关法案，将按月工资收取养老保险费改为按年收入收取；设立青年学生保险费补交制度；延长收取养老金保险费的年龄；逐步把开始领取养老金的年龄从目前的60岁提高到65岁；增加政府对养老金的负担。

(2) 根据修改后的健康保险法附则的规定，2003年3月小泉内阁确定了《关于医疗保险制度体系及诊疗报酬体系的基本方针》。《关于医疗保险制度体系及诊疗报酬体系基本方针》在医疗保险制度体系方面明确了三条基本原则：其一，根据人口结构、就业结构等结构性变化采取灵活性对策，构筑经济财政平衡、稳定、可持续发展的医疗保险制度，坚持国民皆保险；其二，在尊重保险人的自立性与自主性的基础上，力求医疗保险制度给付的平等与负担的公平，实现医疗保险制度的一元化管理；其三，加强保险人、医疗机构、地方公共团体之间的合作，对社区居民提供高质量、高效率的医疗服务。小泉内阁的医疗制度改革实际上是20世纪90年代以来日本医疗改革的延长，以增加患者的负担和优化医疗机构为主要内容。从中长期看，改革可以控制医疗费的持续增长，增加国民对医疗保险制度的信任，消除人们在健康医疗方面的不安，而这些规定将有助于日本经济的发展。

· 智利

作为拉丁美洲公共养老金制度"私有化"的突出代表，智利 1994 年被世界银行政策研究报告称为当时"唯一完全放松集权的养老金制度模式"。智利的社会保障创新经历了一个较长的过程：1911 年智利是第一个引入社会保险的拉美国家；1916 年，一项基于强制性的雇员工伤补偿方案建立；1924 年一项提供几个行业的雇员养老、残疾、遗属津贴和医疗照顾的综合系统形成；此后各种考虑不同集体利益的特别资金建立，因而到 1978 年，已经有超过 2 000 个法规管理的 160 项独立资金项目存在；尽管社会保障体系如同其他拉美国家一样仍然支离破碎，但智利是这个地区保障覆盖范围最高的国家，已有 68%的劳工拥有养老、残疾、死亡、生育和疾病的保障，医疗照顾和儿童福利也得到一定发展。尽管智利的社会保障体系在发展中国家中已经非常引人注目，但其困难也是不容忽视的，主要体现为资金过于分散、不利于管理。1973 年，皮诺切特政变上台，成立军政府，基于"芝加哥学派"的新自由主义学说，于 1979 年进行社会保障体制改革，建立资金制的养老保险体制，并于 1980 年颁布了《养老保险法》。在养老保险领域，建立起全新的以个人账户积累为基础，以私营化管理为基本特征，强调自我积累、自我保障、经营性原则的养老保险运行机制。智利的改革被称为智利模式，并在拉美国家得到推广。智利养老保险制度的基本内容可概括为：政府实施立法和监控，民营机构具体操作，个人账户强制储蓄，雇主不交费，政府承担最终风险。养老金的投资运作由养老金管理公司负责。为了控制投资风险，智利政府对养老金的投资及管理有非常严密的规定。从对养老金资金投资限制看，智利的养老金资金的监管属于严格的限量监管。代表政府对有养老金管理公司进行技术监督和控制的机构是养老金管理总监署。

2. 共同趋势、差异性及对我国的借鉴

1）四国社会保障制度改革共性及趋势

从四个国家的改革实践来看，除了智利的改革模式被公认为成功外，美、英、日三国社保转型成本高，成败尚无定论。但是四国社保改革或多或少具有以下几方面的特征：① 社会保障制度改革的最初起因是人口结构变化（如老龄化）引起的社会保障中的财政困难，社会保障资金入不敷出或管理混乱；② 改革的重点在于调整政府和市场的比例，转变政府职能。各国政府的社会保障功能普遍被削弱，但是社会产品的主要提供者仍然是代表着不同社会利益的各级政府；③ 改革的方向是在保持政府控制权的前提下"市场化"或"私有化"。在社会保障制度的改革方面，培育市场比改革政府更加重要。即使是这样，市场提供的服务永远也不可能完全地替代政府提供的服务，因为市场的竞争原则高于社会的公平原则；④ 改革的主要内容涉及养老和医疗，改革的主要措施包括增加公民的自我负担，适度降低社会福利以减少政府负担；⑤ 改革是一个持续的过程。进入 21 世纪以后，社会保障制度仍然要改革。政府和市场会随着时代的发展不断地调整它们之间的关系以适应经济全球化发展，帮助人们抵御风险，同时体现社会成员之间的相互依存关系。

2）差异性及其成因

尽管共性明显，但由于不同的国别环境，四国改革的方式有一定的差异性。如：美、英、日三国都属于福利国家，虽然历经各届政府改革，但终因积重难返，私有化和市场化的改革成效还不确定，改革方案和效果也各自表现不同；而智利因本身就不是福利国家，加上军政府的有力举措，实现了社保模式由现收现付向个人账户的成功转型。因方特等人认为，“如果我们要应对如同智利社会保障体制一样的改革，就应该研究如何最好地满足上述所有条件。”显然，制度环境同改革的实质内容都对智利改革的成功起到了关键的作用。但是，智利的养老金私有化改革也引起了很多学者的质疑。在《新一轮的养老金改革浪潮席卷东方》一文中，米哈伊·茹特柯夫斯基就认为智利和绝大多数其他拉美国家进行的全面养老金制度改革，尽管具有很多优点，但仍然存在基本的缺陷：如不能解决所有的养老问题和转型中出现的不协调综合症等。在此情况下，即使在仿效智利的拉美国家中，也并非是完全模仿。如墨西哥采用的是包括私营化管理在内的多元管理方式，阿根廷、乌拉圭采用的是混合改革方式，秘鲁、哥伦比亚采用的是公营与私营平行的改革方式，还没有哪个国家真正完全模仿智利模式，而是都选择了一种混合体制。

3）借鉴

中国目前的社会保障模式尽管从名义上是个人账户制度，但是其实质依然是现收现付制度，因为现收的记入个人账户的资金同时就用作社会保障的支出，个人账户中的资金只是账面上的；与原来的现收现付模式相比，其差异就是将风险分散单位由企业转变为地方政府，同时中国当前实行的新制度不仅要负担上一代人的保障成本，还要为在职一代积累社会保障资金。基于当前中国人口老龄化和经济发展的现实，有必要逐步将社会保障模式从当前的现收现付制转向自存自用的个人账户制，并从企业集团着手推进这一转轨进程；在这一过程中，建立智利模式的高效率的、市场化的社会保障资金管理机制就显得十分重要。当然，也要避免像智利等拉美国家一样，因改革力度过大带来社会不协调，从而影响整个社会的稳定。毕竟社会保障是牵涉每个公民切身利益的，社会保障制度改革绝非一朝一夕。中国应该借鉴国际经验并吸取其教训，以养老、医疗为重心，调整政府与市场的关系，适度增加个人负担，不断推进社会保障事业的发展。

复习思考题

1. 了解美国联邦社会保障资金运营管理的历史与背景。
2. 请描述日本社会保障资金运营的特点。
3. 在了解欧洲典型国家的社会保障资金运营管理模式后，你对我国的社会保障资金运营模式有何看法？
4. 新加坡的中央公积金制度有哪些作用？
5. 请简述智利模式对我国的借鉴意义。

参 考 文 献

[1] 林治芬，胡琴芳，马彦．社会保障资金管理．2 版．北京：科学出版社，2015.

[2] 许琳．社会保障学．北京：北京交通大学出版社，2005.

[3] 曲大维，罗晶，储丽琴．社会保障基金管理．北京：清华大学出版社，2014.

[4] 吴春明．社会保障基金监管存在的问题及完善对策[J]．人民论坛，2013，26：88 - 89.

[5] 李成平．社会保障资金管理现状浅析[J]．网络财富，2010，52 - 53.

[6]《劳动和社会保障部关于进一步加强劳动和社会保障统计工作的意见》2001.

[7] 王艺明．社会保障资金的预算管理研究[J]．中国财政，1996(06)：22 - 23.

[8] 郭东平，刘开湖．社会保障资金财务管理初探[J]．财政监督，2009(16)：58.

[9] 李锐，杨雷，刘倩．精算技术在社会保险基金管理课程教学中的使用：以养老保险为例[J]．湖北成人教育学院学报，2014(06)：85 - 88.

[10] 吕学静．社会保障基金管理．3 版．北京：首都经济贸易大学出版社，2014.

[11] 苏小和．中国养老体系是一个有预谋的骗局[DB/CD]．https：//wenku. baidu. com/view/be7611166edb6f1aff001f4d. html.

[12] 朱琳．社会保障会计问题初探[J]．时代金融，2009(03)：107 - 108.

[13] 中国劳动保障新闻网．对广东省社保“地税全责征收”的审视和反思[DB/CD]．www. clssn. com. 2011 - 07 - 8.

[14] 人民网．癌症患者为买高档营养品　两年诈骗社保基金 41 万[DB/CD]．society. people. com. cn/n/ 2015/0728/ C136657 - 27375115 html．2015 - 07 - 28.

[15] 沈媛媛．中国社会保障现状调查：主要问题及解决对策[DB/CD]．https：// www. wenkuxiazai. com/doc/ef85f27837 baf1ffc4 fad8c - 2. htm.

[16] 徐科．梅新育：扩大消费需求的切入点在改善收入分配格局[N]．证券日报，2012 - 02 - 25(A02).

[17] 胡秋明．可持续养老金制度改革的理论与政策研究[D]．西南财经大学，2009.

[18] 夏永祥，陈群．苏南、苏中、苏北医疗保险模式之比较[J]．南通大学学报：社会科学版，2013，29(01)：26 - 34.

[19] 李华杰．慈善资金的管理与使用[J]．中国社会工作，1997(03)：14.

[20] 新浪网．由兰考火灾事件折射我国儿童福利与社会救助存在的问题[CB/CD]．https：//www. sina. com/cn.

[21] 张友红．养老金新政背后的辛酸史．中国周刊[J]，2010(1).

[22] 苗艳梅，郭林．新加坡确定社保基金收益有一套[J]．中国社会保障，2011(6)：36 - 38.

[23] 中国养老金网．关于企业年金你必须知道的六件事[DB/CD]．cnpension. net.

[24] 新华社．中共中央关于制定国民经济和社会发展第十三个五年规划的建议[DB/CD]．xinhuanet. com.

[25] 人力资源和社会保障事业发展“十三五”规划纲要[N]．中国劳动保障报，2016 - 07 -

15(006)

[26] 慧择保险网. 新型农村社会养老保险实行的意义是什么[DB/CD]. xuexi. huize. com/study/deta/124455. html.

[27] 中华人民共和国人力资源和社会保障部劳动和社会保障部关于进一步加强劳动和社会保障统计工作的意见，2001，www. mohrss. gov. cn

[28] 王艺明. 社会保障资金的预算管理研究[J]. 中国财政，1996(06)：22－23.

[29] 郭东平，刘开湖. 社会保障资金财务管理初探[J]，财政监管，2009(16)：58.

[30] 刘翠霄. 中国农民的社会保障问题[J]. 法学研究，2001(06)：67－83.

[31] 邱添. 社会保障预算管理理论与实践思辨：国际经验与中国政策选择[D]. 西南财经大学，2012.

[32] 刘继容. 关于我国社会保障预算管理研究[D]. 河北大学，2007.

[33] 赵文科. 城镇低保不是"自助餐"：对 X 省 SD 县社保资金使用情况的安全分析[J]. 财政监督，2008(21)：67.

[34] 法制日报. 社保干部非法审批套取社保资金国土局副局长"卖地"捞取好处海南检察机关统计近 5 年渎职犯罪平均个案造成损失 258 万.

[35] 崔晓冬. 美国和日本的社会保障预算及启示[J]，中国财政，2011(11)：71－72.

[36] 人民网. 今年多地社保缴费基数标准上浮[DB/CD]. www. people. com. cn

[37] 国际融资网. 中国社会保障基金保值增值现状及国外经验[DB/CD]www. ifnews. com

[38] 南方网. 美国如何管理社保基金[DB/CD]. www. economy. southen. com

[39] 唐大鹏. 日本社会保障制度及其借鉴[D]. 吉林大学，2004.

[40] 丁宁. 浅析瑞典社会保障制度及对我国的启示[J]. 法治与经济. 2010.

[41] 李艺婷，刘帅京. 德国社会保险基金管理模式对我国的启示[D]. 现代商业.

[42] 魏志华，林亚清. 社保基金的投资管理模式及其困境摆脱[J]. 改革，2014(03)：47－55.

[43] 巴曙松，谭迎庆，丁波. 社保基金监管的现状、问题与建议[J]. 当代经济科学，2007(05)：75－79＋127.

[44] 郑秉文. 社保基金违规的制度分析与改革思路[J]. 中国人口科学，2007(04)：2－15＋95.

[45] CUBN 记者. 邓丽娟. 社会保障基金将革新运营管理模式[N]. 中国联合商报，2014－12－08(E03).

[46] 穆怀中. 国际社会保障制度教程[M]. 北京：中国人民大学出版社 2009 年版.

[47] 郑功成. 社会保障概论[M]. 上海：复旦大学出版社，2007.

[48] 吴中宇. 社会保障学[M]. 武汉：华中科技大学出版社，2004.

[49] 李志明. 养老金制度改革：从多元走向一元[N]. 学习时报，2016－01－21(005).

[50] 郑功成. 社会保障学[M]. 北京：中国劳动社会保障出版社，2005.

[51] 郑功成. 社会保障学：理念、制度、实践与思辨[M]. 北京：商务印书馆，2000.

[52] 郑功成. 中国社会保障制度变迁与评估[M]. 北京：中国人民大学出版社，2002.

[53] 林义. 社会保险基金管理[M]. 北京：中国劳动社会保障出版社，2007.

[54] 经济合作与发展组织. 危机中的福利国家[M]. 北京：华夏出版社，1990.

[55] 林嘉. 社会保障法的理念、实践与创新[M]. 北京：中国人民大学出版社，2002.